*Pense bem no que você vai fazer,
e todos os seus planos darão certo.
Evite o mal e caminhe sempre em frente.*
Provérbios 4.26

DIREITO ADMINISTRATIVO EM
MAPAS MENTAIS

THIAGO STRAUSS
MARCELO LEITE

revisão por Mapas Mentais 2

DIREITO ADMINISTRATIVO EM MAPAS MENTAIS

5ª edição, revista e atualizada

Editora Impetus

Niterói, RJ
2018

© 2018, Editora Impetus Ltda.

Editora Impetus Ltda.
Rua Alexandre Moura, 51 – Gragoatá – Niterói – RJ
CEP: 24210-200 – Telefax: (21) 2621-7007

CONSELHO EDITORIAL
ANA PAULA CALDEIRA • BENJAMIN CESAR DE AZEVEDO COSTA
ED LUIZ FERRARI • EUGÊNIO ROSA DE ARAÚJO
FÁBIO ZAMBITTE IBRAHIM • FERNANDA PONTES PIMENTEL
IZEQUIAS ESTEVAM DOS SANTOS • MARCELO LEONARDO TAVARES
RENATO MONTEIRO DE AQUINO • ROGÉRIO GRECO
VITOR MARCELO ARANHA AFONSO RODRIGUES • WILLIAM DOUGLAS

Editoração Eletrônica: Dos Autores
Capa: Wilson Cotrim
Revisão Ortográfica: C&C Criações e Textos Ltda.
Impressão e Encadernação: Edelbra Editora e Indústria Gráfica Ltda.

S893d

Strauss, Thiago.
    Direito administrativo em mapas mentais / Thiago Strauss e Marcelo Leite. 5ª edição – Niterói, RJ: Impetus, 2018.
196 p. ; 23 x 33 cm.

ISBN 978-85-7626-998-4

    1. Direito administrativo – Brasil. 2. Método de estudo. 3. Estratégia de aprendizagem. I. Leite, Marcelo. II. Título.

CDD – 342.8106

O autor é seu professor; respeite-o: não faça cópia ilegal.
TODOS OS DIREITOS RESERVADOS – É proibida a reprodução, salvo pequenos trechos, mencionando-se a fonte. A violação dos direitos autorais (Lei nº 9.610/98) é crime (art. 184 do Código Penal). Depósito legal na Biblioteca Nacional, conforme Decreto nº 1.825, de 20/12/1907.

A Editora Impetus informa que se responsabiliza pelos defeitos gráficos da obra. Quaisquer vícios do produto concernentes aos conceitos doutrinários, às concepções ideológicas, às referências, à originalidade e à atualização da obra são de total responsabilidade do autor/atualizador.

www.impetus.com.br

Dedicatória

À minha mãe, FERNANDA, pessoa que dedicou sua vida à minha educação, e a quem sou eternamente grato.

Aos meus filhos, Marcelo, Vítor e Rafaela, fontes maiores da minha inspiração.

À minha esposa, MAIRA, que, sempre a meu lado, demonstrou compreensão nos momentos em que estive ausente.

Thiago Strauss

Aos meus pais, ALCIDES e MARIA DE LOURDES, com a minha infinita gratidão a quem sempre me incentivou nos estudos e ofereceu conforto físico e emocional para o alcance dos meus objetivos.

Ao amigo VICENTE PAULO, pelas oportunidades oferecidas e pelo reconhecimento que as obras de sua vida já impactaram, e muito, na minha vida.

Marcelo Leite

Os Autores

Thiago Strauss é Auditor Federal de Controle Externo do Tribunal de Contas da União, formado em Engenharia Mecânica pela Universidade de Brasília e professor de Direito Administrativo em cursos preparatórios para concursos públicos em Brasília. Foi também aprovado nos concursos para Analista de Finanças e Controle da Controladoria-Geral da União e Especialista em Financiamento e Execução de Programas e Projetos Educacionais do Fundo Nacional de Desenvolvimento da Educação.

Marcelo Leite é Analista Legislativo – Técnica Legislativa – da Câmara dos Deputados, formado em Direito pelo Centro Universitário de Brasília (UniCeub), Ciência da Computação pela Universidade de Brasília (UnB) e pós-graduado em Auditoria e Controle da Gestão Governamental, e Sistemas Orientados a Objetos. Exerceu o cargo de Auditor Federal de Controle Externo do Tribunal de Contas da União por cinco anos (2007-2012). Foi também aprovado nos concursos para Analista Legislativo – Técnica Legislativa – da Câmara dos Deputados (2012), Auditor Federal de Controle Externo do TCU (2007), Analista e Técnico de Controle Interno do Ministério Público Federal (2007) e Técnico do Tribunal Regional Federal (2006).

Apresentação

Ouse fazer e o poder lhe será dado. É com esse espírito que, após a excelente receptividade obtida na 1ª edição, resolvemos dar continuidade à série.

A ideia de adaptar a técnica de Mapas Mentais para concursos públicos surgiu quando, durante nossa preparação para o concurso do Tribunal de Contas da União, nos deparamos com a enorme quantidade de matérias cobradas e o vasto volume de informações a serem adquiridas. Naquela época, duas indagações fundamentais ocorreram: "Como aprender todo o conteúdo em um prazo razoável?" e "Como internalizar toda a matéria?" Criar mapas mentais foi a forma que encontramos para superar essa tarefa quase sobre-humana.

Os mapas mentais são esquemas que, elaborados na forma de organograma, abordam todo o conteúdo da disciplina exigido em concursos públicos. Por facilitarem a organização mental da matéria estudada, representam um meio eficaz para a assimilação e a memorização do conhecimento.

Dentre as inúmeras vantagens que os mapas mentais proporcionam, destacamos a possibilidade de **organizar todo o conteúdo das disciplinas de forma estruturada**, partindo do gênero para as espécies, dos títulos para os subtítulos. Dessa forma, **você obtém a visão global da matéria, partindo da visão geral para os detalhes**.

Os mapas proporcionam, ainda, uma **comparação** entre as características das espécies de mesmo gênero, algo muito cobrado em provas de concursos, e possibilitam o encadeamento e a associação de ideias. Essa forma de esquematização permite realçar os principais conceitos da matéria e suas correlações com os demais institutos, buscando reforçar a memória associativa.

Além disso, o uso dos mapas mentais faz com que utilizemos os dois hemisférios do cérebro, inclusive partes que não costumamos usar com frequência nos estudos, como as que cuidam de nossa memória espacial, visual, e da criatividade. **Isso faz com que as sinapses cerebrais sejam ainda mais fortalecidas**, consolidando a memória de longo prazo e multiplicando a capacidade de absorção.

Tendo em vista o enorme volume de matérias cobradas nos editais dos mais variados concursos públicos, percebemos que, para acessar esse vasto conhecimento na hora da prova, não é eficiente estudar de forma confusa e em muitos livros. A solução para aprender todo o conteúdo e, ao mesmo tempo, não esquecê-lo vem com a **repetição**, por meio da **revisão contínua e estruturada** da matéria.

Com os mapas, **você poderá revisar toda a disciplina em um período muito mais curto do que se fosse fazê-lo por meio de um livro ou mesmo de um texto-resumo**. Tal possibilidade é essencial para as últimas semanas que antecedem a prova, pois permitirá rever todo o conteúdo do edital em apenas alguns dias.

Ouse, arrisque e faça acontecer! Desejamos a todos vocês **MUITO SUCESSO** nessa jornada de preparação para concurso público, que é bastante trabalhosa, **mas também, ao fim, EXTREMAMENTE GRATIFICANTE!**

Um grande abraço e bons estudos!
Thiago Strauss e Marcelo Leite

> *"Se você pensa que pode ou sonha que pode, comece. Ousadia tem genialidade, poder e mágica.*
> *Ouse fazer e o poder lhe será dado."* (Goethe)

Sumário

Visão Geral do Direito Administrativo 1

1. **Introdução ao Direito Administrativo** 3
   - Conceitos e critérios 4
   - Objeto e sistemas administrativos 5
   - Fontes e regime jurídico-administrativo 6

2. **Administração Pública** 7
   - Estado e Poderes 9
   - Administração Pública em sentido amplo 10
   - Administração Pública em sentido estrito 11
   - Centralização, descentralização e desconcentração 12
   - Órgão 15
   - Entidades em espécie 17
   - Agências reguladoras 21

3. **Reforma Administrativa e Terceiro Setor** 23
   - Serviços sociais autônomos 25
   - Organizações sociais 26
   - Organizações da sociedade civil de interesse público 27
   - Contrato de gestão 28

4. **Princípios Administrativos** 29

5. **Poderes Administrativos** 35
   - Poder vinculado 37
   - Poder discricionário 37
   - Poder hierárquico 38
   - Poder disciplinar 39
   - Poder regulamentar 40
   - Poder de polícia 41

6. **Atos Administrativos** 43
   - Conceito 45
   - Classificação 46
   - Requisitos 48
   - Atributos 50
   - Espécies 51
   - Atos discricionários e vinculados 54
   - Formas de extinção 55
   - Vícios 56

7. Licitação 57
Conceito, finalidade e abrangência 59
Princípios 60
Alienação de bens pela Administração Pública 62
Contratação direta (dispensa e inexigibilidade) 63
Modalidades 66
Tipos de licitação 68
Fases, anulação e revogação 69
Comissão permanente de licitação e pregoeiro 71

8. Contratos Administrativos 73
Conceito e formalização 75
Cláusulas exorbitantes 76
Mutabilidade 79
Extinção 81

9. Regime Diferenciado de Contratações Públicas 83
Abrangência e objetivos do RDC 85
Princípios e regime de execução contratual 86
Objeto da licitação 87
Fases do RDC 88

10. Estatuto Jurídico das Estatais 93
Disposições gerais 95
Contratação direta – dispensa e inexigibilidade 96
Procedimento licitatório 100
Regimes de execução contratual 104
Formalização dos contratos 105
Alteração dos contratos 106
Sanções administrativas 107

11. Servidores Públicos 109
Agentes públicos – conceito e classificação 111
Disposições constitucionais 113
Sistema remuneratório 115
Regime próprio de previdência dos servidores públicos 117
Lei nº 8.112/90 119
Processo administrativo disciplinar 132

12. Serviços Públicos 137
Conceito de serviço público 139
Classificação dos serviços públicos 141
Delegação 143
Disposições da Lei n. 8.987/95 144
Parcerias público-privadas 147

13. Responsabilidade Civil do Estado 149
Conceito e evolução histórica 151
Responsabilidade objetiva e subjetiva da Administração 152
Responsabilidade por atos legislativos e judiciais 152
Ação de reparação do dano 152

14. Controle da Administração Pública **153**

15. Improbidade Administrativa **157**
    Descrição dos atos de improbidade... 159
    Sanções 160
    Procedimentos administrativos e ações judiciais... 160

16. Processo Administrativo **161**

17. Bens Públicos..**167**
    Conceito, classificação e características 169
    Afetação e desafetação 170
    Principais espécies de bens públicos 170
    Uso privativo de bens públicos 171

18. Lei de Acesso à Informação **173**

Bibliografia..**179**

DIREITO ADMINISTRATIVO - VISÃO GERAL

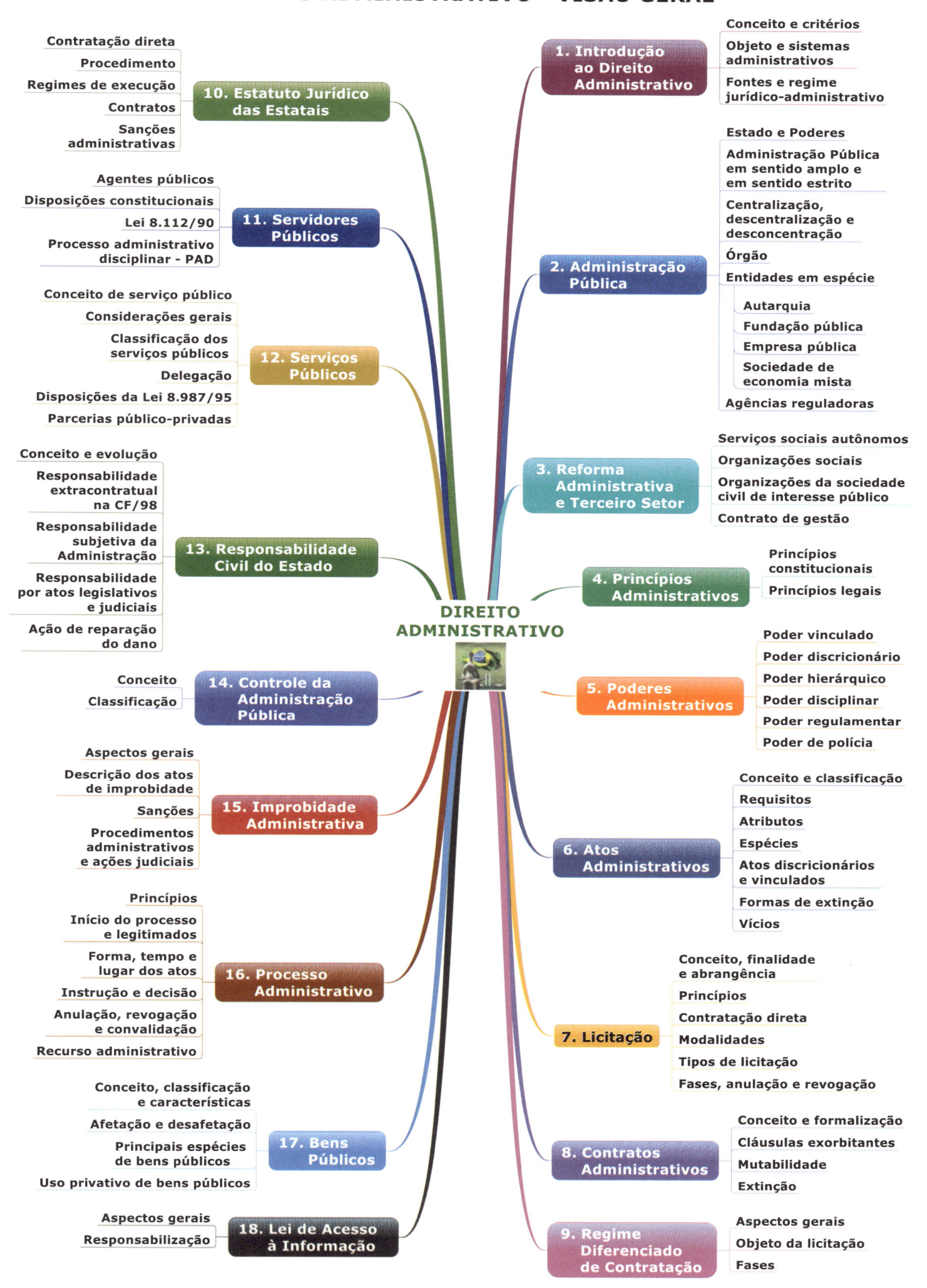

DIREITO ADMINISTRATIVO

1. Introdução ao Direito Administrativo
- Conceito e critérios
- Objeto e sistemas administrativos
- Fontes e regime jurídico-administrativo

2. Administração Pública
- Estado e Poderes
- Administração Pública em sentido amplo e em sentido estrito
- Centralização, descentralização e desconcentração
- Órgão
- Entidades em espécie
  - Autarquia
  - Fundação pública
  - Empresa pública
  - Sociedade de economia mista
- Agências reguladoras

3. Reforma Administrativa e Terceiro Setor
- Serviços sociais autônomos
- Organizações sociais
- Organizações da sociedade civil de interesse público
- Contrato de gestão

4. Princípios Administrativos
- Princípios constitucionais
- Princípios legais

5. Poderes Administrativos
- Poder vinculado
- Poder discricionário
- Poder hierárquico
- Poder disciplinar
- Poder regulamentar
- Poder de polícia

6. Atos Administrativos
- Conceito e classificação
- Requisitos
- Atributos
- Espécies
- Atos discricionários e vinculados
- Formas de extinção
- Vícios

7. Licitação
- Conceito, finalidade e abrangência
- Princípios
- Contratação direta
- Modalidades
- Tipos de licitação
- Fases, anulação e revogação

8. Contratos Administrativos
- Conceito e formalização
- Cláusulas exorbitantes
- Mutabilidade
- Extinção

9. Regime Diferenciado de Contratação
- Aspectos gerais
- Objeto da licitação
- Fases

10. Estatuto Jurídico das Estatais
- Contratação direta
- Procedimento
- Regimes de execução
- Contratos
- Sanções administrativas

11. Servidores Públicos
- Agentes públicos
- Disposições constitucionais
- Lei 8.112/90
- Processo administrativo disciplinar - PAD

12. Serviços Públicos
- Conceito de serviço público
- Considerações gerais
- Classificação dos serviços públicos
- Delegação
- Disposições da Lei 8.987/95
- Parcerias público-privadas

13. Responsabilidade Civil do Estado
- Conceito e evolução
- Responsabilidade extracontratual na CF/98
- Responsabilidade subjetiva da Administração
- Responsabilidade por atos legislativos e judiciais
- Ação de reparação do dano

14. Controle da Administração Pública
- Conceito
- Classificação

15. Improbidade Administrativa
- Aspectos gerais
- Descrição dos atos de improbidade
- Sanções
- Procedimentos administrativos e ações judiciais

16. Processo Administrativo
- Princípios
- Início do processo e legitimados
- Forma, tempo e lugar dos atos
- Instrução e decisão
- Anulação, revogação e convalidação
- Recurso administrativo

17. Bens Públicos
- Conceito, classificação e características
- Afetação e desafetação
- Principais espécies de bens públicos
- Uso privativo de bens públicos

18. Lei de Acesso à Informação
- Aspectos gerais
- Responsabilização

Capítulo 1

Introdução ao Direito Administrativo

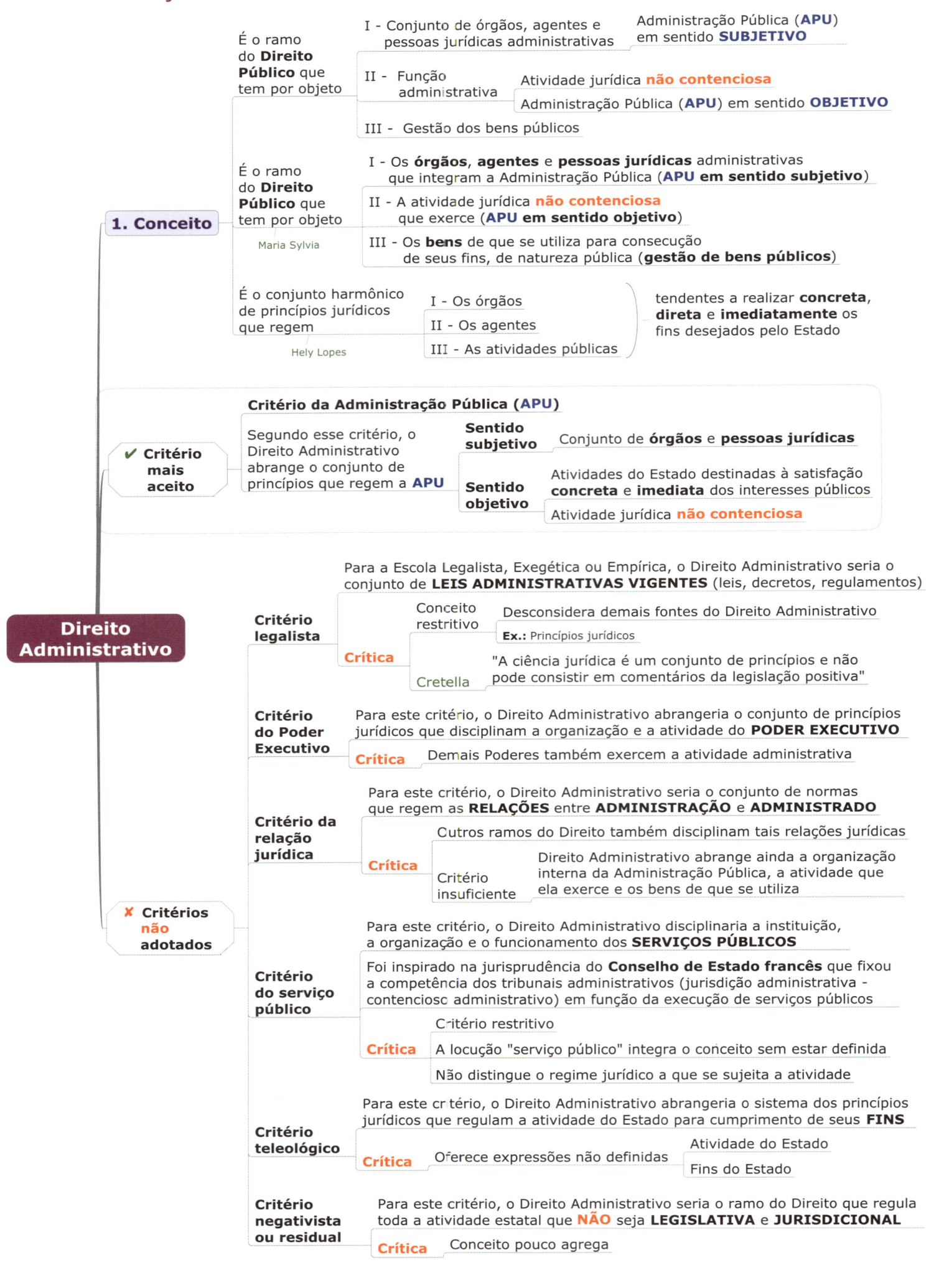

INTRODUÇÃO AO DIREITO ADMINISTRATIVO - CONCEITO E CRITÉRIOS

Direito Administrativo

1. Conceito

É o ramo do Direito Público que tem por objeto:
- I - Conjunto de órgãos, agentes e pessoas jurídicas administrativas → Administração Pública (**APU**) em sentido **SUBJETIVO**
- II - Função administrativa
  - Atividade jurídica **não contenciosa**
  - Administração Pública (**APU**) em sentido **OBJETIVO**
- III - Gestão dos bens públicos

É o ramo do Direito Público que tem por objeto: (Maria Sylvia)
- I - Os **órgãos**, **agentes** e **pessoas jurídicas** administrativas que integram a Administração Pública (**APU em sentido subjetivo**)
- II - A atividade jurídica **não contenciosa** que exerce (**APU em sentido objetivo**)
- III - Os **bens** de que se utiliza para consecução de seus fins, de natureza pública (**gestão de bens públicos**)

É o conjunto harmônico de princípios jurídicos que regem: (Hely Lopes)
- I - Os órgãos
- II - Os agentes
- III - As atividades públicas

tendentes a realizar **concreta, direta e imediatamente** os fins desejados pelo Estado

✔ Critério mais aceito

Critério da Administração Pública (APU)

Segundo esse critério, o Direito Administrativo abrange o conjunto de princípios que regem a **APU**:
- **Sentido subjetivo**: Conjunto de **órgãos** e **pessoas jurídicas**
- **Sentido objetivo**:
  - Atividades do Estado destinadas à satisfação **concreta** e **imediata** dos interesses públicos
  - Atividade jurídica **não contenciosa**

✘ Critérios não adotados

Critério legalista
- Para a Escola Legalista, Exegética ou Empírica, o Direito Administrativo seria o conjunto de **LEIS ADMINISTRATIVAS VIGENTES** (leis, decretos, regulamentos)
- **Crítica**:
  - Conceito restritivo — Desconsidera demais fontes do Direito Administrativo
    - Ex.: Princípios jurídicos
  - Cretella: "A ciência jurídica é um conjunto de princípios e não pode consistir em comentários da legislação positiva"

Critério do Poder Executivo
- Para este critério, o Direito Administrativo abrangeria o conjunto de princípios jurídicos que disciplinam a organização e a atividade do **PODER EXECUTIVO**
- **Crítica**: Demais Poderes também exercem a atividade administrativa

Critério da relação jurídica
- Para este critério, o Direito Administrativo seria o conjunto de normas que regem as **RELAÇÕES** entre **ADMINISTRAÇÃO** e **ADMINISTRADO**
- **Crítica**:
  - Outros ramos do Direito também disciplinam tais relações jurídicas
  - Critério insuficiente — Direito Administrativo abrange ainda a organização interna da Administração Pública, a atividade que ela exerce e os bens de que se utiliza

Critério do serviço público
- Para este critério, o Direito Administrativo disciplinaria a instituição, a organização e o funcionamento dos **SERVIÇOS PÚBLICOS**
- Foi inspirado na jurisprudência do **Conselho de Estado francês** que fixou a competência dos tribunais administrativos (jurisdição administrativa - contencioso administrativo) em função da execução de serviços públicos
- **Crítica**:
  - Critério restritivo
  - A locução "serviço público" integra o conceito sem estar definida
  - Não distingue o regime jurídico a que se sujeita a atividade

Critério teleológico
- Para este critério, o Direito Administrativo abrangeria o sistema dos princípios jurídicos que regulam a atividade do Estado para cumprimento de seus **FINS**
- **Crítica**: Oferece expressões não definidas
  - Atividade do Estado
  - Fins do Estado

Critério negativista ou residual
- Para este critério, o Direito Administrativo seria o ramo do Direito que regula toda a atividade estatal que **NÃO** seja **LEGISLATIVA** e **JURISDICIONAL**
- **Crítica**: Conceito pouco agrega

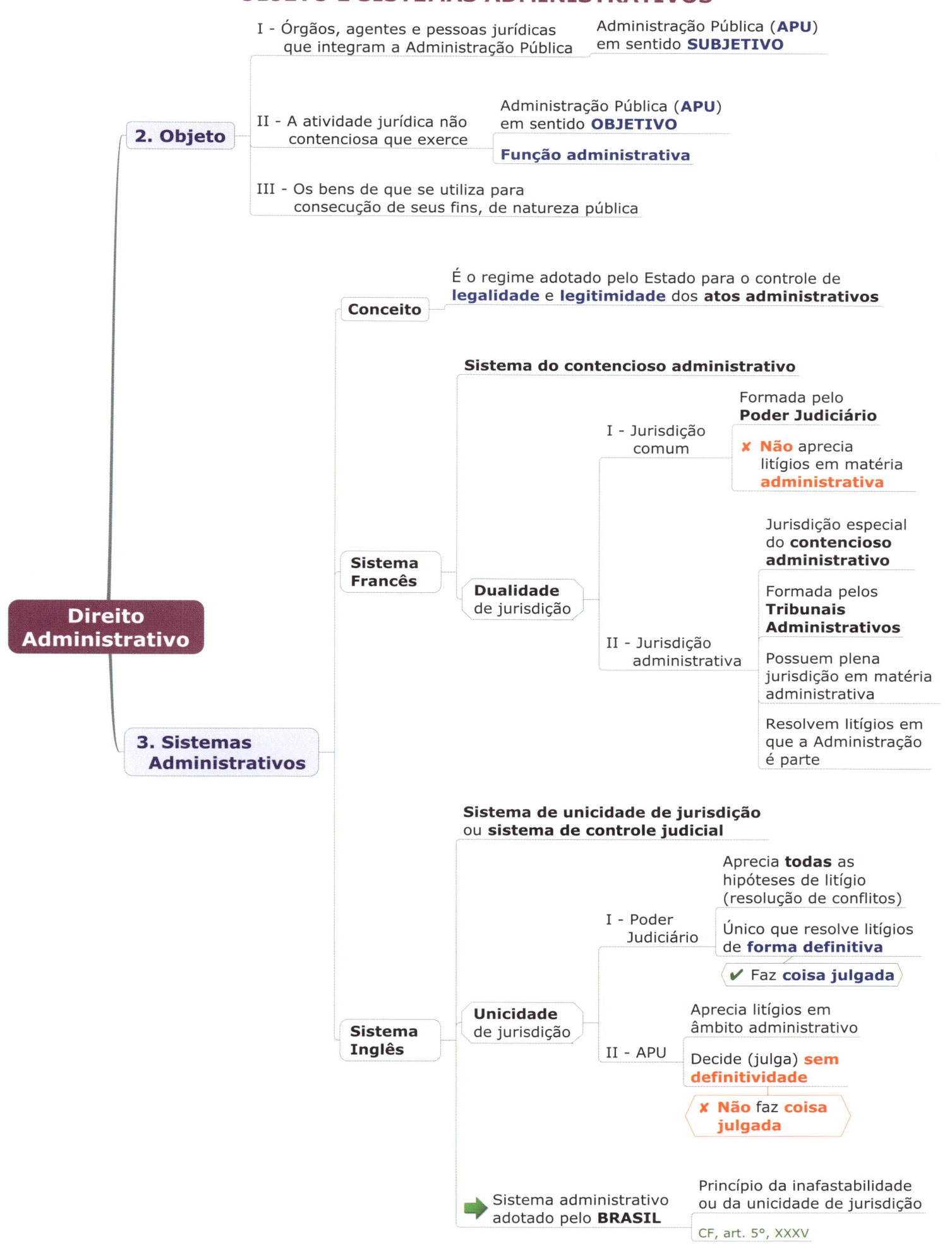

INTRODUÇÃO AO DIREITO ADMINISTRATIVO - OBJETO E SISTEMAS ADMINISTRATIVOS

Direito Administrativo

2. Objeto

- **I** - Órgãos, agentes e pessoas jurídicas que integram a Administração Pública
  - Administração Pública (**APU**) em sentido **SUBJETIVO**
- **II** - A atividade jurídica não contenciosa que exerce
  - Administração Pública (**APU**) em sentido **OBJETIVO**
  - **Função administrativa**
- **III** - Os bens de que se utiliza para consecução de seus fins, de natureza pública

3. Sistemas Administrativos

Conceito: É o regime adotado pelo Estado para o controle de **legalidade** e **legitimidade** dos **atos administrativos**

Sistema Francês

Sistema do contencioso administrativo

Dualidade de jurisdição

- **I - Jurisdição comum**
  - Formada pelo **Poder Judiciário**
  - ✗ **Não** aprecia litígios em matéria **administrativa**
- **II - Jurisdição administrativa**
  - Jurisdição especial do **contencioso administrativo**
  - Formada pelos **Tribunais Administrativos**
  - Possuem plena jurisdição em matéria administrativa
  - Resolvem litígios em que a Administração é parte

Sistema Inglês

Sistema de unicidade de jurisdição ou **sistema de controle judicial**

Unicidade de jurisdição

- **I - Poder Judiciário**
  - Aprecia **todas** as hipóteses de litígio (resolução de conflitos)
  - Único que resolve litígios de **forma definitiva**
  - ✔ Faz **coisa julgada**
- **II - APU**
  - Aprecia litígios em âmbito administrativo
  - Decide (julga) **sem definitividade**
  - ✗ Não faz **coisa julgada**

➤ Sistema administrativo adotado pelo **BRASIL**
- Princípio da inafastabilidade ou da unicidade de jurisdição
- CF, art. 5º, XXXV

5

INTRODUÇÃO AO DIREITO ADMINISTRATIVO - FONTE E REGIME JURÍDICO

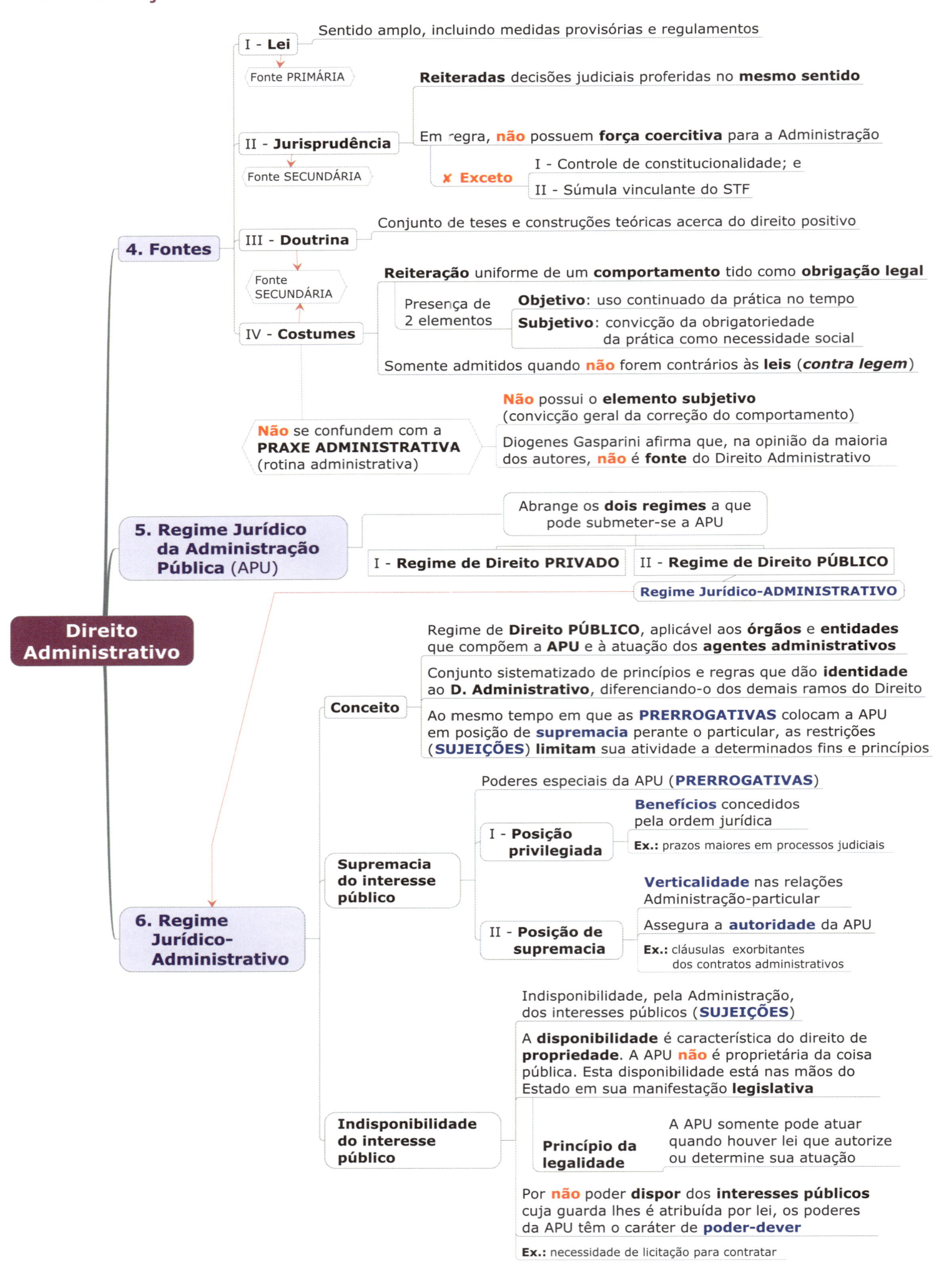

Direito Administrativo

4. Fontes

- **I - Lei** (Fonte PRIMÁRIA)
  - Sentido amplo, incluindo medidas provisórias e regulamentos

- **II - Jurisprudência** (Fonte SECUNDÁRIA)
  - **Reiteradas** decisões judiciais proferidas no **mesmo sentido**
  - Em regra, **não** possuem **força coercitiva** para a Administração
  - ✗ Exceto:
    - I - Controle de constitucionalidade; e
    - II - Súmula vinculante do STF

- **III - Doutrina** (Fonte SECUNDÁRIA)
  - Conjunto de teses e construções teóricas acerca do direito positivo

- **IV - Costumes**
  - **Reiteração** uniforme de um **comportamento** tido como **obrigação legal**
  - Presença de 2 elementos:
    - **Objetivo**: uso continuado da prática no tempo
    - **Subjetivo**: convicção da obrigatoriedade da prática como necessidade social
  - Somente admitidos quando **não** forem contrários às **leis** (*contra legem*)
  - **Não** se confundem com a **PRAXE ADMINISTRATIVA** (rotina administrativa)
    - **Não** possui o **elemento subjetivo** (convicção geral da correção do comportamento)
    - Diogenes Gasparini afirma que, na opinião da maioria dos autores, **não** é **fonte** do Direito Administrativo

5. Regime Jurídico da Administração Pública (APU)

- Abrange os **dois regimes** a que pode submeter-se a APU
  - **I - Regime de Direito PRIVADO**
  - **II - Regime de Direito PÚBLICO** → Regime Jurídico-ADMINISTRATIVO

6. Regime Jurídico-Administrativo

Conceito
- Regime de **Direito PÚBLICO**, aplicável aos **órgãos** e **entidades** que compõem a **APU** e à atuação dos **agentes administrativos**
- Conjunto sistematizado de princípios e regras que dão **identidade** ao **D. Administrativo**, diferenciando-o dos demais ramos do Direito
- Ao mesmo tempo em que as **PRERROGATIVAS** colocam a APU em posição de **supremacia** perante o particular, as restrições (**SUJEIÇÕES**) **limitam** sua atividade a determinados fins e princípios

Supremacia do interesse público
Poderes especiais da APU (**PRERROGATIVAS**)

- **I - Posição privilegiada**
  - **Benefícios** concedidos pela ordem jurídica
  - **Ex.:** prazos maiores em processos judiciais

- **II - Posição de supremacia**
  - **Verticalidade** nas relações Administração-particular
  - Assegura a **autoridade** da APU
  - **Ex.:** cláusulas exorbitantes dos contratos administrativos

Indisponibilidade do interesse público
- Indisponibilidade, pela Administração, dos interesses públicos (**SUJEIÇÕES**)
- A **disponibilidade** é característica do direito de **propriedade**. A APU **não** é proprietária da coisa pública. Esta disponibilidade está nas mãos do Estado em sua manifestação **legislativa**
- **Princípio da legalidade**: A APU somente pode atuar quando houver lei que autorize ou determine sua atuação
- Por **não** poder **dispor** dos **interesses públicos** cuja guarda lhes é atribuída por lei, os poderes da APU têm o caráter de **poder-dever**
- **Ex.:** necessidade de licitação para contratar

Capítulo 2

Administração Pública

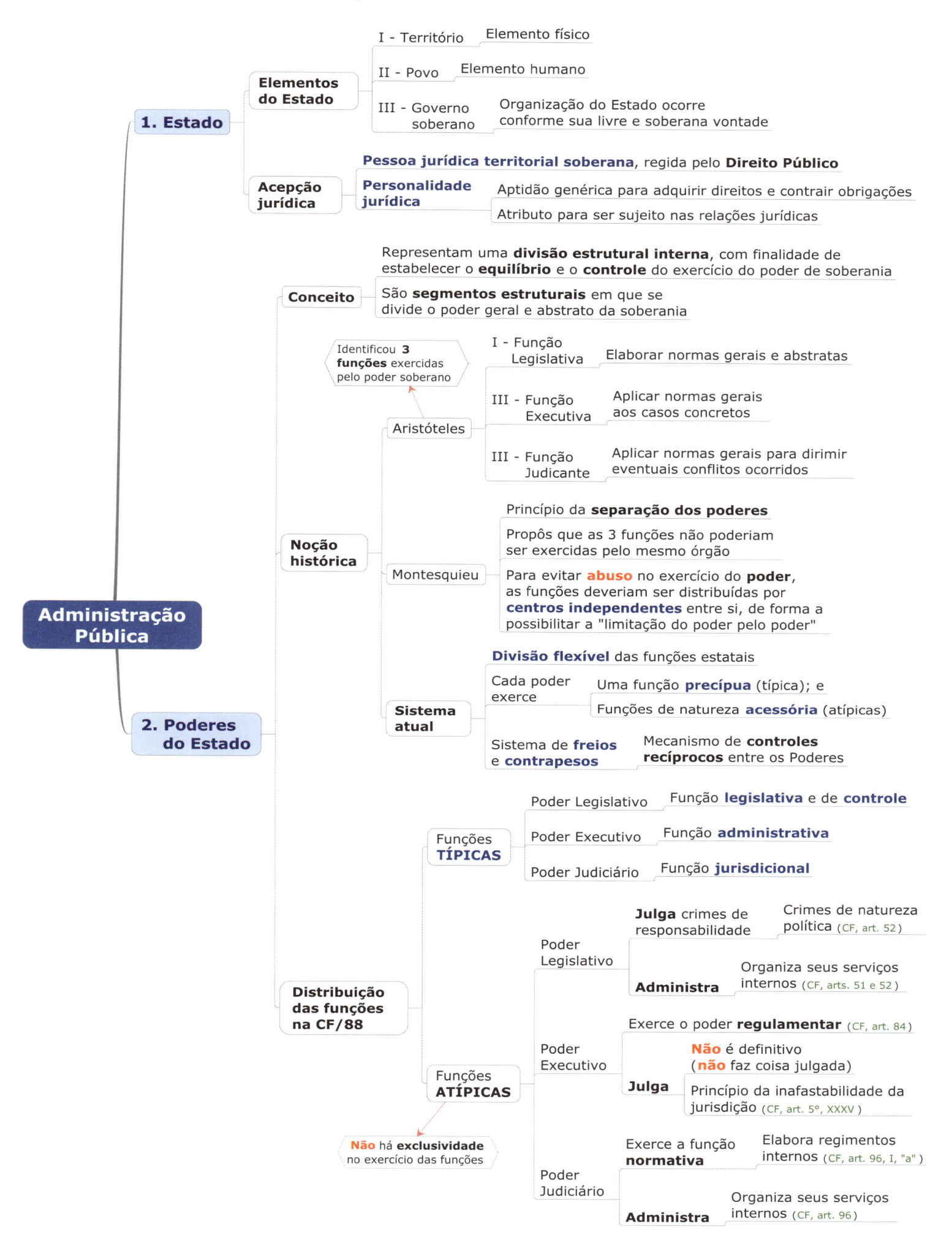

ADMINISTRAÇÃO PÚBLICA - ESTADO E PODERES

Administração Pública

1. Estado

Elementos do Estado
- I - Território — Elemento físico
- II - Povo — Elemento humano
- III - Governo soberano — Organização do Estado ocorre conforme sua livre e soberana vontade

Acepção jurídica
- **Pessoa jurídica territorial soberana**, regida pelo **Direito Público**
- **Personalidade jurídica**
  - Aptidão genérica para adquirir direitos e contrair obrigações
  - Atributo para ser sujeito nas relações jurídicas

2. Poderes do Estado

Conceito
- Representam uma **divisão estrutural interna**, com finalidade de estabelecer o **equilíbrio** e o **controle** do exercício do poder de soberania
- São **segmentos estruturais** em que se divide o poder geral e abstrato da soberania

Noção histórica

Aristóteles — Identificou **3 funções** exercidas pelo poder soberano
- I - Função Legislativa — Elaborar normas gerais e abstratas
- III - Função Executiva — Aplicar normas gerais aos casos concretos
- III - Função Judicante — Aplicar normas gerais para dirimir eventuais conflitos ocorridos

Montesquieu
- Princípio da **separação dos poderes**
- Propôs que as 3 funções não poderiam ser exercidas pelo mesmo órgão
- Para evitar **abuso** no exercício do **poder**, as funções deveriam ser distribuídas por **centros independentes** entre si, de forma a possibilitar a "limitação do poder pelo poder"

Sistema atual
- **Divisão flexível** das funções estatais
- Cada poder exerce:
  - Uma função **precípua** (típica); e
  - Funções de natureza **acessória** (atípicas)
- Sistema de **freios e contrapesos** — Mecanismo de **controles recíprocos** entre os Poderes

Distribuição das funções na CF/88

Funções TÍPICAS
- Poder Legislativo — Função **legislativa** e de **controle**
- Poder Executivo — Função **administrativa**
- Poder Judiciário — Função **jurisdicional**

Funções ATÍPICAS — **Não** há **exclusividade** no exercício das funções

- Poder Legislativo
  - **Julga** crimes de responsabilidade — Crimes de natureza política (CF, art. 52)
  - **Administra** — Organiza seus serviços internos (CF, arts. 51 e 52)
- Poder Executivo
  - Exerce o poder **regulamentar** (CF, art. 84)
  - **Julga**
    - **Não** é definitivo (**não** faz coisa julgada)
    - Princípio da inafastabilidade da jurisdição (CF, art. 5º, XXXV)
- Poder Judiciário
  - Exerce a função **normativa** — Elabora regimentos internos (CF, art. 96, I, "a")
  - **Administra** — Organiza seus serviços internos (CF, art. 96)

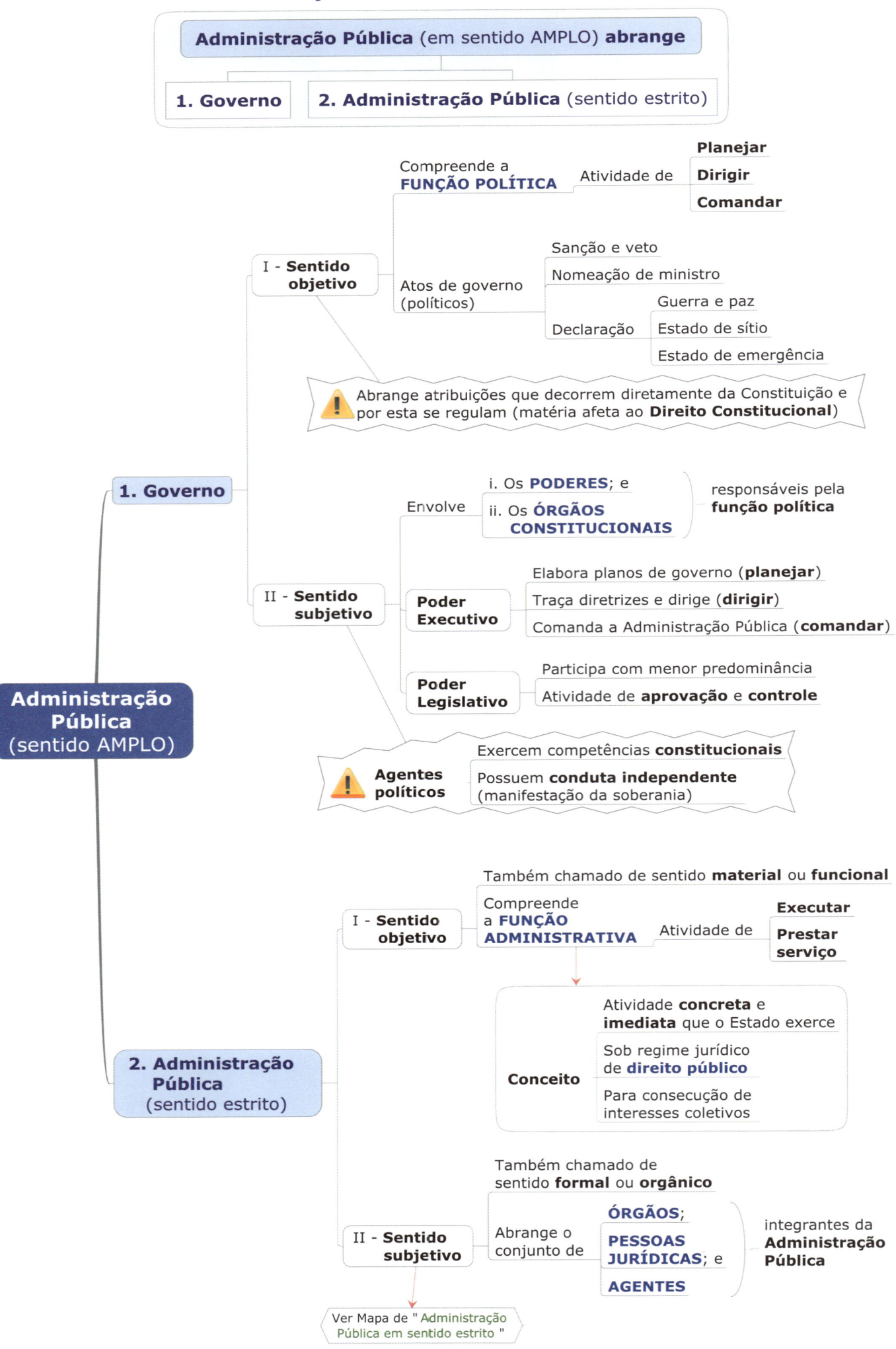

ADMINISTRAÇÃO PÚBLICA EM SENTIDO AMPLO

Administração Pública (em sentido AMPLO) **abrange**
- 1. Governo
- 2. Administração Pública (sentido estrito)

Administração Pública (sentido AMPLO)

1. Governo

I - Sentido objetivo
- Compreende a **FUNÇÃO POLÍTICA** — Atividade de:
  - Planejar
  - Dirigir
  - Comandar
- Atos de governo (políticos):
  - Sanção e veto
  - Nomeação de ministro
  - Declaração:
    - Guerra e paz
    - Estado de sítio
    - Estado de emergência

⚠️ Abrange atribuições que decorrem diretamente da Constituição e por esta se regulam (matéria afeta ao **Direito Constitucional**)

II - Sentido subjetivo
- Envolve:
  - i. Os **PODERES**; e
  - ii. Os **ÓRGÃOS CONSTITUCIONAIS**

  responsáveis pela **função política**

- **Poder Executivo**
  - Elabora planos de governo (**planejar**)
  - Traça diretrizes e dirige (**dirigir**)
  - Comanda a Administração Pública (**comandar**)

- **Poder Legislativo**
  - Participa com menor predominância
  - Atividade de **aprovação** e **controle**

⚠️ **Agentes políticos**
- Exercem competências **constitucionais**
- Possuem **conduta independente** (manifestação da soberania)

2. Administração Pública (sentido estrito)

I - Sentido objetivo
- Também chamado de sentido **material** ou **funcional**
- Compreende a **FUNÇÃO ADMINISTRATIVA** — Atividade de:
  - Executar
  - Prestar serviço

- **Conceito**:
  - Atividade **concreta** e **imediata** que o Estado exerce
  - Sob regime jurídico de **direito público**
  - Para consecução de interesses coletivos

II - Sentido subjetivo
- Também chamado de sentido **formal** ou **orgânico**
- Abrange o conjunto de:
  - **ÓRGÃOS**;
  - **PESSOAS JURÍDICAS**; e
  - **AGENTES**

  integrantes da **Administração Pública**

Ver Mapa de "Administração Pública em sentido estrito"

ADMINISTRAÇÃO PÚBLICA EM SENTIDO ESTRITO

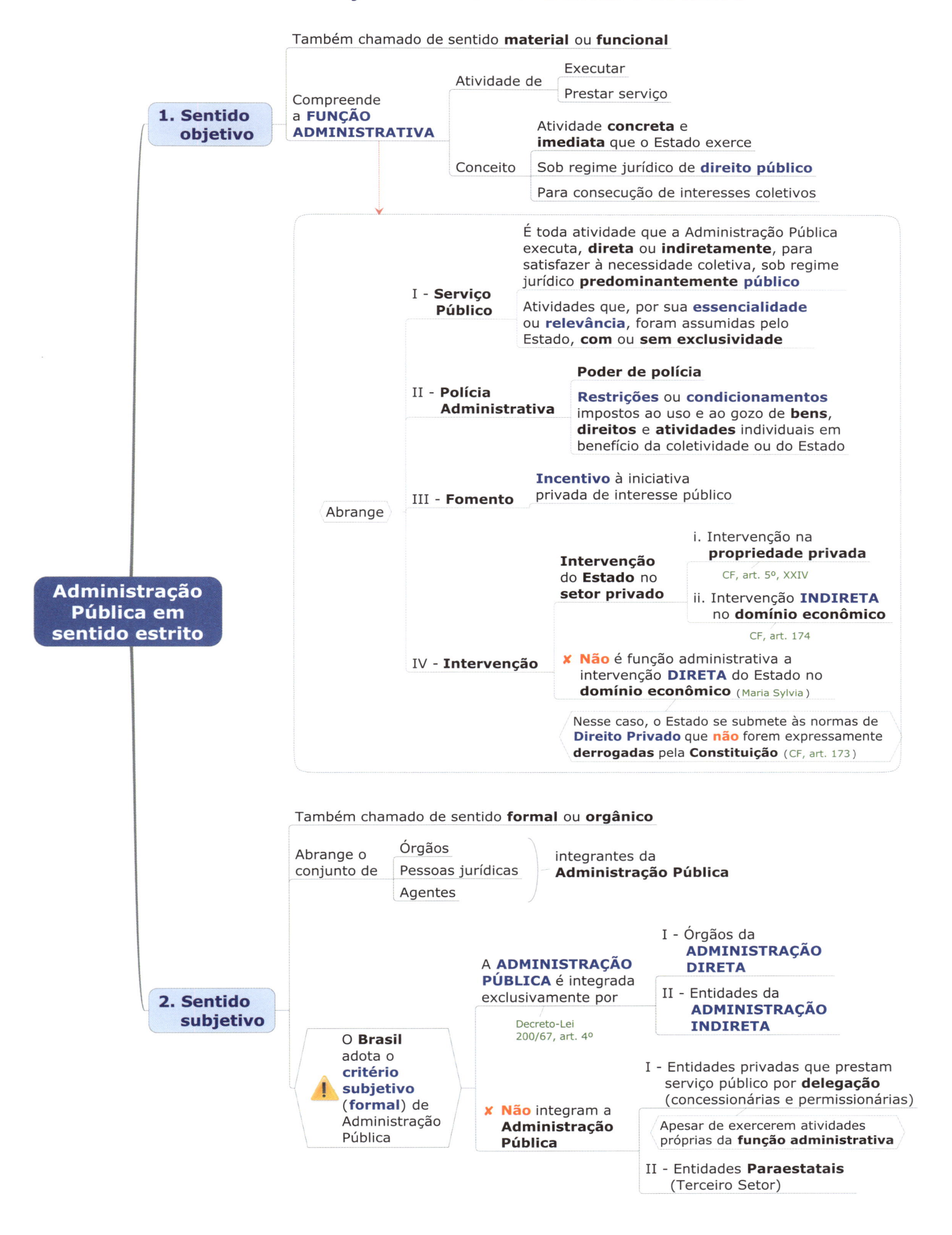

Administração Pública em sentido estrito

1. Sentido objetivo

Também chamado de sentido **material** ou **funcional**

Compreende a **FUNÇÃO ADMINISTRATIVA**:

- **Atividade de**:
  - Executar
  - Prestar serviço
- **Conceito**:
  - Atividade **concreta** e **imediata** que o Estado exerce
  - Sob regime jurídico de **direito público**
  - Para consecução de interesses coletivos

Abrange:

I - Serviço Público
- É toda atividade que a Administração Pública executa, **direta** ou **indiretamente**, para satisfazer à necessidade coletiva, sob regime jurídico **predominantemente público**
- Atividades que, por sua **essencialidade** ou **relevância**, foram assumidas pelo Estado, **com** ou **sem exclusividade**

II - Polícia Administrativa
- **Poder de polícia**
- **Restrições** ou **condicionamentos** impostos ao uso e ao gozo de **bens**, **direitos** e **atividades** individuais em benefício da coletividade ou do Estado

III - Fomento
- **Incentivo** à iniciativa privada de interesse público

IV - Intervenção
- Intervenção do **Estado** no **setor privado**:
  - i. Intervenção na **propriedade privada** (CF, art. 5º, XXIV)
  - ii. Intervenção **INDIRETA** no **domínio econômico** (CF, art. 174)
- ✗ **Não** é função administrativa a intervenção **DIRETA** do Estado no **domínio econômico** (Maria Sylvia)
- Nesse caso, o Estado se submete às normas de **Direito Privado** que **não** forem expressamente **derrogadas** pela **Constituição** (CF, art. 173)

2. Sentido subjetivo

Também chamado de sentido **formal** ou **orgânico**

Abrange o conjunto de:
- Órgãos
- Pessoas jurídicas
- Agentes

integrantes da **Administração Pública**

⚠ O **Brasil** adota o **critério subjetivo** (**formal**) de Administração Pública

A **ADMINISTRAÇÃO PÚBLICA** é integrada exclusivamente por (Decreto-Lei 200/67, art. 4º):
- I - Órgãos da **ADMINISTRAÇÃO DIRETA**
- II - Entidades da **ADMINISTRAÇÃO INDIRETA**

✗ **Não** integram a **Administração Pública**:
- I - Entidades privadas que prestam serviço público por **delegação** (concessionárias e permissionárias)
  - Apesar de exercerem atividades próprias da **função administrativa**
- II - Entidades **Paraestatais** (Terceiro Setor)

CENTRALIZAÇÃO, DESCENTRALIZAÇÃO E DESCONCENTRAÇÃO

Administração Pública

1. Centralização Administrativa
- É forma de organização e atuação administrativa na qual o Estado executa suas tarefas **diretamente**, por meio dos **órgãos** e **agentes** integrantes da **ADMINISTRAÇÃO DIRETA**
- A **execução da atividade** (prestação do serviço) ocorre de forma **direta**

2. Descentralização Administrativa
- É a forma de organização e atuação administrativa na qual o Estado desempenha suas atribuições por meio de **outras pessoas**
- É a distribuição de **competências** de uma para **OUTRA PESSOA**, física ou jurídica
- A **execução da atividade** (prestação do serviço) ocorre de forma **indireta**

Ver Mapa Mental de "Descentralização Administrativa"

Tipos:

I - Outorga (CF, art. 37, XIX)
- *Descentralização por serviços*
- Poder Público **cria** uma pessoa jurídica e a ela atribui a **TITULARIDADE** e a **EXECUÇÃO** de serviço público
- Ocorre mediante **LEI**
- Pressupõe a edição de uma lei que **institua** a entidade, ou **autorize** sua criação

II - Delegação (CF, art. 175)
- *Descentralização por colaboração*
- Poder Público atribui a uma pessoa jurídica de direito **privado** a **EXECUÇÃO** de serviço público
- Ocorre mediante **CONTRATO**; ou **ATO UNILATERAL**

III - Territorial (CF, art. 18, § 2º e art. 33)
- *Descentralização geográfica*
- **Territórios Federais** — Autarquia territorial ou geográfica
- Entidade local, geograficamente delimitada, com personalidade jurídica própria, de direito **público**, com **capacidade administrativa genérica**

3. Desconcentração Administrativa
- É técnica administrativa de distribuição **INTERNA** de **competências** dentro de **uma mesma pessoa jurídica**
- Repartição de funções entre vários **órgãos despersonalizados** que compõem a **hierarquia**
  - **Ex.:** União distribui competências para os ministérios
- Desconcentração envolve **UMA** só **PESSOA** jurídica
- Ocorre tanto na **administração direta**, quanto na **administração indireta**
- A **execução da atividade** (prestação do serviço) ocorre de forma **direta**

AUTOTUTELA
- É o **controle** exercido na desconcentração administrativa e abrange os exames de:
  - **I - Legalidade** — Poder de **anular** seus atos, se ilegais
  - **II - Mérito** — Poder de **regovar** seus atos, por conveniência ou oportunidade
- Trata-se de controle **HIERÁRQUICO**
  - Ocorre nas relações de **hierarquia** e de **subordinação** existentes entre os órgãos resultantes da **desconcentração** (de caráter **interno**)
  - **Ex.:** Recurso hierárquico, revogação de ato administrativo

ADMINISTRAÇÃO PÚBLICA - DESCENTRALIZAÇÃO ADMINISTRATIVA

Descentralização Administrativa

1. Conceito

Forma de organização e atuação administrativa na qual o Estado desempenha suas atribuições por meio de **outras pessoas**

É a distribuição de **competências** de uma para **outra pessoa**, física ou jurídica

A **execução da atividade** (prestação do serviço) ocorre de forma **indireta**

Formas de descentralização
- I - **Outorga**
- II - **Delegação**
- III - **Territorial (geográfica)**

⚠ ✘ **Não** há **hierarquia** nas formas de descentralização

Entre a Administração direta e indireta:
- ✔ Há **VINCULAÇÃO**
- ✘ **Não** há **subordinação**

2. Outorga

Descentralização por **SERVIÇOS**

Poder Público **cria** uma **pessoa jurídica** e a ela atribui a **TITULARIDADE**; e **EXECUÇÃO** de serviço público

O ente que cria a entidade **perde** a **disponibilidade** sobre o serviço, pois, para **retomá-lo**, depende de **lei**

Pressupõe obrigatoriamente a edição de uma **LEI específica** que:
- **CRIA** a entidade → Pessoa jurídica de direito **PÚBLICO**
- **AUTORIZA** a sua criação → Pessoa jurídica de direito **PRIVADO**

⚠ Só adquire personalidade jurídica com a **inscrição** de seu **ato constitutivo** no registro público competente

Ver Mapa Mental de "Outorga"

3. Delegação

Descentralização por **COLABORAÇÃO**

Poder Público atribui a uma pessoa jurídica de direito **privado** a **EXECUÇÃO** de serviço público

O Poder Público conserva, assim, a **titularidade** do serviço

Ocorre mediante **CONTRATO** ou **ATO UNILATERAL**

Tipos

I - Por contrato administrativo (CF, art. 175)
- Efetivada por prazo determinado
- Modalidades: **Concessão** / **Permissão**

II - Por ato administrativo (CF, art. 21, XI e XII)
- Em regra, não há prazo certo, em razão da **precariedade** (possibilidade de **revogação** a qualquer tempo)
- Modalidade: **Autorização** de serviço público

⚠ A transferência **não** é da **prestação**, mas sim da **exploração** de determinado serviço público

4. Territorial

Descentralização **GEOGRÁFICA**

Territórios Federais
- Autarquia territorial ou geográfica (CF, arts. 18 e 33)
- Entidade local, geograficamente delimitada, dotada de personalidade jurídica própria, de direito **público**, com capacidade **administrativa genérica** (Maria Sylvia)

Características
- I - Personalidade jurídica de direito público
- II - Capacidade de autoadministração
- III - Delimitação geográfica
- IV - Capacidade administrativa genérica (atuação em diversas áreas do setor público)
- V - Sujeição ao controle pelo poder central

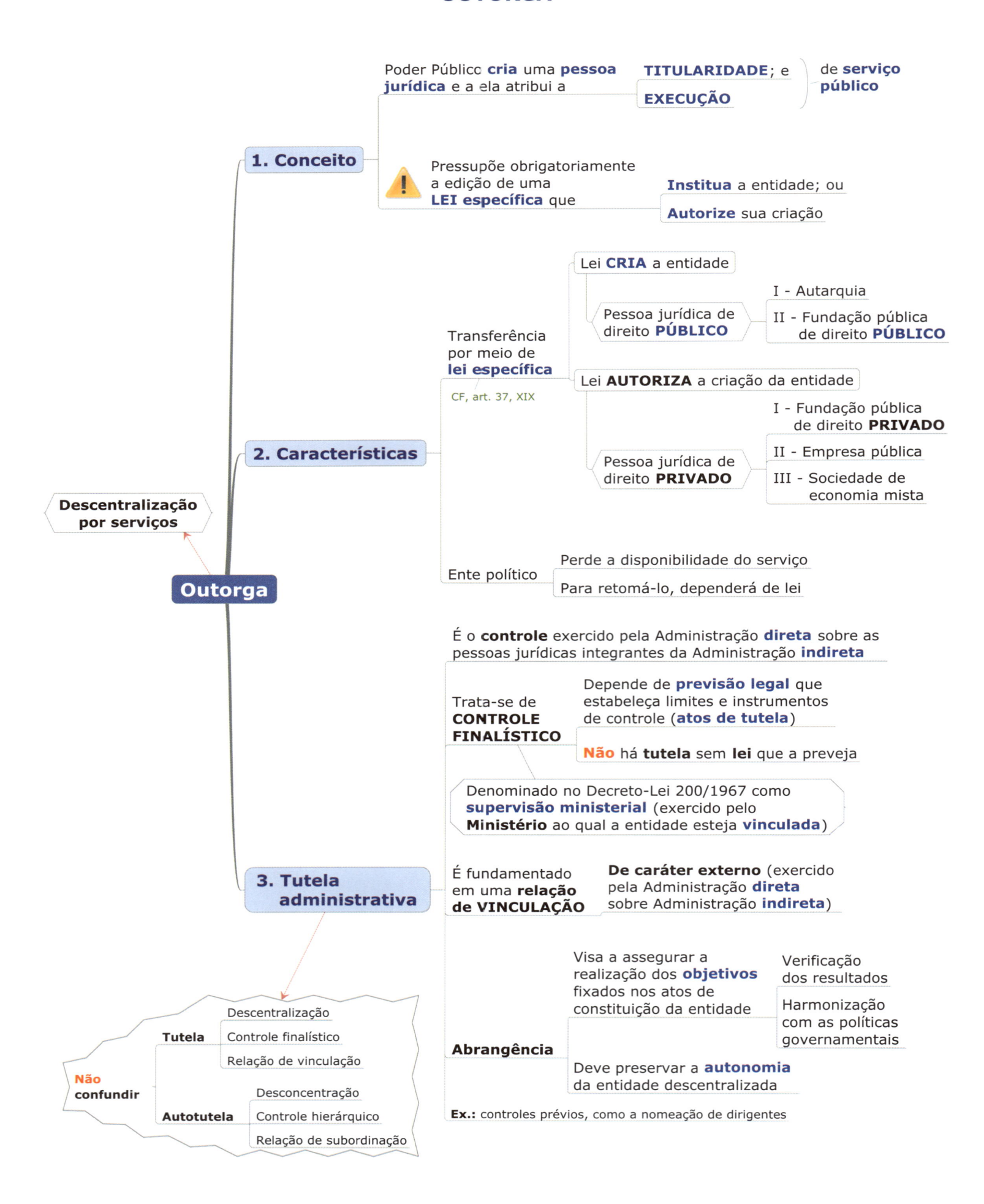

ADMINISTRAÇÃO PÚBLICA - DESCENTRALIZAÇÃO ADMINISTRATIVA POR OUTORGA

Descentralização por serviços → **Outorga** (Descentralização)

1. Conceito

- Poder Público **cria** uma **pessoa jurídica** e a ela atribui a **TITULARIDADE**; e **EXECUÇÃO** de **serviço público**
- ⚠ Pressupõe obrigatoriamente a edição de uma **LEI específica** que:
  - **Institua** a entidade; ou
  - **Autorize** sua criação

2. Características

Transferência por meio de **lei específica** (CF, art. 37, XIX):

- Lei **CRIA** a entidade → Pessoa jurídica de direito **PÚBLICO**
  - I - Autarquia
  - II - Fundação pública de direito **PÚBLICO**
- Lei **AUTORIZA** a criação da entidade → Pessoa jurídica de direito **PRIVADO**
  - I - Fundação pública de direito **PRIVADO**
  - II - Empresa pública
  - III - Sociedade de economia mista

Ente político:
- Perde a disponibilidade do serviço
- Para retomá-lo, dependerá de lei

3. Tutela administrativa

É o **controle** exercido pela Administração **direta** sobre as pessoas jurídicas integrantes da Administração **indireta**

Trata-se de **CONTROLE FINALÍSTICO**:
- Depende de **previsão legal** que estabeleça limites e instrumentos de controle (**atos de tutela**)
- **Não** há **tutela** sem **lei** que a preveja

Denominado no Decreto-Lei 200/1967 como **supervisão ministerial** (exercido pelo **Ministério** ao qual a entidade esteja **vinculada**)

É fundamentado em uma **relação de VINCULAÇÃO**:
- **De caráter externo** (exercido pela Administração **direta** sobre Administração **indireta**)

Abrangência:
- Visa a assegurar a realização dos **objetivos** fixados nos atos de constituição da entidade
  - Verificação dos resultados
  - Harmonização com as políticas governamentais
- Deve preservar a **autonomia** da entidade descentralizada
- **Ex.**: controles prévios, como a nomeação de dirigentes

Não confundir:

Tutela	Descentralização
	Controle finalístico
	Relação de vinculação
Autotutela	Desconcentração
	Controle hierárquico
	Relação de subordinação

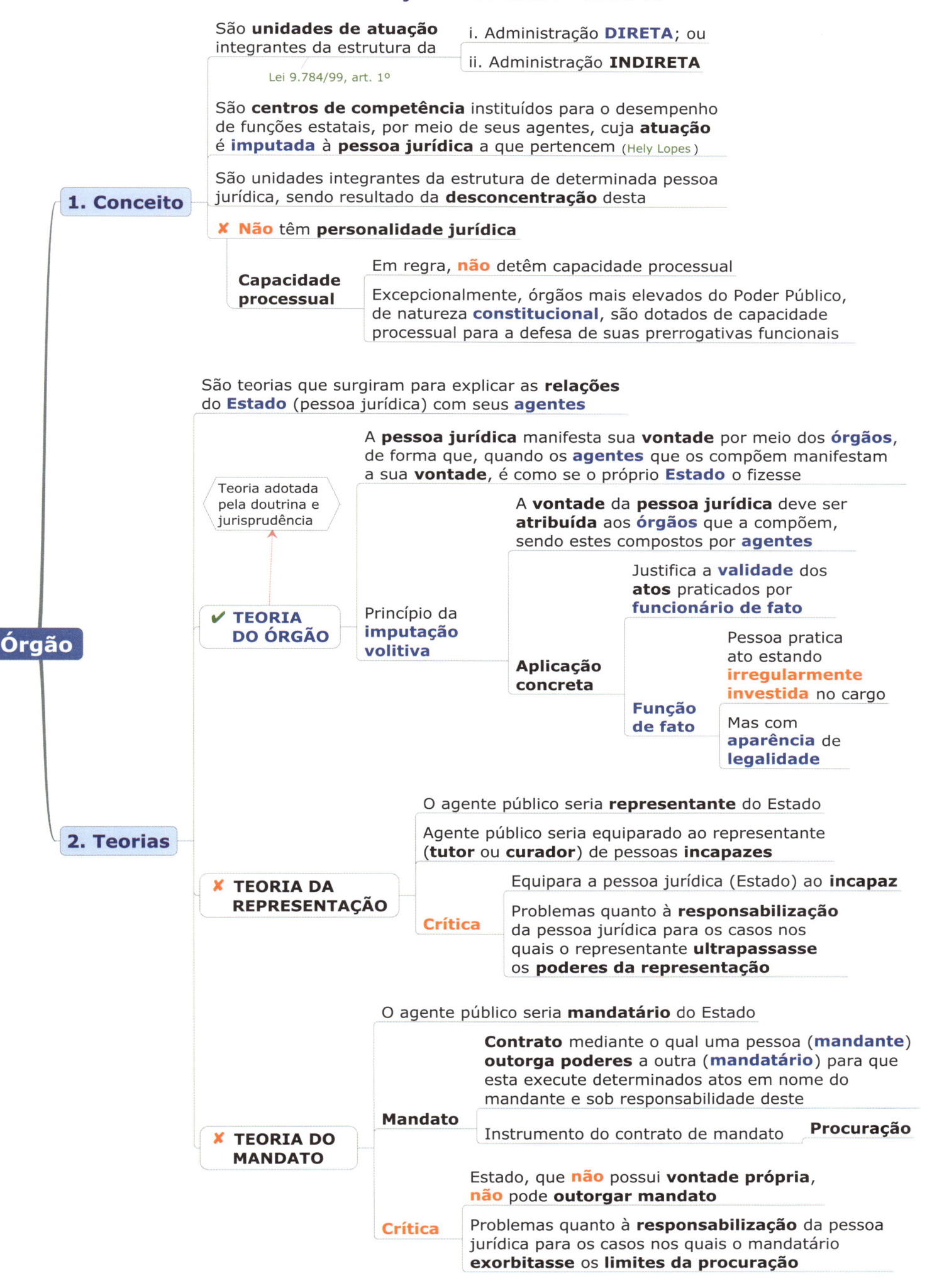

ADMINISTRAÇÃO PÚBLICA - ÓRGÃO

Órgão

1. Conceito

- São **unidades de atuação** integrantes da estrutura da (Lei 9.784/99, art. 1º)
  - i. Administração **DIRETA**; ou
  - ii. Administração **INDIRETA**

- São **centros de competência** instituídos para o desempenho de funções estatais, por meio de seus agentes, cuja **atuação** é **imputada** à **pessoa jurídica** a que pertencem (Hely Lopes)

- São unidades integrantes da estrutura de determinada pessoa jurídica, sendo resultado da **desconcentração** desta

- ✗ **Não** têm **personalidade jurídica**

- **Capacidade processual**
  - Em regra, **não** detêm capacidade processual
  - Excepcionalmente, órgãos mais elevados do Poder Público, de natureza **constitucional**, são dotados de capacidade processual para a defesa de suas prerrogativas funcionais

2. Teorias

São teorias que surgiram para explicar as **relações** do **Estado** (pessoa jurídica) com seus **agentes**

✓ TEORIA DO ÓRGÃO (Teoria adotada pela doutrina e jurisprudência)

- A **pessoa jurídica** manifesta sua **vontade** por meio dos **órgãos**, de forma que, quando os **agentes** que os compõem manifestam a sua **vontade**, é como se o próprio **Estado** o fizesse

- **Princípio da imputação volitiva**
  - A **vontade** da **pessoa jurídica** deve ser **atribuída** aos **órgãos** que a compõem, sendo estes compostos por **agentes**
  - **Aplicação concreta**
    - Justifica a **validade** dos **atos** praticados por **funcionário de fato**
    - **Função de fato**
      - Pessoa pratica ato estando **irregularmente investida** no cargo
      - Mas com **aparência** de **legalidade**

✗ TEORIA DA REPRESENTAÇÃO

- O agente público seria **representante** do Estado
- Agente público seria equiparado ao representante (**tutor** ou **curador**) de pessoas **incapazes**
- **Crítica**
  - Equipara a pessoa jurídica (Estado) ao **incapaz**
  - Problemas quanto à **responsabilização** da pessoa jurídica para os casos nos quais o representante **ultrapassasse** os **poderes da representação**

✗ TEORIA DO MANDATO

- O agente público seria **mandatário** do Estado
- **Mandato**
  - **Contrato** mediante o qual uma pessoa (**mandante**) **outorga poderes** a outra (**mandatário**) para que esta execute determinados atos em nome do mandante e sob responsabilidade deste
  - Instrumento do contrato de mandato — **Procuração**
- **Crítica**
  - Estado, que **não** possui **vontade própria**, **não** pode **outorgar mandato**
  - Problemas quanto à **responsabilização** da pessoa jurídica para os casos nos quais o mandatário **exorbitasse** os **limites da procuração**

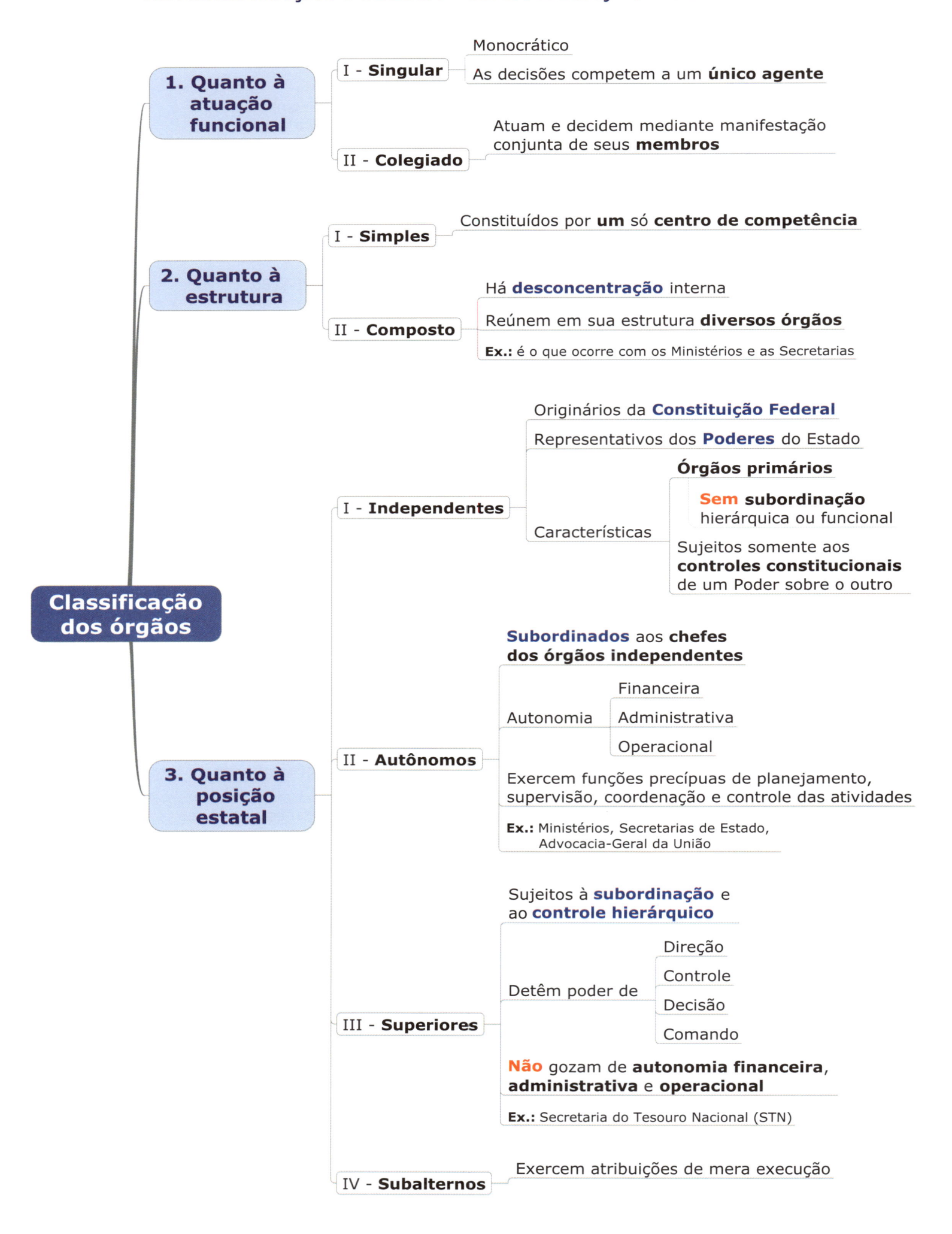

ADMINISTRAÇÃO PÚBLICA - CLASSIFICAÇÃO DOS ÓRGÃOS

Classificação dos órgãos

- **1. Quanto à atuação funcional**
  - **I - Singular**
    - Monocrático
    - As decisões competem a um **único agente**
  - **II - Colegiado**
    - Atuam e decidem mediante manifestação conjunta de seus **membros**

- **2. Quanto à estrutura**
  - **I - Simples**
    - Constituídos por **um** só **centro de competência**
  - **II - Composto**
    - Há **desconcentração** interna
    - Reúnem em sua estrutura **diversos órgãos**
    - **Ex.:** é o que ocorre com os Ministérios e as Secretarias

- **3. Quanto à posição estatal**
  - **I - Independentes**
    - Originários da **Constituição Federal**
    - Representativos dos **Poderes** do Estado
    - Características
      - **Órgãos primários**
      - **Sem subordinação** hierárquica ou funcional
      - Sujeitos somente aos **controles constitucionais** de um Poder sobre o outro
  - **II - Autônomos**
    - **Subordinados** aos **chefes dos órgãos independentes**
    - Autonomia
      - Financeira
      - Administrativa
      - Operacional
    - Exercem funções precípuas de planejamento, supervisão, coordenação e controle das atividades
    - **Ex.:** Ministérios, Secretarias de Estado, Advocacia-Geral da União
  - **III - Superiores**
    - Sujeitos à **subordinação** e ao **controle hierárquico**
    - Detêm poder de
      - Direção
      - Controle
      - Decisão
      - Comando
    - **Não** gozam de **autonomia financeira, administrativa e operacional**
    - **Ex.:** Secretaria do Tesouro Nacional (STN)
  - **IV - Subalternos**
    - Exercem atribuições de mera execução

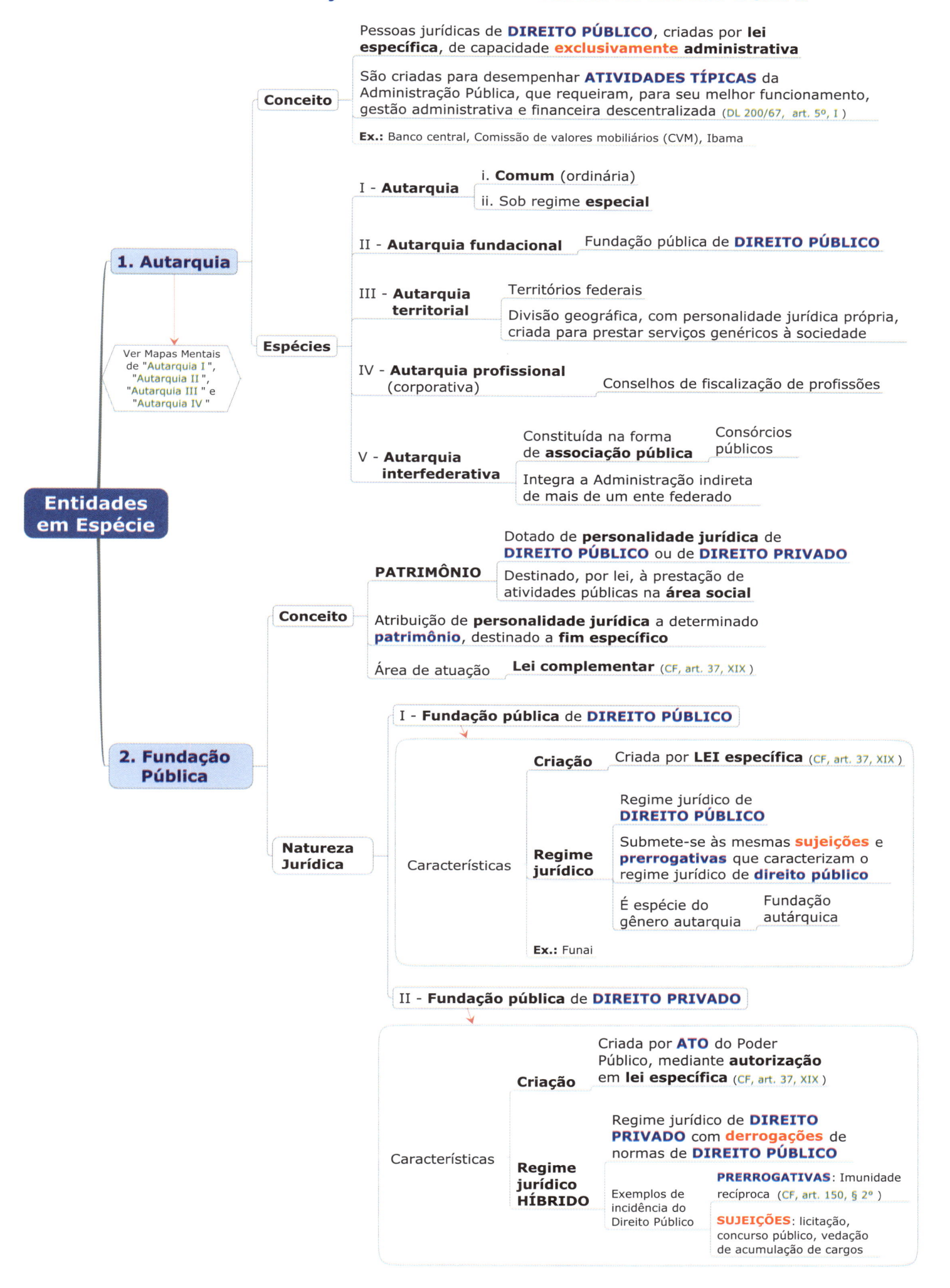

ADMINISTRAÇÃO PÚBLICA - ENTIDADES EM ESPÉCIE I

Entidades em Espécie

1. Autarquia

Ver Mapas Mentais de "Autarquia I", "Autarquia II", "Autarquia III" e "Autarquia IV"

Conceito
- Pessoas jurídicas de **DIREITO PÚBLICO**, criadas por **lei específica**, de capacidade **exclusivamente** administrativa
- São criadas para desempenhar **ATIVIDADES TÍPICAS** da Administração Pública, que requeiram, para seu melhor funcionamento, gestão administrativa e financeira descentralizada (DL 200/67, art. 5º, I)
- **Ex.:** Banco central, Comissão de valores mobiliários (CVM), Ibama

Espécies
- **I - Autarquia**
  - i. **Comum** (ordinária)
  - ii. Sob regime **especial**
- **II - Autarquia fundacional** — Fundação pública de **DIREITO PÚBLICO**
- **III - Autarquia territorial**
  - Territórios federais
  - Divisão geográfica, com personalidade jurídica própria, criada para prestar serviços genéricos à sociedade
- **IV - Autarquia profissional** (corporativa) — Conselhos de fiscalização de profissões
- **V - Autarquia interfederativa**
  - Constituída na forma de **associação pública** — Consórcios públicos
  - Integra a Administração indireta de mais de um ente federado

2. Fundação Pública

Conceito
- **PATRIMÔNIO**
  - Dotado de **personalidade jurídica** de **DIREITO PÚBLICO** ou de **DIREITO PRIVADO**
  - Destinado, por lei, à prestação de atividades públicas na **área social**
- Atribuição de **personalidade jurídica** a determinado **patrimônio**, destinado a **fim específico**
- Área de atuação — **Lei complementar** (CF, art. 37, XIX)

Natureza Jurídica

I - Fundação pública de DIREITO PÚBLICO

Características:
- **Criação**: Criada por **LEI específica** (CF, art. 37, XIX)
- **Regime jurídico**:
  - Regime jurídico de **DIREITO PÚBLICO**
  - Submete-se às mesmas **sujeições** e **prerrogativas** que caracterizam o regime jurídico de **direito público**
  - É espécie do gênero autarquia — Fundação autárquica
- **Ex.:** Funai

II - Fundação pública de DIREITO PRIVADO

Características:
- **Criação**: Criada por **ATO** do Poder Público, mediante **autorização** em **lei específica** (CF, art. 37, XIX)
- **Regime jurídico HÍBRIDO**:
  - Regime jurídico de **DIREITO PRIVADO** com **derrogações** de normas de **DIREITO PÚBLICO**
  - Exemplos de incidência do Direito Público:
    - **PRERROGATIVAS**: Imunidade recíproca (CF, art. 150, § 2º)
    - **SUJEIÇÕES**: licitação, concurso público, vedação de acumulação de cargos

17

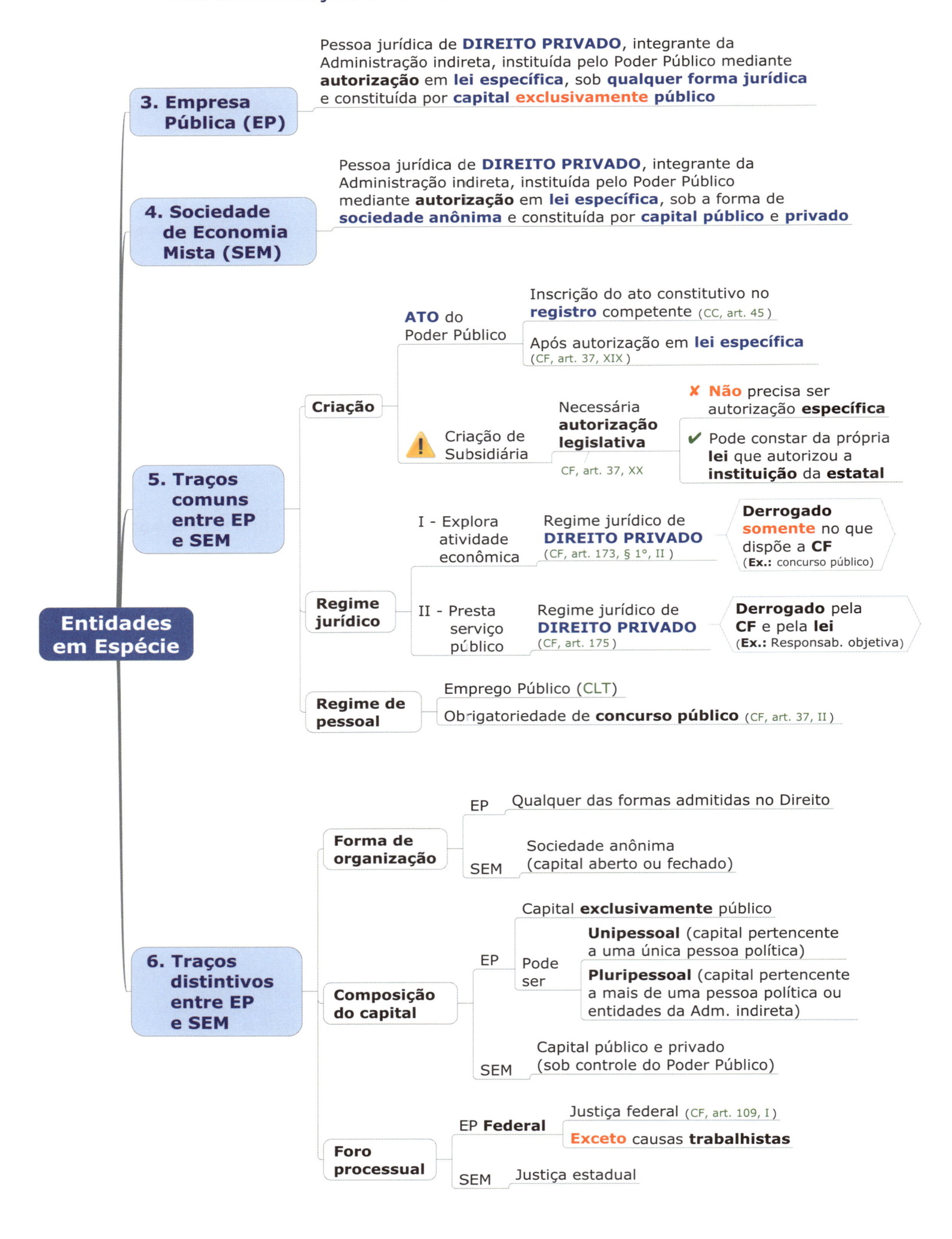

ADMINISTRAÇÃO PÚBLICA - ENTIDADES EM ESPÉCIE II

Entidades em Espécie

3. Empresa Pública (EP)
Pessoa jurídica de **DIREITO PRIVADO**, integrante da Administração indireta, instituída pelo Poder Público mediante **autorização** em **lei específica**, sob **qualquer forma jurídica** e constituída por **capital exclusivamente público**

4. Sociedade de Economia Mista (SEM)
Pessoa jurídica de **DIREITO PRIVADO**, integrante da Administração indireta, instituída pelo Poder Público mediante **autorização** em **lei específica**, sob a forma de **sociedade anônima** e constituída por **capital público** e **privado**

5. Traços comuns entre EP e SEM

- **Criação**
  - **ATO** do Poder Público
    - Inscrição do ato constitutivo no **registro** competente (CC, art. 45)
    - Após autorização em **lei específica** (CF, art. 37, XIX)
  - ⚠ Criação de Subsidiária — Necessária **autorização legislativa** (CF, art. 37, XX)
    - ✗ **Não** precisa ser autorização **específica**
    - ✔ Pode constar da própria **lei** que autorizou a **instituição** da **estatal**

- **Regime jurídico**
  - I - Explora atividade econômica — Regime jurídico de **DIREITO PRIVADO** (CF, art. 173, § 1º, II)
    - **Derrogado somente** no que dispõe a **CF** (**Ex.:** concurso público)
  - II - Presta serviço público — Regime jurídico de **DIREITO PRIVADO** (CF, art. 175)
    - **Derrogado** pela **CF** e pela **lei** (**Ex.:** Responsab. objetiva)

- **Regime de pessoal**
  - Emprego Público (CLT)
  - Obrigatoriedade de **concurso público** (CF, art. 37, II)

6. Traços distintivos entre EP e SEM

- **Forma de organização**
  - EP — Qualquer das formas admitidas no Direito
  - SEM — Sociedade anônima (capital aberto ou fechado)

- **Composição do capital**
  - EP — Capital **exclusivamente** público. Pode ser:
    - **Unipessoal** (capital pertencente a uma única pessoa política)
    - **Pluripessoal** (capital pertencente a mais de uma pessoa política ou entidades da Adm. indireta)
  - SEM — Capital público e privado (sob controle do Poder Público)

- **Foro processual**
  - EP Federal — Justiça federal (CF, art. 109, I) — **Exceto** causas **trabalhistas**
  - SEM — Justiça estadual

ADMINISTRAÇÃO PÚBLICA - AUTARQUIA I - CONCEITO E ESPÉCIES

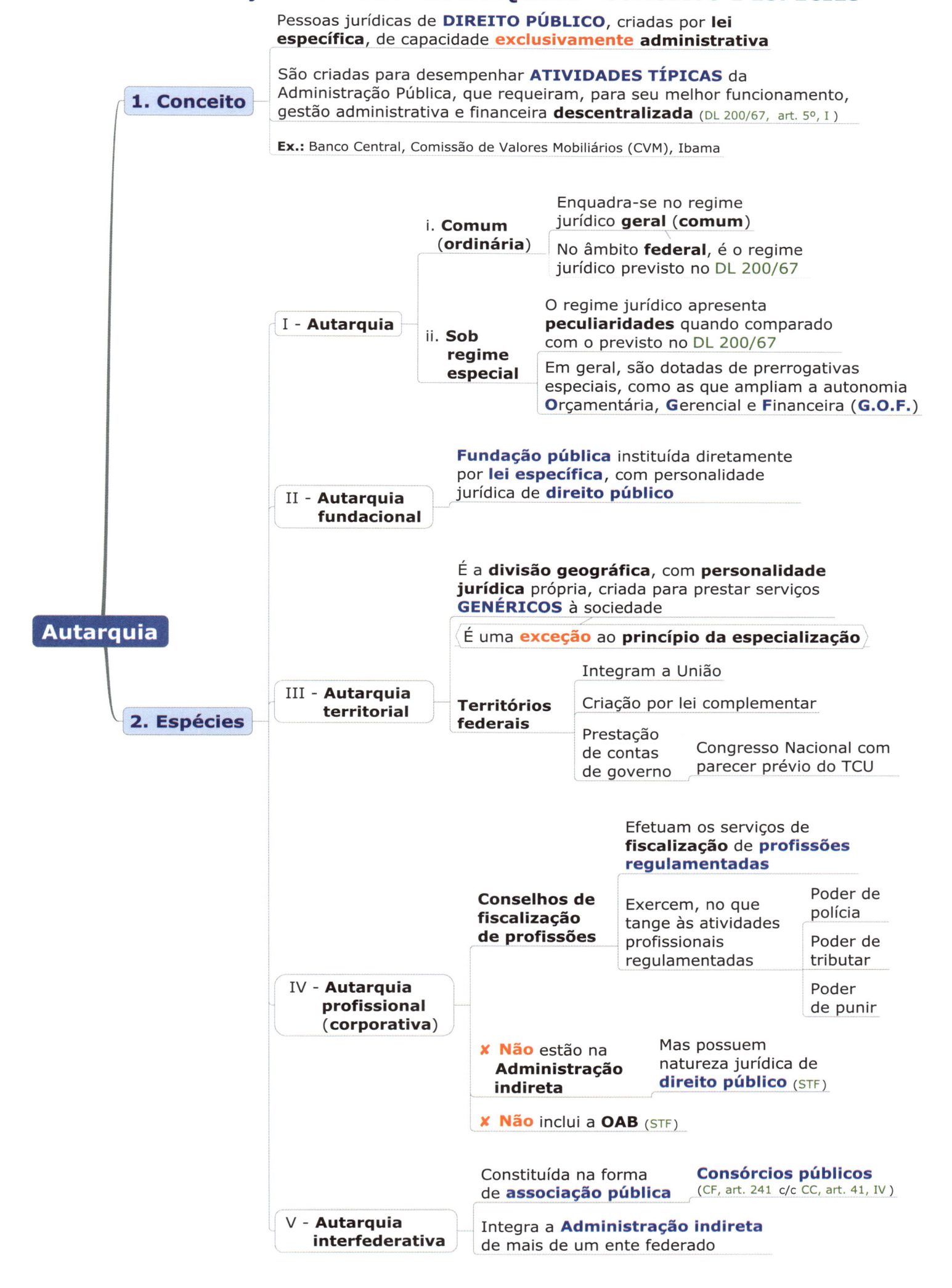

Autarquia

1. Conceito

- Pessoas jurídicas de **DIREITO PÚBLICO**, criadas por **lei específica**, de capacidade **exclusivamente** administrativa
- São criadas para desempenhar **ATIVIDADES TÍPICAS** da Administração Pública, que requeiram, para seu melhor funcionamento, gestão administrativa e financeira **descentralizada** (DL 200/67, art. 5º, I)
- **Ex.:** Banco Central, Comissão de Valores Mobiliários (CVM), Ibama

2. Espécies

I - Autarquia

- **i. Comum (ordinária)**
  - Enquadra-se no regime jurídico geral (**comum**)
  - No âmbito **federal**, é o regime jurídico previsto no DL 200/67
- **ii. Sob regime especial**
  - O regime jurídico apresenta **peculiaridades** quando comparado com o previsto no DL 200/67
  - Em geral, são dotadas de prerrogativas especiais, como as que ampliam a autonomia **O**rçamentária, **G**erencial e **F**inanceira (**G.O.F.**)

II - Autarquia fundacional

- **Fundação pública** instituída diretamente por **lei específica**, com personalidade jurídica de **direito público**

III - Autarquia territorial

- É a **divisão geográfica**, com **personalidade jurídica** própria, criada para prestar serviços **GENÉRICOS** à sociedade
- É uma **exceção** ao **princípio da especialização**
- **Territórios federais**
  - Integram a União
  - Criação por lei complementar
  - Prestação de contas de governo — Congresso Nacional com parecer prévio do TCU

IV - Autarquia profissional (corporativa)

- **Conselhos de fiscalização de profissões**
  - Efetuam os serviços de **fiscalização** de **profissões regulamentadas**
  - Exercem, no que tange às atividades profissionais regulamentadas:
    - Poder de polícia
    - Poder de tributar
    - Poder de punir
- ✗ **Não** estão na **Administração indireta** — Mas possuem natureza jurídica de **direito público** (STF)
- ✗ **Não** inclui a **OAB** (STF)

V - Autarquia interfederativa

- Constituída na forma de **associação pública** — **Consórcios públicos** (CF, art. 241 c/c CC, art. 41, IV)
- Integra a **Administração indireta** de mais de um ente federado

AUTARQUIA II - CARACTERÍSTICAS

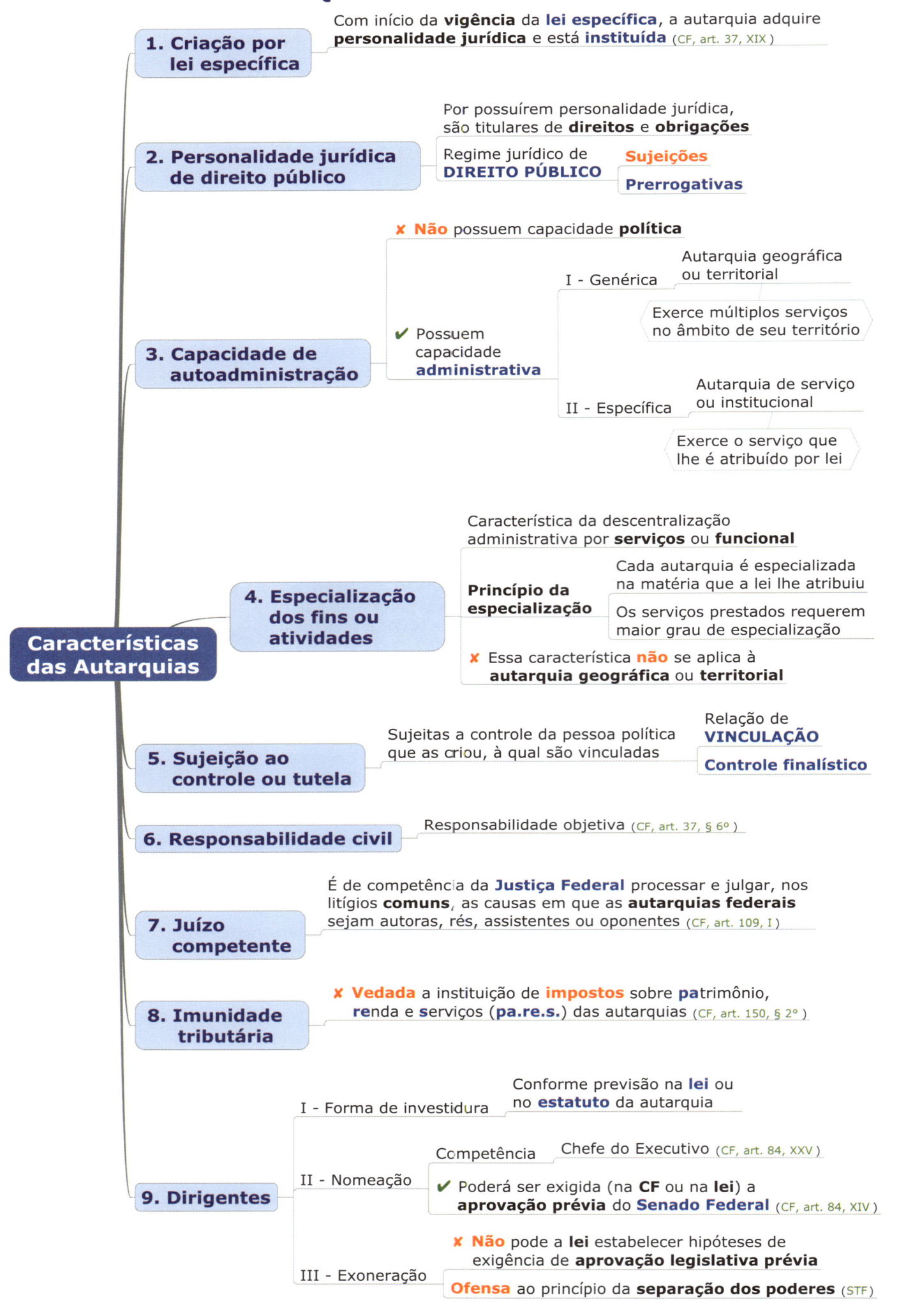

Características das Autarquias

1. Criação por lei específica
- Com início da **vigência** da **lei específica**, a autarquia adquire **personalidade jurídica** e está **instituída** (CF, art. 37, XIX)

2. Personalidade jurídica de direito público
- Por possuírem personalidade jurídica, são titulares de **direitos** e **obrigações**
- Regime jurídico de **DIREITO PÚBLICO**
  - Sujeições
  - Prerrogativas

3. Capacidade de autoadministração
- ✗ **Não** possuem capacidade **política**
- ✓ Possuem capacidade **administrativa**
  - I - Genérica
    - Autarquia geográfica ou territorial
    - Exerce múltiplos serviços no âmbito de seu território
  - II - Específica
    - Autarquia de serviço ou institucional
    - Exerce o serviço que lhe é atribuído por lei

4. Especialização dos fins ou atividades
- Característica da descentralização administrativa por **serviços** ou **funcional**
- **Princípio da especialização**
  - Cada autarquia é especializada na matéria que a lei lhe atribuiu
  - Os serviços prestados requerem maior grau de especialização
- ✗ Essa característica **não** se aplica à **autarquia geográfica** ou **territorial**

5. Sujeição ao controle ou tutela
- Sujeitas a controle da pessoa política que as criou, à qual são vinculadas
  - Relação de **VINCULAÇÃO**
  - **Controle finalístico**

6. Responsabilidade civil
- Responsabilidade objetiva (CF, art. 37, § 6º)

7. Juízo competente
- É de competência da **Justiça Federal** processar e julgar, nos litígios **comuns**, as causas em que as **autarquias federais** sejam autoras, rés, assistentes ou oponentes (CF, art. 109, I)

8. Imunidade tributária
- ✗ **Vedada** a instituição de **impostos** sobre **pa**trimônio, **re**nda e **s**erviços (**pa.re.s.**) das autarquias (CF, art. 150, § 2º)

9. Dirigentes
- I - Forma de investidura
  - Conforme previsão na **lei** ou no **estatuto** da autarquia
- II - Nomeação
  - Competência: Chefe do Executivo (CF, art. 84, XXV)
  - ✓ Poderá ser exigida (na **CF** ou na **lei**) a **aprovação prévia** do **Senado Federal** (CF, art. 84, XIV)
- III - Exoneração
  - ✗ **Não** pode a **lei** estabelecer hipóteses de exigência de **aprovação legislativa prévia**
  - **Ofensa** ao princípio da **separação dos poderes** (STF)

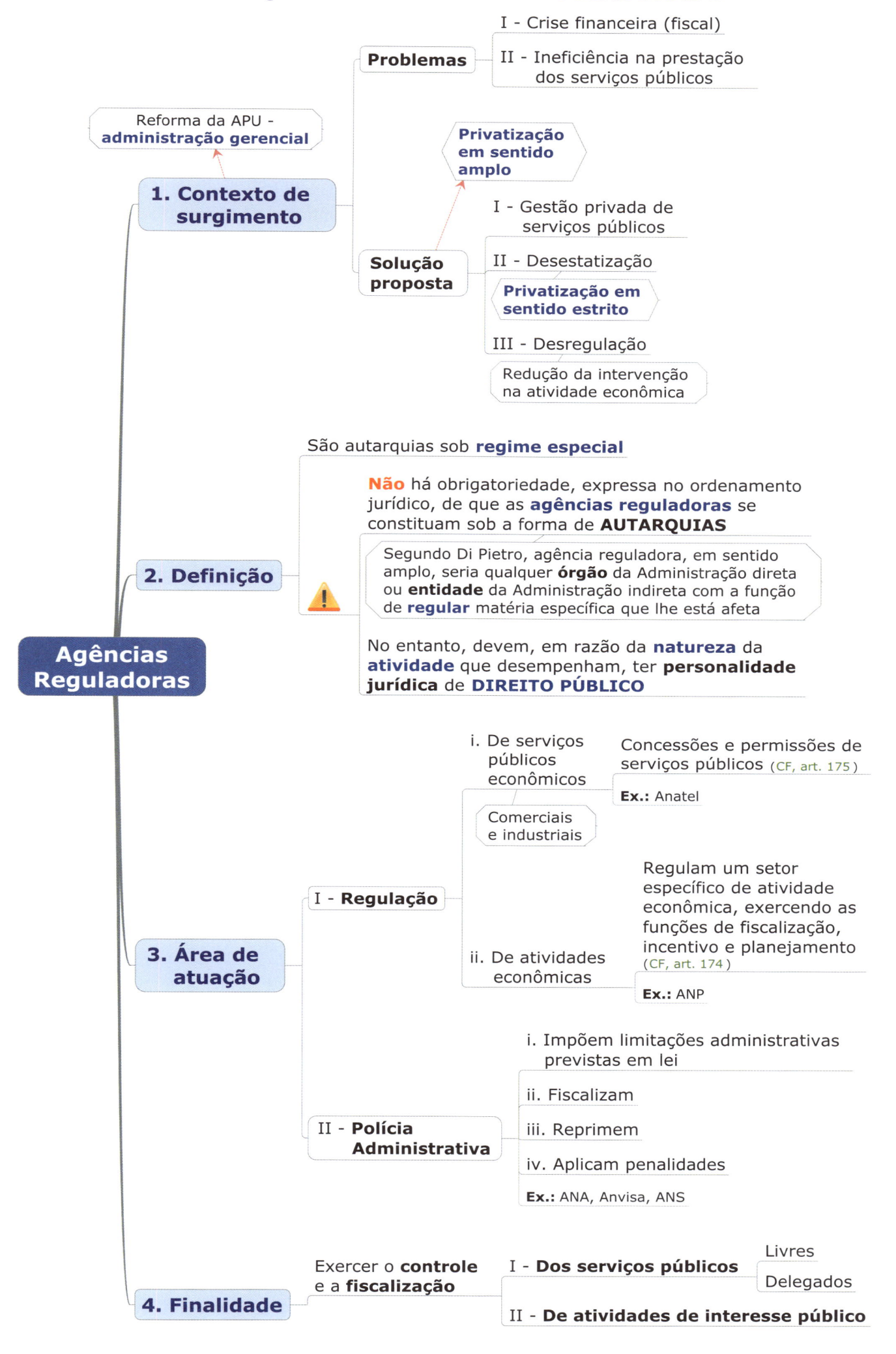

AUTARQUIA III - AGÊNCIAS REGULADORAS I

Agências Reguladoras

1. Contexto de surgimento

Reforma da APU - **administração gerencial**

- **Problemas**
  - I - Crise financeira (fiscal)
  - II - Ineficiência na prestação dos serviços públicos

- **Solução proposta** → **Privatização em sentido amplo**
  - I - Gestão privada de serviços públicos
  - II - Desestatização → **Privatização em sentido estrito**
  - III - Desregulação → Redução da intervenção na atividade econômica

2. Definição

São autarquias sob **regime especial**

⚠️ **Não** há obrigatoriedade, expressa no ordenamento jurídico, de que as **agências reguladoras** se constituam sob a forma de AUTARQUIAS

Segundo Di Pietro, agência reguladora, em sentido amplo, seria qualquer **órgão** da Administração direta ou **entidade** da Administração indireta com a função de **regular** matéria específica que lhe está afeta

No entanto, devem, em razão da **natureza** da **atividade** que desempenham, ter **personalidade jurídica** de **DIREITO PÚBLICO**

3. Área de atuação

- **I - Regulação**
  - i. De serviços públicos econômicos — Concessões e permissões de serviços públicos (CF, art. 175)
    - **Ex.:** Anatel
  - Comerciais e industriais
  - ii. De atividades econômicas — Regulam um setor específico de atividade econômica, exercendo as funções de fiscalização, incentivo e planejamento (CF, art. 174)
    - **Ex.:** ANP

- **II - Polícia Administrativa**
  - i. Impõem limitações administrativas previstas em lei
  - ii. Fiscalizam
  - iii. Reprimem
  - iv. Aplicam penalidades
  - **Ex.:** ANA, Anvisa, ANS

4. Finalidade

Exercer o **controle** e a **fiscalização**
- **I - Dos serviços públicos**
  - Livres
  - Delegados
- **II - De atividades de interesse público**

AUTARQUIA IV - AGÊNCIAS REGULADORAS II

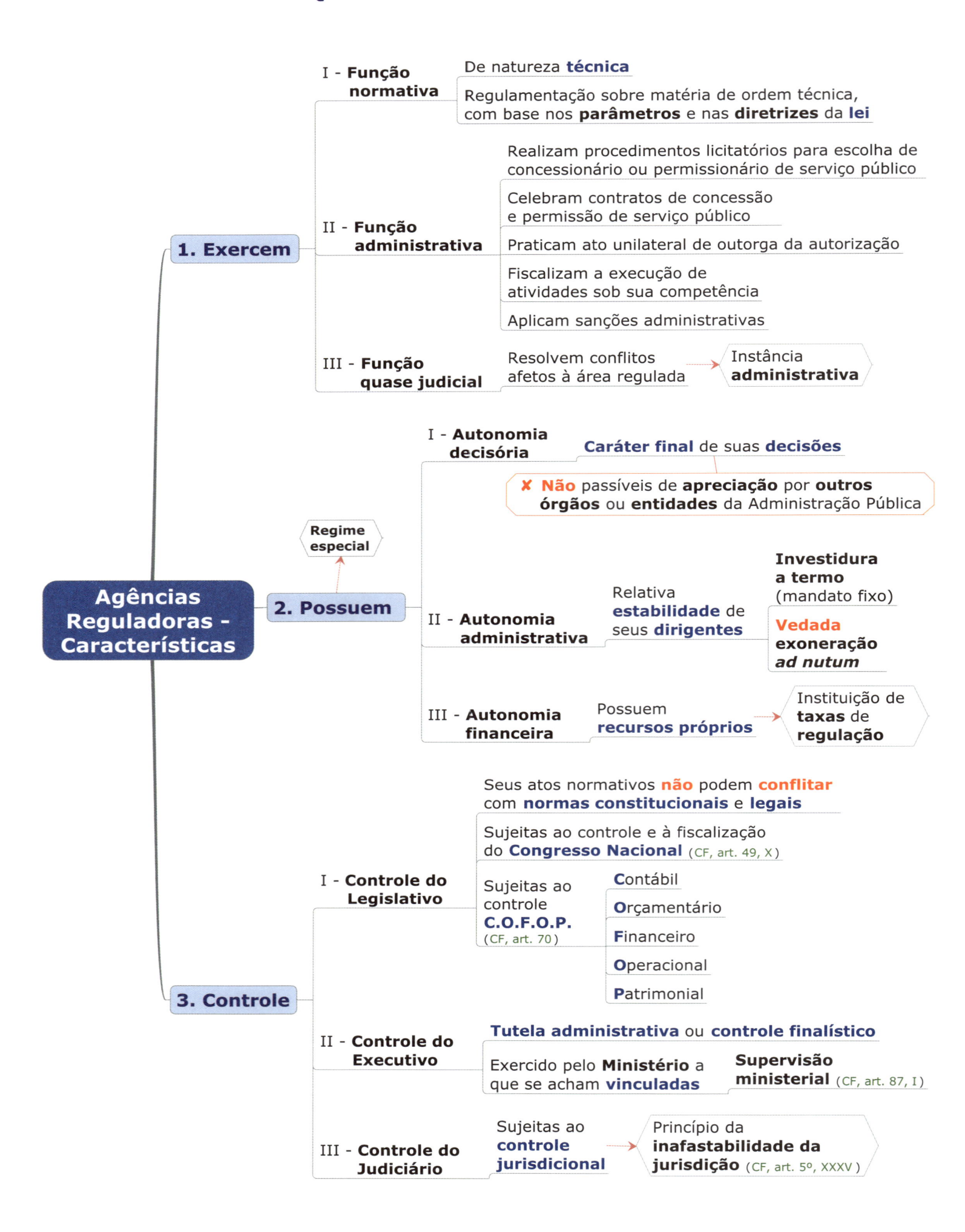

Agências Reguladoras - Características

1. Exercem

I - Função normativa
- De natureza **técnica**
- Regulamentação sobre matéria de ordem técnica, com base nos **parâmetros** e nas **diretrizes** da **lei**

II - Função administrativa
- Realizam procedimentos licitatórios para escolha de concessionário ou permissionário de serviço público
- Celebram contratos de concessão e permissão de serviço público
- Praticam ato unilateral de outorga da autorização
- Fiscalizam a execução de atividades sob sua competência
- Aplicam sanções administrativas

III - Função quase judicial
- Resolvem conflitos afetos à área regulada → Instância **administrativa**

2. Possuem (Regime especial)

I - Autonomia decisória
- **Caráter final** de suas **decisões**
- ✗ **Não** passíveis de **apreciação** por **outros órgãos** ou **entidades** da Administração Pública

II - Autonomia administrativa
- Relativa **estabilidade** de seus **dirigentes**
  - **Investidura a termo** (mandato fixo)
  - **Vedada exoneração** *ad nutum*

III - Autonomia financeira
- Possuem **recursos próprios** → Instituição de **taxas** de **regulação**

3. Controle

I - Controle do Legislativo
- Seus atos normativos **não** podem **conflitar** com **normas constitucionais** e **legais**
- Sujeitas ao controle e à fiscalização do **Congresso Nacional** (CF, art. 49, X)
- Sujeitas ao controle **C.O.F.O.P.** (CF, art. 70)
  - **C**ontábil
  - **O**rçamentário
  - **F**inanceiro
  - **O**peracional
  - **P**atrimonial

II - Controle do Executivo
- **Tutela administrativa** ou **controle finalístico**
- Exercido pelo **Ministério** a que se acham **vinculadas** — **Supervisão ministerial** (CF, art. 87, I)

III - Controle do Judiciário
- Sujeitas ao **controle jurisdicional** → Princípio da **inafastabilidade da jurisdição** (CF, art. 5º, XXXV)

Capítulo 3

Reforma Administrativa e Terceiro Setor

ENTIDADES PARAESTATAIS I

Entidades Paraestatais

1. Definição
Pessoas jurídicas **privadas**, **sem fins lucrativos**, que exercem atividades de **interesse público**, mas **não exclusivas** do **Estado**, recebendo **fomento** do Poder Público, e que **não** integram a **Administração Pública** em sentido formal (Marcelo Alexandrino e Vicente Paulo)

2. Características
- I - Entidades privadas, **sem finalidade lucrativa**
- II - Exercem **atividade de interesse público**
  - Serviços sociais não exclusivos do Estado, aos quais o Poder Público dispensa especial proteção
  - ✗ **Não** prestam serviço público delegado pelo Estado
- III - Recebem **incentivo** do Poder Público — **Fomento**
  - Por essa razão, sujeitam-se ao **controle** pela Administração Pública e pelo TCU (Maria Sylvia)
- IV - Integram o **Terceiro Setor**
  - Setor público não estatal — ✗ **Não** integram a Administração Pública
  - Primeiro Setor — Composto pelo **Estado**
  - Segundo Setor — Composto pelo **mercado**

3. Serviços Sociais Autônomos

Definição: São pessoas jurídicas **privadas** criadas, em regra, por entidades privadas representativas de **categorias econômicas** (Confederação Nacional da Indústria, Confederação Nacional do Comércio etc.), após **autorização** em **lei**, mantidas por **contribuições parafiscais**

Ex.:
- Sesc (Serviço Social do Comércio)
- Senac (Serviço Nacional de Aprendizagem Comercial)
- Sesi (Serviço Social da Indústria)
- Senai (Serviço Nacional de Aprendizagem Industrial)

Criação:
- I - **Lei** autorizadora — Inicialmente, sua **criação** é **prevista** em **lei**
- II - **Ato** da respectiva entidade representativa
  - A **aquisição** de **personalidade jurídica** ocorre quando a entidade privada instituidora inscreve o respectivo ato constitutivo no registro civil das pessoas jurídicas (CC, art. 45)
  - Possui personalidade jurídica de **DIREITO PRIVADO**

Finalidade: Prestam **atividade social**, como **assistência** e **ensino profissionalizante**, aos respectivos grupos sociais ou profissionais

Características:
- I - Pessoas jurídicas de **direito privado sem fins lucrativos**
- II - Mantidos por **contribuições parafiscais** (CF, art. 240) — Tributo (natureza **compulsória**)
- III - **Colaboram** com o Poder Público
  - Prestam atividade **social**
  - Normalmente direcionada para prestação de um **serviço** de **utilidade pública**
- IV - **Controle** pelo Poder Público
  - Sujeitos à fiscalização do Estado nos termos e condições estabelecidas na legislação pertinente a cada uma (DL 200/67, art. 183)
  - Sujeitos à jurisdição do TCU — Administram recursos públicos
  - ✗ **Não** se sujeitam às normas de licitação pública (como a **Lei 8.666/93**), adotando regulamentos próprios para esse fim

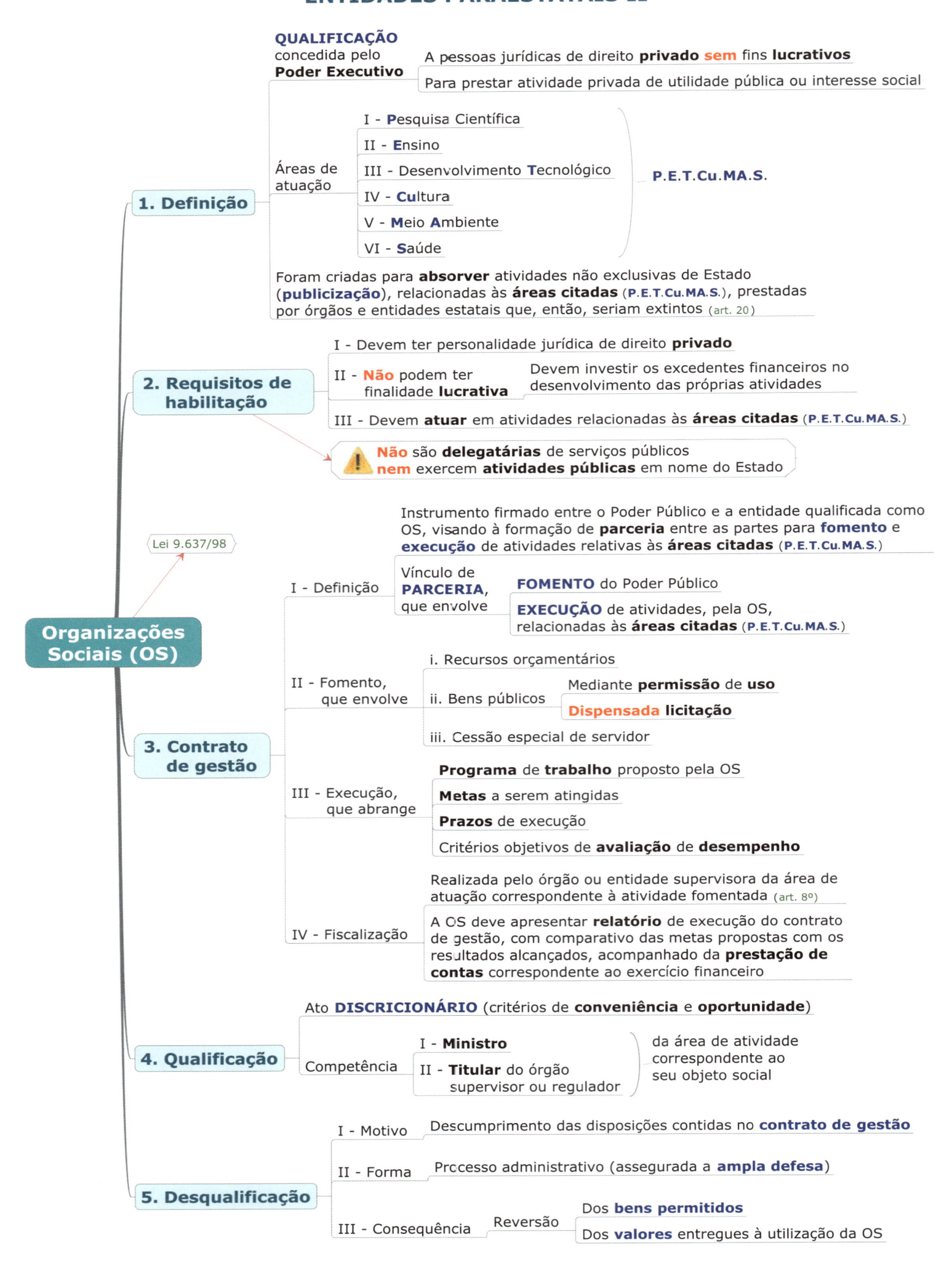

ENTIDADES PARAESTATAIS II

Organizações Sociais (OS) — Lei 9.637/98

1. Definição

QUALIFICAÇÃO concedida pelo **Poder Executivo**
- A pessoas jurídicas de direito **privado** **sem** fins **lucrativos**
- Para prestar atividade privada de utilidade pública ou interesse social

Áreas de atuação — **P.E.T.Cu.MA.S.**
- I - **P**esquisa Científica
- II - **E**nsino
- III - Desenvolvimento **T**ecnológico
- IV - **Cu**ltura
- V - **M**eio **A**mbiente
- VI - **S**aúde

Foram criadas para **absorver** atividades não exclusivas de Estado (**publicização**), relacionadas às **áreas citadas** (P.E.T.Cu.MA.S.), prestadas por órgãos e entidades estatais que, então, seriam extintos (art. 20)

2. Requisitos de habilitação

- I - Devem ter personalidade jurídica de direito **privado**
- II - **Não** podem ter finalidade **lucrativa** — Devem investir os excedentes financeiros no desenvolvimento das próprias atividades
- III - Devem **atuar** em atividades relacionadas às **áreas citadas** (P.E.T.Cu.MA.S.)

⚠️ **Não** são **delegatárias** de serviços públicos **nem** exercem **atividades públicas** em nome do Estado

3. Contrato de gestão

I - Definição: Instrumento firmado entre o Poder Público e a entidade qualificada como OS, visando à formação de **parceria** entre as partes para **fomento** e **execução** de atividades relativas às **áreas citadas** (P.E.T.Cu.MA.S.)

Vínculo de **PARCERIA**, que envolve:
- **FOMENTO** do Poder Público
- **EXECUÇÃO** de atividades, pela OS, relacionadas às **áreas citadas** (P.E.T.Cu.MA.S.)

II - Fomento, que envolve:
- i. Recursos orçamentários
- ii. Bens públicos — Mediante **permissão** de uso — **Dispensada** licitação
- iii. Cessão especial de servidor

III - Execução, que abrange:
- **Programa** de **trabalho** proposto pela OS
- **Metas** a serem atingidas
- **Prazos** de execução
- Critérios objetivos de **avaliação** de **desempenho**

IV - Fiscalização: Realizada pelo órgão ou entidade supervisora da área de atuação correspondente à atividade fomentada (art. 8º)

A OS deve apresentar **relatório** de execução do contrato de gestão, com comparativo das metas propostas com os resultados alcançados, acompanhado da **prestação de contas** correspondente ao exercício financeiro

4. Qualificação

Ato **DISCRICIONÁRIO** (critérios de **conveniência** e **oportunidade**)

Competência:
- I - **Ministro**
- II - **Titular** do órgão supervisor ou regulador

da área de atividade correspondente ao seu objeto social

5. Desqualificação

- **I - Motivo:** Descumprimento das disposições contidas no **contrato de gestão**
- **II - Forma:** Processo administrativo (assegurada a **ampla defesa**)
- **III - Consequência:** Reversão
  - Dos **bens permitidos**
  - Dos **valores** entregues à utilização da OS

ENTIDADES PARAESTATAIS III

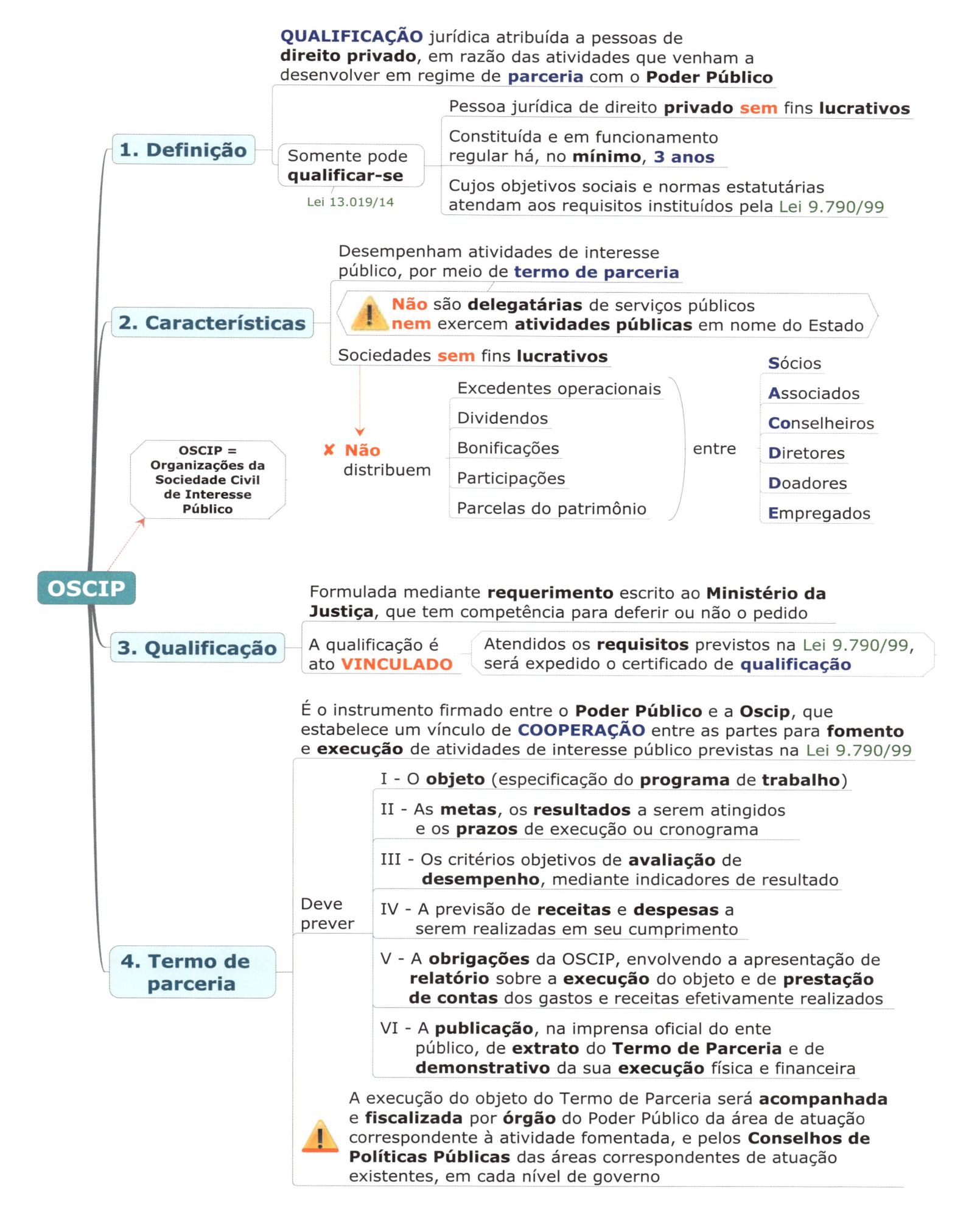

OSCIP

1. Definição

QUALIFICAÇÃO jurídica atribuída a pessoas de **direito privado**, em razão das atividades que venham a desenvolver em regime de **parceria** com o **Poder Público**

Somente pode **qualificar-se**
Lei 13.019/14
- Pessoa jurídica de direito **privado sem** fins **lucrativos**
- Constituída e em funcionamento regular há, no **mínimo, 3 anos**
- Cujos objetivos sociais e normas estatutárias atendam aos requisitos instituídos pela Lei 9.790/99

2. Características

- Desempenham atividades de interesse público, por meio de **termo de parceria**
- ⚠️ **Não** são **delegatárias** de serviços públicos **nem** exercem **atividades públicas** em nome do Estado
- Sociedades **sem** fins **lucrativos**

✘ **Não** distribuem:
- Excedentes operacionais
- Dividendos
- Bonificações
- Participações
- Parcelas do patrimônio

entre:
- **S**ócios
- **A**ssociados
- **C**onselheiros
- **D**iretores
- **D**oadores
- **E**mpregados

OSCIP = Organizações da Sociedade Civil de Interesse Público

3. Qualificação

Formulada mediante **requerimento** escrito ao **Ministério da Justiça**, que tem competência para deferir ou não o pedido

A qualificação é ato **VINCULADO** — Atendidos os **requisitos** previstos na Lei 9.790/99, será expedido o certificado de **qualificação**

4. Termo de parceria

É o instrumento firmado entre o **Poder Público** e a **Oscip**, que estabelece um vínculo de **COOPERAÇÃO** entre as partes para **fomento** e **execução** de atividades de interesse público previstas na Lei 9.790/99

Deve prever:

- I - O **objeto** (especificação do **programa** de **trabalho**)
- II - As **metas**, os **resultados** a serem atingidos e os **prazos** de execução ou cronograma
- III - Os critérios objetivos de **avaliação** de **desempenho**, mediante indicadores de resultado
- IV - A previsão de **receitas** e **despesas** a serem realizadas em seu cumprimento
- V - A **obrigações** da OSCIP, envolvendo a apresentação de **relatório** sobre a **execução** do objeto e de **prestação de contas** dos gastos e receitas efetivamente realizados
- VI - A **publicação**, na imprensa oficial do ente público, de **extrato** do **Termo de Parceria** e de **demonstrativo** da sua **execução** física e financeira

⚠️ A execução do objeto do Termo de Parceria será **acompanhada** e **fiscalizada** por **órgão** do Poder Público da área de atuação correspondente à atividade fomentada, e pelos **Conselhos de Políticas Públicas** das áreas correspondentes de atuação existentes, em cada nível de governo

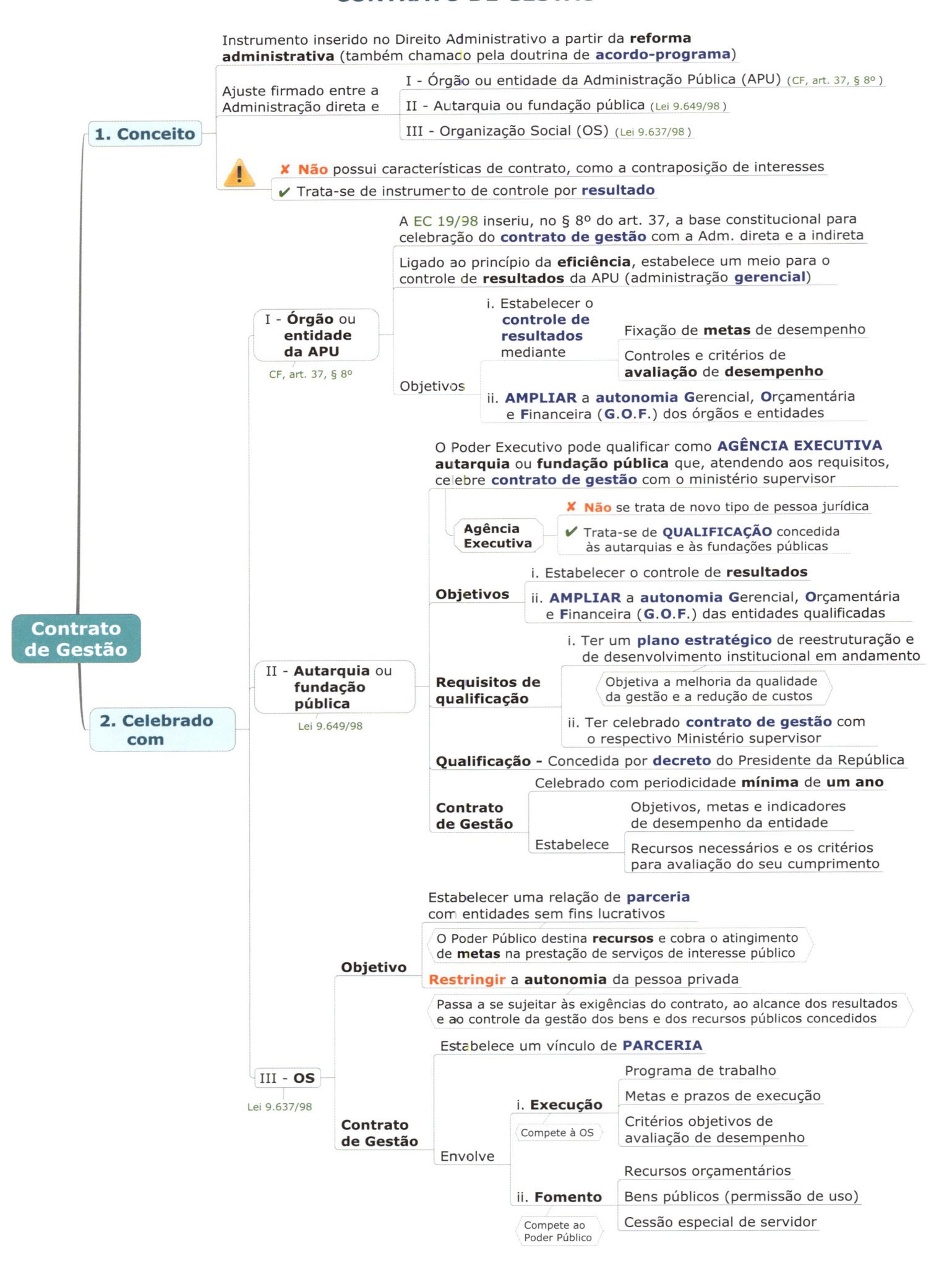

CONTRATO DE GESTÃO

Contrato de Gestão

1. Conceito

Instrumento inserido no Direito Administrativo a partir da **reforma administrativa** (também chamado pela doutrina de **acordo-programa**)

Ajuste firmado entre a Administração direta e:
- I - Órgão ou entidade da Administração Pública (APU) (CF, art. 37, § 8º)
- II - Autarquia ou fundação pública (Lei 9.649/98)
- III - Organização Social (OS) (Lei 9.637/98)

⚠️
- ✗ **Não** possui características de contrato, como a contraposição de interesses
- ✓ Trata-se de instrumento de controle por **resultado**

2. Celebrado com

I - Órgão ou entidade da APU (CF, art. 37, § 8º)

A **EC 19/98** inseriu, no § 8º do art. 37, a base constitucional para celebração do **contrato de gestão** com a Adm. direta e a indireta

Ligado ao princípio da **eficiência**, estabelece um meio para o controle de **resultados** da APU (administração **gerencial**)

Objetivos mediante:
- i. Estabelecer o **controle de resultados**
  - Fixação de **metas** de desempenho
  - Controles e critérios de **avaliação** de **desempenho**
- ii. **AMPLIAR** a **autonomia** Gerencial, Orçamentária e Financeira (**G.O.F.**) dos órgãos e entidades

II - Autarquia ou fundação pública (Lei 9.649/98)

O Poder Executivo pode qualificar como **AGÊNCIA EXECUTIVA** **autarquia** ou **fundação pública** que, atendendo aos requisitos, celebre **contrato de gestão** com o ministério supervisor

Agência Executiva
- ✗ **Não** se trata de novo tipo de pessoa jurídica
- ✓ Trata-se de QUALIFICAÇÃO concedida às autarquias e às fundações públicas

Objetivos
- i. Estabelecer o controle de **resultados**
- ii. **AMPLIAR** a **autonomia** Gerencial, Orçamentária e Financeira (**G.O.F.**) das entidades qualificadas

Requisitos de qualificação
- i. Ter um **plano estratégico** de reestruturação e de desenvolvimento institucional em andamento
  - Objetiva a melhoria da qualidade da gestão e a redução de custos
- ii. Ter celebrado **contrato de gestão** com o respectivo Ministério supervisor

Qualificação - Concedida por **decreto** do Presidente da República

Contrato de Gestão
- Celebrado com periodicidade **mínima** de **um ano**
- Estabelece:
  - Objetivos, metas e indicadores de desempenho da entidade
  - Recursos necessários e os critérios para avaliação do seu cumprimento

III - OS (Lei 9.637/98)

Objetivo
- Estabelecer uma relação de **parceria** com entidades sem fins lucrativos
- O Poder Público destina **recursos** e cobra o atingimento de **metas** na prestação de serviços de interesse público
- **Restringir** a **autonomia** da pessoa privada
- Passa a se sujeitar às exigências do contrato, ao alcance dos resultados e ao controle da gestão dos bens e dos recursos públicos concedidos

Contrato de Gestão
- Estabelece um vínculo de **PARCERIA**
- Envolve:
  - **i. Execução** (Compete à OS)
    - Programa de trabalho
    - Metas e prazos de execução
    - Critérios objetivos de avaliação de desempenho
  - **ii. Fomento** (Compete ao Poder Público)
    - Recursos orçamentários
    - Bens públicos (permissão de uso)
    - Cessão especial de servidor

Capítulo 4

Princípios Administrativos

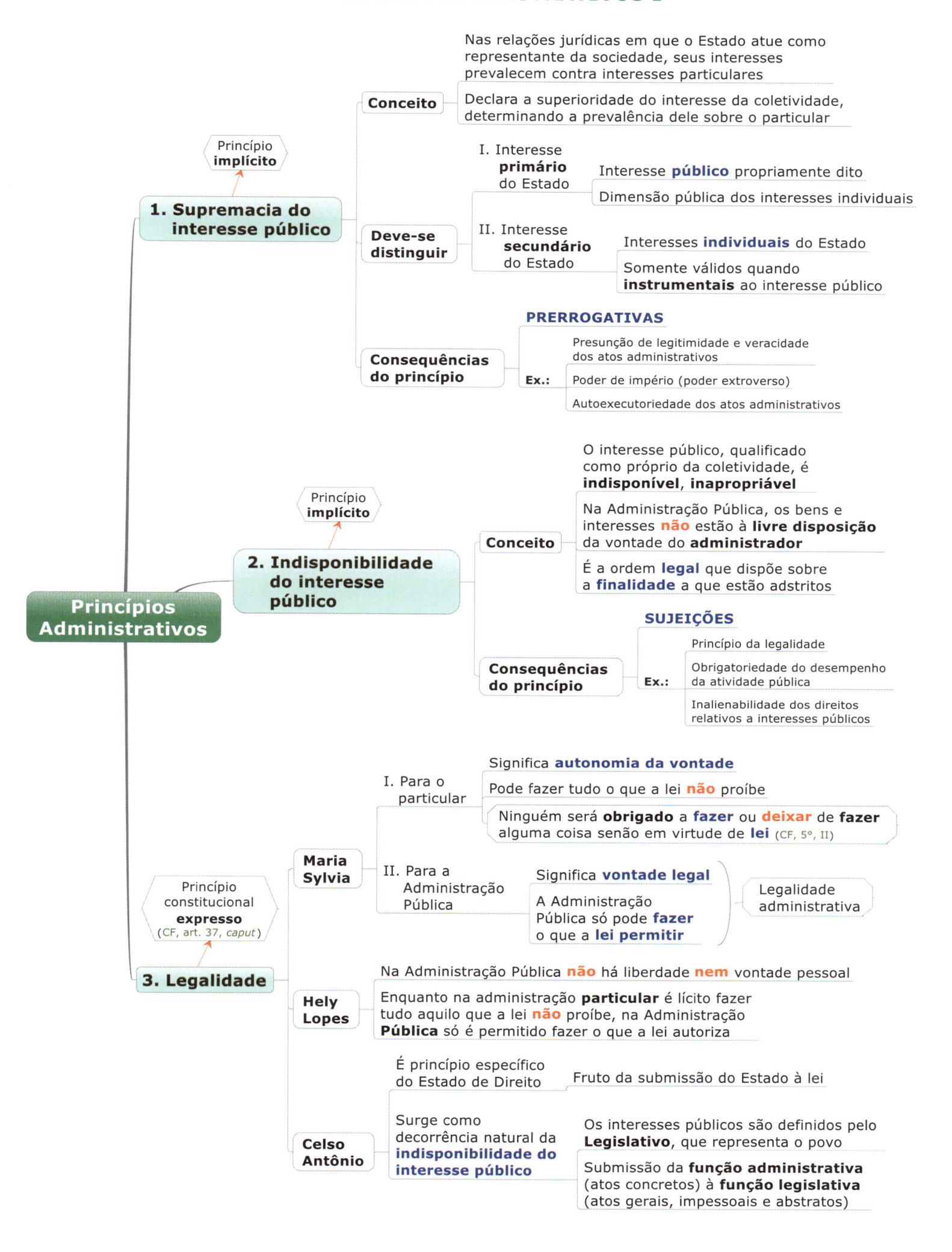

PRINCÍPIOS ADMINISTRATIVOS I

Princípios Administrativos

1. Supremacia do interesse público
Princípio implícito

- **Conceito**
  - Nas relações jurídicas em que o Estado atue como representante da sociedade, seus interesses prevalecem contra interesses particulares
  - Declara a superioridade do interesse da coletividade, determinando a prevalência dele sobre o particular

- **Deve-se distinguir**
  - **I. Interesse primário do Estado**
    - Interesse **público** propriamente dito
    - Dimensão pública dos interesses individuais
  - **II. Interesse secundário do Estado**
    - Interesses **individuais** do Estado
    - Somente válidos quando **instrumentais** ao interesse público

- **Consequências do princípio** — PRERROGATIVAS
  - Ex.:
    - Presunção de legitimidade e veracidade dos atos administrativos
    - Poder de império (poder extroverso)
    - Autoexecutoriedade dos atos administrativos

2. Indisponibilidade do interesse público
Princípio implícito

- **Conceito**
  - O interesse público, qualificado como próprio da coletividade, é **indisponível**, **inapropriável**
  - Na Administração Pública, os bens e interesses **não** estão à **livre disposição** da vontade do **administrador**
  - É a ordem **legal** que dispõe sobre a **finalidade** a que estão adstritos

- **Consequências do princípio** — SUJEIÇÕES
  - Ex.:
    - Princípio da legalidade
    - Obrigatoriedade do desempenho da atividade pública
    - Inalienabilidade dos direitos relativos a interesses públicos

3. Legalidade
*Princípio constitucional **expresso** (CF, art. 37, caput)*

- **Maria Sylvia**
  - **I. Para o particular**
    - Significa **autonomia da vontade**
    - Pode fazer tudo o que a lei **não** proíbe
    - Ninguém será **obrigado** a **fazer** ou **deixar** de **fazer** alguma coisa senão em virtude de **lei** (CF, 5º, II)
  - **II. Para a Administração Pública**
    - Significa **vontade legal**
    - A Administração Pública só pode **fazer** o que a **lei permitir**
    - (Legalidade administrativa)

- **Hely Lopes**
  - Na Administração Pública **não** há liberdade **nem** vontade pessoal
  - Enquanto na administração **particular** é lícito fazer tudo aquilo que a lei **não** proíbe, na Administração **Pública** só é permitido fazer o que a lei autoriza

- **Celso Antônio**
  - É princípio específico do Estado de Direito
    - Fruto da submissão do Estado à lei
  - Surge como decorrência natural da **indisponibilidade do interesse público**
    - Os interesses públicos são definidos pelo **Legislativo**, que representa o povo
    - Submissão da **função administrativa** (atos concretos) à **função legislativa** (atos gerais, impessoais e abstratos)

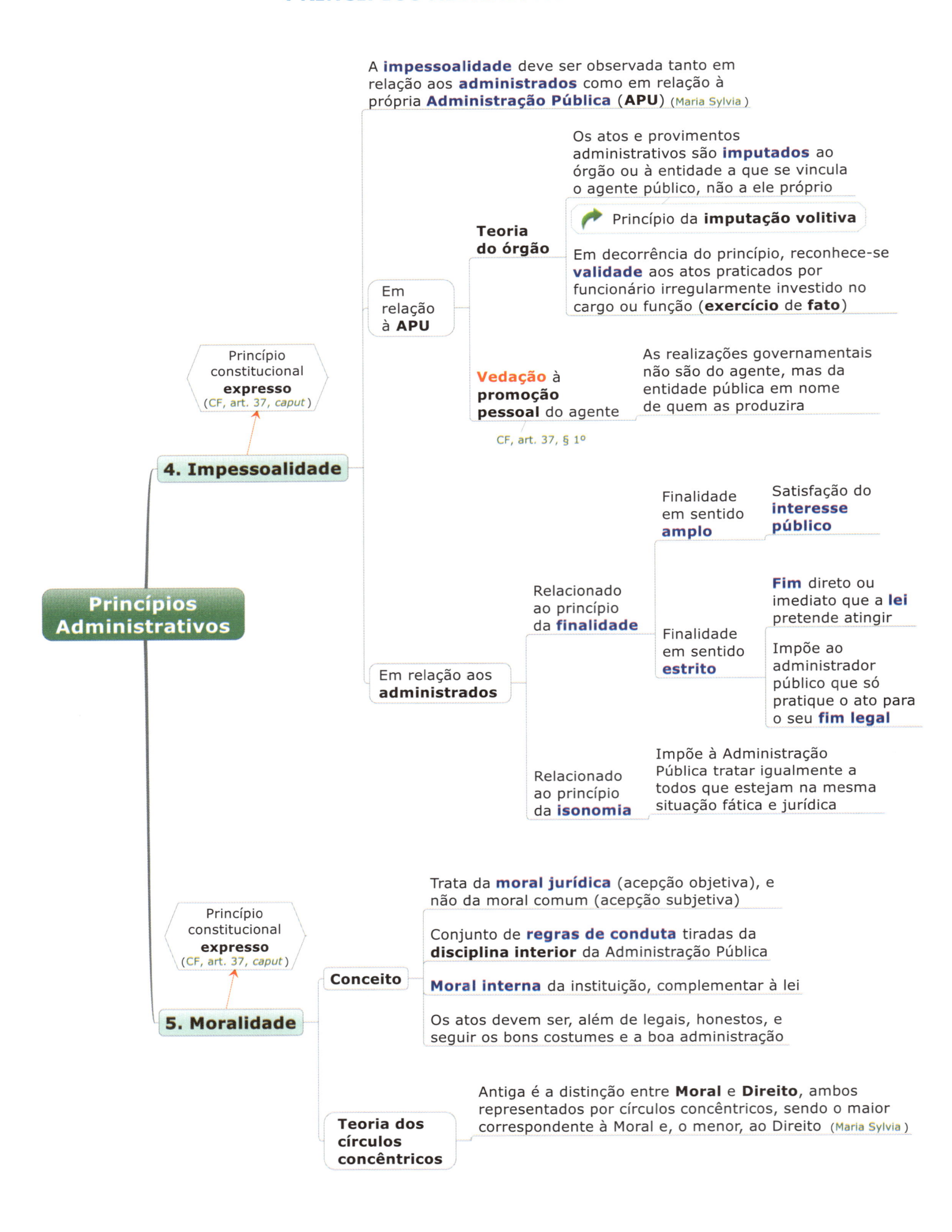

PRINCÍPIOS ADMINISTRATIVOS II

Princípios Administrativos

4. Impessoalidade

Princípio constitucional **expresso** (CF, art. 37, *caput*)

A **impessoalidade** deve ser observada tanto em relação aos **administrados** como em relação à própria **Administração Pública** (**APU**) (Maria Sylvia)

Em relação à APU

- **Teoria do órgão**
  - Os atos e provimentos administrativos são **imputados** ao órgão ou à entidade a que se vincula o agente público, não a ele próprio
  - ➡ Princípio da **imputação volitiva**
  - Em decorrência do princípio, reconhece-se **validade** aos atos praticados por funcionário irregularmente investido no cargo ou função (**exercício** de **fato**)

- **Vedação à promoção pessoal** do agente (CF, art. 37, § 1º)
  - As realizações governamentais não são do agente, mas da entidade pública em nome de quem as produzira

Em relação aos administrados

- Relacionado ao princípio da **finalidade**
  - Finalidade em sentido **amplo**: Satisfação do **interesse público**
  - Finalidade em sentido **estrito**:
    - **Fim** direto ou imediato que a **lei** pretende atingir
    - Impõe ao administrador público que só pratique o ato para o seu **fim legal**

- Relacionado ao princípio da **isonomia**
  - Impõe à Administração Pública tratar igualmente a todos que estejam na mesma situação fática e jurídica

5. Moralidade

Princípio constitucional **expresso** (CF, art. 37, *caput*)

Conceito

- Trata da **moral jurídica** (acepção objetiva), e não da moral comum (acepção subjetiva)
- Conjunto de **regras de conduta** tiradas da **disciplina interior** da Administração Pública
- **Moral interna** da instituição, complementar à lei
- Os atos devem ser, além de legais, honestos, e seguir os bons costumes e a boa administração

Teoria dos círculos concêntricos

- Antiga é a distinção entre **Moral** e **Direito**, ambos representados por círculos concêntricos, sendo o maior correspondente à Moral e, o menor, ao Direito (Maria Sylvia)

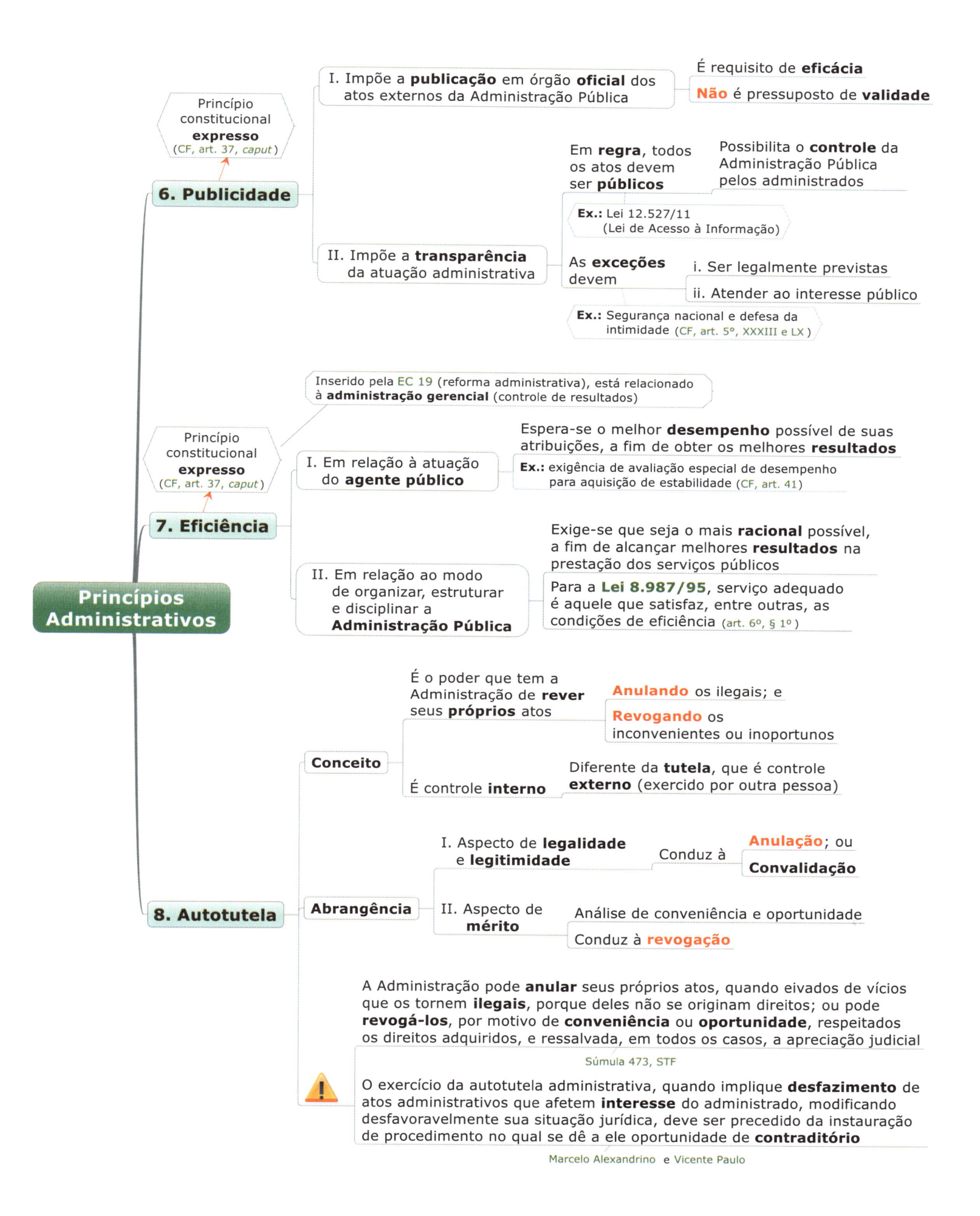

PRINCÍPIOS ADMINISTRATIVOS III

Princípios Administrativos

6. Publicidade

Princípio constitucional **expresso** (CF, art. 37, *caput*)

I. Impõe a **publicação** em órgão **oficial** dos atos externos da Administração Pública
- É requisito de **eficácia**
- **Não** é pressuposto de **validade**

Em **regra**, todos os atos devem ser **públicos** — Possibilita o **controle** da Administração Pública pelos administrados

Ex.: Lei 12.527/11 (Lei de Acesso à Informação)

II. Impõe a **transparência** da atuação administrativa

As **exceções** devem:
- i. Ser legalmente previstas
- ii. Atender ao interesse público

Ex.: Segurança nacional e defesa da intimidade (CF, art. 5º, XXXIII e LX)

7. Eficiência

Princípio constitucional **expresso** (CF, art. 37, *caput*)

Inserido pela EC 19 (reforma administrativa), está relacionado à **administração gerencial** (controle de resultados)

I. Em relação à atuação do **agente público**
- Espera-se o melhor **desempenho** possível de suas atribuições, a fim de obter os melhores **resultados**
- Ex.: exigência de avaliação especial de desempenho para aquisição de estabilidade (CF, art. 41)

II. Em relação ao modo de organizar, estruturar e disciplinar a **Administração Pública**
- Exige-se que seja o mais **racional** possível, a fim de alcançar melhores **resultados** na prestação dos serviços públicos
- Para a **Lei 8.987/95**, serviço adequado é aquele que satisfaz, entre outras, as condições de eficiência (art. 6º, § 1º)

8. Autotutela

Conceito

É o poder que tem a Administração de **rever** seus **próprios** atos
- **Anulando** os ilegais; e
- **Revogando** os inconvenientes ou inoportunos

É controle **interno** — Diferente da **tutela**, que é controle **externo** (exercido por outra pessoa)

Abrangência

I. Aspecto de **legalidade** e **legitimidade** — Conduz à:
- **Anulação**; ou
- **Convalidação**

II. Aspecto de **mérito**
- Análise de conveniência e oportunidade
- Conduz à **revogação**

A Administração pode **anular** seus próprios atos, quando eivados de vícios que os tornem **ilegais**, porque deles não se originam direitos; ou pode **revogá-los**, por motivo de **conveniência** ou **oportunidade**, respeitados os direitos adquiridos, e ressalvada, em todos os casos, a apreciação judicial
Súmula 473, STF

⚠️ O exercício da autotutela administrativa, quando implique **desfazimento** de atos administrativos que afetem **interesse** do administrado, modificando desfavoravelmente sua situação jurídica, deve ser precedido da instauração de procedimento no qual se dê a ele oportunidade de **contraditório**

Marcelo Alexandrino e Vicente Paulo

PRINCÍPIOS ADMINISTRATIVOS IV

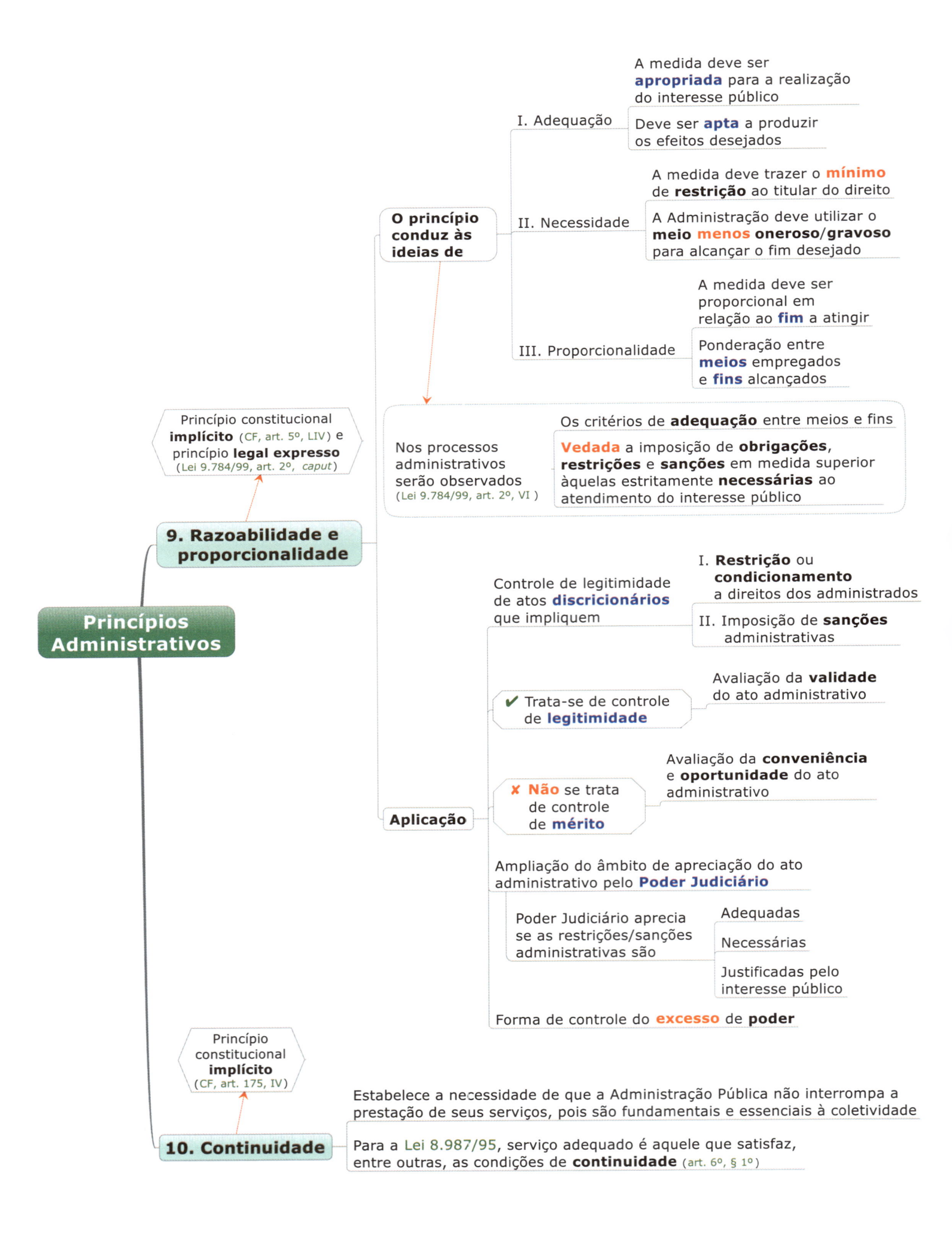

Princípios Administrativos

9. Razoabilidade e proporcionalidade

Princípio constitucional **implícito** (CF, art. 5º, LIV) e princípio **legal expresso** (Lei 9.784/99, art. 2º, *caput*)

O princípio conduz às ideias de

- **I. Adequação**
  - A medida deve ser **apropriada** para a realização do interesse público
  - Deve ser **apta** a produzir os efeitos desejados

- **II. Necessidade**
  - A medida deve trazer o **mínimo** de **restrição** ao titular do direito
  - A Administração deve utilizar o **meio menos oneroso/gravoso** para alcançar o fim desejado

- **III. Proporcionalidade**
  - A medida deve ser proporcional em relação ao **fim** a atingir
  - Ponderação entre **meios** empregados e **fins** alcançados

Nos processos administrativos serão observados (Lei 9.784/99, art. 2º, VI)
- Os critérios de **adequação** entre meios e fins
- **Vedada** a imposição de **obrigações**, **restrições** e **sanções** em medida superior àquelas estritamente **necessárias** ao atendimento do interesse público

Aplicação

- Controle de legitimidade de atos **discricionários** que impliquem
  - I. **Restrição** ou **condicionamento** a direitos dos administrados
  - II. Imposição de **sanções** administrativas

- ✔ Trata-se de controle de **legitimidade**
  - Avaliação da **validade** do ato administrativo

- ✘ **Não** se trata de controle de **mérito**
  - Avaliação da **conveniência** e **oportunidade** do ato administrativo

- Ampliação do âmbito de apreciação do ato administrativo pelo **Poder Judiciário**

- Poder Judiciário aprecia se as restrições/sanções administrativas são
  - Adequadas
  - Necessárias
  - Justificadas pelo interesse público

- Forma de controle do **excesso** de **poder**

10. Continuidade

Princípio constitucional **implícito** (CF, art. 175, IV)

- Estabelece a necessidade de que a Administração Pública não interrompa a prestação de seus serviços, pois são fundamentais e essenciais à coletividade
- Para a **Lei 8.987/95**, serviço adequado é aquele que satisfaz, entre outras, as condições de **continuidade** (art. 6º, § 1º)

Capítulo 5

Poderes Administrativos

PODERES ADMINISTRATIVOS I

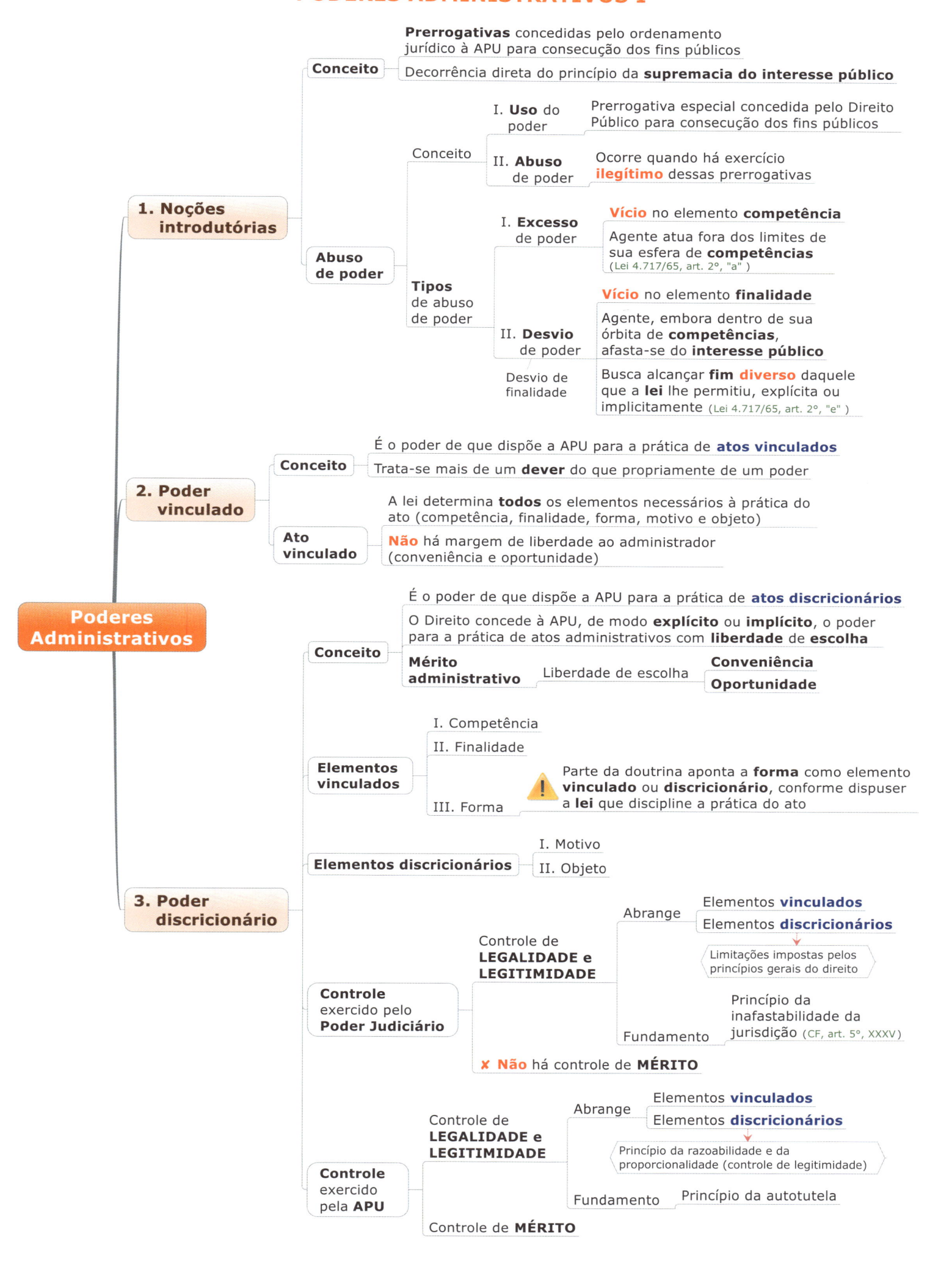

Poderes Administrativos

1. Noções introdutórias

- **Conceito**
  - **Prerrogativas** concedidas pelo ordenamento jurídico à APU para consecução dos fins públicos
  - Decorrência direta do princípio da **supremacia do interesse público**

- **Abuso de poder**
  - **Conceito**
    - I. **Uso** do poder: Prerrogativa especial concedida pelo Direito Público para consecução dos fins públicos
    - II. **Abuso** de poder: Ocorre quando há exercício **ilegítimo** dessas prerrogativas
  - **Tipos de abuso de poder**
    - I. **Excesso** de poder
      - **Vício** no elemento **competência**
      - Agente atua fora dos limites de sua esfera de **competências** (Lei 4.717/65, art. 2º, "a")
    - II. **Desvio** de poder
      - **Vício** no elemento **finalidade**
      - Agente, embora dentro de sua órbita de **competências**, afasta-se do **interesse público**
    - Desvio de finalidade
      - Busca alcançar **fim diverso** daquele que a **lei** lhe permitiu, explícita ou implicitamente (Lei 4.717/65, art. 2º, "e")

2. Poder vinculado

- **Conceito**
  - É o poder de que dispõe a APU para a prática de **atos vinculados**
  - Trata-se mais de um **dever** do que propriamente de um poder
- **Ato vinculado**
  - A lei determina **todos** os elementos necessários à prática do ato (competência, finalidade, forma, motivo e objeto)
  - **Não** há margem de liberdade ao administrador (conveniência e oportunidade)

3. Poder discricionário

- **Conceito**
  - É o poder de que dispõe a APU para a prática de **atos discricionários**
  - O Direito concede à APU, de modo **explícito** ou **implícito**, o poder para a prática de atos administrativos com **liberdade** de **escolha**
  - **Mérito administrativo** — Liberdade de escolha — **Conveniência** / **Oportunidade**

- **Elementos vinculados**
  - I. Competência
  - II. Finalidade
  - III. Forma
  - ⚠ Parte da doutrina aponta a **forma** como elemento **vinculado** ou **discricionário**, conforme dispuser a **lei** que discipline a prática do ato

- **Elementos discricionários**
  - I. Motivo
  - II. Objeto

- **Controle exercido pelo Poder Judiciário**
  - Controle de **LEGALIDADE e LEGITIMIDADE**
    - Abrange: Elementos **vinculados** / Elementos **discricionários** → Limitações impostas pelos princípios gerais do direito
    - Fundamento: Princípio da inafastabilidade da jurisdição (CF, art. 5º, XXXV)
  - ✗ **Não** há controle de **MÉRITO**

- **Controle exercido pela APU**
  - Controle de **LEGALIDADE e LEGITIMIDADE**
    - Abrange: Elementos **vinculados** / Elementos **discricionários** → Princípio da razoabilidade e da proporcionalidade (controle de legitimidade)
    - Fundamento: Princípio da autotutela
  - Controle de **MÉRITO**

37

PODERES ADMINISTRATIVOS II - PODER HIERÁRQUICO

4. Poder hierárquico

- **Conceito**
  - Está relacionado à própria forma de **organização** da **função administrativa**
  - É o poder de que dispõe a APU para:
    - I. Distribuir e escalonar funções
    - II. Ordenar e rever a atuação de seus agentes
  - **Hierarquia** é a relação de **subordinação** existente entre **órgãos** e **agentes** públicos, no âmbito de uma mesma pessoa jurídica
  - Essa relação de **subordinação** consiste em distribuir funções e graduar a autoridade dos agentes
  - ✘ **Não** há hierarquia:
    - Entre diferentes **pessoas jurídicas**
    - Na relação entre a **Administração direta** e a **indireta**
      - A relação é de **VINCULAÇÃO**
      - O controle que os entes exercem sobre a Administração indireta é o **controle finalístico** (**tutela administrativa** ou **supervisão**)
    - No **Judiciário** e no **Legislativo**, nas suas **funções próprias**
      - Função jurisdicional (livre convicção do juiz)
      - Função legislativa

- **Faculdades decorrentes do Poder Hierárquico**
  - **I. Ordenar** — **Poder de comando**
    - Dele decorre o **dever de obediência**
    - As determinações superiores devem ser fielmente cumpridas, a menos que sejam **manifestamente ilegais** (Lei 8.112/90, art. 116, IV)
  - **II. Controlar** — **Poder de controle**
    - Dele decorre:
      - **Manutenção** de atos válidos, convenientes e oportunos
      - **Revogação** de atos discricionários, inconvenientes ou inoportunos
      - **Anulação** de atos ilegais
      - **Convalidação** de atos com defeitos sanáveis
  - **III. Delegar**
    - Ato **discricionário**, revogável a qualquer tempo, no qual o agente originalmente competente (delegante) confere a outro agente (delegado) o exercício temporário de algumas atribuições
    - Agente delegado ✘ **Não** precisa ser hierarquicamente **subordinado** (Lei 9.784/99, art. 12)
  - **IV. Avocar**
    - Ato **discricionário** no qual o superior hierárquico traz para si o exercício temporário de determinada atribuição conferida por lei a um subordinado
    - Agente delegado ✔ Precisa ser hierarquicamente **subordinado** (Lei 9.784/99, art. 15)

- ⚠ **Não confundir**
  - **I. Subordinação administrativa**
    - Caráter **interno** — Estabelecido entre órgãos de uma mesma pessoa administrativa
    - Decorre da **AUTOTUTELA**
  - **II. Vinculação administrativa**
    - Caráter **externo** — Controle que pessoas federativas exercem sobre pessoas pertencentes à Administração indireta
    - Decorre da **TUTELA**

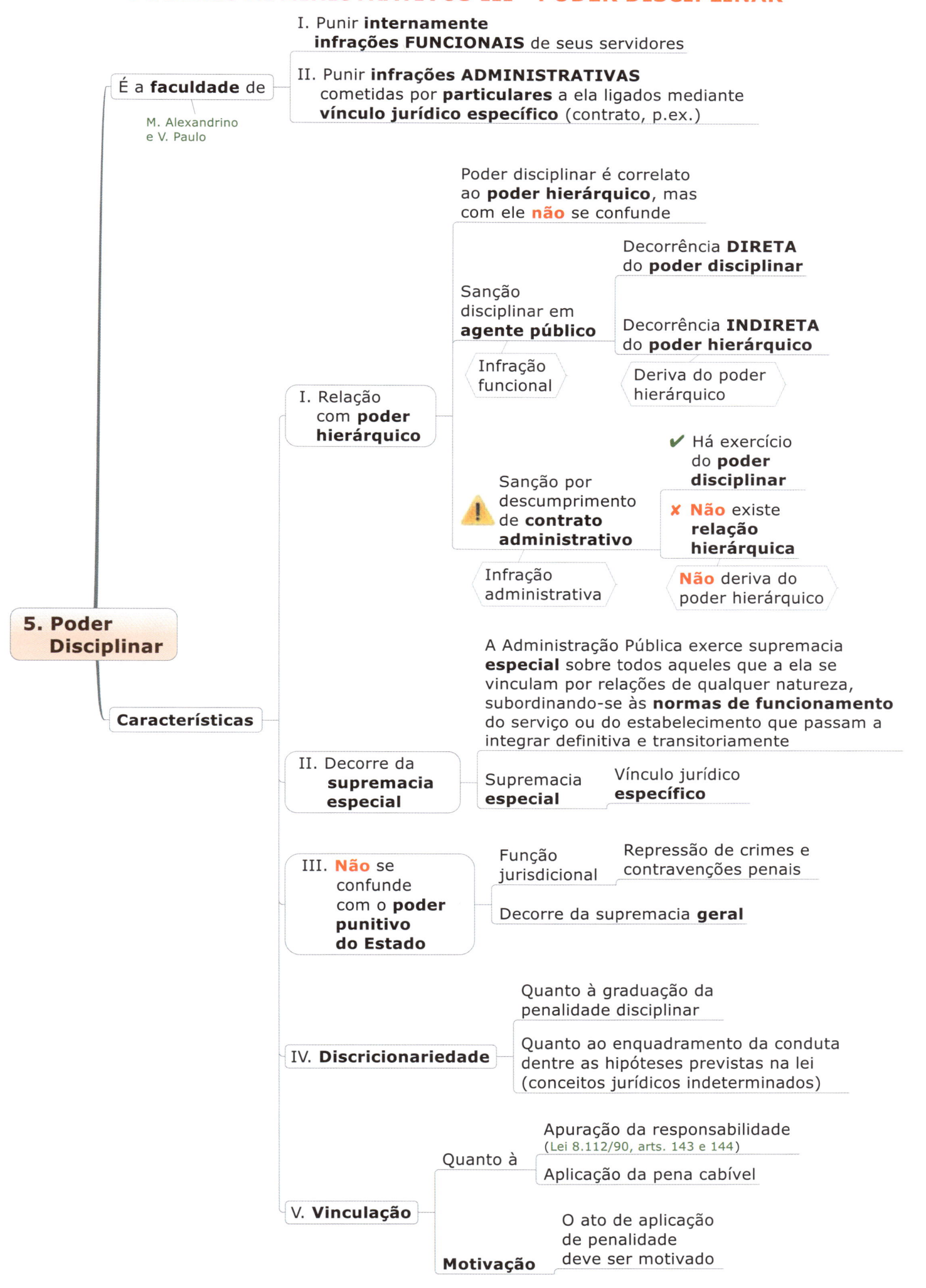

PODERES ADMINISTRATIVOS III - PODER DISCIPLINAR

5. Poder Disciplinar

É a faculdade de (M. Alexandrino e V. Paulo)
- I. Punir **internamente** infrações **FUNCIONAIS** de seus servidores
- II. Punir **infrações ADMINISTRATIVAS** cometidas por **particulares** a ela ligados mediante **vínculo jurídico específico** (contrato, p.ex.)

Características

I. Relação com poder hierárquico
- Poder disciplinar é correlato ao **poder hierárquico**, mas com ele **não** se confunde
- Sanção disciplinar em **agente público** → Infração funcional
  - Decorrência **DIRETA** do **poder disciplinar**
  - Decorrência **INDIRETA** do **poder hierárquico**
  - Deriva do poder hierárquico
- ⚠ Sanção por descumprimento de **contrato administrativo** → Infração administrativa
  - ✔ Há exercício do **poder disciplinar**
  - ✘ **Não** existe **relação hierárquica**
  - **Não** deriva do poder hierárquico

II. Decorre da supremacia especial
- A Administração Pública exerce supremacia **especial** sobre todos aqueles que a ela se vinculam por relações de qualquer natureza, subordinando-se às **normas de funcionamento** do serviço ou do estabelecimento que passam a integrar definitiva e transitoriamente
- Supremacia **especial** — Vínculo jurídico **específico**

III. Não se confunde com o poder punitivo do Estado
- Função jurisdicional
  - Repressão de crimes e contravenções penais
  - Decorre da supremacia **geral**

IV. Discricionariedade
- Quanto à graduação da penalidade disciplinar
- Quanto ao enquadramento da conduta dentre as hipóteses previstas na lei (conceitos jurídicos indeterminados)

V. Vinculação
- Quanto à
  - Apuração da responsabilidade (Lei 8.112/90, arts. 143 e 144)
  - Aplicação da pena cabível
- Motivação
  - O ato de aplicação de penalidade deve ser motivado

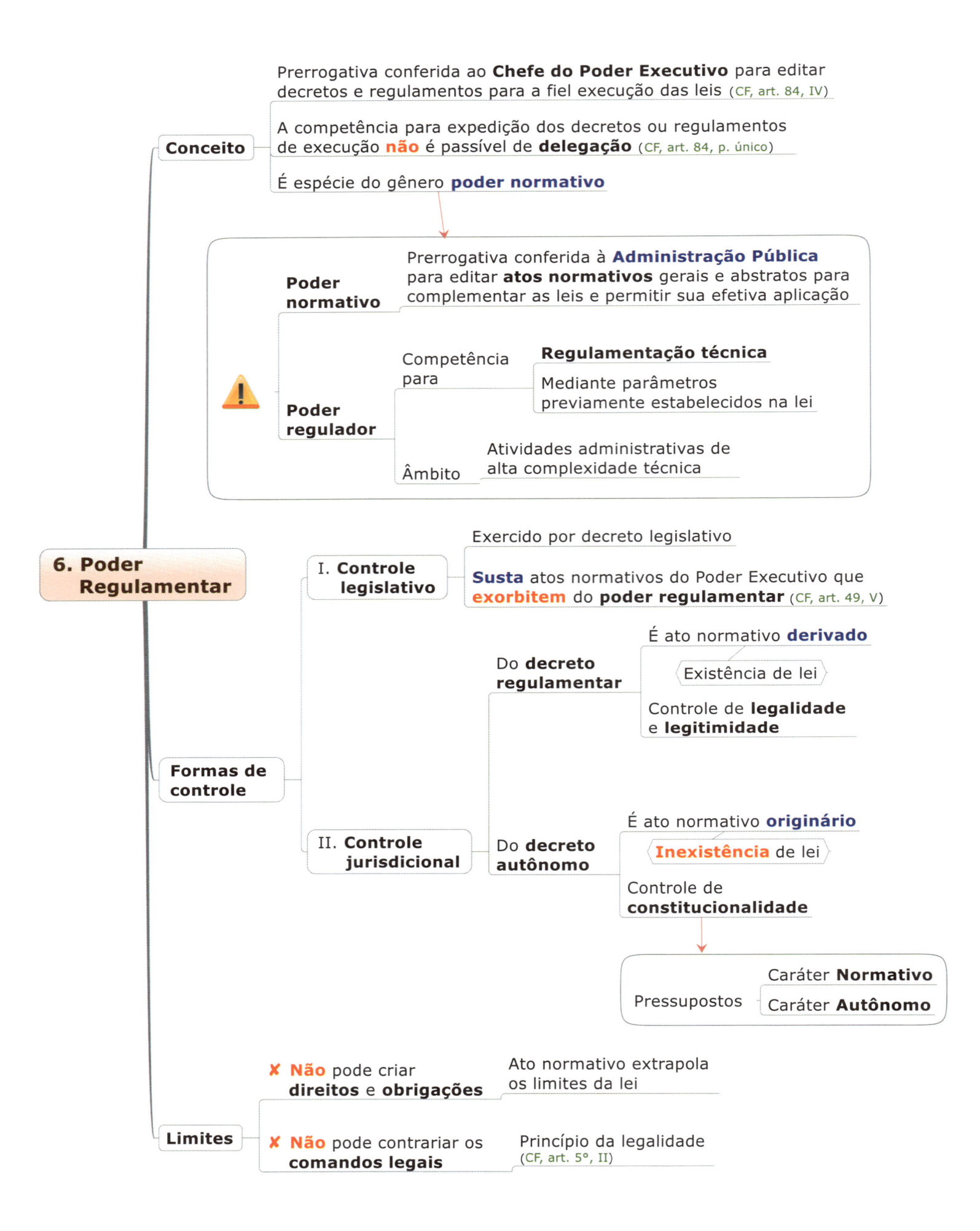

PODERES ADMINISTRATIVOS IV - PODER REGULAMENTAR

6. Poder Regulamentar

- **Conceito**
  - Prerrogativa conferida ao **Chefe do Poder Executivo** para editar decretos e regulamentos para a fiel execução das leis (CF, art. 84, IV)
  - A competência para expedição dos decretos ou regulamentos de execução **não** é passível de **delegação** (CF, art. 84, p. único)
  - É espécie do gênero **poder normativo**

  - **Poder normativo**: Prerrogativa conferida à **Administração Pública** para editar **atos normativos** gerais e abstratos para complementar as leis e permitir sua efetiva aplicação
  - **Poder regulador**:
    - Competência para → **Regulamentação técnica** → Mediante parâmetros previamente estabelecidos na lei
    - Âmbito → Atividades administrativas de alta complexidade técnica

- **Formas de controle**
  - **I. Controle legislativo**
    - Exercido por decreto legislativo
    - **Susta** atos normativos do Poder Executivo que **exorbitem** do **poder regulamentar** (CF, art. 49, V)
  - **II. Controle jurisdicional**
    - Do **decreto regulamentar**
      - É ato normativo **derivado** → Existência de lei
      - Controle de **legalidade** e **legitimidade**
    - Do **decreto autônomo**
      - É ato normativo **originário** → **Inexistência** de lei
      - Controle de **constitucionalidade**
      - Pressupostos: Caráter **Normativo** / Caráter **Autônomo**

- **Limites**
  - ✗ **Não** pode criar **direitos** e **obrigações** → Ato normativo extrapola os limites da lei
  - ✗ **Não** pode contrariar os **comandos legais** → Princípio da legalidade (CF, art. 5º, II)

PODERES ADMINISTRATIVOS V - PODER DE POLÍCIA

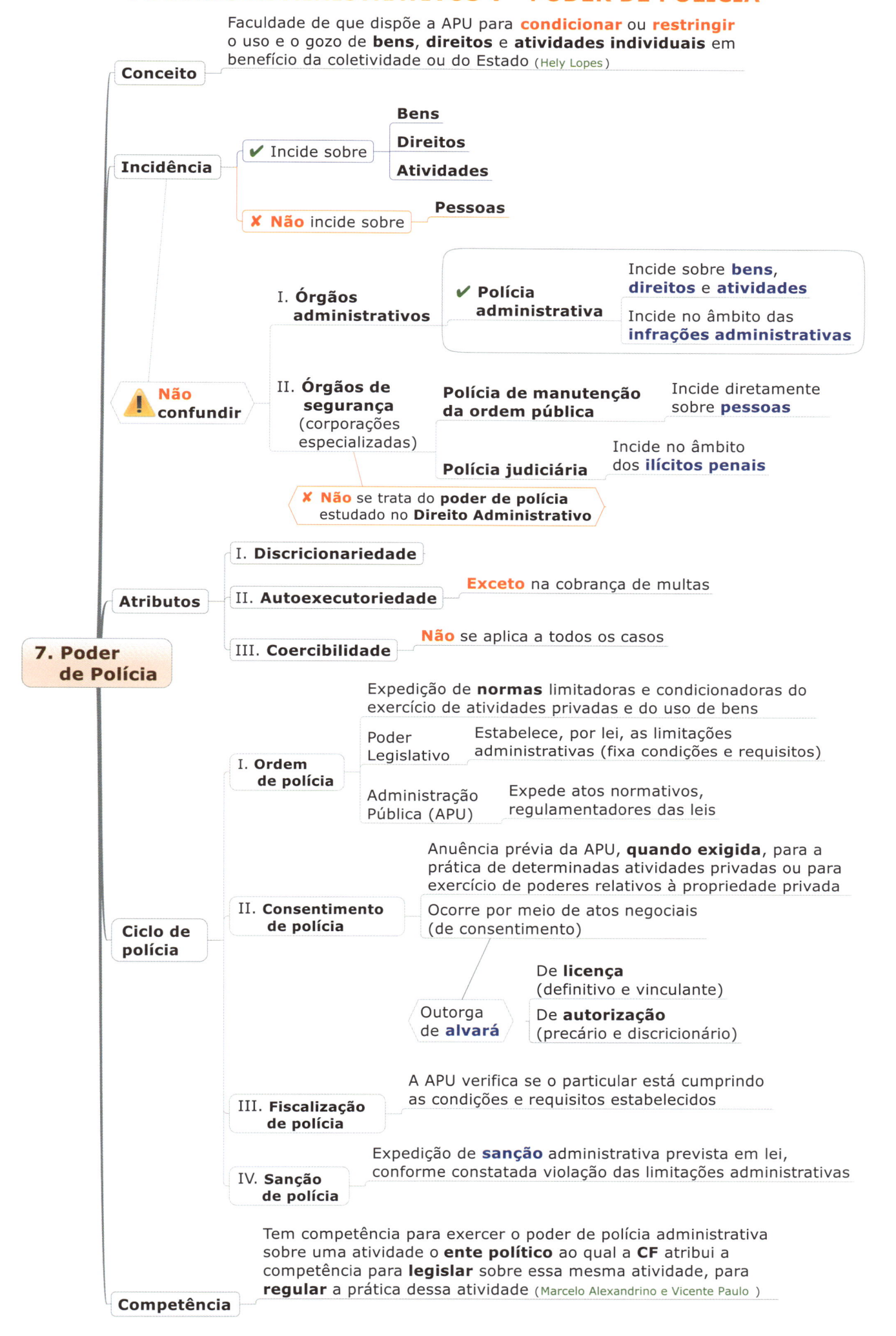

7. Poder de Polícia

- **Conceito**: Faculdade de que dispõe a APU para **condicionar** ou **restringir** o uso e o gozo de **bens**, **direitos** e **atividades individuais** em benefício da coletividade ou do Estado (Hely Lopes)

- **Incidência**:
  - ✔ Incide sobre: **Bens**, **Direitos**, **Atividades**
  - ✘ **Não** incide sobre: **Pessoas**

- **⚠ Não confundir**:
  - **I. Órgãos administrativos**
    - ✔ **Polícia administrativa**
      - Incide sobre **bens**, **direitos** e **atividades**
      - Incide no âmbito das **infrações administrativas**
  - **II. Órgãos de segurança** (corporações especializadas)
    - **Polícia de manutenção da ordem pública**: Incide diretamente sobre **pessoas**
    - **Polícia judiciária**: Incide no âmbito dos **ilícitos penais**
    - ✘ **Não** se trata do **poder de polícia** estudado no **Direito Administrativo**

- **Atributos**:
  - I. **Discricionariedade**
  - II. **Autoexecutoriedade** — **Exceto** na cobrança de multas
  - III. **Coercibilidade** — **Não** se aplica a todos os casos

- **Ciclo de polícia**:
  - **I. Ordem de polícia**: Expedição de **normas** limitadoras e condicionadoras do exercício de atividades privadas e do uso de bens
    - **Poder Legislativo**: Estabelece, por lei, as limitações administrativas (fixa condições e requisitos)
    - **Administração Pública (APU)**: Expede atos normativos, regulamentadores das leis
  - **II. Consentimento de polícia**: Anuência prévia da APU, **quando exigida**, para a prática de determinadas atividades privadas ou para exercício de poderes relativos à propriedade privada
    - Ocorre por meio de atos negociais (de consentimento)
    - Outorga de **alvará**:
      - De **licença** (definitivo e vinculante)
      - De **autorização** (precário e discricionário)
  - **III. Fiscalização de polícia**: A APU verifica se o particular está cumprindo as condições e requisitos estabelecidos
  - **IV. Sanção de polícia**: Expedição de **sanção** administrativa prevista em lei, conforme constatada violação das limitações administrativas

- **Competência**: Tem competência para exercer o poder de polícia administrativa sobre uma atividade o **ente político** ao qual a **CF** atribui a competência para **legislar** sobre essa mesma atividade, para **regular** a prática dessa atividade (Marcelo Alexandrino e Vicente Paulo)

Capítulo 6

Atos Administrativos

ATOS ADMINISTRATIVOS - NOÇÕES INTRODUTÓRIAS

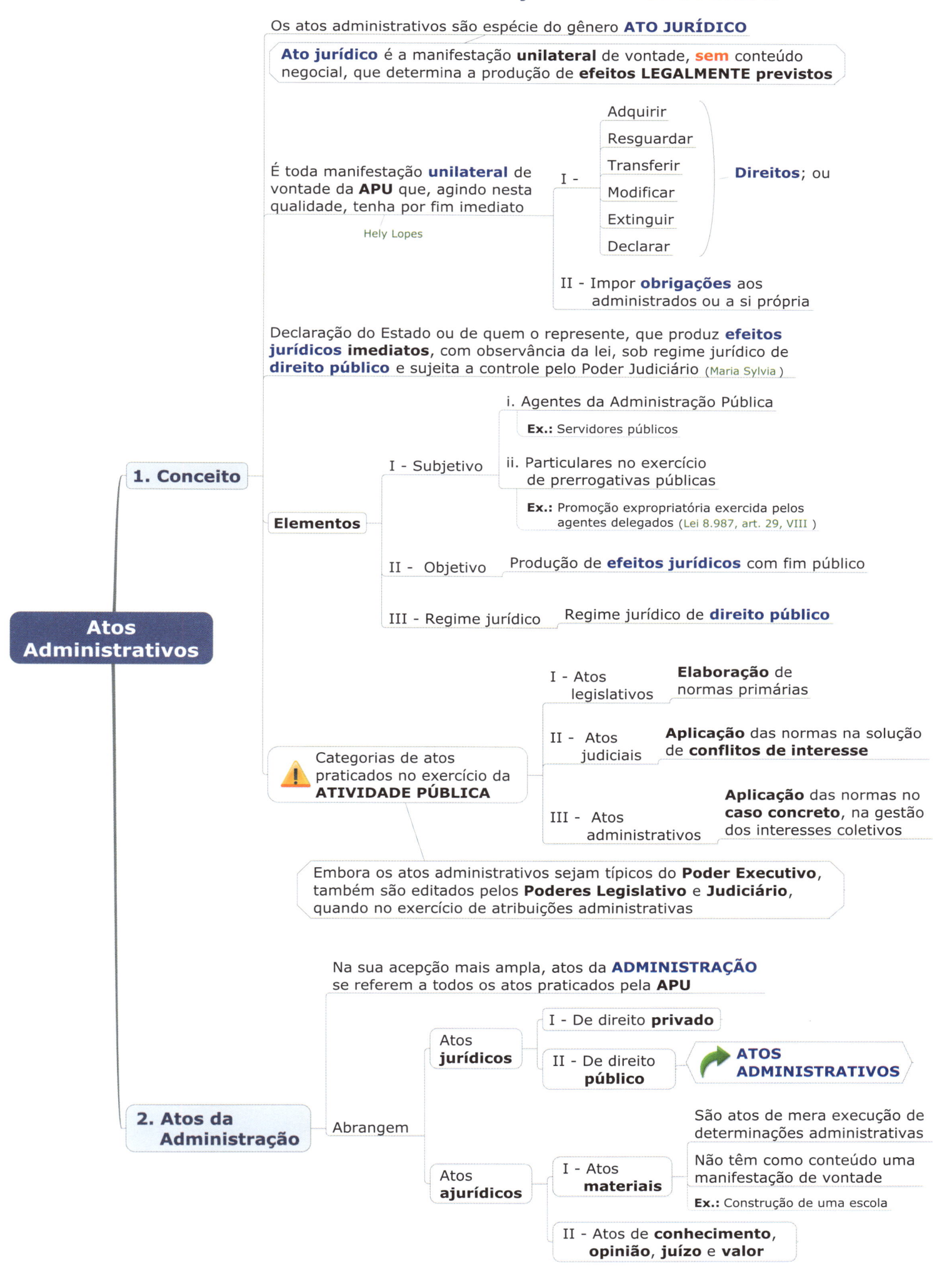

Os atos administrativos são espécie do gênero **ATO JURÍDICO**

Ato jurídico é a manifestação **unilateral** de vontade, **sem** conteúdo negocial, que determina a produção de **efeitos LEGALMENTE previstos**

Atos Administrativos

1. Conceito

É toda manifestação **unilateral** de vontade da **APU** que, agindo nesta qualidade, tenha por fim imediato (Hely Lopes)

- I -
  - Adquirir
  - Resguardar
  - Transferir
  - Modificar
  - Extinguir
  - Declarar

  Direitos; ou

- II - Impor **obrigações** aos administrados ou a si própria

Declaração do Estado ou de quem o represente, que produz **efeitos jurídicos imediatos**, com observância da lei, sob regime jurídico de **direito público** e sujeita a controle pelo Poder Judiciário (Maria Sylvia)

Elementos

- **I - Subjetivo**
  - i. Agentes da Administração Pública
    - **Ex.:** Servidores públicos
  - ii. Particulares no exercício de prerrogativas públicas
    - **Ex.:** Promoção expropriatória exercida pelos agentes delegados (Lei 8.987, art. 29, VIII)
- **II - Objetivo** — Produção de **efeitos jurídicos** com fim público
- **III - Regime jurídico** — Regime jurídico de **direito público**

⚠ Categorias de atos praticados no exercício da ATIVIDADE PÚBLICA

- **I - Atos legislativos** — **Elaboração** de normas primárias
- **II - Atos judiciais** — **Aplicação** das normas na solução de **conflitos de interesse**
- **III - Atos administrativos** — **Aplicação** das normas no **caso concreto**, na gestão dos interesses coletivos

Embora os atos administrativos sejam típicos do **Poder Executivo**, também são editados pelos **Poderes Legislativo** e **Judiciário**, quando no exercício de atribuições administrativas

2. Atos da Administração

Na sua acepção mais ampla, atos da **ADMINISTRAÇÃO** se referem a todos os atos praticados pela **APU**

Abrangem

- **Atos jurídicos**
  - I - De direito **privado**
  - II - De direito **público** → **ATOS ADMINISTRATIVOS**

- **Atos ajurídicos**
  - **I - Atos materiais**
    - São atos de mera execução de determinações administrativas
    - Não têm como conteúdo uma manifestação de vontade
    - **Ex.:** Construção de uma escola
  - **II - Atos de conhecimento, opinião, juízo e valor**

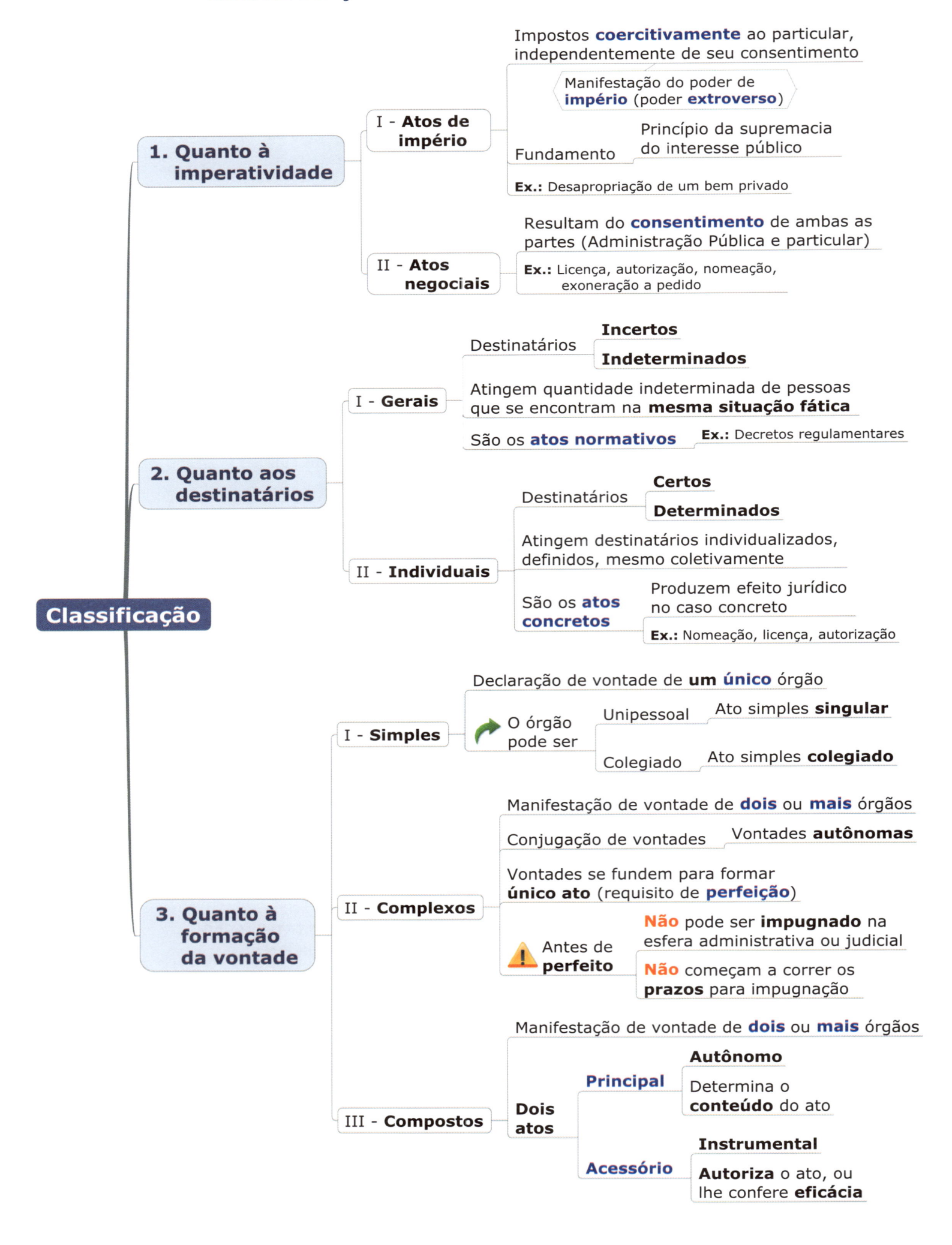

CLASSIFICAÇÃO DOS ATOS ADMINISTRATIVOS I

Classificação

1. Quanto à imperatividade

I - Atos de império
- Impostos **coercitivamente** ao particular, independentemente de seu consentimento
  - Manifestação do poder de **império** (poder **extroverso**)
  - Fundamento: Princípio da supremacia do interesse público
- **Ex.:** Desapropriação de um bem privado

II - Atos negociais
- Resultam do **consentimento** de ambas as partes (Administração Pública e particular)
- **Ex.:** Licença, autorização, nomeação, exoneração a pedido

2. Quanto aos destinatários

I - Gerais
- Destinatários **Incertos** / **Indeterminados**
- Atingem quantidade indeterminada de pessoas que se encontram na **mesma situação fática**
- São os **atos normativos**
- **Ex.:** Decretos regulamentares

II - Individuais
- Destinatários **Certos** / **Determinados**
- Atingem destinatários individualizados, definidos, mesmo coletivamente
- São os **atos concretos**
  - Produzem efeito jurídico no caso concreto
- **Ex.:** Nomeação, licença, autorização

3. Quanto à formação da vontade

I - Simples
- Declaração de vontade de **um único** órgão
- O órgão pode ser:
  - Unipessoal → Ato simples **singular**
  - Colegiado → Ato simples **colegiado**

II - Complexos
- Manifestação de vontade de **dois** ou **mais** órgãos
- Conjugação de vontades — Vontades **autônomas**
- Vontades se fundem para formar **único ato** (requisito de **perfeição**)
- ⚠ Antes de **perfeito**:
  - **Não** pode ser **impugnado** na esfera administrativa ou judicial
  - **Não** começam a correr os **prazos** para impugnação

III - Compostos
- Manifestação de vontade de **dois** ou **mais** órgãos
- Dois atos:
  - **Principal** — Autônomo; Determina o **conteúdo** do ato
  - **Acessório** — Instrumental; **Autoriza** o ato, ou lhe confere **eficácia**

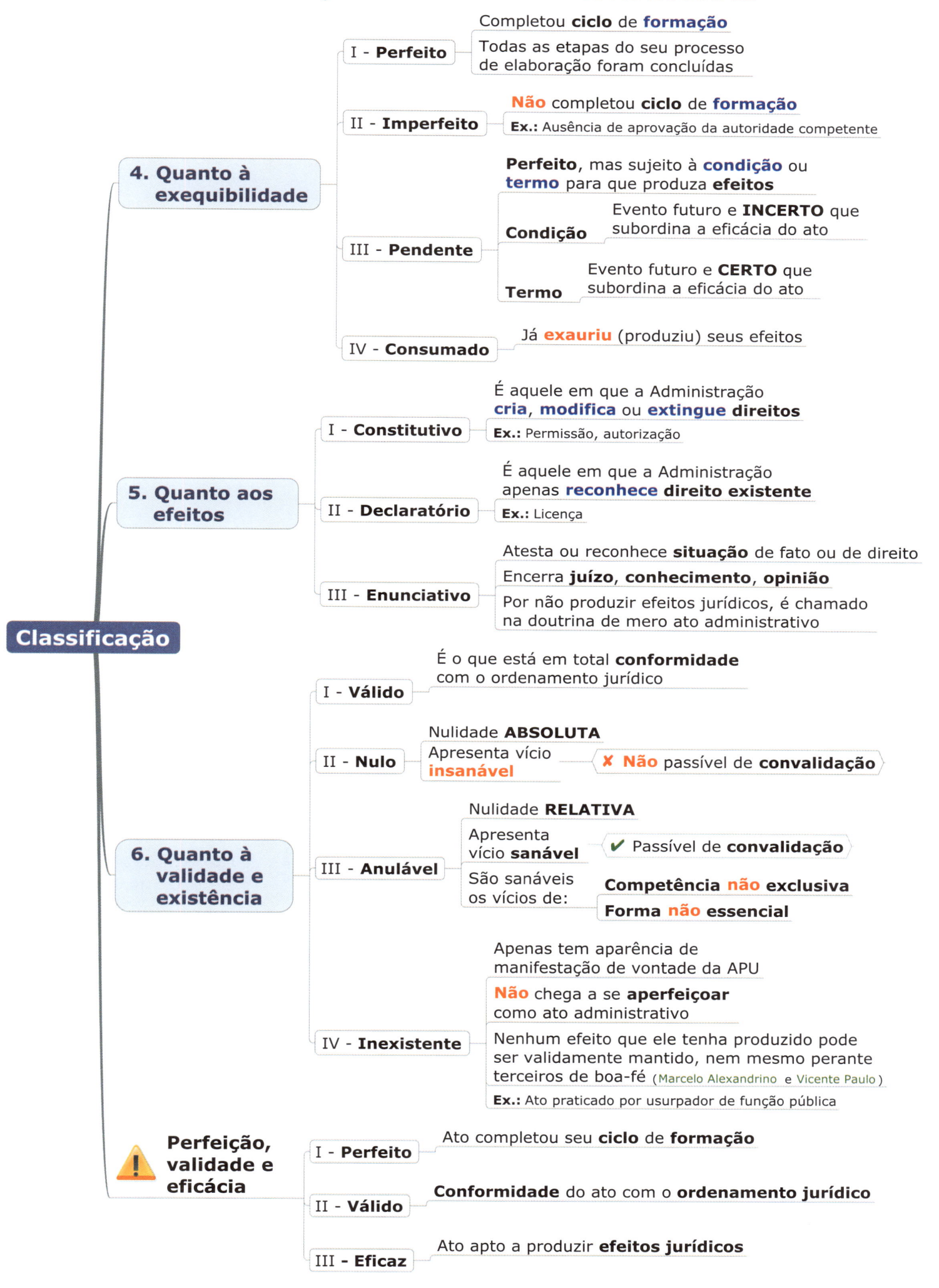

CLASSIFICAÇÃO DOS ATOS ADMINISTRATIVOS II

Classificação

- **4. Quanto à exequibilidade**
  - **I - Perfeito**
    - Completou **ciclo** de **formação**
    - Todas as etapas do seu processo de elaboração foram concluídas
  - **II - Imperfeito**
    - **Não** completou **ciclo** de **formação**
    - **Ex.:** Ausência de aprovação da autoridade competente
  - **III - Pendente**
    - **Perfeito**, mas sujeito à **condição** ou **termo** para que produza **efeitos**
    - **Condição**: Evento futuro e **INCERTO** que subordina a eficácia do ato
    - **Termo**: Evento futuro e **CERTO** que subordina a eficácia do ato
  - **IV - Consumado**
    - Já **exauriu** (produziu) seus efeitos

- **5. Quanto aos efeitos**
  - **I - Constitutivo**
    - É aquele em que a Administração **cria**, **modifica** ou **extingue direitos**
    - **Ex.:** Permissão, autorização
  - **II - Declaratório**
    - É aquele em que a Administração apenas **reconhece direito existente**
    - **Ex.:** Licença
  - **III - Enunciativo**
    - Atesta ou reconhece **situação** de fato ou de direito
    - Encerra **juízo, conhecimento, opinião**
    - Por não produzir efeitos jurídicos, é chamado na doutrina de mero ato administrativo

- **6. Quanto à validade e existência**
  - **I - Válido**
    - É o que está em total **conformidade** com o ordenamento jurídico
  - **II - Nulo**
    - Nulidade **ABSOLUTA**
    - Apresenta vício **insanável**
    - ✗ **Não** passível de **convalidação**
  - **III - Anulável**
    - Nulidade **RELATIVA**
    - Apresenta vício **sanável** — ✓ Passível de **convalidação**
    - São sanáveis os vícios de:
      - **Competência não exclusiva**
      - **Forma não essencial**
  - **IV - Inexistente**
    - Apenas tem aparência de manifestação de vontade da APU
    - **Não** chega a se **aperfeiçoar** como ato administrativo
    - Nenhum efeito que ele tenha produzido pode ser validamente mantido, nem mesmo perante terceiros de boa-fé (Marcelo Alexandrino e Vicente Paulo)
    - **Ex.:** Ato praticado por usurpador de função pública

⚠️ **Perfeição, validade e eficácia**
- **I - Perfeito**: Ato completou seu **ciclo** de **formação**
- **II - Válido**: **Conformidade** do ato com o **ordenamento jurídico**
- **III - Eficaz**: Ato apto a produzir **efeitos jurídicos**

47

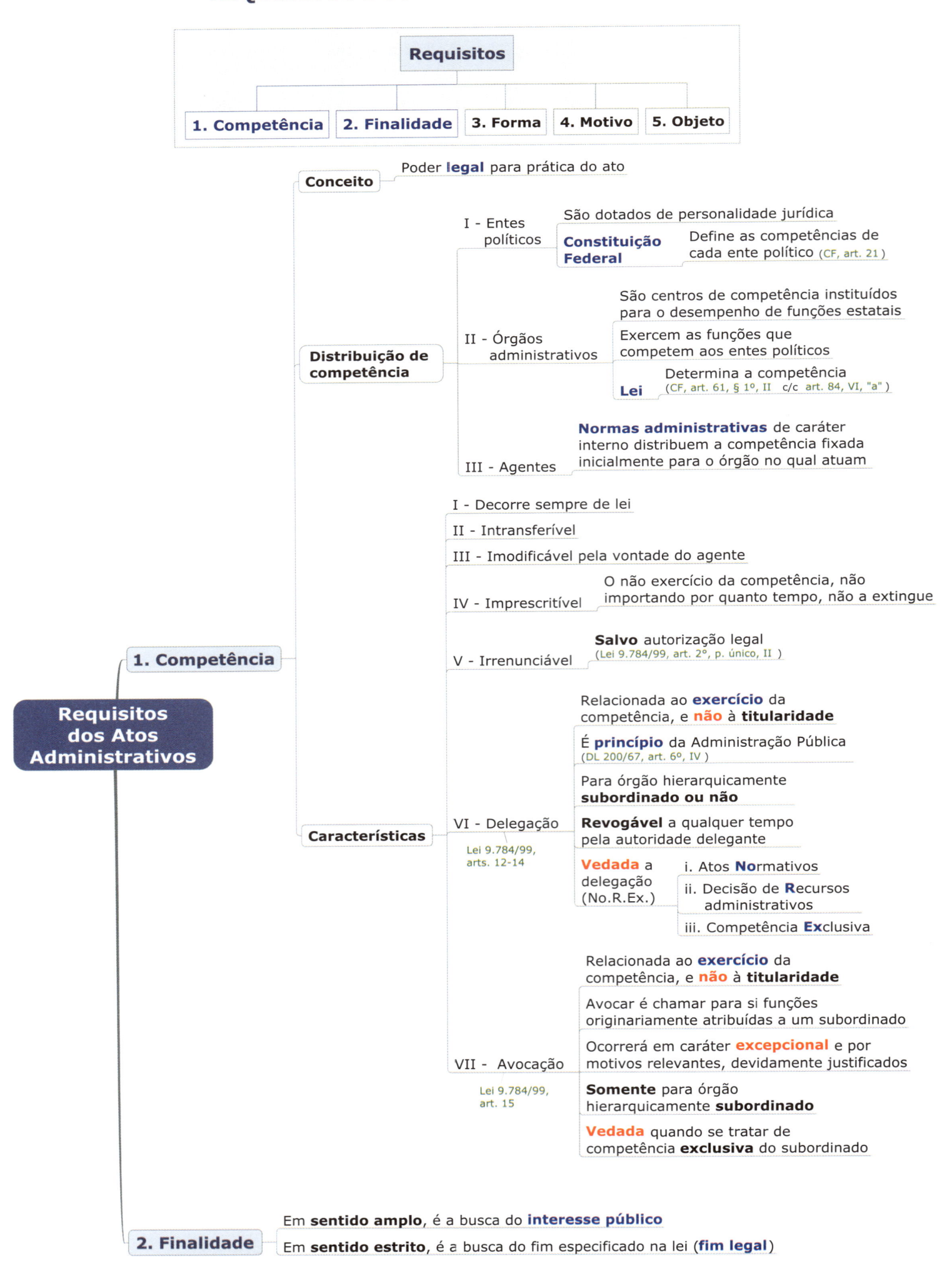

REQUISITOS DOS ATOS ADMINISTRATIVOS I

Requisitos
1. Competência | 2. Finalidade | 3. Forma | 4. Motivo | 5. Objeto

Requisitos dos Atos Administrativos

1. Competência

- **Conceito**: Poder **legal** para prática do ato

- **Distribuição de competência**:
  - **I - Entes políticos**
    - São dotados de personalidade jurídica
    - **Constituição Federal**: Define as competências de cada ente político (CF, art. 21)
  - **II - Órgãos administrativos**
    - São centros de competência instituídos para o desempenho de funções estatais
    - Exercem as funções que competem aos entes políticos
    - **Lei**: Determina a competência (CF, art. 61, § 1º, II c/c art. 84, VI, "a")
  - **III - Agentes**
    - **Normas administrativas** de caráter interno distribuem a competência fixada inicialmente para o órgão no qual atuam

- **Características**:
  - **I** - Decorre sempre de lei
  - **II** - Intransferível
  - **III** - Imodificável pela vontade do agente
  - **IV** - Imprescritível: O não exercício da competência, não importando por quanto tempo, não a extingue
  - **V** - Irrenunciável: **Salvo** autorização legal (Lei 9.784/99, art. 2º, p. único, II)
  - **VI - Delegação** (Lei 9.784/99, arts. 12-14)
    - Relacionada ao **exercício** da competência, e **não** à **titularidade**
    - É **princípio** da Administração Pública (DL 200/67, art. 6º, IV)
    - Para órgão hierarquicamente **subordinado ou não**
    - **Revogável** a qualquer tempo pela autoridade delegante
    - **Vedada** a delegação (No.R.Ex.):
      - i. Atos **No**rmativos
      - ii. Decisão de **R**ecursos administrativos
      - iii. Competência **Ex**clusiva
  - **VII - Avocação** (Lei 9.784/99, art. 15)
    - Relacionada ao **exercício** da competência, e **não** à **titularidade**
    - Avocar é chamar para si funções originariamente atribuídas a um subordinado
    - Ocorrerá em caráter **excepcional** e por motivos relevantes, devidamente justificados
    - **Somente** para órgão hierarquicamente **subordinado**
    - **Vedada** quando se tratar de competência **exclusiva** do subordinado

2. Finalidade
- Em **sentido amplo**, é a busca do **interesse público**
- Em **sentido estrito**, é a busca do fim especificado na lei (**fim legal**)

REQUISITOS DOS ATOS ADMINISTRATIVOS II

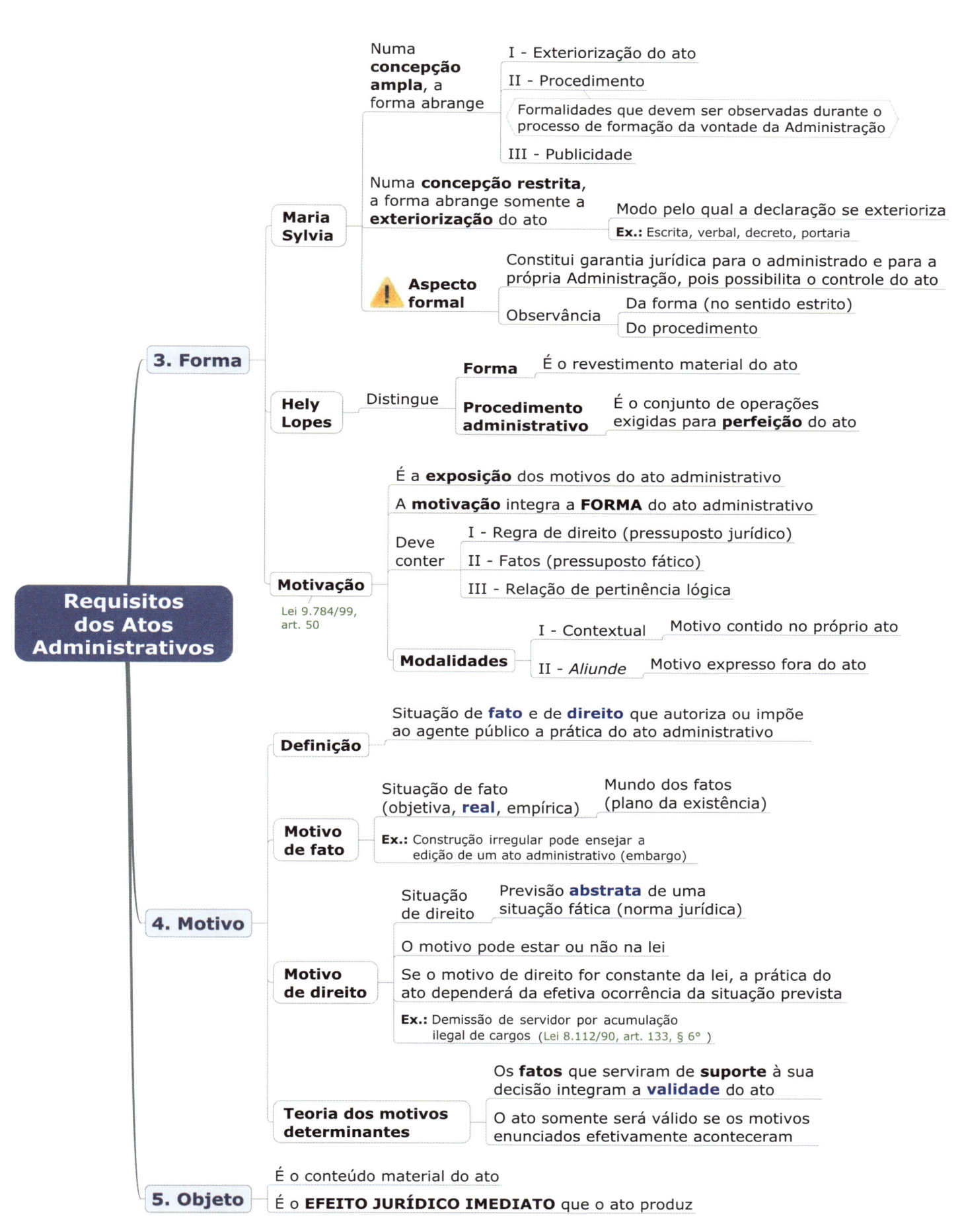

Requisitos
1. Competência | 2. Finalidade | 3. Forma | 4. Motivo | 5. Objeto

Requisitos dos Atos Administrativos

3. Forma

Maria Sylvia
- Numa **concepção ampla**, a forma abrange:
  - I - Exteriorização do ato
  - II - Procedimento
    - Formalidades que devem ser observadas durante o processo de formação da vontade da Administração
  - III - Publicidade
- Numa **concepção restrita**, a forma abrange somente a **exteriorização** do ato
  - Modo pelo qual a declaração se exterioriza
  - **Ex.:** Escrita, verbal, decreto, portaria
- ⚠ **Aspecto formal**
  - Constitui garantia jurídica para o administrado e para a própria Administração, pois possibilita o controle do ato
  - Observância:
    - Da forma (no sentido estrito)
    - Do procedimento

Hely Lopes — Distingue:
- **Forma**: É o revestimento material do ato
- **Procedimento administrativo**: É o conjunto de operações exigidas para **perfeição** do ato

Motivação (Lei 9.784/99, art. 50)
- É a **exposição** dos motivos do ato administrativo
- A motivação integra a **FORMA** do ato administrativo
- Deve conter:
  - I - Regra de direito (pressuposto jurídico)
  - II - Fatos (pressuposto fático)
  - III - Relação de pertinência lógica
- Modalidades:
  - I - Contextual — Motivo contido no próprio ato
  - II - *Aliunde* — Motivo expresso fora do ato

4. Motivo

Definição: Situação de **fato** e de **direito** que autoriza ou impõe ao agente público a prática do ato administrativo

Motivo de fato
- Situação de fato (objetiva, **real**, empírica) — Mundo dos fatos (plano da existência)
- **Ex.:** Construção irregular pode ensejar a edição de um ato administrativo (embargo)

Motivo de direito
- Situação de direito: Previsão **abstrata** de uma situação fática (norma jurídica)
- O motivo pode estar ou não na lei
- Se o motivo de direito for constante da lei, a prática do ato dependerá da efetiva ocorrência da situação prevista
- **Ex.:** Demissão de servidor por acumulação ilegal de cargos (Lei 8.112/90, art. 133, § 6º)

Teoria dos motivos determinantes
- Os **fatos** que serviram de **suporte** à sua decisão integram a **validade** do ato
- O ato somente será válido se os motivos enunciados efetivamente aconteceram

5. Objeto
- É o conteúdo material do ato
- É o **EFEITO JURÍDICO IMEDIATO** que o ato produz

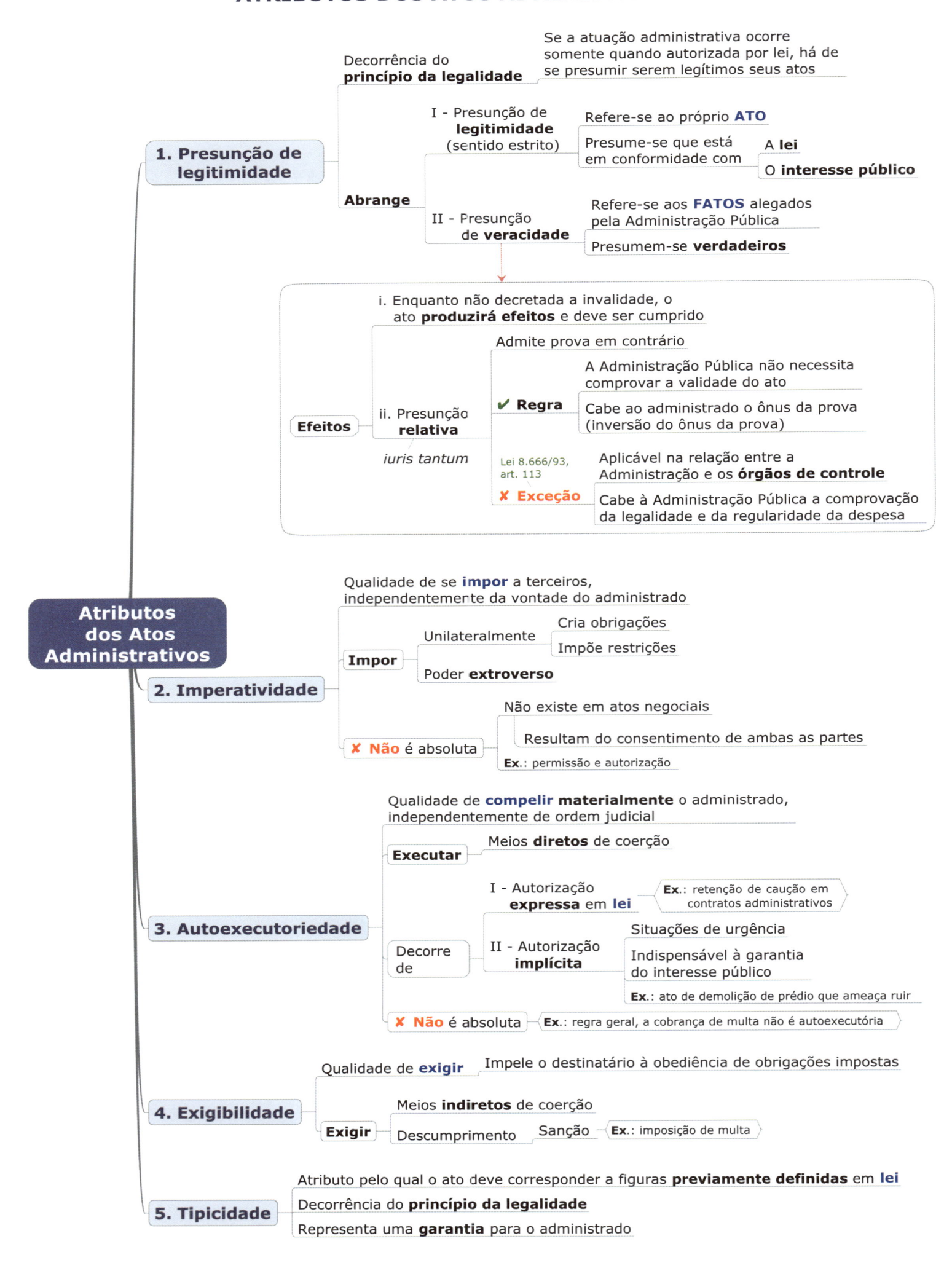

ATRIBUTOS DOS ATOS ADMINISTRATIVOS

Atributos dos Atos Administrativos

1. Presunção de legitimidade

- Decorrência do **princípio da legalidade**: Se a atuação administrativa ocorre somente quando autorizada por lei, há de se presumir serem legítimos seus atos
- **Abrange**:
  - **I - Presunção de legitimidade (sentido estrito)**:
    - Refere-se ao próprio **ATO**
    - Presume-se que está em conformidade com:
      - A **lei**
      - O **interesse público**
  - **II - Presunção de veracidade**:
    - Refere-se aos **FATOS** alegados pela Administração Pública
    - Presumem-se **verdadeiros**
- **Efeitos**:
  - i. Enquanto não decretada a invalidade, o ato **produzirá efeitos** e deve ser cumprido
  - ii. Presunção **relativa** *iuris tantum* — Admite prova em contrário
    - ✔ **Regra**:
      - A Administração Pública não necessita comprovar a validade do ato
      - Cabe ao administrado o ônus da prova (inversão do ônus da prova)
    - ✘ **Exceção** (Lei 8.666/93, art. 113):
      - Aplicável na relação entre a Administração e os **órgãos de controle**
      - Cabe à Administração Pública a comprovação da legalidade e da regularidade da despesa

2. Imperatividade

- Qualidade de se **impor** a terceiros, independentemente da vontade do administrado
- **Impor**:
  - Unilateralmente:
    - Cria obrigações
    - Impõe restrições
  - Poder **extroverso**
- ✘ **Não é absoluta**:
  - Não existe em atos negociais
  - Resultam do consentimento de ambas as partes
  - **Ex.**: permissão e autorização

3. Autoexecutoriedade

- Qualidade de **compelir materialmente** o administrado, independentemente de ordem judicial
- **Executar**: Meios **diretos** de coerção
- **Decorre de**:
  - **I - Autorização expressa em lei**
    - **Ex.**: retenção de caução em contratos administrativos
  - **II - Autorização implícita**
    - Situações de urgência
    - Indispensável à garantia do interesse público
    - **Ex.**: ato de demolição de prédio que ameaça ruir
- ✘ **Não é absoluta** — **Ex.**: regra geral, a cobrança de multa não é autoexecutória

4. Exigibilidade

- Qualidade de **exigir**: Impele o destinatário à obediência de obrigações impostas
- **Exigir**: Meios **indiretos** de coerção
  - Descumprimento — Sanção — **Ex.**: imposição de multa

5. Tipicidade

- Atributo pelo qual o ato deve corresponder a figuras **previamente definidas** em **lei**
- Decorrência do **princípio da legalidade**
- Representa uma **garantia** para o administrado

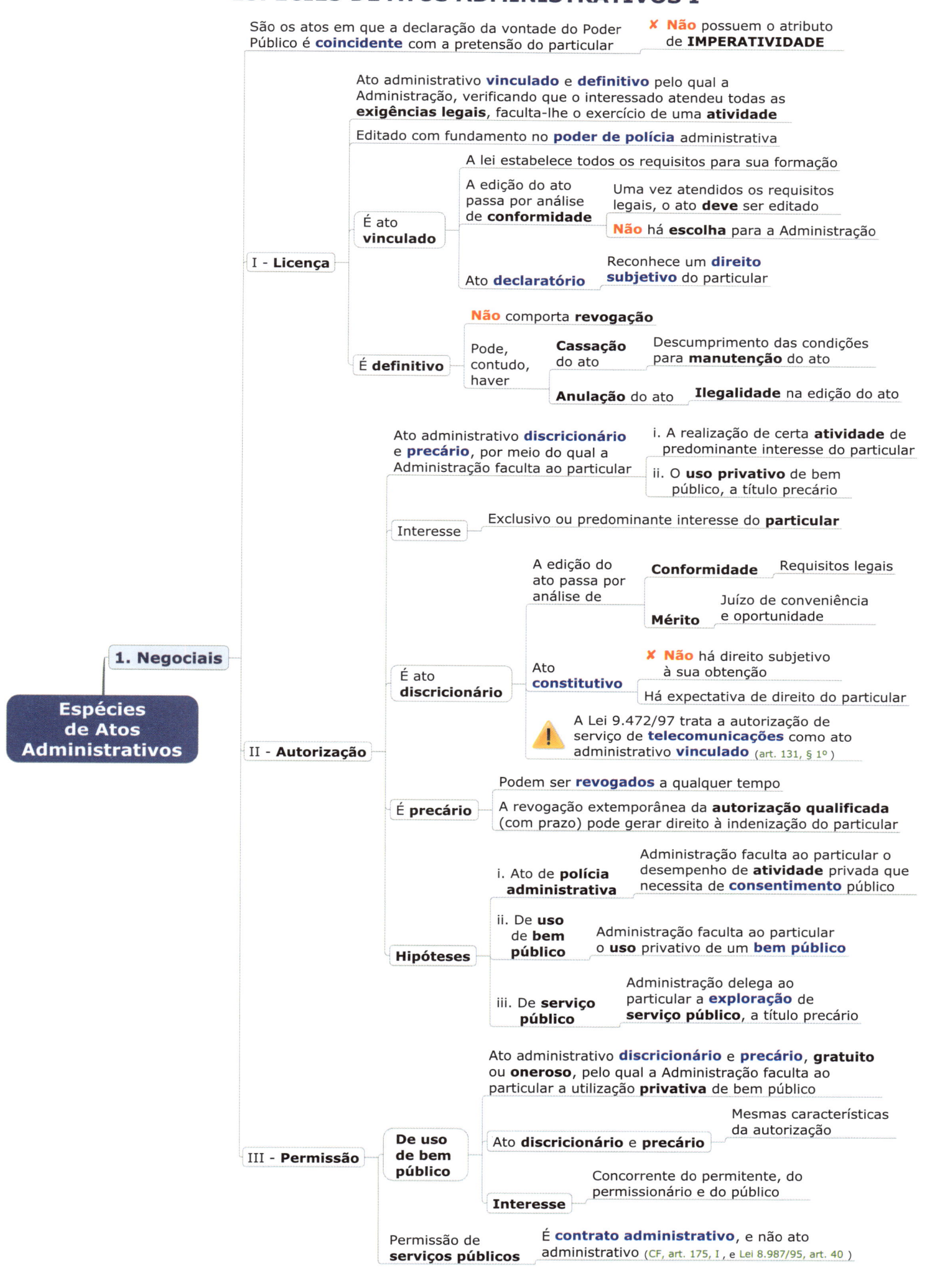

ESPÉCIES DE ATOS ADMINISTRATIVOS I

Espécies de Atos Administrativos

1. Negociais

São os atos em que a declaração da vontade do Poder Público é **coincidente** com a pretensão do particular
- ✗ **Não** possuem o atributo de **IMPERATIVIDADE**

I - Licença

Ato administrativo **vinculado** e **definitivo** pelo qual a Administração, verificando que o interessado atendeu todas as **exigências legais**, faculta-lhe o exercício de uma **atividade**

Editado com fundamento no **poder de polícia** administrativa

É ato vinculado
- A lei estabelece todos os requisitos para sua formação
- A edição do ato passa por análise de **conformidade**
  - Uma vez atendidos os requisitos legais, o ato **deve** ser editado
  - **Não** há **escolha** para a Administração
- Ato **declaratório**
  - Reconhece um **direito subjetivo** do particular

É definitivo
- **Não** comporta **revogação**
- Pode, contudo, haver:
  - **Cassação** do ato — Descumprimento das condições para **manutenção** do ato
  - **Anulação** do ato — **Ilegalidade** na edição do ato

II - Autorização

Ato administrativo **discricionário** e **precário**, por meio do qual a Administração faculta ao particular:
- i. A realização de certa **atividade** de predominante interesse do particular
- ii. O **uso privativo** de bem público, a título precário

Interesse: Exclusivo ou predominante interesse do **particular**

É ato discricionário
- A edição do ato passa por análise de:
  - **Conformidade** — Requisitos legais
  - **Mérito** — Juízo de conveniência e oportunidade
- Ato **constitutivo**
  - ✗ **Não** há direito subjetivo à sua obtenção
  - Há expectativa de direito do particular

⚠️ A Lei 9.472/97 trata a autorização de serviço de **telecomunicações** como ato administrativo **vinculado** (art. 131, § 1º)

É precário
- Podem ser **revogados** a qualquer tempo
- A revogação extemporânea da **autorização qualificada** (com prazo) pode gerar direito à indenização do particular

Hipóteses
- i. Ato de **polícia administrativa** — Administração faculta ao particular o desempenho de **atividade** privada que necessita de **consentimento** público
- ii. De **uso de bem público** — Administração faculta ao particular o **uso** privativo de um **bem público**
- iii. De **serviço público** — Administração delega ao particular a **exploração** de **serviço público**, a título precário

III - Permissão

De uso de bem público

Ato administrativo **discricionário** e **precário**, **gratuito** ou **oneroso**, pelo qual a Administração faculta ao particular a utilização **privativa** de bem público

- Ato **discricionário** e **precário** — Mesmas características da autorização
- **Interesse** — Concorrente do permitente, do permissionário e do público

Permissão de **serviços públicos** — É **contrato administrativo**, e não ato administrativo (CF, art. 175, I, e Lei 8.987/95, art. 40)

51

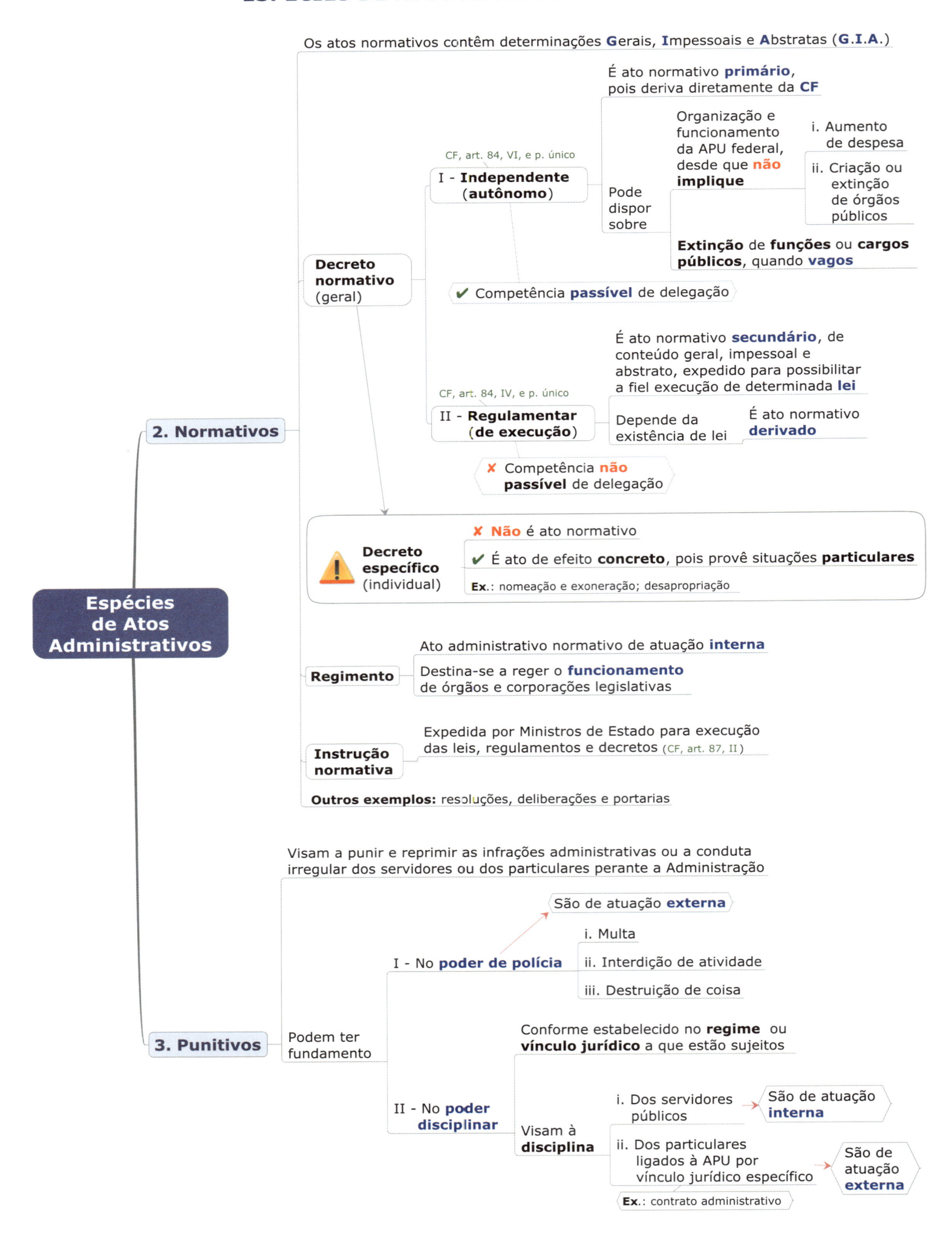

ESPÉCIES DE ATOS ADMINISTRATIVOS II

Espécies de Atos Administrativos

2. Normativos

Os atos normativos contêm determinações **G**erais, **I**mpessoais e **A**bstratas (**G.I.A.**)

Decreto normativo (geral)

CF, art. 84, VI, e p. único
I - Independente (autônomo)
- É ato normativo **primário**, pois deriva diretamente da **CF**
- Pode dispor sobre:
  - Organização e funcionamento da APU federal, desde que **não** implique:
    - i. Aumento de despesa
    - ii. Criação ou extinção de órgãos públicos
  - **Extinção** de **funções** ou **cargos públicos**, quando **vagos**
- ✔ Competência **passível** de delegação

CF, art. 84, IV, e p. único
II - Regulamentar (de execução)
- É ato normativo **secundário**, de conteúdo geral, impessoal e abstrato, expedido para possibilitar a fiel execução de determinada **lei**
- Depende da existência de lei
- É ato normativo **derivado**
- ✘ Competência **não passível** de delegação

⚠ **Decreto específico (individual)**
- ✘ **Não** é ato normativo
- ✔ É ato de efeito **concreto**, pois provê situações **particulares**
- **Ex.**: nomeação e exoneração; desapropriação

Regimento
- Ato administrativo normativo de atuação **interna**
- Destina-se a reger o **funcionamento** de órgãos e corporações legislativas

Instrução normativa
- Expedida por Ministros de Estado para execução das leis, regulamentos e decretos (CF, art. 87, II)

Outros exemplos: resoluções, deliberações e portarias

3. Punitivos

Visam a punir e reprimir as infrações administrativas ou a conduta irregular dos servidores ou dos particulares perante a Administração

Podem ter fundamento:

I - No poder de polícia → São de atuação **externa**
- i. Multa
- ii. Interdição de atividade
- iii. Destruição de coisa

II - No poder disciplinar
- Conforme estabelecido no **regime** ou **vínculo jurídico** a que estão sujeitos
- Visam à **disciplina**:
  - i. Dos servidores públicos → São de atuação **interna**
  - ii. Dos particulares ligados à APU por vínculo jurídico específico → São de atuação **externa**
    - **Ex.**: contrato administrativo

ESPÉCIES DE ATOS ADMINISTRATIVOS III

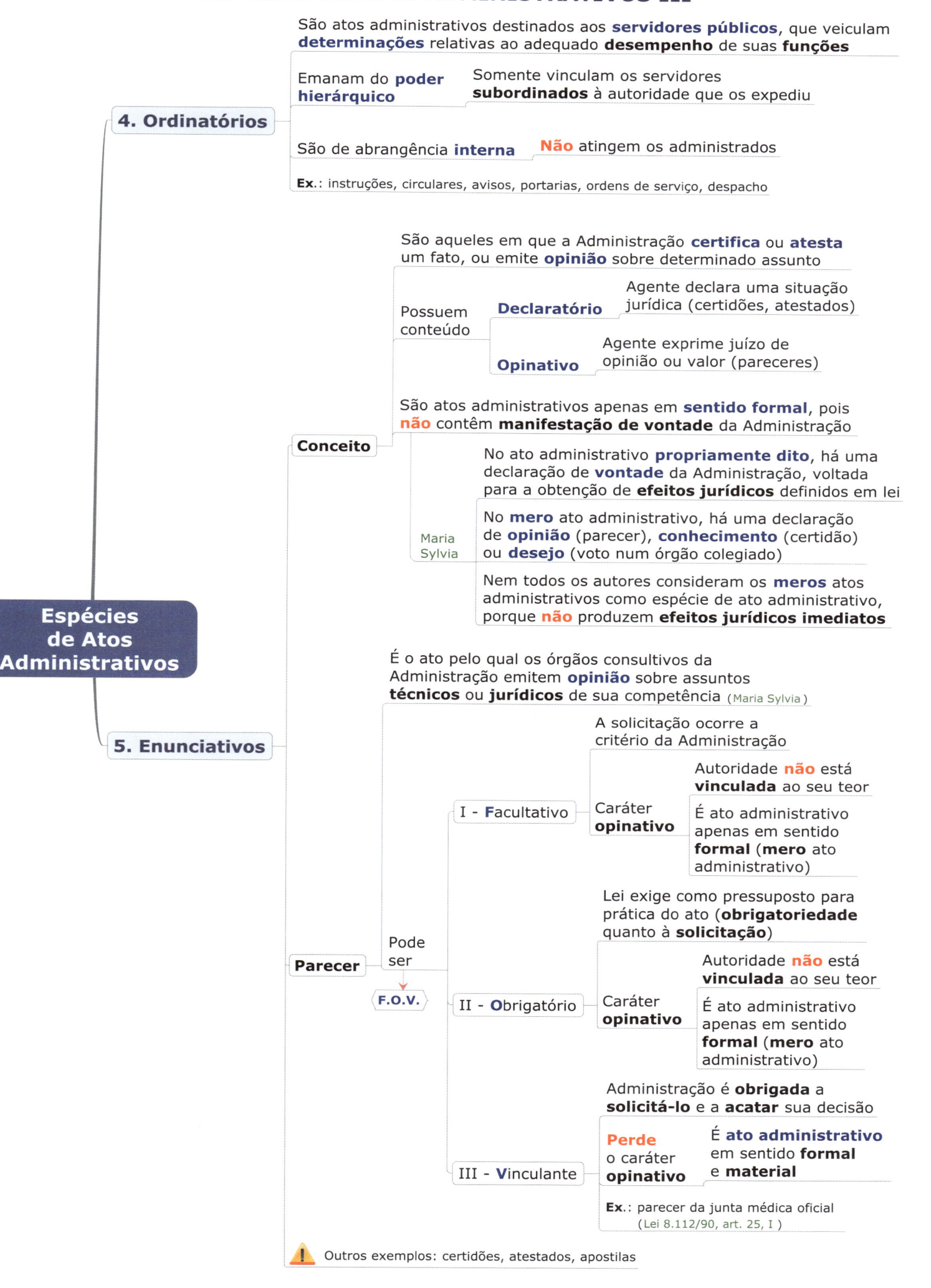

Espécies de Atos Administrativos

4. Ordinatórios

São atos administrativos destinados aos **servidores públicos**, que veiculam **determinações** relativas ao adequado **desempenho** de suas **funções**

- Emanam do **poder hierárquico** — Somente vinculam os servidores **subordinados** à autoridade que os expediu
- São de abrangência **interna** — **Não** atingem os administrados

Ex.: instruções, circulares, avisos, portarias, ordens de serviço, despacho

5. Enunciativos

Conceito

São aqueles em que a Administração **certifica** ou **atesta** um fato, ou emite **opinião** sobre determinado assunto

Possuem conteúdo:
- **Declaratório** — Agente declara uma situação jurídica (certidões, atestados)
- **Opinativo** — Agente exprime juízo de opinião ou valor (pareceres)

São atos administrativos apenas em **sentido formal**, pois **não** contêm **manifestação de vontade** da Administração

Maria Sylvia:
- No ato administrativo **propriamente dito**, há uma declaração de **vontade** da Administração, voltada para a obtenção de **efeitos jurídicos** definidos em lei
- No **mero** ato administrativo, há uma declaração de **opinião** (parecer), **conhecimento** (certidão) ou **desejo** (voto num órgão colegiado)
- Nem todos os autores consideram os **meros** atos administrativos como espécie de ato administrativo, porque **não** produzem **efeitos jurídicos imediatos**

Parecer

É o ato pelo qual os órgãos consultivos da Administração emitem **opinião** sobre assuntos **técnicos** ou **jurídicos** de sua competência (Maria Sylvia)

Pode ser (F.O.V.):

I - Facultativo
- A solicitação ocorre a critério da Administração
- Caráter **opinativo**:
  - Autoridade **não** está **vinculada** ao seu teor
  - É ato administrativo apenas em sentido **formal** (**mero** ato administrativo)

II - Obrigatório
- Lei exige como pressuposto para prática do ato (**obrigatoriedade** quanto à **solicitação**)
- Caráter **opinativo**:
  - Autoridade **não** está **vinculada** ao seu teor
  - É ato administrativo apenas em sentido **formal** (**mero** ato administrativo)

III - Vinculante
- Administração é **obrigada** a **solicitá-lo** e a **acatar** sua decisão
- **Perde** o caráter **opinativo** — É **ato administrativo** em sentido **formal** e **material**
- **Ex.**: parecer da junta médica oficial (Lei 8.112/90, art. 25, I)

⚠ Outros exemplos: certidões, atestados, apostilas

53

ATOS DISCRICIONÁRIOS E VINCULADOS

Atos Discricionários e Vinculados

1. Ato Discricionário

- **Discricionariedade**
  - Ocorre nos atos que a Administração pode praticar com certa **liberdade** de **escolha**, nos termos e limites da **lei**
  - Liberdade de escolha — Valoração dos motivos e escolha do objeto (mérito administrativo)

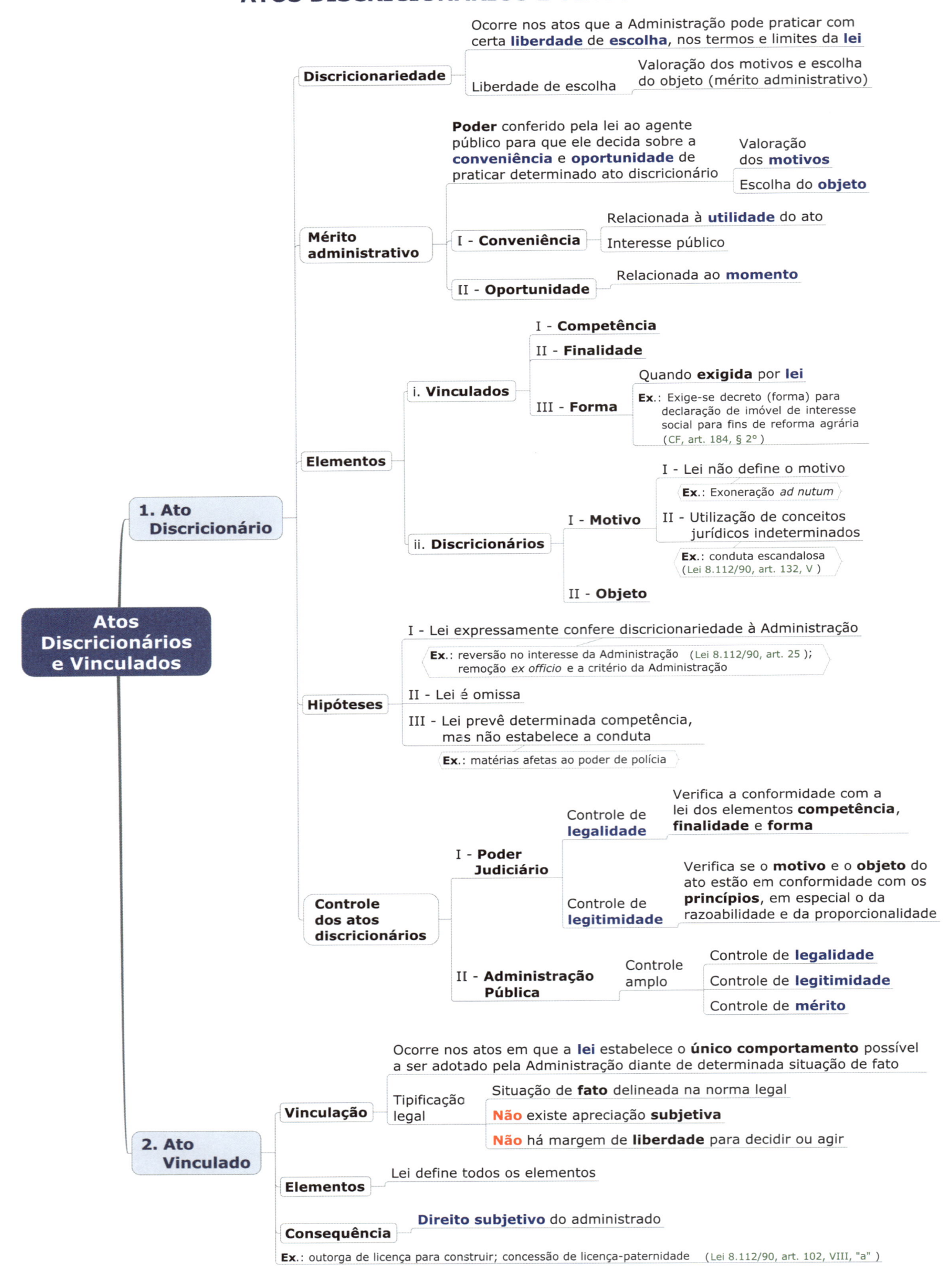

- **Mérito administrativo**
  - **Poder** conferido pela lei ao agente público para que ele decida sobre a **conveniência** e **oportunidade** de praticar determinado ato discricionário
    - Valoração dos **motivos**
    - Escolha do **objeto**
  - **I - Conveniência**
    - Relacionada à **utilidade** do ato
    - Interesse público
  - **II - Oportunidade**
    - Relacionada ao **momento**

- **Elementos**
  - **i. Vinculados**
    - I - Competência
    - II - Finalidade
    - III - Forma
      - Quando **exigida** por **lei**
      - **Ex.**: Exige-se decreto (forma) para declaração de imóvel de interesse social para fins de reforma agrária (CF, art. 184, § 2º)
  - **ii. Discricionários**
    - **I - Motivo**
      - I - Lei não define o motivo
        - **Ex.**: Exoneração *ad nutum*
      - II - Utilização de conceitos jurídicos indeterminados
        - **Ex.**: conduta escandalosa (Lei 8.112/90, art. 132, V)
    - **II - Objeto**

- **Hipóteses**
  - I - Lei expressamente confere discricionariedade à Administração
    - **Ex.**: reversão no interesse da Administração (Lei 8.112/90, art. 25); remoção *ex officio* e a critério da Administração
  - II - Lei é omissa
  - III - Lei prevê determinada competência, mas não estabelece a conduta
    - **Ex.**: matérias afetas ao poder de polícia

- **Controle dos atos discricionários**
  - **I - Poder Judiciário**
    - Controle de **legalidade**
      - Verifica a conformidade com a lei dos elementos **competência**, **finalidade** e **forma**
    - Controle de **legitimidade**
      - Verifica se o **motivo** e o **objeto** do ato estão em conformidade com os **princípios**, em especial o da razoabilidade e da proporcionalidade
  - **II - Administração Pública** — Controle amplo
    - Controle de **legalidade**
    - Controle de **legitimidade**
    - Controle de **mérito**

2. Ato Vinculado

- **Vinculação**
  - Ocorre nos atos em que a **lei** estabelece o **único comportamento** possível a ser adotado pela Administração diante de determinada situação de fato
  - Tipificação legal
    - Situação de **fato** delineada na norma legal
    - **Não** existe apreciação **subjetiva**
    - **Não** há margem de **liberdade** para decidir ou agir

- **Elementos**
  - Lei define todos os elementos

- **Consequência**
  - **Direito subjetivo** do administrado

Ex.: outorga de licença para construir; concessão de licença-paternidade (Lei 8.112/90, art. 102, VIII, "a")

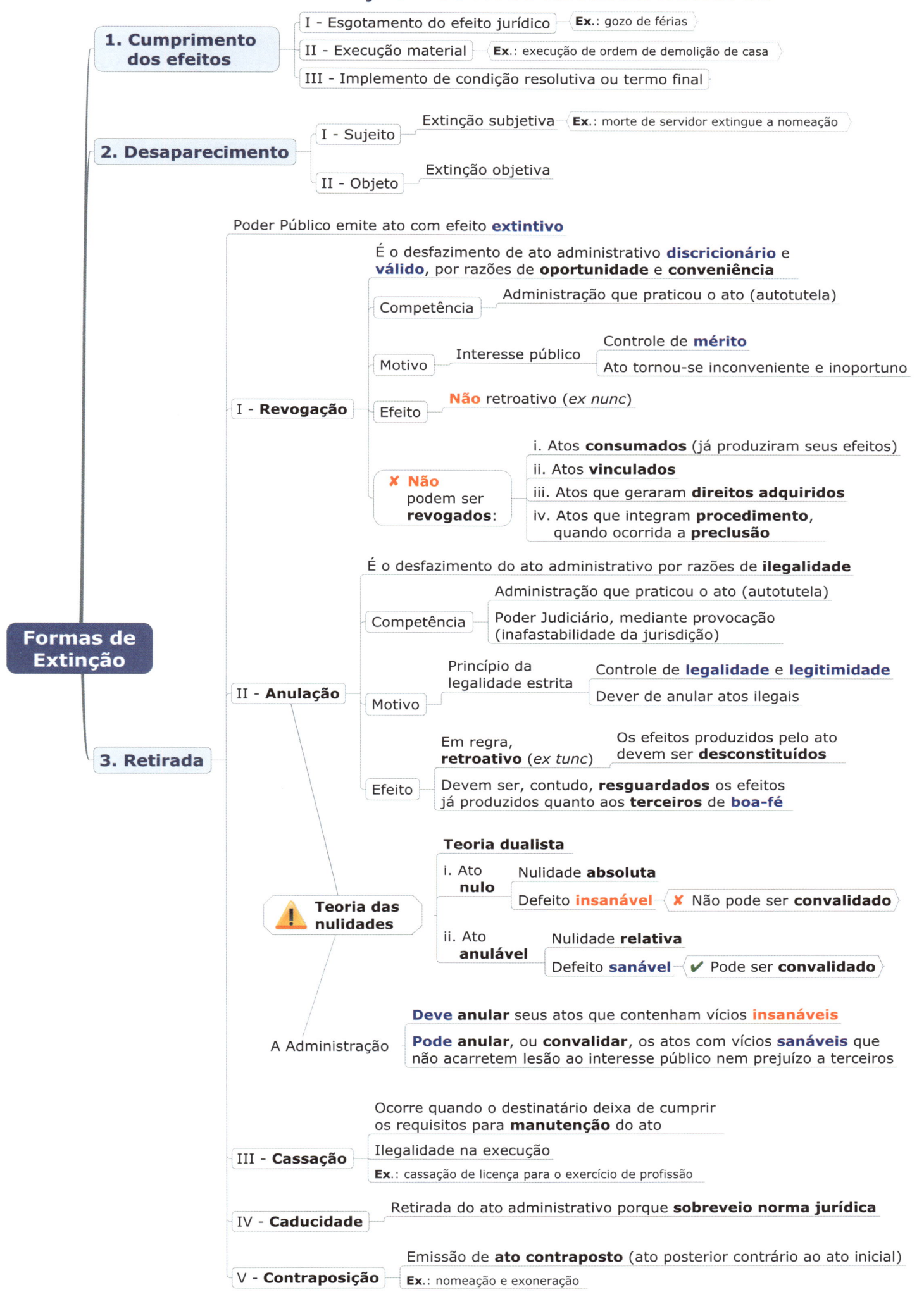

FORMAS DE EXTINÇÃO DOS ATOS ADMINISTRATIVOS

Formas de Extinção

1. Cumprimento dos efeitos
- I - Esgotamento do efeito jurídico — *Ex.*: gozo de férias
- II - Execução material — *Ex.*: execução de ordem de demolição de casa
- III - Implemento de condição resolutiva ou termo final

2. Desaparecimento
- I - Sujeito — Extinção subjetiva — *Ex.*: morte de servidor extingue a nomeação
- II - Objeto — Extinção objetiva

3. Retirada

Poder Público emite ato com efeito **extintivo**

I - Revogação
É o desfazimento de ato administrativo **discricionário** e **válido**, por razões de **oportunidade** e **conveniência**
- Competência: Administração que praticou o ato (autotutela)
- Motivo: Interesse público
  - Controle de **mérito**
  - Ato tornou-se inconveniente e inoportuno
- Efeito: **Não** retroativo (*ex nunc*)
- ✗ **Não** podem ser **revogados**:
  - i. Atos **consumados** (já produziram seus efeitos)
  - ii. Atos **vinculados**
  - iii. Atos que geraram **direitos adquiridos**
  - iv. Atos que integram **procedimento**, quando ocorrida a **preclusão**

II - Anulação
É o desfazimento do ato administrativo por razões de **ilegalidade**
- Competência:
  - Administração que praticou o ato (autotutela)
  - Poder Judiciário, mediante provocação (inafastabilidade da jurisdição)
- Motivo: Princípio da legalidade estrita
  - Controle de **legalidade** e **legitimidade**
  - Dever de anular atos ilegais
- Efeito:
  - Em regra, **retroativo** (*ex tunc*) — Os efeitos produzidos pelo ato devem ser **desconstituídos**
  - Devem ser, contudo, **resguardados** os efeitos já produzidos quanto aos **terceiros** de **boa-fé**

⚠ **Teoria das nulidades**
Teoria dualista
- i. Ato **nulo** — Nulidade **absoluta** — Defeito **insanável** — ✗ Não pode ser **convalidado**
- ii. Ato **anulável** — Nulidade **relativa** — Defeito **sanável** — ✔ Pode ser **convalidado**

A Administração
- **Deve anular** seus atos que contenham vícios **insanáveis**
- **Pode anular**, ou **convalidar**, os atos com vícios **sanáveis** que não acarretem lesão ao interesse público nem prejuízo a terceiros

III - Cassação
- Ocorre quando o destinatário deixa de cumprir os requisitos para **manutenção** do ato
- Ilegalidade na execução
- *Ex.*: cassação de licença para o exercício de profissão

IV - Caducidade
- Retirada do ato administrativo porque **sobreveio norma jurídica**

V - Contraposição
- Emissão de **ato contraposto** (ato posterior contrário ao ato inicial)
- *Ex.*: nomeação e exoneração

VÍCIOS DOS ATOS ADMINISTRATIVOS

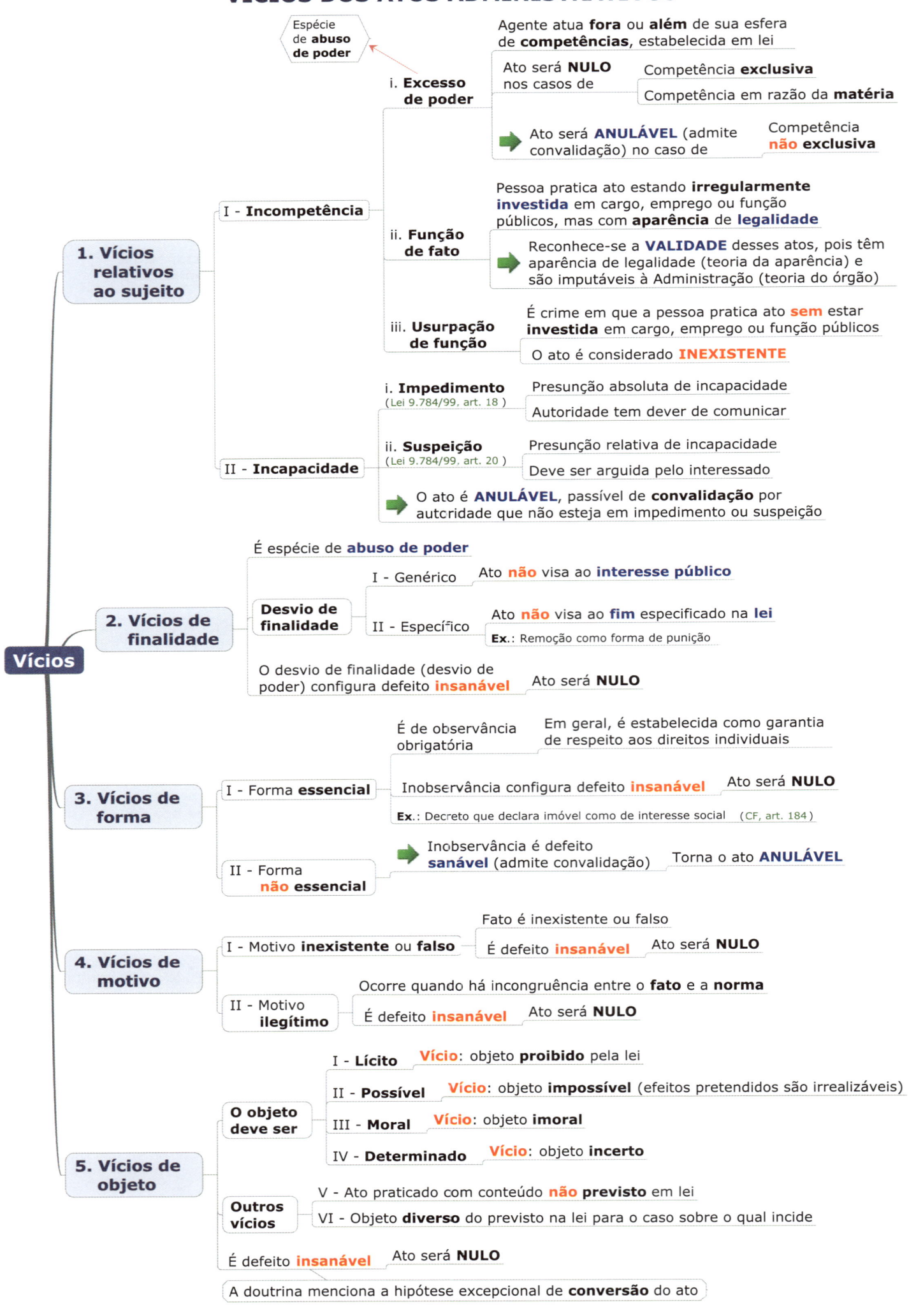

Vícios

- **1. Vícios relativos ao sujeito**
  - **I - Incompetência**
    - **i. Excesso de poder** *(Espécie de abuso de poder)*
      - Agente atua **fora** ou **além** de sua esfera de **competências**, estabelecida em lei
      - Ato será **NULO** nos casos de:
        - Competência **exclusiva**
        - Competência em razão da **matéria**
      - → Ato será **ANULÁVEL** (admite convalidação) no caso de Competência **não exclusiva**
    - **ii. Função de fato**
      - Pessoa pratica ato estando **irregularmente investida** em cargo, emprego ou função públicos, mas com **aparência** de **legalidade**
      - → Reconhece-se a **VALIDADE** desses atos, pois têm aparência de legalidade (teoria da aparência) e são imputáveis à Administração (teoria do órgão)
    - **iii. Usurpação de função**
      - É crime em que a pessoa pratica ato **sem** estar **investida** em cargo, emprego ou função públicos
      - O ato é considerado **INEXISTENTE**
  - **II - Incapacidade**
    - **i. Impedimento** (Lei 9.784/99, art. 18)
      - Presunção absoluta de incapacidade
      - Autoridade tem dever de comunicar
    - **ii. Suspeição** (Lei 9.784/99, art. 20)
      - Presunção relativa de incapacidade
      - Deve ser arguida pelo interessado
    - → O ato é **ANULÁVEL**, passível de **convalidação** por autoridade que não esteja em impedimento ou suspeição

- **2. Vícios de finalidade**
  - É espécie de **abuso de poder**
  - **Desvio de finalidade**
    - **I - Genérico**: Ato **não** visa ao **interesse público**
    - **II - Específico**: Ato **não** visa ao **fim** especificado na **lei**
      - **Ex.**: Remoção como forma de punição
  - O desvio de finalidade (desvio de poder) configura defeito **insanável** — Ato será **NULO**

- **3. Vícios de forma**
  - **I - Forma essencial**
    - É de observância obrigatória
    - Em geral, é estabelecida como garantia de respeito aos direitos individuais
    - Inobservância configura defeito **insanável** — Ato será **NULO**
    - **Ex.**: Decreto que declara imóvel como de interesse social (CF, art. 184)
  - **II - Forma não essencial**
    - → Inobservância é defeito **sanável** (admite convalidação) — Torna o ato **ANULÁVEL**

- **4. Vícios de motivo**
  - **I - Motivo inexistente ou falso**
    - Fato é inexistente ou falso
    - É defeito **insanável** — Ato será **NULO**
  - **II - Motivo ilegítimo**
    - Ocorre quando há incongruência entre o **fato** e a **norma**
    - É defeito **insanável** — Ato será **NULO**

- **5. Vícios de objeto**
  - **O objeto deve ser**:
    - **I - Lícito** — Vício: objeto **proibido** pela lei
    - **II - Possível** — Vício: objeto **impossível** (efeitos pretendidos são irrealizáveis)
    - **III - Moral** — Vício: objeto **imoral**
    - **IV - Determinado** — Vício: objeto **incerto**
  - **Outros vícios**:
    - **V** - Ato praticado com conteúdo **não previsto** em lei
    - **VI** - Objeto **diverso** do previsto na lei para o caso sobre o qual incide
  - É defeito **insanável** — Ato será **NULO**
  - A doutrina menciona a hipótese excepcional de **conversão** do ato

Capítulo 7
Licitação

LICITAÇÕES - NOÇÕES GERAIS

Noções Gerais

1. Licitação

Trata-se de procedimento administrativo mediante o qual a Administração Pública (**APU**) **seleciona** a proposta mais vantajosa para o contrato

Decorre diretamente do:
- I. Princípio da legalidade
- II. Princípio da indisponibilidade do interesse público

2. Leis que disciplinam licitações públicas

- **I. Lei 8.666/1993**
- **II. Lei 10.520/2002**

  Disciplinam, de forma mais abrangente, as licitações da Administração pública, **abordas neste capítulo**

- **III. Lei 12.462/2011**

  Instituiu o **Regime Diferenciado de Contratações Públicas** (**RDC**), abordado em capítulo próprio

- **IV. Lei 13.303/2016**

  Estabelece o Estatuto jurídico da Empresa Pública (EP), da Sociedade de Economia Mista (SEM) e de suas subsidiárias que explorem **atividade econômica** (CF, art. 173, § 1º), abordado em capítulo próprio

- **V. Lei 8.987/1995**
- **VI. Lei 11.079/2004**

  Disciplinam os regimes de concessão e permissão de **serviço público** (CF, art. 175), abordados em capítulo próprio

- **VII. Lei 12.232/2010**

  Disciplina licitações relativas aos serviços de **publicidade** prestados por **agências de propaganda**

3. Dever de licitar

Estão obrigadas a licitar a **Administração direta** e a **indireta** — Ressalvadas as hipóteses de **contratação direta** (dispensa e inexigibilidade), previstas em lei (CF, art. 37, XXI)

O dever de licitar abrange **C.A.S.O.**:
- **C**ompras
- **A**lienações
- **S**erviços
- **O**bras

(CF, art. 37, XXI)

Locações (Lei 8.666/93, art. 1º)

Casos especiais:

I. Repartições sediadas no **exterior** devem observar: (Lei 8.666/93, art. 123)
   - i. Peculiaridades locais; e
   - ii. Os **princípios** da Lei 8.666/93, na forma de **regulamentação específica**

II. Entidades paraestatais
   - ✗ **Não** integram a Administração Pública em sentido formal
   - ✗ **Não** se sujeitam à Lei 8.666/93
   - Os **serviços sociais autônomos** devem observar os princípios da Administração Pública para as suas contratações (TCU)

4. Finalidades da licitação

Lei 8.666/93, art. 3º

I. Selecionar a proposta mais **vantajosa** para a Administração — Melhor relação:
   - Custo (onerosidade)
   - Benefício (qualidade)

II. Assegurar a observância do princípio constitucional da **isonomia** — Competição

III. Promover o **desenvolvimento nacional sustentável**

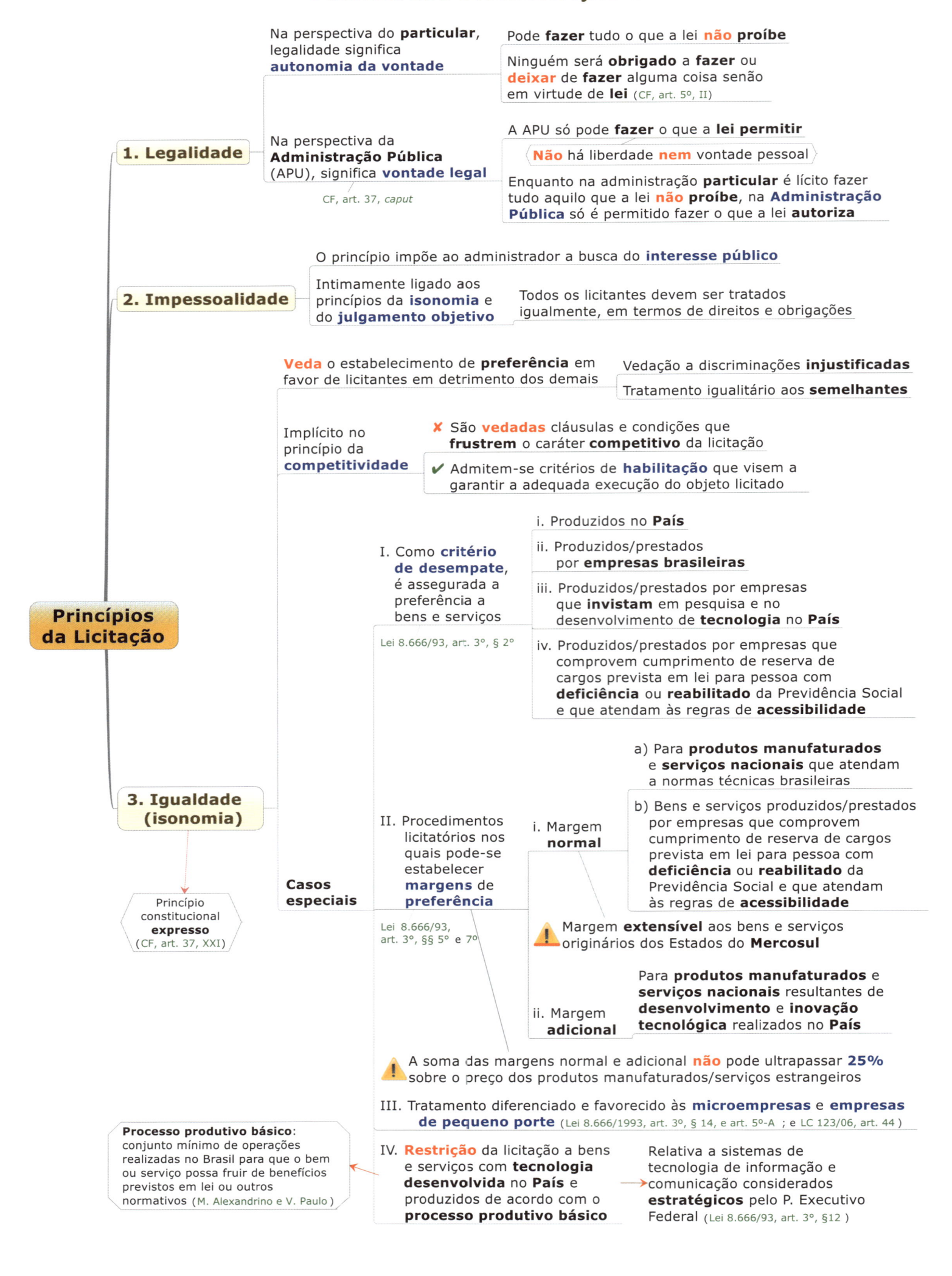

PRINCÍPIOS DA LICITAÇÃO I

Princípios da Licitação

1. Legalidade

Na perspectiva do particular, legalidade significa **autonomia da vontade**
- Pode **fazer** tudo o que a lei **não proíbe**
- Ninguém será **obrigado** a **fazer** ou **deixar** de **fazer** alguma coisa senão em virtude de **lei** (CF, art. 5º, II)

Na perspectiva da Administração Pública (APU), significa **vontade legal**
CF, art. 37, *caput*
- A APU só pode **fazer** o que a **lei permitir**
  - ⟨ **Não** há liberdade **nem** vontade pessoal ⟩
- Enquanto na administração **particular** é lícito fazer tudo aquilo que a lei **não proíbe**, na **Administração Pública** só é permitido fazer o que a lei **autoriza**

2. Impessoalidade

- O princípio impõe ao administrador a busca do **interesse público**
- Intimamente ligado aos princípios da **isonomia** e do **julgamento objetivo**
  - Todos os licitantes devem ser tratados igualmente, em termos de direitos e obrigações

3. Igualdade (isonomia)

*Princípio constitucional **expresso** (CF, art. 37, XXI)*

- **Veda** o estabelecimento de **preferência** em favor de licitantes em detrimento dos demais
  - Vedação a discriminações **injustificadas**
  - Tratamento igualitário aos **semelhantes**

- Implícito no princípio da **competitividade**
  - ✘ São **vedadas** cláusulas e condições que **frustrem** o caráter **competitivo** da licitação
  - ✔ Admitem-se critérios de **habilitação** que visem a garantir a adequada execução do objeto licitado

Casos especiais

I. Como critério de desempate, é assegurada a preferência a bens e serviços
Lei 8.666/93, art. 3º, § 2º
  - i. Produzidos no **País**
  - ii. Produzidos/prestados por **empresas brasileiras**
  - iii. Produzidos/prestados por empresas que **invistam** em pesquisa e no desenvolvimento de **tecnologia** no **País**
  - iv. Produzidos/prestados por empresas que comprovem cumprimento de reserva de cargos prevista em lei para pessoa com **deficiência** ou **reabilitado** da Previdência Social e que atendam às regras de **acessibilidade**

II. Procedimentos licitatórios nos quais pode-se estabelecer margens de preferência
Lei 8.666/93, art. 3º, §§ 5º e 7º

  - **i. Margem normal**
    - a) Para **produtos manufaturados** e **serviços nacionais** que atendam a normas técnicas brasileiras
    - b) Bens e serviços produzidos/prestados por empresas que comprovem cumprimento de reserva de cargos prevista em lei para pessoa com **deficiência** ou **reabilitado** da Previdência Social e que atendam às regras de **acessibilidade**
    - ⚠ Margem **extensível** aos bens e serviços originários dos Estados do **Mercosul**

  - **ii. Margem adicional**
    - Para **produtos manufaturados** e **serviços nacionais** resultantes de **desenvolvimento** e **inovação tecnológica** realizados no **País**

  - ⚠ A soma das margens normal e adicional **não** pode ultrapassar **25%** sobre o preço dos produtos manufaturados/serviços estrangeiros

III. Tratamento diferenciado e favorecido às microempresas e empresas de pequeno porte (Lei 8.666/1993, art. 3º, § 14, e art. 5º-A ; e LC 123/06, art. 44)

IV. Restrição da licitação a bens e serviços com **tecnologia desenvolvida** no **País** e produzidos de acordo com o **processo produtivo básico**
  → Relativa a sistemas de tecnologia de informação e comunicação considerados **estratégicos** pelo P. Executivo Federal (Lei 8.666/93, art. 3º, §12)

Processo produtivo básico: conjunto mínimo de operações realizadas no Brasil para que o bem ou serviço possa fruir de benefícios previstos em lei ou outros normativos (M. Alexandrino e V. Paulo)

PRINCÍPIOS DA LICITAÇÃO II

Princípios da Licitação

4. Moralidade
- Conduta pautada na moral **jurídica**
- Conjunto de regras de conduta tiradas da **disciplina interior** da Administração
- Exigência de atuação **ética** dos agentes da Administração durante todo o procedimento licitatório

5. Publicidade
- Os atos do procedimento licitatório serão **públicos**
  - **Salvo** quanto ao **sigilo** das **propostas**, até a respectiva **abertura**
- Requisito de **eficácia** do contrato (Lei 8.666/93, art. 61, p. único)

6. Adjudicação compulsória
- Adjudicar significa **entregar** o objeto da licitação ao vencedor
- O princípio **não** obriga a Administração a convocar o vencedor para celebrar o **contrato**
- O princípio **impede** que a Administração, concluído o procedimento, **atribua** o **objeto** da licitação a **outrem** que não o vencedor
- ⚠ Possíveis consequências da licitação:
  - I. **Revogação** do certame — Existência de justa causa **superveniente**
  - II. **Anulação** do certame — Existência de vício de legalidade
  - III. Celebração do **contrato**

7. Vinculação ao instrumento convocatório
- Instrumento convocatório da licitação
  - Edital
  - Carta-convite
- O instrumento convocatório é a "lei interna da licitação"
  - **Vincula** aos seus termos tanto os licitantes quanto a Administração que o expediu

8. Julgamento objetivo
- A apreciação das propostas ocorre segundo **critérios objetivos**, claros e definidos no instrumento convocatório
- **Tipos de licitação** — São os critérios legais para julgamento das propostas (Lei 8.666/93, art. 45)

9. Competição
- O princípio impõe o dever de ampliação do acesso dos interessados ao certame
- São **vedadas** cláusulas e condições que **frustrem** o caráter **competitivo** da licitação

ALIENAÇÃO DE BENS PELA ADMINISTRAÇÃO PÚBLICA

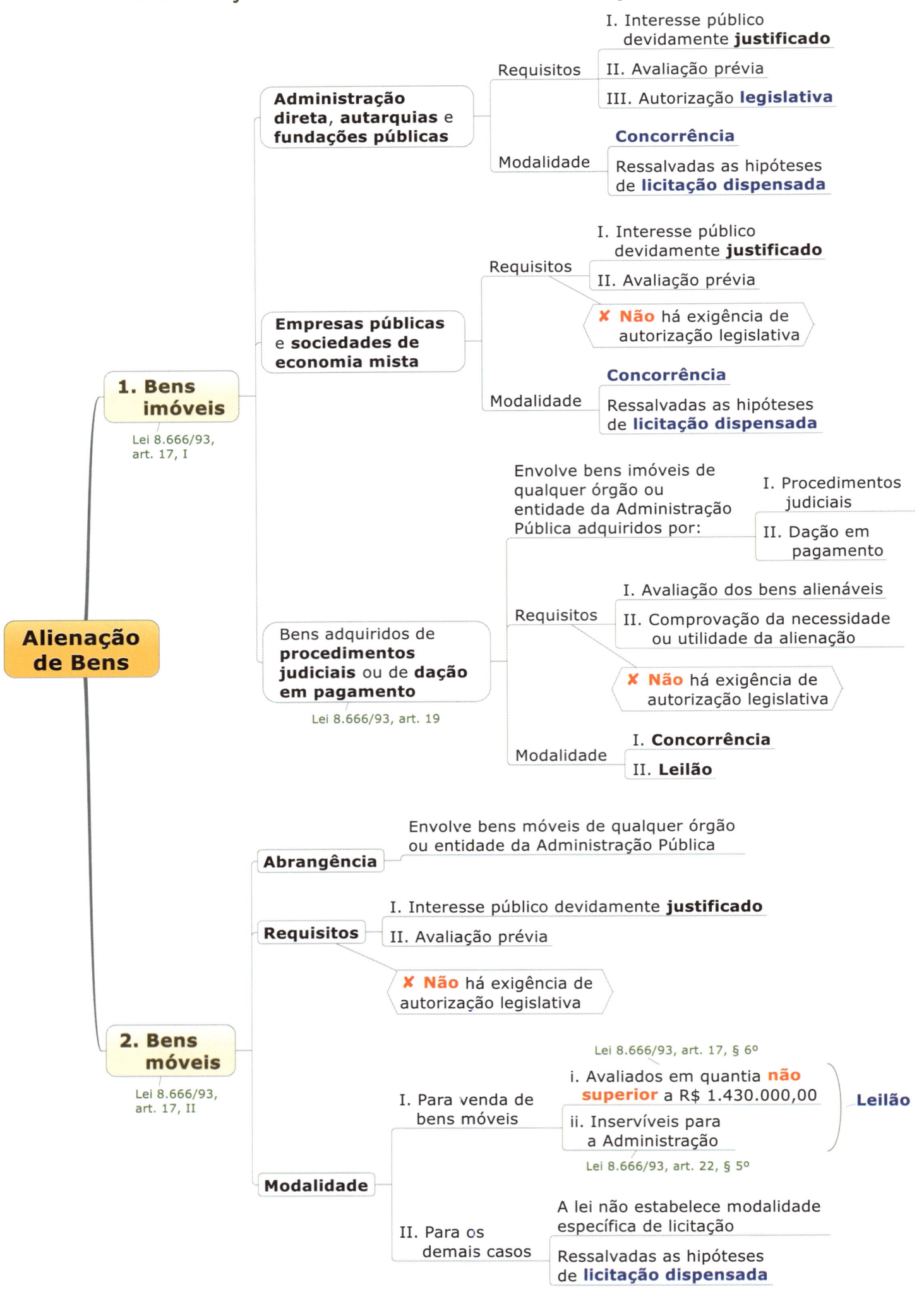

Alienação de Bens

1. Bens imóveis
Lei 8.666/93, art. 17, I

- **Administração direta, autarquias e fundações públicas**
  - **Requisitos**
    - I. Interesse público devidamente **justificado**
    - II. Avaliação prévia
    - III. Autorização **legislativa**
  - **Modalidade**
    - **Concorrência**
    - Ressalvadas as hipóteses de **licitação dispensada**

- **Empresas públicas e sociedades de economia mista**
  - **Requisitos**
    - I. Interesse público devidamente **justificado**
    - II. Avaliação prévia
    - ✗ **Não** há exigência de autorização legislativa
  - **Modalidade**
    - **Concorrência**
    - Ressalvadas as hipóteses de **licitação dispensada**

- **Bens adquiridos de procedimentos judiciais ou de dação em pagamento**
  Lei 8.666/93, art. 19
  - Envolve bens imóveis de qualquer órgão ou entidade da Administração Pública adquiridos por:
    - I. Procedimentos judiciais
    - II. Dação em pagamento
  - **Requisitos**
    - I. Avaliação dos bens alienáveis
    - II. Comprovação da necessidade ou utilidade da alienação
    - ✗ **Não** há exigência de autorização legislativa
  - **Modalidade**
    - I. **Concorrência**
    - II. **Leilão**

2. Bens móveis
Lei 8.666/93, art. 17, II

- **Abrangência**: Envolve bens móveis de qualquer órgão ou entidade da Administração Pública
- **Requisitos**
  - I. Interesse público devidamente **justificado**
  - II. Avaliação prévia
  - ✗ **Não** há exigência de autorização legislativa
- **Modalidade**
  - I. Para venda de bens móveis *(Lei 8.666/93, art. 17, § 6º)* — **Leilão**
    - i. Avaliados em quantia **não superior** a R$ 1.430.000,00
    - ii. Inservíveis para a Administração
    Lei 8.666/93, art. 22, § 5º
  - II. Para os demais casos
    - A lei não estabelece modalidade específica de licitação
    - Ressalvadas as hipóteses de **licitação dispensada**

CONTRATAÇÃO DIRETA

A **regra** é a exigência de **licitação** prévia às contratações da Administração Pública (**APU**)

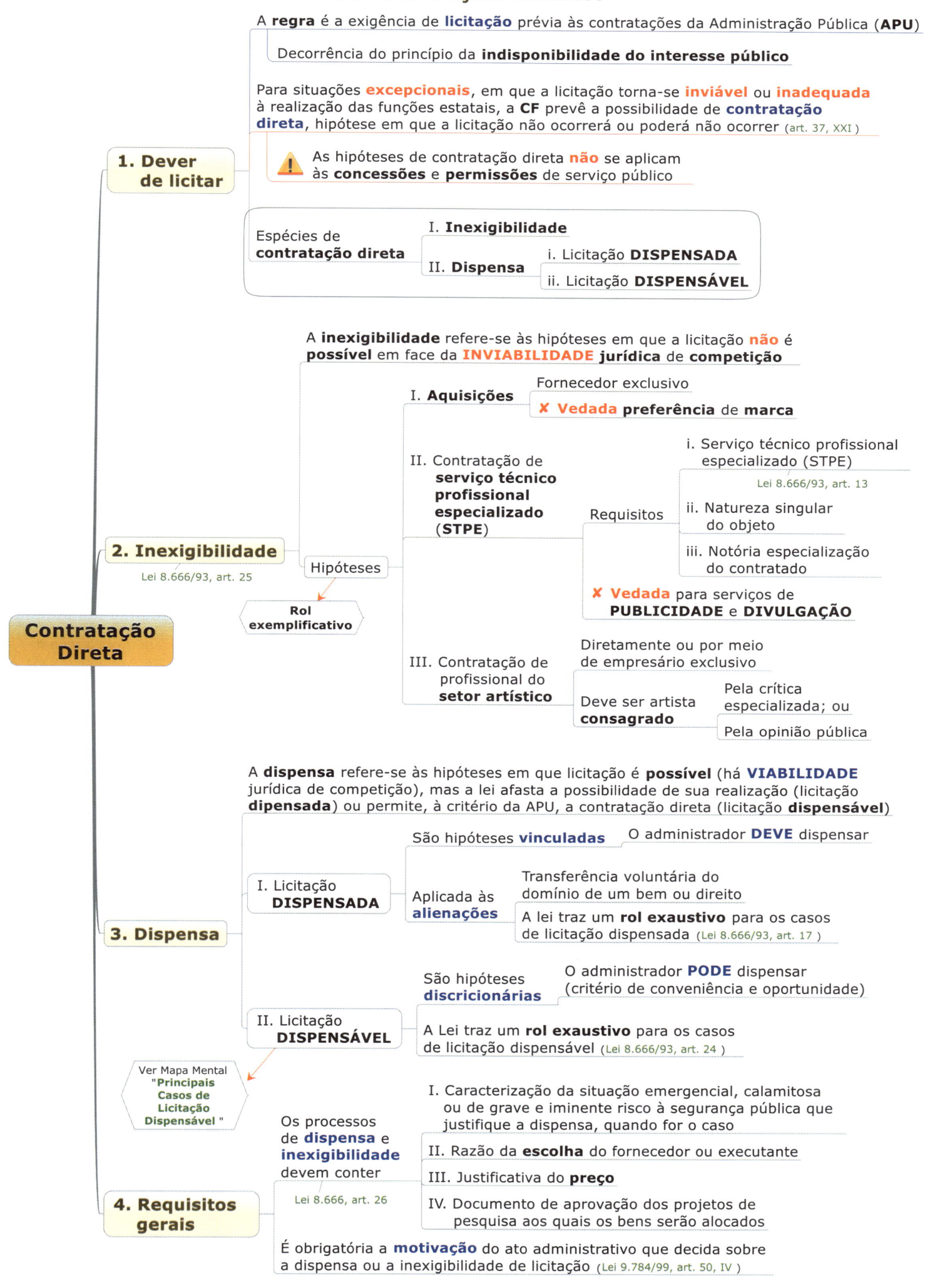

Decorrência do princípio da **indisponibilidade do interesse público**

Para situações **excepcionais**, em que a licitação torna-se **inviável** ou **inadequada** à realização das funções estatais, a **CF** prevê a possibilidade de **contratação direta**, hipótese em que a licitação não ocorrerá ou poderá não ocorrer (art. 37, XXI)

Contratação Direta

1. Dever de licitar

⚠ As hipóteses de contratação direta **não** se aplicam às **concessões** e **permissões** de serviço público

Espécies de **contratação direta**
- I. Inexigibilidade
- II. Dispensa
  - i. Licitação DISPENSADA
  - ii. Licitação DISPENSÁVEL

2. Inexigibilidade
Lei 8.666/93, art. 25

A **inexigibilidade** refere-se às hipóteses em que a licitação **não** é **possível** em face da **INVIABILIDADE** jurídica de **competição**

Hipóteses — Rol exemplificativo

- **I. Aquisições**
  - Fornecedor exclusivo
  - ✘ **Vedada** preferência de **marca**

- **II. Contratação de serviço técnico profissional especializado (STPE)**
  - Requisitos:
    - i. Serviço técnico profissional especializado (STPE) — Lei 8.666/93, art. 13
    - ii. Natureza singular do objeto
    - iii. Notória especialização do contratado
  - ✘ **Vedada** para serviços de **PUBLICIDADE** e **DIVULGAÇÃO**

- **III. Contratação de profissional do setor artístico**
  - Diretamente ou por meio de empresário exclusivo
  - Deve ser artista **consagrado**
    - Pela crítica especializada; ou
    - Pela opinião pública

3. Dispensa

A **dispensa** refere-se às hipóteses em que licitação é **possível** (há VIABILIDADE jurídica de competição), mas a lei afasta a possibilidade de sua realização (licitação **dipensada**) ou permite, à critério da APU, a contratação direta (licitação **dispensável**)

- **I. Licitação DISPENSADA**
  - São hipóteses **vinculadas** — O administrador **DEVE** dispensar
  - Aplicada às **alienações**
    - Transferência voluntária do domínio de um bem ou direito
    - A lei traz um **rol exaustivo** para os casos de licitação dispensada (Lei 8.666/93, art. 17)

- **II. Licitação DISPENSÁVEL**
  - São hipóteses **discricionárias** — O administrador **PODE** dispensar (critério de conveniência e oportunidade)
  - A Lei traz um **rol exaustivo** para os casos de licitação dispensável (Lei 8.666/93, art. 24)

Ver Mapa Mental "Principais Casos de Licitação Dispensável"

4. Requisitos gerais

Os processos de **dispensa** e **inexigibilidade** devem conter (Lei 8.666, art. 26):

- I. Caracterização da situação emergencial, calamitosa ou de grave e iminente risco à segurança pública que justifique a dispensa, quando for o caso
- II. Razão da **escolha** do fornecedor ou executante
- III. Justificativa do **preço**
- IV. Documento de aprovação dos projetos de pesquisa aos quais os bens serão alocados

É obrigatória a **motivação** do ato administrativo que decida sobre a dispensa ou a inexigibilidade de licitação (Lei 9.784/99, art. 50, IV)

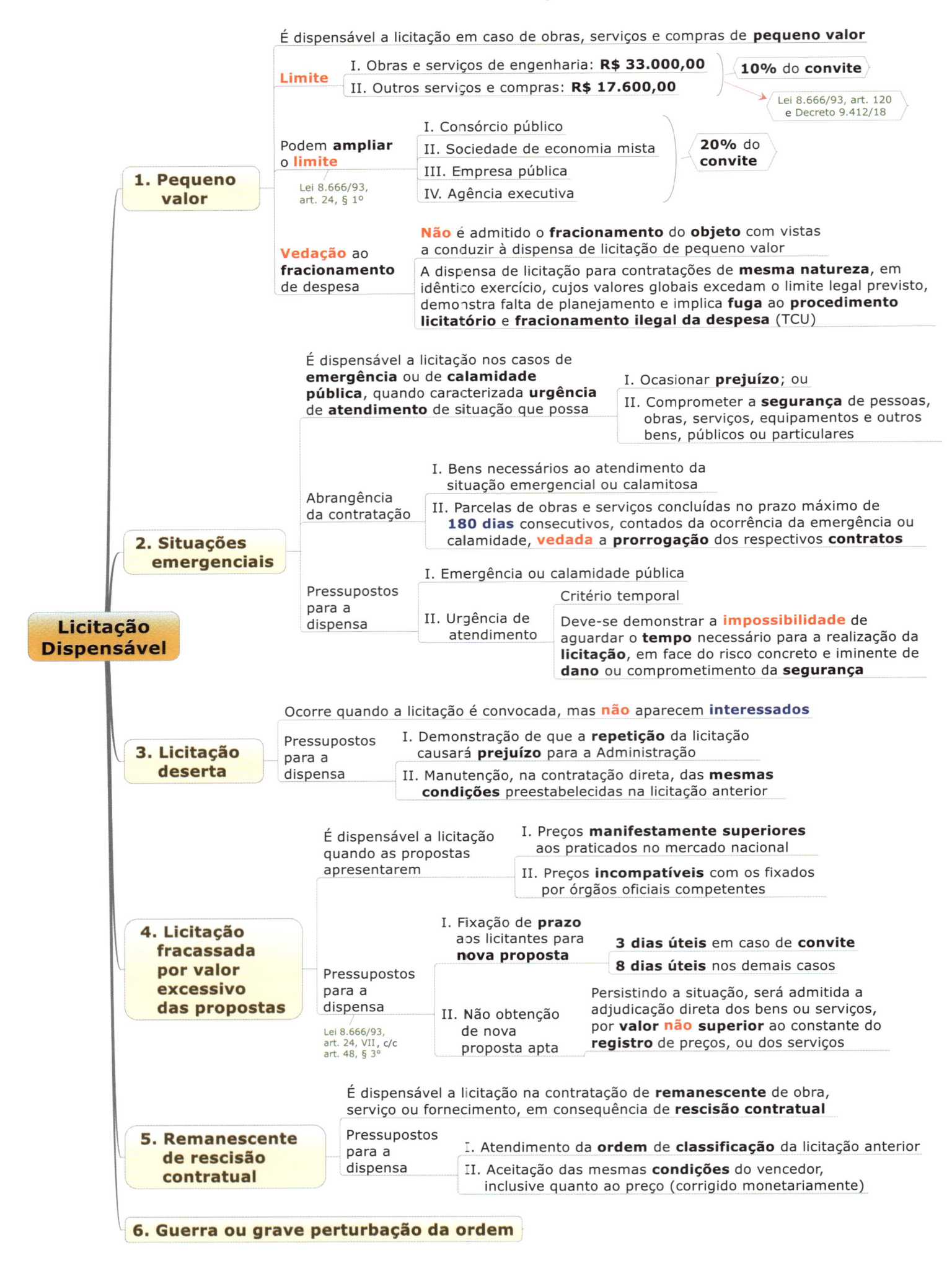

PRINCIPAIS CASOS DE LICITAÇÃO DISPENSÁVEL I

Licitação Dispensável

1. Pequeno valor

É dispensável a licitação em caso de obras, serviços e compras de **pequeno valor**

- **Limite**
  - I. Obras e serviços de engenharia: **R$ 33.000,00** — **10%** do **convite**
  - II. Outros serviços e compras: **R$ 17.600,00**
  - *Lei 8.666/93, art. 120 e Decreto 9.412/18*

- Podem **ampliar** o **limite** *(Lei 8.666/93, art. 24, § 1º)* — **20%** do **convite**
  - I. Consórcio público
  - II. Sociedade de economia mista
  - III. Empresa pública
  - IV. Agência executiva

- **Vedação** ao **fracionamento** de despesa
  - **Não** é admitido o **fracionamento** do **objeto** com vistas a conduzir à dispensa de licitação de pequeno valor
  - A dispensa de licitação para contratações de **mesma natureza**, em idêntico exercício, cujos valores globais excedam o limite legal previsto, demonstra falta de planejamento e implica **fuga** ao **procedimento licitatório** e **fracionamento ilegal da despesa** (TCU)

2. Situações emergenciais

É dispensável a licitação nos casos de **emergência** ou de **calamidade pública**, quando caracterizada **urgência** de **atendimento** de situação que possa
- I. Ocasionar **prejuízo**; ou
- II. Comprometer a **segurança** de pessoas, obras, serviços, equipamentos e outros bens, públicos ou particulares

- Abrangência da contratação
  - I. Bens necessários ao atendimento da situação emergencial ou calamitosa
  - II. Parcelas de obras e serviços concluídas no prazo máximo de **180 dias** consecutivos, contados da ocorrência da emergência ou calamidade, **vedada** a **prorrogação** dos respectivos **contratos**

- Pressupostos para a dispensa
  - I. Emergência ou calamidade pública
  - II. Urgência de atendimento
    - Critério temporal: Deve-se demonstrar a **impossibilidade** de aguardar o **tempo** necessário para a realização da **licitação**, em face do risco concreto e iminente de **dano** ou comprometimento da **segurança**

3. Licitação deserta

Ocorre quando a licitação é convocada, mas **não** aparecem **interessados**

- Pressupostos para a dispensa
  - I. Demonstração de que a **repetição** da licitação causará **prejuízo** para a Administração
  - II. Manutenção, na contratação direta, das **mesmas condições** preestabelecidas na licitação anterior

4. Licitação fracassada por valor excessivo das propostas

(Lei 8.666/93, art. 24, VII, c/c art. 48, § 3º)

É dispensável a licitação quando as propostas apresentarem
- I. Preços **manifestamente superiores** aos praticados no mercado nacional
- II. Preços **incompatíveis** com os fixados por órgãos oficiais competentes

- Pressupostos para a dispensa
  - I. Fixação de **prazo** aos licitantes para **nova proposta**
    - **3 dias úteis** em caso de **convite**
    - **8 dias úteis** nos demais casos
  - II. Não obtenção de nova proposta apta
    - Persistindo a situação, será admitida a adjudicação direta dos bens ou serviços, por **valor não superior** ao constante do **registro** de preços, ou dos serviços

5. Remanescente de rescisão contratual

É dispensável a licitação na contratação de **remanescente** de obra, serviço ou fornecimento, em consequência de **rescisão contratual**

- Pressupostos para a dispensa
  - I. Atendimento da **ordem** de **classificação** da licitação anterior
  - II. Aceitação das mesmas **condições** do vencedor, inclusive quanto ao preço (corrigido monetariamente)

6. Guerra ou grave perturbação da ordem

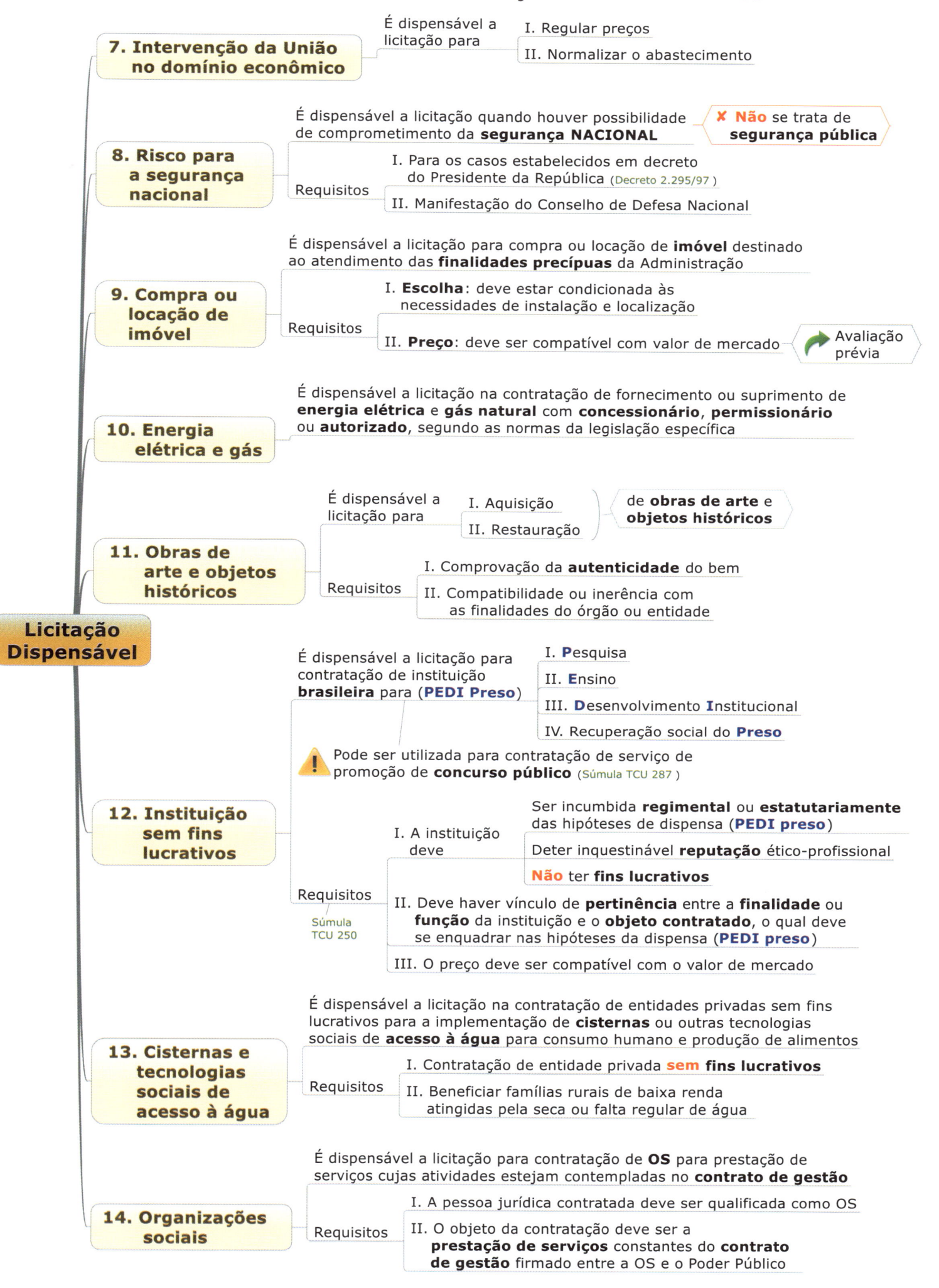

PRINCIPAIS CASOS DE LICITAÇÃO DISPENSÁVEL II

Licitação Dispensável

7. Intervenção da União no domínio econômico
- É dispensável a licitação para
  - I. Regular preços
  - II. Normalizar o abastecimento

8. Risco para a segurança nacional
- É dispensável a licitação quando houver possibilidade de comprometimento da **segurança NACIONAL** — ✗ **Não** se trata de **segurança pública**
- Requisitos
  - I. Para os casos estabelecidos em decreto do Presidente da República (Decreto 2.295/97)
  - II. Manifestação do Conselho de Defesa Nacional

9. Compra ou locação de imóvel
- É dispensável a licitação para compra ou locação de **imóvel** destinado ao atendimento das **finalidades precípuas** da Administração
- Requisitos
  - I. **Escolha**: deve estar condicionada às necessidades de instalação e localização
  - II. **Preço**: deve ser compatível com valor de mercado → Avaliação prévia

10. Energia elétrica e gás
- É dispensável a licitação na contratação de fornecimento ou suprimento de **energia elétrica** e **gás natural** com **concessionário, permissionário** ou **autorizado**, segundo as normas da legislação específica

11. Obras de arte e objetos históricos
- É dispensável a licitação para
  - I. Aquisição
  - II. Restauração
  - de **obras de arte** e **objetos históricos**
- Requisitos
  - I. Comprovação da **autenticidade** do bem
  - II. Compatibilidade ou inerência com as finalidades do órgão ou entidade

12. Instituição sem fins lucrativos
- É dispensável a licitação para contratação de instituição **brasileira** para (**PEDI Preso**)
  - I. **P**esquisa
  - II. **E**nsino
  - III. **D**esenvolvimento **I**nstitucional
  - IV. Recuperação social do **Preso**
- ⚠ Pode ser utilizada para contratação de serviço de promoção de **concurso público** (Súmula TCU 287)
- Requisitos (Súmula TCU 250)
  - I. A instituição deve
    - Ser incumbida **regimental** ou **estatutariamente** das hipóteses de dispensa (**PEDI preso**)
    - Deter inquestinável **reputação** ético-profissional
    - **Não** ter **fins lucrativos**
  - II. Deve haver vínculo de **pertinência** entre a **finalidade** ou **função** da instituição e o **objeto contratado**, o qual deve se enquadrar nas hipóteses da dispensa (**PEDI preso**)
  - III. O preço deve ser compatível com o valor de mercado

13. Cisternas e tecnologias sociais de acesso à água
- É dispensável a licitação na contratação de entidades privadas sem fins lucrativos para a implementação de **cisternas** ou outras tecnologias sociais de **acesso à água** para consumo humano e produção de alimentos
- Requisitos
  - I. Contratação de entidade privada **sem fins lucrativos**
  - II. Beneficiar famílias rurais de baixa renda atingidas pela seca ou falta regular de água

14. Organizações sociais
- É dispensável a licitação para contratação de **OS** para prestação de serviços cujas atividades estejam contempladas no **contrato de gestão**
- Requisitos
  - I. A pessoa jurídica contratada deve ser qualificada como OS
  - II. O objeto da contratação deve ser a **prestação de serviços** constantes do **contrato de gestão** firmado entre a OS e o Poder Público

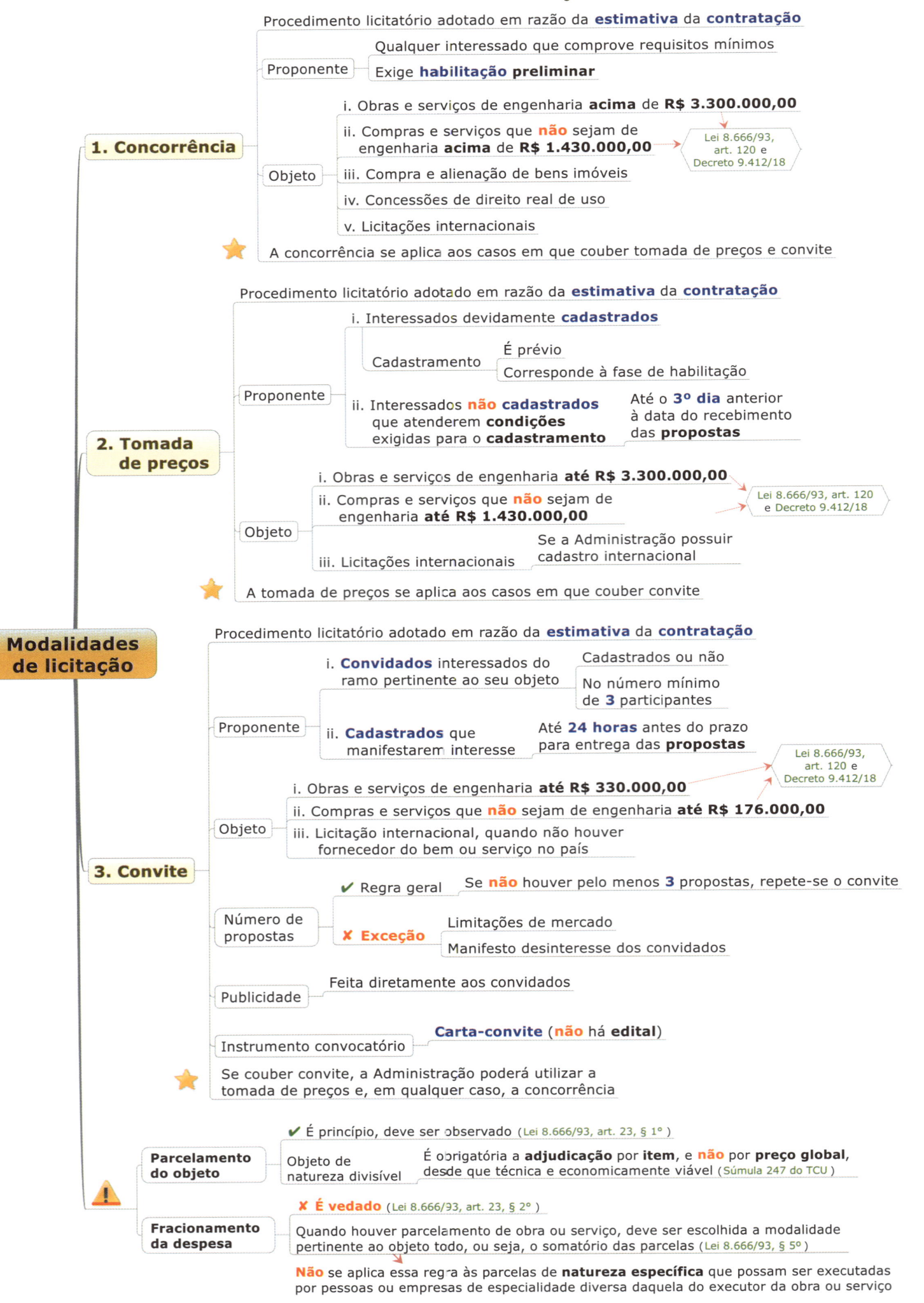

MODALIDADES DE LICITAÇÃO I

Modalidades de licitação

1. Concorrência

Procedimento licitatório adotado em razão da **estimativa** da **contratação**

- **Proponente**
  - Qualquer interessado que comprove requisitos mínimos
  - Exige **habilitação** preliminar

- **Objeto**
  - i. Obras e serviços de engenharia **acima** de **R$ 3.300.000,00**
  - ii. Compras e serviços que **não** sejam de engenharia **acima** de **R$ 1.430.000,00** → Lei 8.666/93, art. 120 e Decreto 9.412/18
  - iii. Compra e alienação de bens imóveis
  - iv. Concessões de direito real de uso
  - v. Licitações internacionais

⭐ A concorrência se aplica aos casos em que couber tomada de preços e convite

2. Tomada de preços

Procedimento licitatório adotado em razão da **estimativa** da **contratação**

- **Proponente**
  - i. Interessados devidamente **cadastrados**
    - Cadastramento: É prévio / Corresponde à fase de habilitação
  - ii. Interessados **não cadastrados** que atenderem **condições** exigidas para o **cadastramento** — Até o **3º dia** anterior à data do recebimento das **propostas**

- **Objeto**
  - i. Obras e serviços de engenharia **até R$ 3.300.000,00**
  - ii. Compras e serviços que **não** sejam de engenharia **até R$ 1.430.000,00** → Lei 8.666/93, art. 120 e Decreto 9.412/18
  - iii. Licitações internacionais — Se a Administração possuir cadastro internacional

⭐ A tomada de preços se aplica aos casos em que couber convite

3. Convite

Procedimento licitatório adotado em razão da **estimativa** da **contratação**

- **Proponente**
  - i. **Convidados** interessados do ramo pertinente ao seu objeto
    - Cadastrados ou não
    - No número mínimo de **3** participantes
  - ii. **Cadastrados** que manifestarem interesse — Até **24 horas** antes do prazo para entrega das **propostas**

- **Objeto**
  - i. Obras e serviços de engenharia **até R$ 330.000,00**
  - ii. Compras e serviços que **não** sejam de engenharia **até R$ 176.000,00** → Lei 8.666/93, art. 120 e Decreto 9.412/18
  - iii. Licitação internacional, quando não houver fornecedor do bem ou serviço no país

- **Número de propostas**
  - ✔ Regra geral: Se **não** houver pelo menos **3** propostas, repete-se o convite
  - ✘ Exceção: Limitações de mercado / Manifesto desinteresse dos convidados

- **Publicidade**: Feita diretamente aos convidados

- **Instrumento convocatório**: **Carta-convite** (**não** há **edital**)

⭐ Se couber convite, a Administração poderá utilizar a tomada de preços e, em qualquer caso, a concorrência

⚠ Parcelamento do objeto

- ✔ É princípio, deve ser observado (Lei 8.666/93, art. 23, § 1º)
- Objeto de natureza divisível: É obrigatória a **adjudicação** por **item**, e **não** por **preço global**, desde que técnica e economicamente viável (Súmula 247 do TCU)

Fracionamento da despesa

- ✘ É vedado (Lei 8.666/93, art. 23, § 2º)
- Quando houver parcelamento de obra ou serviço, deve ser escolhida a modalidade pertinente ao objeto todo, ou seja, o somatório das parcelas (Lei 8.666/93, § 5º)
- **Não** se aplica essa regra às parcelas de **natureza específica** que possam ser executadas por pessoas ou empresas de especialidade diversa daquela do executor da obra ou serviço

MODALIDADES DE LICITAÇÃO II

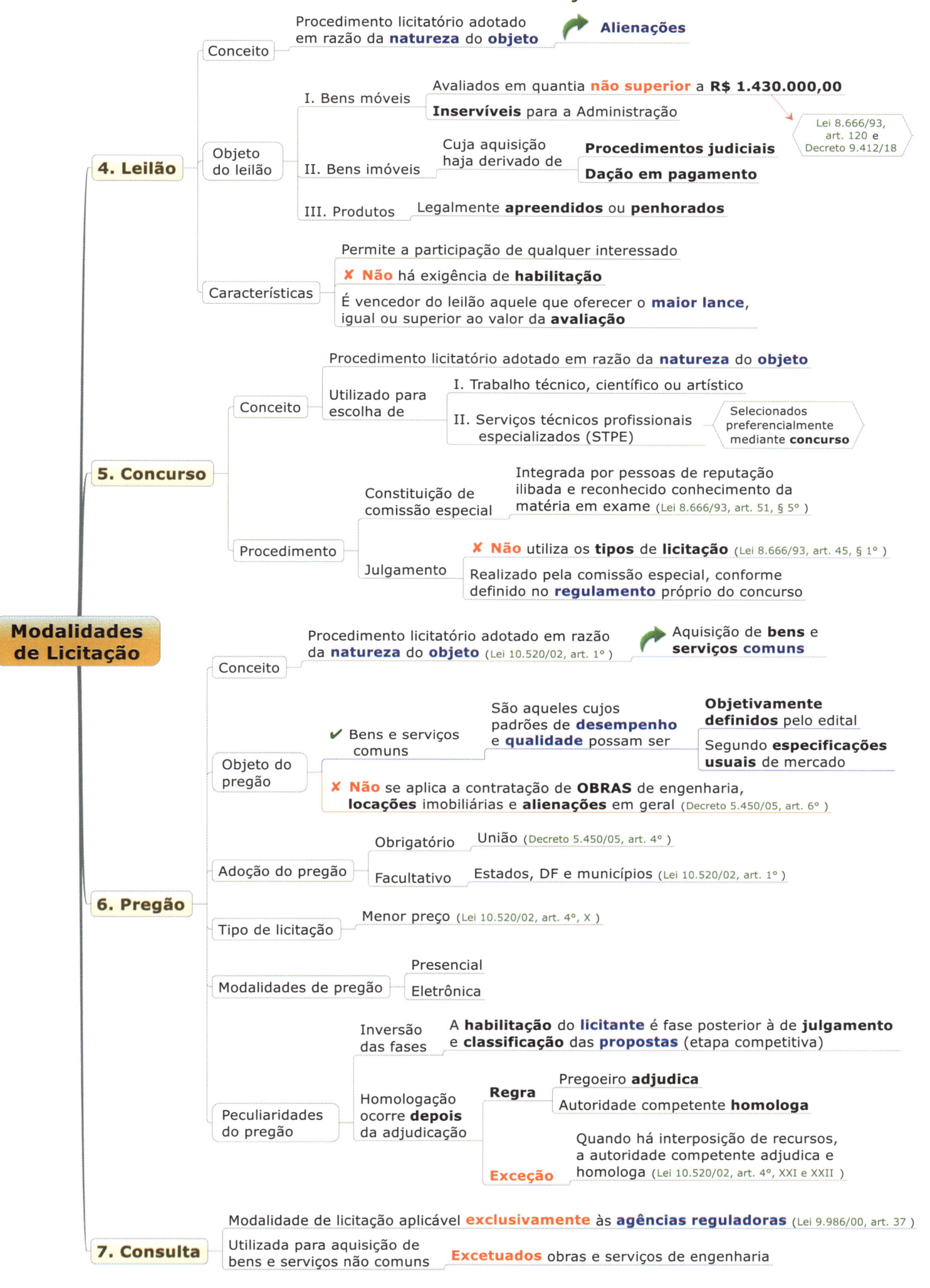

Modalidades de Licitação

4. Leilão

- **Conceito**: Procedimento licitatório adotado em razão da **natureza** do **objeto** → **Alienações**

- **Objeto do leilão**:
  - I. Bens móveis
    - Avaliados em quantia **não superior** a **R$ 1.430.000,00**
    - **Inservíveis** para a Administração
    - (Lei 8.666/93, art. 120 e Decreto 9.412/18)
  - II. Bens imóveis — Cuja aquisição haja derivado de:
    - **Procedimentos judiciais**
    - **Dação em pagamento**
  - III. Produtos — Legalmente **apreendidos** ou **penhorados**

- **Características**:
  - Permite a participação de qualquer interessado
  - ✗ **Não** há exigência de **habilitação**
  - É vencedor do leilão aquele que oferecer o **maior lance**, igual ou superior ao valor da **avaliação**

5. Concurso

- **Conceito**: Procedimento licitatório adotado em razão da **natureza** do **objeto**
  - Utilizado para escolha de:
    - I. Trabalho técnico, científico ou artístico
    - II. Serviços técnicos profissionais especializados (STPE) — Selecionados preferencialmente mediante **concurso**

- **Procedimento**:
  - Constituição de comissão especial — Integrada por pessoas de reputação ilibada e reconhecido conhecimento da matéria em exame (Lei 8.666/93, art. 51, § 5º)
  - Julgamento:
    - ✗ **Não** utiliza os **tipos** de **licitação** (Lei 8.666/93, art. 45, § 1º)
    - Realizado pela comissão especial, conforme definido no **regulamento** próprio do concurso

6. Pregão

- **Conceito**: Procedimento licitatório adotado em razão da **natureza** do **objeto** (Lei 10.520/02, art. 1º) → Aquisição de **bens** e **serviços comuns**

- **Objeto do pregão**:
  - ✓ Bens e serviços comuns — São aqueles cujos padrões de **desempenho** e **qualidade** possam ser:
    - **Objetivamente definidos** pelo edital
    - Segundo **especificações usuais** de mercado
  - ✗ **Não** se aplica a contratação de **OBRAS** de engenharia, **locações** imobiliárias e **alienações** em geral (Decreto 5.450/05, art. 6º)

- **Adoção do pregão**:
  - Obrigatório — União (Decreto 5.450/05, art. 4º)
  - Facultativo — Estados, DF e municípios (Lei 10.520/02, art. 1º)

- **Tipo de licitação**: Menor preço (Lei 10.520/02, art. 4º, X)

- **Modalidades de pregão**:
  - Presencial
  - Eletrônica

- **Peculiaridades do pregão**:
  - Inversão das fases: A **habilitação** do **licitante** é fase posterior à de **julgamento** e **classificação** das **propostas** (etapa competitiva)
  - Homologação ocorre **depois** da adjudicação:
    - **Regra**:
      - Pregoeiro **adjudica**
      - Autoridade competente **homologa**
    - **Exceção**: Quando há interposição de recursos, a autoridade competente adjudica e homologa (Lei 10.520/02, art. 4º, XXI e XXII)

7. Consulta

- Modalidade de licitação aplicável **exclusivamente** às **agências reguladoras** (Lei 9.986/00, art. 37)
- Utilizada para aquisição de bens e serviços não comuns — **Excetuados** obras e serviços de engenharia

TIPOS DE LICITAÇÃO

Tipos de Licitação

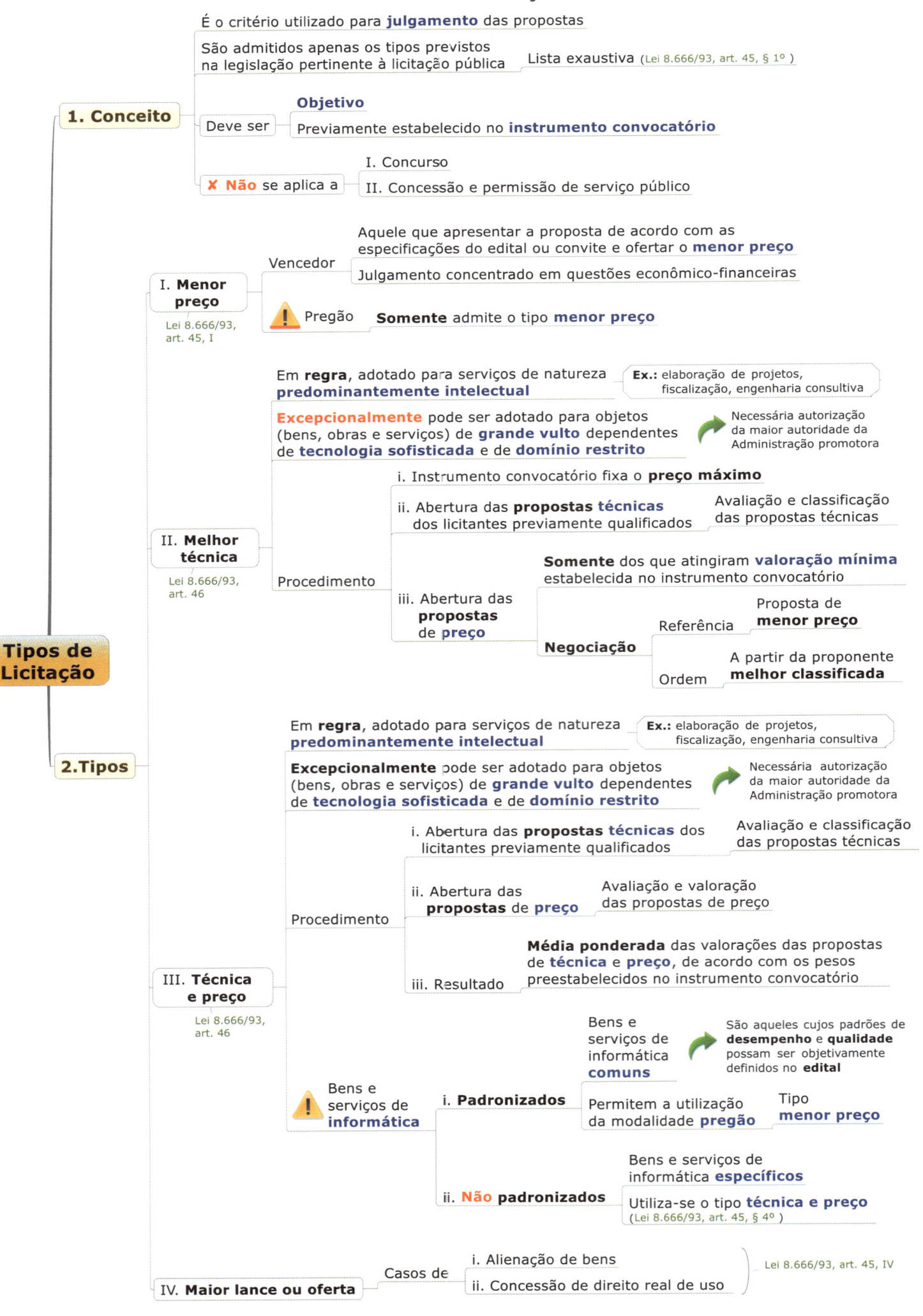

1. Conceito

- É o critério utilizado para **julgamento** das propostas
- São admitidos apenas os tipos previstos na legislação pertinente à licitação pública — Lista exaustiva (Lei 8.666/93, art. 45, § 1º)
- Deve ser:
  - **Objetivo**
  - Previamente estabelecido no **instrumento convocatório**
- ✗ **Não** se aplica a:
  - I. Concurso
  - II. Concessão e permissão de serviço público

2. Tipos

I. Menor preço
Lei 8.666/93, art. 45, I

- **Vencedor**:
  - Aquele que apresentar a proposta de acordo com as especificações do edital ou convite e ofertar o **menor preço**
  - Julgamento concentrado em questões econômico-financeiras
- ⚠ **Pregão**: **Somente** admite o tipo **menor preço**

II. Melhor técnica
Lei 8.666/93, art. 46

- Em **regra**, adotado para serviços de natureza **predominantemente intelectual**
  - Ex.: elaboração de projetos, fiscalização, engenharia consultiva
- **Excepcionalmente** pode ser adotado para objetos (bens, obras e serviços) de **grande vulto** dependentes de **tecnologia sofisticada** e de **domínio restrito**
  - → Necessária autorização da maior autoridade da Administração promotora
- **Procedimento**:
  - i. Instrumento convocatório fixa o **preço máximo**
  - ii. Abertura das **propostas técnicas** dos licitantes previamente qualificados — Avaliação e classificação das propostas técnicas
  - iii. Abertura das **propostas de preço**
    - **Somente** dos que atingiram **valoração mínima** estabelecida no instrumento convocatório
    - **Negociação**:
      - Referência: Proposta de **menor preço**
      - Ordem: A partir da proponente **melhor classificada**

III. Técnica e preço
Lei 8.666/93, art. 46

- Em **regra**, adotado para serviços de natureza **predominantemente intelectual**
  - Ex.: elaboração de projetos, fiscalização, engenharia consultiva
- **Excepcionalmente** pode ser adotado para objetos (bens, obras e serviços) de **grande vulto** dependentes de **tecnologia sofisticada** e de **domínio restrito**
  - → Necessária autorização da maior autoridade da Administração promotora
- **Procedimento**:
  - i. Abertura das **propostas técnicas** dos licitantes previamente qualificados — Avaliação e classificação das propostas técnicas
  - ii. Abertura das **propostas de preço** — Avaliação e valoração das propostas de preço
  - iii. Resultado — **Média ponderada** das valorações das propostas de **técnica** e **preço**, de acordo com os pesos preestabelecidos no instrumento convocatório
- ⚠ **Bens e serviços de informática**:
  - i. **Padronizados**:
    - Bens e serviços de informática **comuns** → São aqueles cujos padrões de **desempenho** e **qualidade** possam ser objetivamente definidos no **edital**
    - Permitem a utilização da modalidade **pregão** — Tipo **menor preço**
  - ii. **Não** padronizados:
    - Bens e serviços de informática **específicos**
    - Utiliza-se o tipo **técnica e preço** (Lei 8.666/93, art. 45, § 4º)

IV. Maior lance ou oferta

- Casos de:
  - i. Alienação de bens
  - ii. Concessão de direito real de uso
- Lei 8.666/93, art. 45, IV

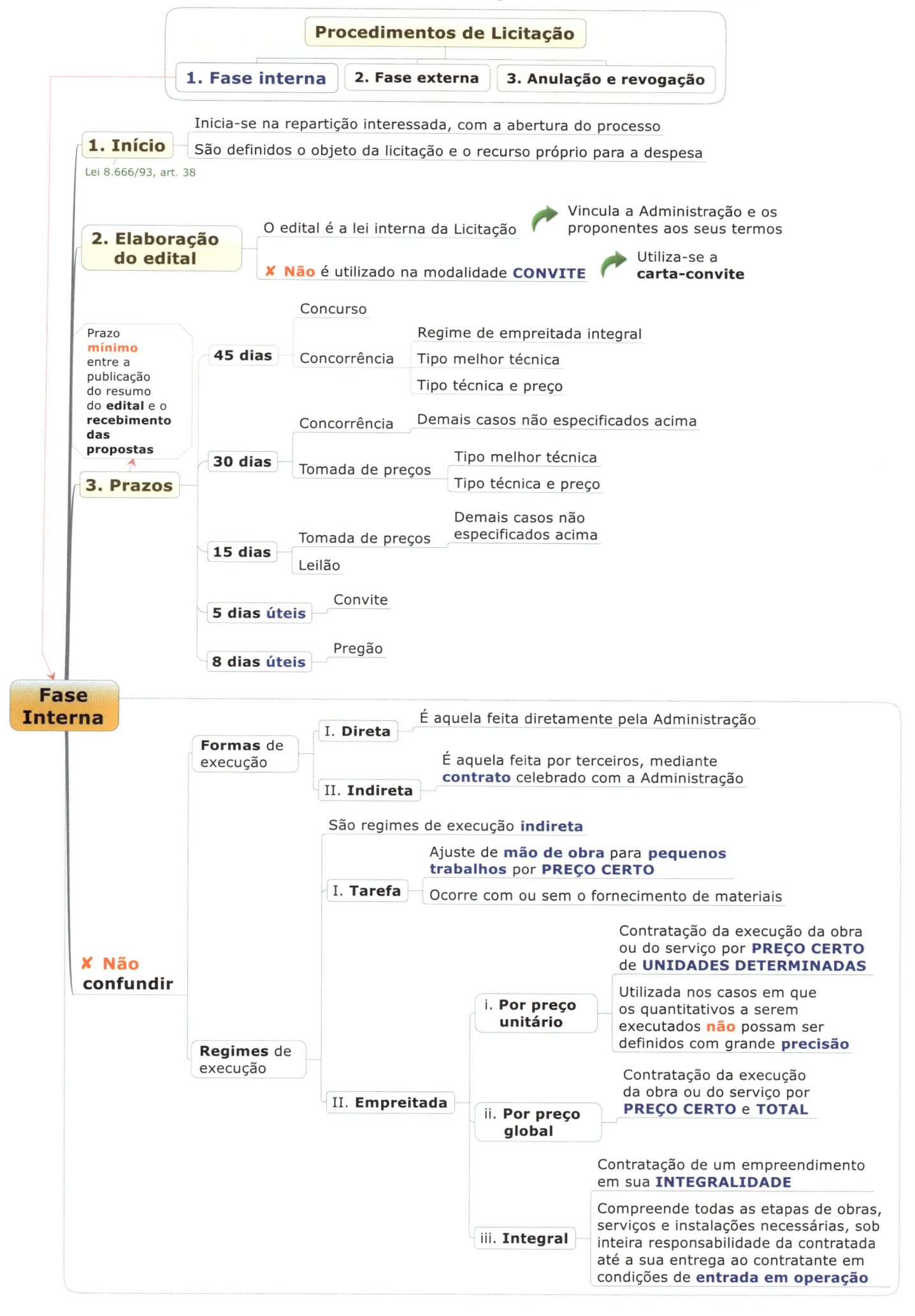

PROCEDIMENTOS DE LICITAÇÃO I - FASE INTERNA

Procedimentos de Licitação
- 1. Fase interna
- 2. Fase externa
- 3. Anulação e revogação

Fase Interna

1. Início
- Inicia-se na repartição interessada, com a abertura do processo
- São definidos o objeto da licitação e o recurso próprio para a despesa

Lei 8.666/93, art. 38

2. Elaboração do edital
- O edital é a lei interna da Licitação → Vincula a Administração e os proponentes aos seus termos
- ✘ **Não** é utilizado na modalidade **CONVITE** → Utiliza-se a **carta-convite**

3. Prazos

Prazo **mínimo** entre a publicação do resumo do **edital** e o **recebimento das propostas**

- **45 dias**
  - Concurso
  - Concorrência
    - Regime de empreitada integral
    - Tipo melhor técnica
    - Tipo técnica e preço
- **30 dias**
  - Concorrência — Demais casos não especificados acima
  - Tomada de preços
    - Tipo melhor técnica
    - Tipo técnica e preço
- **15 dias**
  - Tomada de preços — Demais casos não especificados acima
  - Leilão
- **5 dias úteis**
  - Convite
- **8 dias úteis**
  - Pregão

Formas de execução
- **I. Direta** — É aquela feita diretamente pela Administração
- **II. Indireta** — É aquela feita por terceiros, mediante **contrato** celebrado com a Administração

✘ **Não confundir**

Regimes de execução

São regimes de execução **indireta**

- **I. Tarefa**
  - Ajuste de **mão de obra** para **pequenos trabalhos** por **PREÇO CERTO**
  - Ocorre com ou sem o fornecimento de materiais

- **II. Empreitada**
  - **i. Por preço unitário**
    - Contratação da execução da obra ou do serviço por **PREÇO CERTO** de **UNIDADES DETERMINADAS**
    - Utilizada nos casos em que os quantitativos a serem executados **não** possam ser definidos com grande **precisão**
  - **ii. Por preço global**
    - Contratação da execução da obra ou do serviço por **PREÇO CERTO** e **TOTAL**
  - **iii. Integral**
    - Contratação de um empreendimento em sua **INTEGRALIDADE**
    - Compreende todas as etapas de obras, serviços e instalações necessárias, sob inteira responsabilidade da contratada até a sua entrega ao contratante em condições de **entrada em operação**

PROCEDIMENTOS DE LICITAÇÃO II

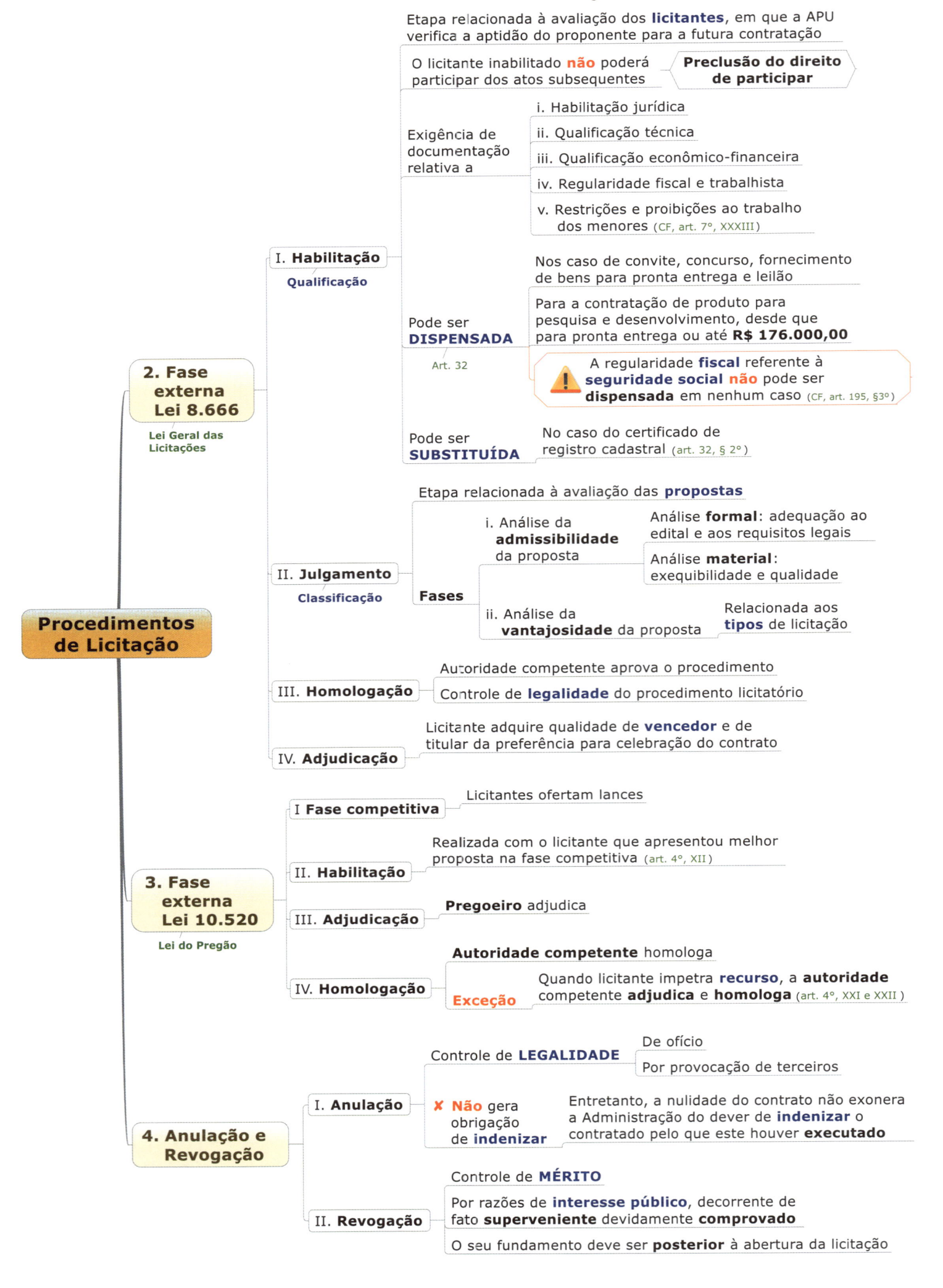

Procedimentos de Licitação

2. Fase externa Lei 8.666
Lei Geral das Licitações

I. Habilitação
Qualificação

- Etapa relacionada à avaliação dos **licitantes**, em que a APU verifica a aptidão do proponente para a futura contratação
- O licitante inabilitado **não** poderá participar dos atos subsequentes → **Preclusão do direito de participar**
- Exigência de documentação relativa a:
  - i. Habilitação jurídica
  - ii. Qualificação técnica
  - iii. Qualificação econômico-financeira
  - iv. Regularidade fiscal e trabalhista
  - v. Restrições e proibições ao trabalho dos menores (CF, art. 7º, XXXIII)
- Pode ser **DISPENSADA** (Art. 32)
  - Nos caso de convite, concurso, fornecimento de bens para pronta entrega e leilão
  - Para a contratação de produto para pesquisa e desenvolvimento, desde que para pronta entrega ou até **R$ 176.000,00**
  - ⚠️ A regularidade **fiscal** referente à **seguridade social não** pode ser **dispensada** em nenhum caso (CF, art. 195, §3º)
- Pode ser **SUBSTITUÍDA**
  - No caso do certificado de registro cadastral (art. 32, § 2º)

II. Julgamento
Classificação

- Etapa relacionada à avaliação das **propostas**
- **Fases**:
  - i. Análise da **admissibilidade** da proposta
    - Análise **formal**: adequação ao edital e aos requisitos legais
    - Análise **material**: exequibilidade e qualidade
  - ii. Análise da **vantajosidade** da proposta
    - Relacionada aos **tipos** de licitação

III. Homologação
- Autoridade competente aprova o procedimento
- Controle de **legalidade** do procedimento licitatório

IV. Adjudicação
- Licitante adquire qualidade de **vencedor** e de titular da preferência para celebração do contrato

3. Fase externa Lei 10.520
Lei do Pregão

I Fase competitiva
- Licitantes ofertam lances

II. Habilitação
- Realizada com o licitante que apresentou melhor proposta na fase competitiva (art. 4º, XII)

III. Adjudicação
- **Pregoeiro** adjudica

IV. Homologação
- **Autoridade competente** homologa
- **Exceção**: Quando licitante impetra **recurso**, a **autoridade competente adjudica** e **homologa** (art. 4º, XXI e XXII)

4. Anulação e Revogação

I. Anulação
- Controle de **LEGALIDADE**
  - De ofício
  - Por provocação de terceiros
- ✗ **Não** gera obrigação de **indenizar**
  - Entretanto, a nulidade do contrato não exonera a Administração do dever de **indenizar** o contratado pelo que este houver **executado**

II. Revogação
- Controle de **MÉRITO**
- Por razões de **interesse público**, decorrente de fato **superveniente** devidamente **comprovado**
- O seu fundamento deve ser **posterior** à abertura da licitação

COMISSÃO DE LICITAÇÃO E PREGOEIRO

Comissão de licitação e Pregoeiro

1. Comissão de licitação (Lei 8.666/93)

Tipos
- **I. Comissão permanente (CPL)**
  - Pertence à estrutura fixa da Administração
- **II. Comissão especial**
  - Designada para processar e julgar determinada licitação ou conjunto de licitações
  - É extinta após o cumprimento de sua função específica

Composição
- Mínimo de **3 membros**, com pelo menos **2** deles servidores qualificados do **quadro permanente** do órgão da Administração responsável pela licitação (art. 51)
- No caso de **convite** em pequenas unidades administrativas → **1 servidor** formalmente designado

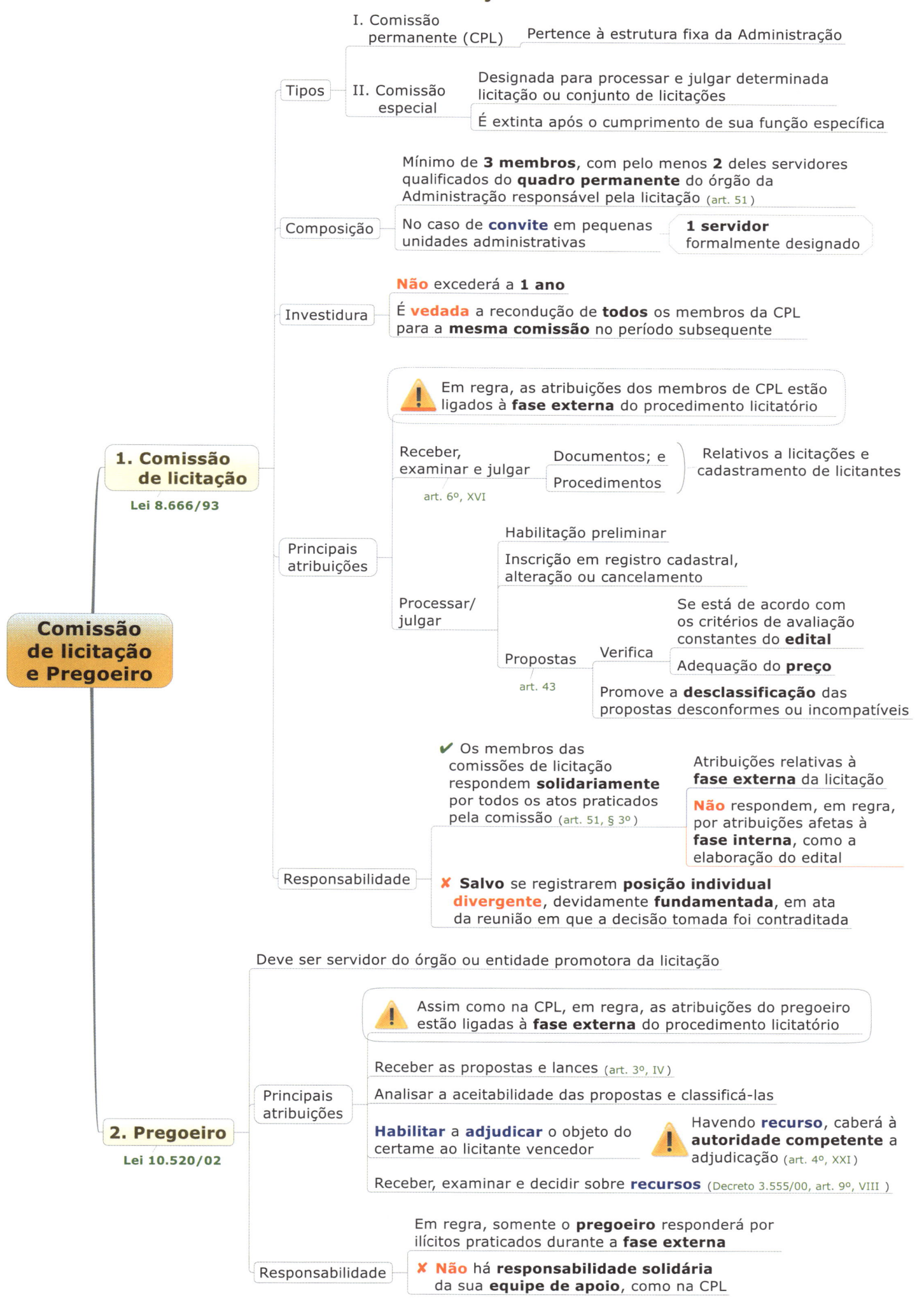

Investidura
- **Não** excederá a **1 ano**
- É **vedada** a recondução de **todos** os membros da CPL para a **mesma comissão** no período subsequente

Principais atribuições
⚠ Em regra, as atribuições dos membros de CPL estão ligados à **fase externa** do procedimento licitatório

- Receber, examinar e julgar (art. 6º, XVI): Documentos; e Procedimentos — Relativos a licitações e cadastramento de licitantes
- Processar/julgar:
  - Habilitação preliminar
  - Inscrição em registro cadastral, alteração ou cancelamento
  - Propostas (art. 43) — Verifica:
    - Se está de acordo com os critérios de avaliação constantes do **edital**
    - Adequação do **preço**
    - Promove a **desclassificação** das propostas desconformes ou incompatíveis

Responsabilidade
✔ Os membros das comissões de licitação respondem **solidariamente** por todos os atos praticados pela comissão (art. 51, § 3º)
- Atribuições relativas à **fase externa** da licitação
- **Não** respondem, em regra, por atribuições afetas à **fase interna**, como a elaboração do edital

✘ **Salvo** se registrarem **posição individual divergente**, devidamente **fundamentada**, em ata da reunião em que a decisão tomada foi contraditada

2. Pregoeiro (Lei 10.520/02)

Deve ser servidor do órgão ou entidade promotora da licitação

Principais atribuições
⚠ Assim como na CPL, em regra, as atribuições do pregoeiro estão ligadas à **fase externa** do procedimento licitatório

- Receber as propostas e lances (art. 3º, IV)
- Analisar a aceitabilidade das propostas e classificá-las
- **Habilitar** a **adjudicar** o objeto do certame ao licitante vencedor
  - ⚠ Havendo **recurso**, caberá à **autoridade competente** a adjudicação (art. 4º, XXI)
- Receber, examinar e decidir sobre **recursos** (Decreto 3.555/00, art. 9º, VIII)

Responsabilidade
- Em regra, somente o **pregoeiro** responderá por ilícitos praticados durante a **fase externa**
- ✘ **Não** há **responsabilidade solidária** da sua **equipe de apoio**, como na CPL

Capítulo 8

Contratos Administrativos

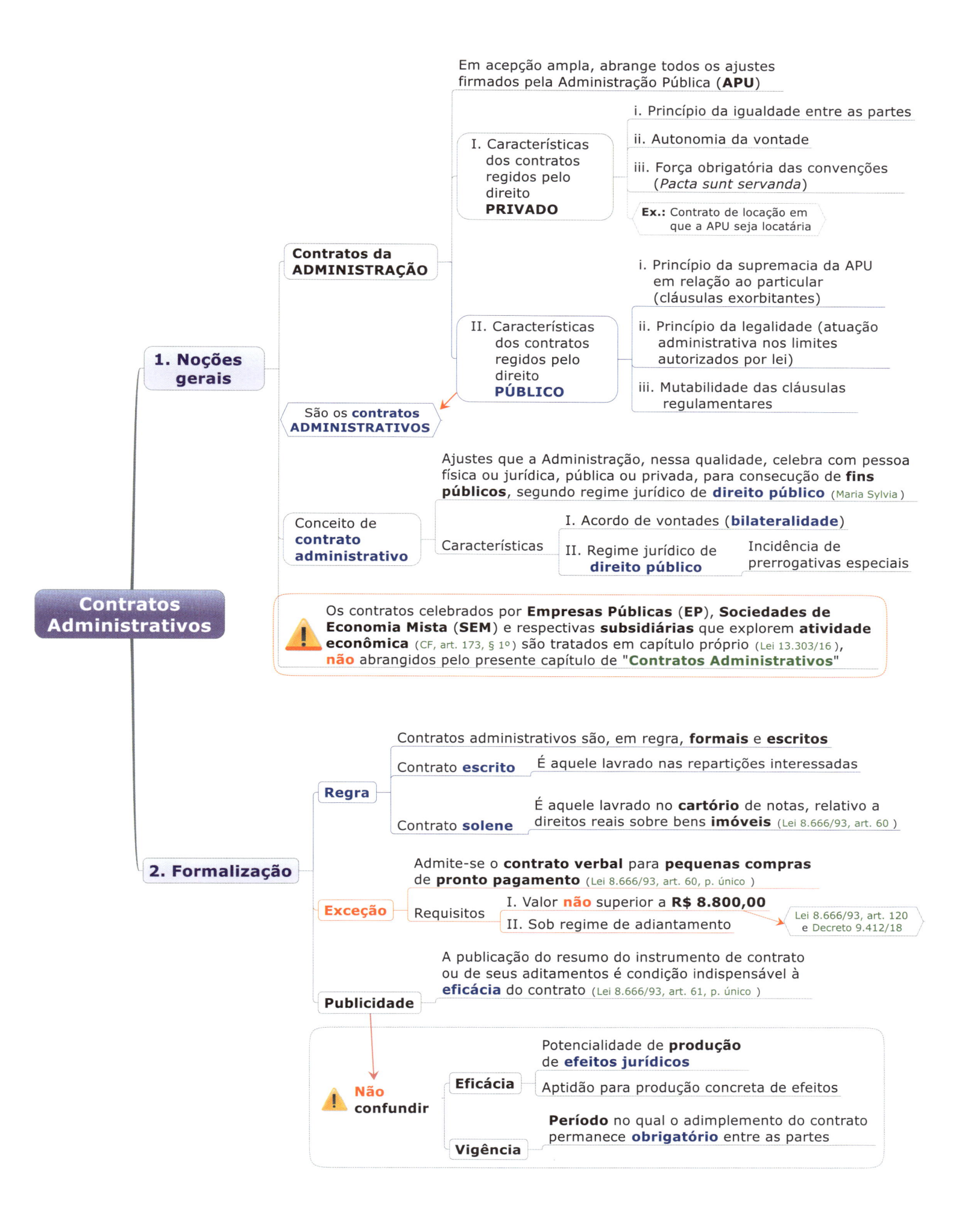

CONTRATOS ADMINISTRATIVOS - CONCEITO E FORMALIZAÇÃO

Contratos Administrativos

1. Noções gerais

Contratos da ADMINISTRAÇÃO

Em acepção ampla, abrange todos os ajustes firmados pela Administração Pública (**APU**)

I. Características dos contratos regidos pelo direito PRIVADO
- i. Princípio da igualdade entre as partes
- ii. Autonomia da vontade
- iii. Força obrigatória das convenções (*Pacta sunt servanda*)
- **Ex.:** Contrato de locação em que a APU seja locatária

II. Características dos contratos regidos pelo direito PÚBLICO
- i. Princípio da supremacia da APU em relação ao particular (cláusulas exorbitantes)
- ii. Princípio da legalidade (atuação administrativa nos limites autorizados por lei)
- iii. Mutabilidade das cláusulas regulamentares

São os **contratos ADMINISTRATIVOS**

Conceito de contrato administrativo

Ajustes que a Administração, nessa qualidade, celebra com pessoa física ou jurídica, pública ou privada, para consecução de **fins públicos**, segundo regime jurídico de **direito público** (Maria Sylvia)

Características:
- I. Acordo de vontades (**bilateralidade**)
- II. Regime jurídico de **direito público** — Incidência de prerrogativas especiais

⚠ Os contratos celebrados por **Empresas Públicas** (**EP**), **Sociedades de Economia Mista** (**SEM**) e respectivas **subsidiárias** que explorem **atividade econômica** (CF, art. 173, § 1º) são tratados em capítulo próprio (Lei 13.303/16), **não** abrangidos pelo presente capítulo de "Contratos Administrativos"

2. Formalização

Regra

Contratos administrativos são, em regra, **formais** e **escritos**

- Contrato **escrito**: É aquele lavrado nas repartições interessadas
- Contrato **solene**: É aquele lavrado no **cartório** de notas, relativo a direitos reais sobre bens **imóveis** (Lei 8.666/93, art. 60)

Exceção

Admite-se o **contrato verbal** para **pequenas compras** de **pronto pagamento** (Lei 8.666/93, art. 60, p. único)

Requisitos:
- I. Valor **não** superior a R$ 8.800,00
- II. Sob regime de adiantamento

(Lei 8.666/93, art. 120 e Decreto 9.412/18)

Publicidade

A publicação do resumo do instrumento de contrato ou de seus aditamentos é condição indispensável à **eficácia** do contrato (Lei 8.666/93, art. 61, p. único)

⚠ **Não confundir**
- **Eficácia**: Potencialidade de **produção** de **efeitos jurídicos** / Aptidão para produção concreta de efeitos
- **Vigência**: **Período** no qual o adimplemento do contrato permanece **obrigatório** entre as partes

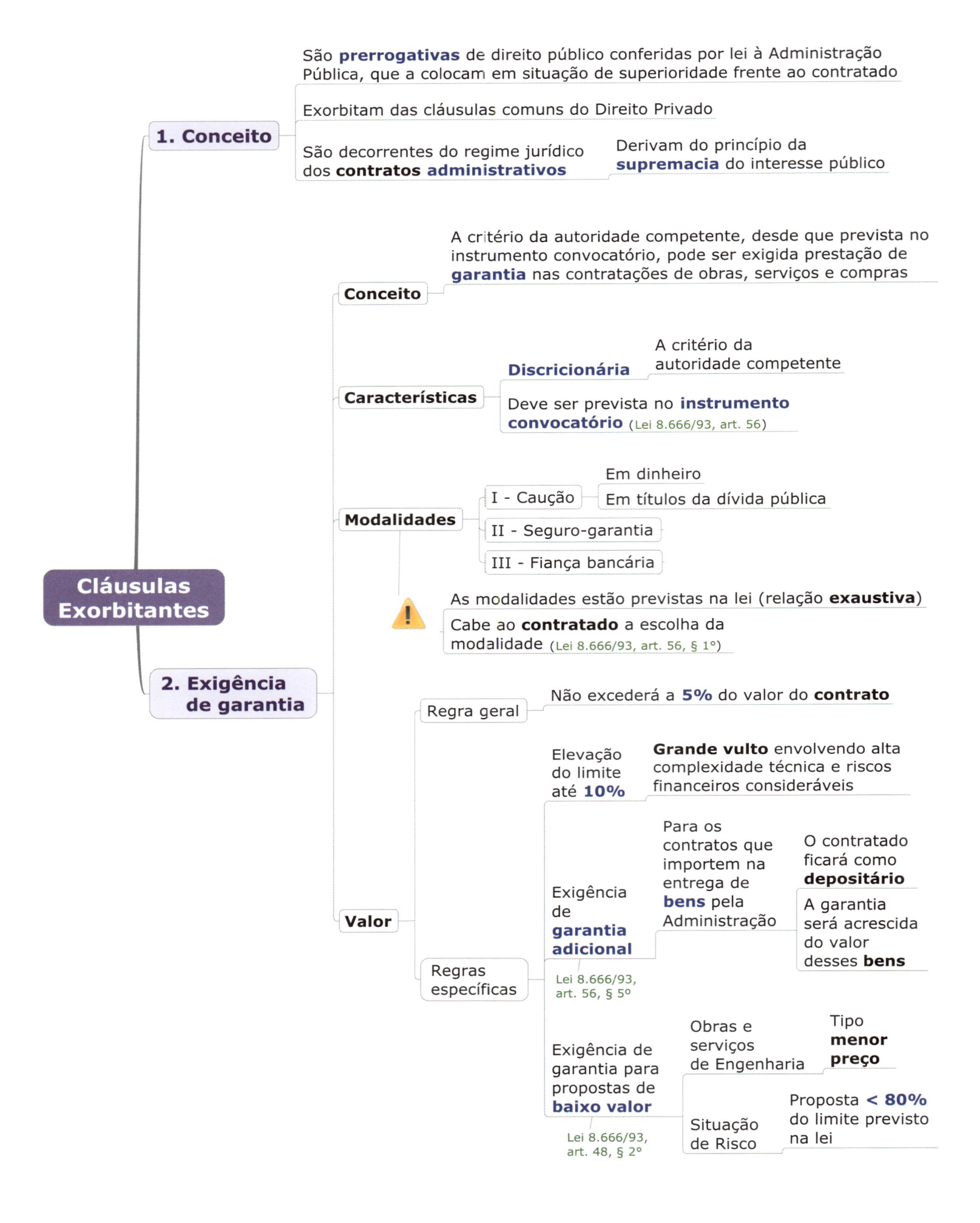

CONTRATOS ADMINISTRATIVOS - CLÁUSULAS EXORBITANTES I

Cláusulas Exorbitantes

1. Conceito
- São **prerrogativas** de direito público conferidas por lei à Administração Pública, que a colocam em situação de superioridade frente ao contratado
- Exorbitam das cláusulas comuns do Direito Privado
- São decorrentes do regime jurídico dos **contratos administrativos**
- Derivam do princípio da **supremacia** do interesse público

2. Exigência de garantia

Conceito: A critério da autoridade competente, desde que prevista no instrumento convocatório, pode ser exigida prestação de **garantia** nas contratações de obras, serviços e compras

Características:
- **Discricionária** — A critério da autoridade competente
- Deve ser prevista no **instrumento convocatório** (Lei 8.666/93, art. 56)

Modalidades:
- I - Caução
  - Em dinheiro
  - Em títulos da dívida pública
- II - Seguro-garantia
- III - Fiança bancária

⚠ As modalidades estão previstas na lei (relação **exaustiva**)
Cabe ao **contratado** a escolha da modalidade (Lei 8.666/93, art. 56, § 1º)

Valor:

Regra geral: Não excederá a **5%** do valor do **contrato**

Regras específicas:
- Elevação do limite até **10%** — **Grande vulto** envolvendo alta complexidade técnica e riscos financeiros consideráveis
- Exigência de **garantia adicional** — Para os contratos que importem na entrega de **bens** pela Administração
  - O contratado ficará como **depositário**
  - A garantia será acrescida do valor desses **bens**
  - Lei 8.666/93, art. 56, § 5º
- Exigência de garantia para propostas de **baixo valor**
  - Obras e serviços de Engenharia — Tipo **menor preço**
  - Situação de Risco — Proposta < **80%** do limite previsto na lei
  - Lei 8.666/93, art. 48, § 2º

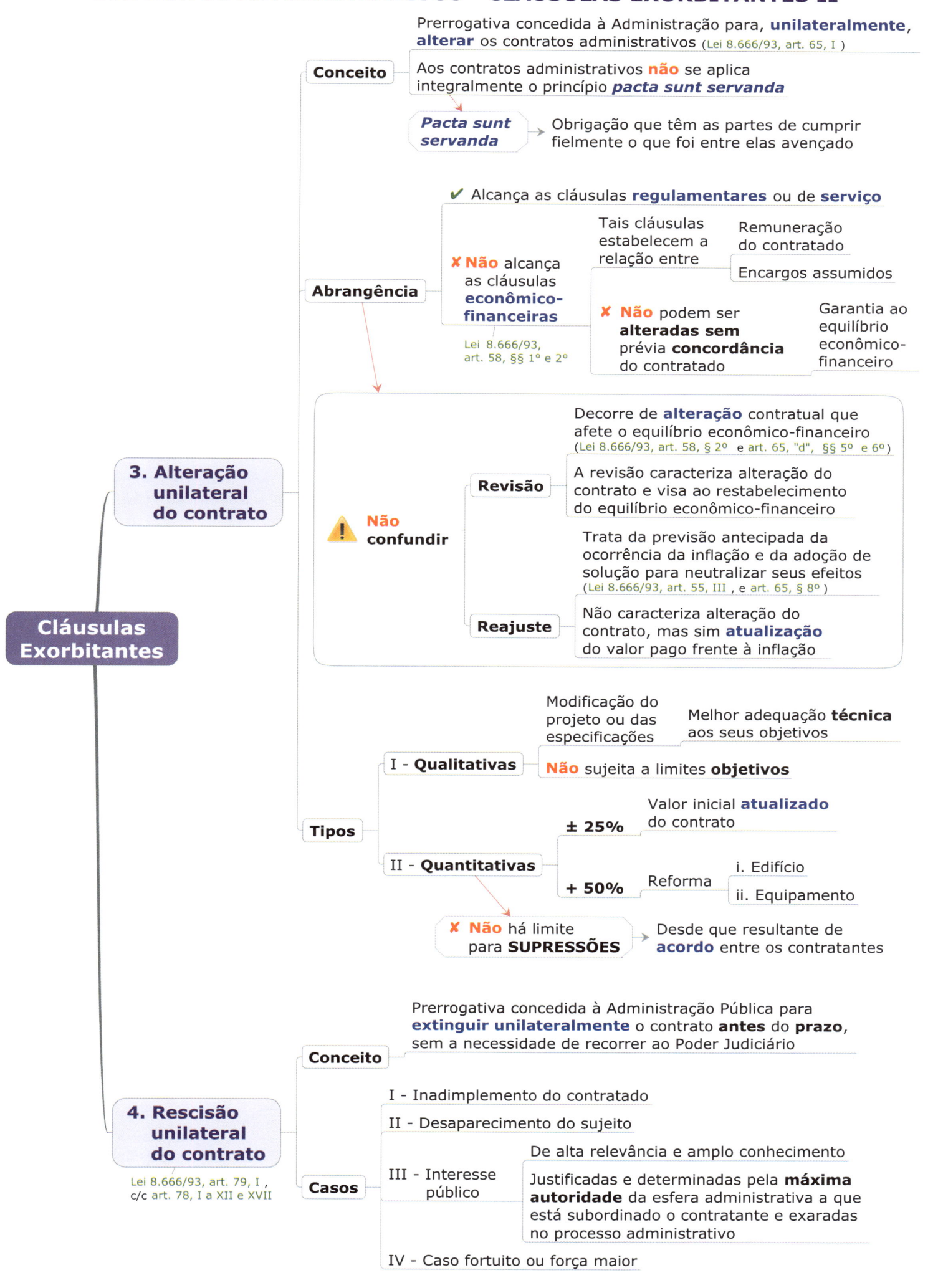

CONTRATOS ADMINISTRATIVOS - CLÁUSULAS EXORBITANTES II

Cláusulas Exorbitantes

3. Alteração unilateral do contrato

Conceito
- Prerrogativa concedida à Administração para, **unilateralmente**, **alterar** os contratos administrativos (Lei 8.666/93, art. 65, I)
- Aos contratos administrativos **não** se aplica integralmente o princípio *pacta sunt servanda*
  - *Pacta sunt servanda* → Obrigação que têm as partes de cumprir fielmente o que foi entre elas avençado

Abrangência
- ✔ Alcança as cláusulas **regulamentares** ou de **serviço**
- ✘ **Não** alcança as cláusulas **econômico-financeiras** (Lei 8.666/93, art. 58, §§ 1º e 2º)
  - Tais cláusulas estabelecem a relação entre:
    - Remuneração do contratado
    - Encargos assumidos
  - ✘ **Não** podem ser **alteradas sem** prévia **concordância** do contratado
    - Garantia ao equilíbrio econômico-financeiro

⚠ Não confundir
- **Revisão**
  - Decorre de **alteração** contratual que afete o equilíbrio econômico-financeiro (Lei 8.666/93, art. 58, § 2º e art. 65, "d", §§ 5º e 6º)
  - A revisão caracteriza alteração do contrato e visa ao restabelecimento do equilíbrio econômico-financeiro
- **Reajuste**
  - Trata da previsão antecipada da ocorrência da inflação e da adoção de solução para neutralizar seus efeitos (Lei 8.666/93, art. 55, III, e art. 65, § 8º)
  - Não caracteriza alteração do contrato, mas sim **atualização** do valor pago frente à inflação

Tipos
- **I - Qualitativas**
  - Modificação do projeto ou das especificações → Melhor adequação **técnica** aos seus objetivos
  - **Não** sujeita a limites **objetivos**
- **II - Quantitativas**
  - **± 25%** — Valor inicial **atualizado** do contrato
  - **+ 50%** — Reforma
    - i. Edifício
    - ii. Equipamento
- ✘ **Não** há limite para **SUPRESSÕES** → Desde que resultante de **acordo** entre os contratantes

4. Rescisão unilateral do contrato
Lei 8.666/93, art. 79, I, c/c art. 78, I a XII e XVII

Conceito
- Prerrogativa concedida à Administração Pública para **extinguir unilateralmente** o contrato **antes** do **prazo**, sem a necessidade de recorrer ao Poder Judiciário

Casos
- I - Inadimplemento do contratado
- II - Desaparecimento do sujeito
- III - Interesse público
  - De alta relevância e amplo conhecimento
  - Justificadas e determinadas pela **máxima autoridade** da esfera administrativa a que está subordinado o contratante e exaradas no processo administrativo
- IV - Caso fortuito ou força maior

CONTRATOS ADMINISTRATIVOS - CLÁUSULAS EXORBITANTES III

Cláusulas Exorbitantes

5. Fiscalização
- Representante da Administração fiscaliza a execução do contrato (Lei 8.666/93, art. 67)
- **Não** exclui ou reduz a **responsabilidade** do **contratado** pelos danos que, por culpa ou dolo, a execução venha a causar a terceiros (Lei 8.666/93, art. 70)

6. Aplicação de penalidades

I. Advertência — Lei 8.666/93, art. 87, I

II. Multa
- i. Atraso injustificado (Lei 8.666/93, art. 86)
- ii. Inexecução (Lei 8.666/93, art. 87, II)

⚠️ As multas podem ser:
- i. Diretamente descontadas da **garantia** do **contrato** (Lei 8.666/93, art. 86, § 2º)
  - Trata-se de excepcional **autoexecutoriedade** da cobrança de multa
- ii. Aplicadas juntamente com as demais sanções (Lei 8.666/93, art. 87, § 2º)

III. Suspensão temporária e impedimento (Lei 8.666/93, art. 87, III)
- Abrange:
  - i. Suspensão temporária em participar de licitação
  - ii. Impedimento de contratar com a **Administração**
- Motivo: Inexecução total ou parcial do contrato
- Duração: **Máximo 2 anos**
- Competência: Autoridade competente

IV. Declaração de inidoneidade (Lei 8.666/93, art. 87, IV)
- Abrange:
  - i. Suspensão temporária em participar de licitação
  - ii. Impedimento de contratar com a **Administração Pública**
- Motivo: Inexecução total ou parcial do contrato
- Duração: **Mínimo 2 anos**
- Competência: Exclusiva de Ministro de Estado, de Secretário Estadual ou Municipal

7. Ocupação temporária
Lei 8.666/93, art. 58, V

- **Conceito**: Para os **serviços essenciais**, a Administração Pública possui a prerrogativa de ocupar provisoriamente bens móveis, imóveis, pessoal e serviços **vinculados** ao **objeto** do **contrato**

- **Hipóteses**:
  - I. Como **medida acautelatória**, para apuração administrativa de irregularidades na execução do contrato — Objetiva apurar a irregularidade
  - II. Imediatamente após a **rescisão** unilateral do contrato administrativo — Objetiva assegurar a continuidade da prestação do serviço público

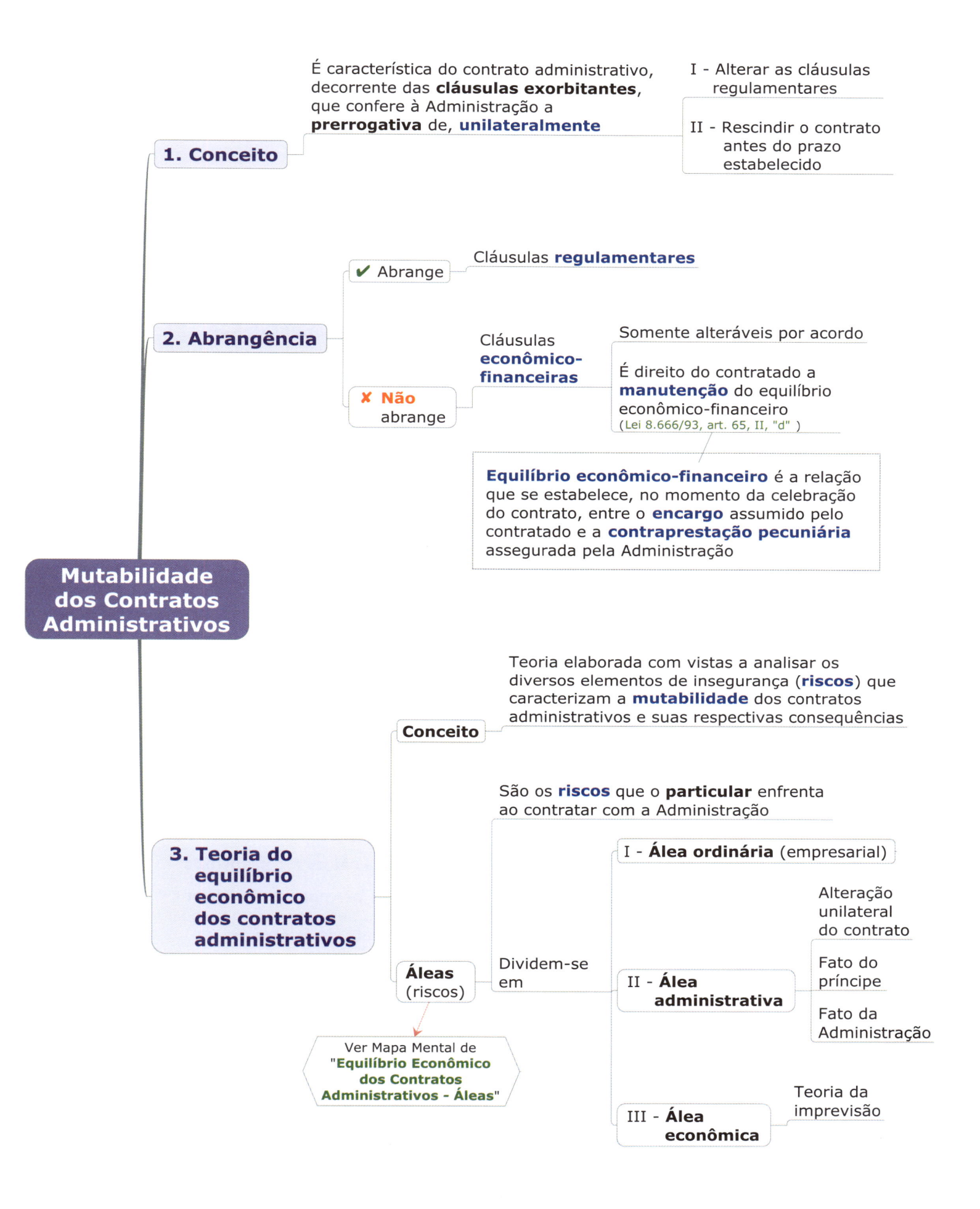

MUTABILIDADE DOS CONTRATOS ADMINISTRATIVOS

Mutabilidade dos Contratos Administrativos

1. Conceito
É característica do contrato administrativo, decorrente das **cláusulas exorbitantes**, que confere à Administração a **prerrogativa** de, **unilateralmente**:
- I - Alterar as cláusulas regulamentares
- II - Rescindir o contrato antes do prazo estabelecido

2. Abrangência
- ✔ **Abrange**: Cláusulas **regulamentares**
- ✘ **Não abrange**: Cláusulas **econômico-financeiras**
  - Somente alteráveis por acordo
  - É direito do contratado a **manutenção** do equilíbrio econômico-financeiro (Lei 8.666/93, art. 65, II, "d")

Equilíbrio econômico-financeiro é a relação que se estabelece, no momento da celebração do contrato, entre o **encargo** assumido pelo contratado e a **contraprestação pecuniária** assegurada pela Administração

3. Teoria do equilíbrio econômico dos contratos administrativos

Conceito: Teoria elaborada com vistas a analisar os diversos elementos de insegurança (**riscos**) que caracterizam a **mutabilidade** dos contratos administrativos e suas respectivas consequências

Áleas (riscos): São os **riscos** que o **particular** enfrenta ao contratar com a Administração

Dividem-se em:
- **I - Álea ordinária** (empresarial)
- **II - Álea administrativa**
  - Alteração unilateral do contrato
  - Fato do príncipe
  - Fato da Administração
- **III - Álea econômica**
  - Teoria da imprevisão

Ver Mapa Mental de "Equilíbrio Econômico dos Contratos Administrativos - Áleas"

EQUILÍBRIO ECONÔMICO DOS CONTRATOS ADMINISTRATIVOS - ÁLEAS

Áleas

1. Álea ordinária (empresarial)
- Risco inerente ao **negócio**
- Resultado da própria flutuação do mercado
- Todo contrato possui determinado risco econômico, denominado álea contratual ordinária

⚠ **Consequência**: Por ser **previsível**, o **particular responde** pelo risco

2. Álea administrativa

É **ÁLEA EXTRAORDINÁRIA**

- **I - Alteração unilateral do contrato**
  - i. Qualitativa (Lei 8.666/93, art. 65, I, "a")
  - ii. Quantitativa (Lei 8.666/93, art. 65, I, "b" e § 1º)

- **II - Fato do príncipe**
  - Medidas de **ordem geral**, **não** diretamente relacionadas ao **contrato**, mas que nele repercutem, causando desequilíbrio econômico-financeiro

- **III - Fato da Administração**
  - Conduta da **Administração** que, como **parte contratual**, torne impossível a execução do contrato ou provoque seu desequilíbrio econômico

⚠ **Consequência**:
- A **Administração responde** pelo restabelecimento do equilíbrio rompido
- Direito do contratado à **manutenção** do **equilíbrio econômico-financeiro** (Lei 8.666/93, art. 58, §§ 1º e 2º, e art. 65, II, "d" e §§ 5º e 6º)

3. Álea econômica

É **ÁLEA EXTRAORDINÁRIA**

- Acontecimento **externo** ao contrato, estranho à vontade das partes, **imprevisível** e **inevitável**
- Causa desequilíbrio muito grande, tornando a execução do contrato excessivamente onerosa para o contratado

Teoria da imprevisão
- Aplicação da regra *rebus sic stantibus*
  - Convenção **não** permanece em **vigor** se as coisas não permanecerem como eram no momento da celebração
- Se, de um lado, a ocorrência de circunstâncias excepcionais não libera o particular da obrigação contratual, por outro não é justo que ele responda sozinho pelos prejuízos sofridos

⚠ **Consequência**: A **Administração**, em regra, **responde** pela recomposição do equilíbrio econômico-financeiro (Lei 8.666/93, art. 65, II, "d")

⚠ As soluções adotadas pela Lei 8.666/93 **NÃO** se **aplicam** aos **contratos** de **parceria público-privada**
- Repartem-se os riscos nos casos de caso fortuito, força maior, fato do príncipe e áleas econômicas extraordinárias (Lei 11.079/04, art. 5º, III)

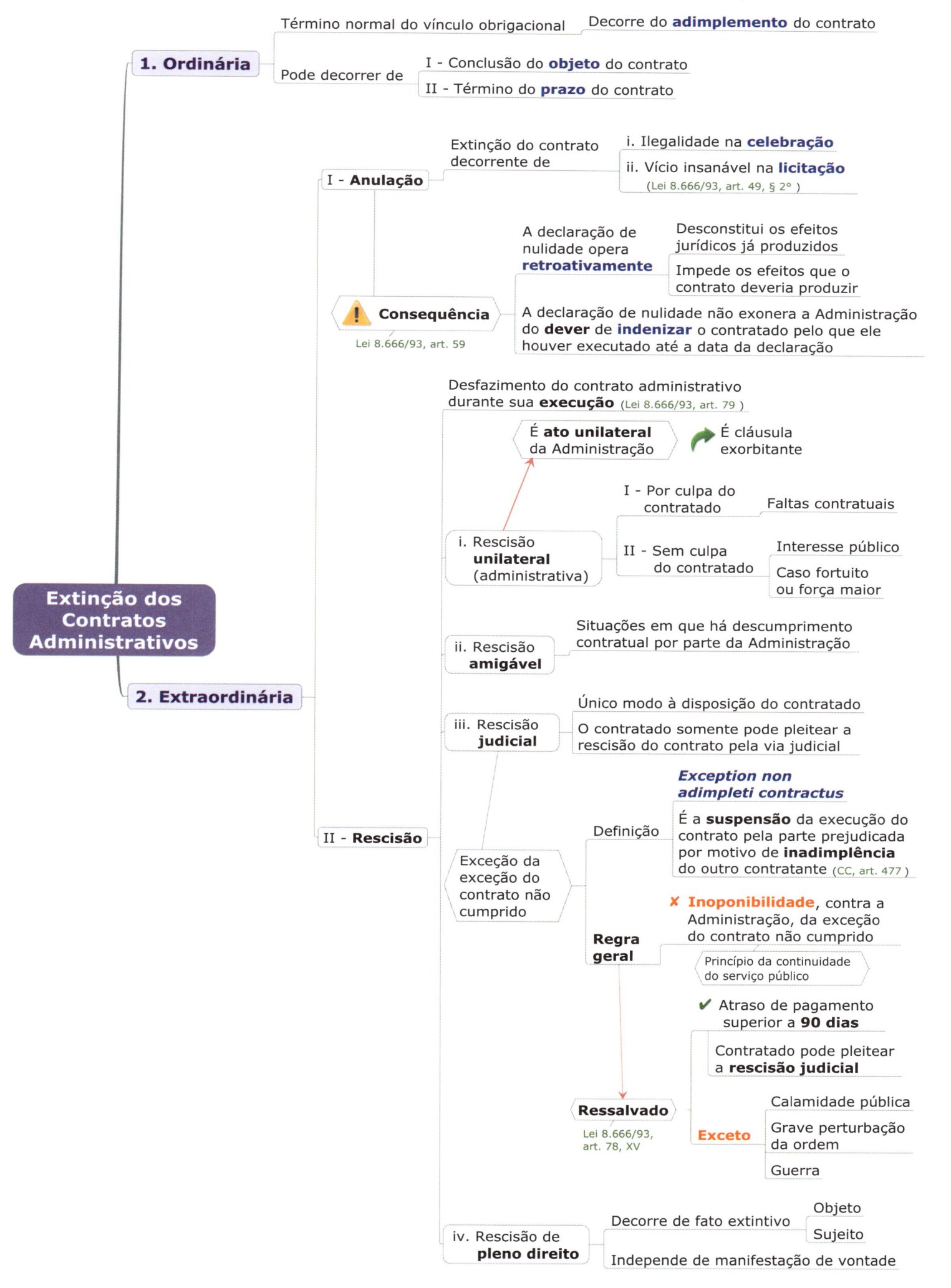

EXTINÇÃO DOS CONTRATOS ADMINISTRATIVOS

Extinção dos Contratos Administrativos

1. Ordinária

- Término normal do vínculo obrigacional — Decorre do **adimplemento** do contrato
- Pode decorrer de:
  - I - Conclusão do **objeto** do contrato
  - II - Término do **prazo** do contrato

2. Extraordinária

I - Anulação

Extinção do contrato decorrente de:
- i. Ilegalidade na **celebração**
- ii. Vício insanável na **licitação** (Lei 8.666/93, art. 49, § 2º)

⚠ Consequência (Lei 8.666/93, art. 59)

- A declaração de nulidade opera **retroativamente**:
  - Desconstitui os efeitos jurídicos já produzidos
  - Impede os efeitos que o contrato deveria produzir
- A declaração de nulidade não exonera a Administração do **dever** de **indenizar** o contratado pelo que ele houver executado até a data da declaração

II - Rescisão

Desfazimento do contrato administrativo durante sua **execução** (Lei 8.666/93, art. 79)

i. Rescisão unilateral (administrativa)

- É **ato unilateral** da Administração → É cláusula exorbitante
- I - Por culpa do contratado → Faltas contratuais
- II - Sem culpa do contratado:
  - Interesse público
  - Caso fortuito ou força maior

ii. Rescisão amigável

Situações em que há descumprimento contratual por parte da Administração

iii. Rescisão judicial

- Único modo à disposição do contratado
- O contratado somente pode pleitear a rescisão do contrato pela via judicial

Exceção da exceção do contrato não cumprido

- **Definição**: *Exception non adimpleti contractus* — É a **suspensão** da execução do contrato pela parte prejudicada por motivo de **inadimplência** do outro contratante (CC, art. 477)
- **Regra geral**:
  - ✗ **Inoponibilidade**, contra a Administração, da exceção do contrato não cumprido
  - Princípio da continuidade do serviço público
- **Ressalvado** (Lei 8.666/93, art. 78, XV):
  - ✓ Atraso de pagamento superior a **90 dias**
  - Contratado pode pleitear a **rescisão judicial**
  - **Exceto**:
    - Calamidade pública
    - Grave perturbação da ordem
    - Guerra

iv. Rescisão de pleno direito

- Decorre de fato extintivo:
  - Objeto
  - Sujeito
- Independe de manifestação de vontade

Capítulo 9

Regime Diferenciado de Contratações Públicas

RDC I - ASPECTOS GERAIS

A Lei 12.462/11 (**RDC**) estabeleceu normas especiais de licitações e contratações públicas

1. Introdução

Em caso de opção pelo RDC, deve haver menção expressa no instrumento convocatório
> A opção pelo RDC resultará no afastamento das disposições da Lei 8.666/93, exceto nos casos expressamente previstos na Lei 12.462/11

Entre suas inovações, o RDC instituiu novo regime de execução contratual (**contratação integrada**) e permitiu, na contratação de obras e serviços, a possibilidade de **remuneração variável** vinculada ao desempenho da contratada (art. 10)

2. Abrangência do RDC

RDC = Regime Diferenciado de Contratações Públicas

O RDC é aplicável **exclusivamente** às licitações e aos contratos necessários à realização de:

I - **Jogos Olímpicos** e **Paraolímpicos** de 2016 (art. 1º)
> Constantes da Carteira de Projetos Olímpicos definida pela Autoridade Pública Olímpica (APO)

II - **Copa das Confederações** de 2013 e da **Copa do Mundo** de 2014 (art. 1º)
> Constantes da Matriz de Responsabilidades celebrada entre os entes federativos

III - Obras de infraestrutura e de contratação de serviços para os **aeroportos** das **capitais dos estados** da Federação distantes até **350 km** das cidades sedes da Copa das Confederações, Copa do Mundo e das Olimpíadas (art. 1º)

IV - Ações integrantes do Programa de Aceleração do Crescimento - **PAC** (art. 1º)

V - Obras e serviços de engenharia no âmbito do Sistema Único de Saúde - **SUS** (art. 1º)

VI - Obras e serviços de engenharia no âmbito dos **sistemas públicos de ensino e de pesquisa, ciência e tecnologia** (art. 1º, § 3º)

VII - Obras e serviços de engenharia para construção, ampliação e reforma e **administração** de **estabelecimentos penais** e de **unidades de atendimento socioeducativo** (art. 1º)

VIII - Ações no âmbito da **segurança pública** (art. 1º)

IX - Obras e serviços de engenharia para melhorias na **mobilidade urbana** ou ampliação da **infraestrutura logística** (art. 1º)

X - Contratos de locação de bens móveis e imóveis
> Hipótese em que o locador realizar prévia aquisição, construção ou reforma substancial do bem especificado pela Administração

XI - Ações em órgãos e entidades dedicados à ciência, à tecnologia e à inovação (art. 1º)

XII - Modernização, construção, ampliação ou reforma de **aeródromos públicos** com recursos do Fundo Nacional de Aviação Civil (art. 63-A, § 1º)

XIII - Ações de prevenção em áreas de risco de desastres, de resposta e de recuperação em **áreas atingidas por desastres** (Lei 12.340, art. 15-A)

XIV - Obras e serviços no âmbito do Programa Nacional de Dragagem Portuária e Hidroviária II (Lei 12.815/13, art. 54, § 4º)

XV - Reforma, modernização, ampliação ou construção de **unidades armazenadoras próprias** destinadas à guarda e à conservação de produtos agropecuários em ambiente natural (Lei 12.873/13, art. 1º)
> Companhia Nacional de Abastecimento (**Conab**)

3. Objetivos do RDC
art. 1º, § 1º

I - Ampliar a **eficiência** nas contratações públicas e a **competitividade** entre os licitantes

II - Promover a troca de experiências e tecnologias em busca da melhor relação entre **custos** e **benefícios** para o setor público

III - Incentivar a inovação tecnológica

IV - Assegurar **tratamento isonômico** entre os licitantes e a seleção da **proposta mais vantajosa** para a Administração Pública

85

RDC II - ASPECTOS GERAIS

RDC

4. Princípios — Legalidade, impessoalidade, moralidade, publicidade, eficiência, economicidade, igualdade, probidade administrativa, vinculação ao instrumento convocatório, julgamento objetivo e desenvolvimento nacional sustentável (art. 3º)

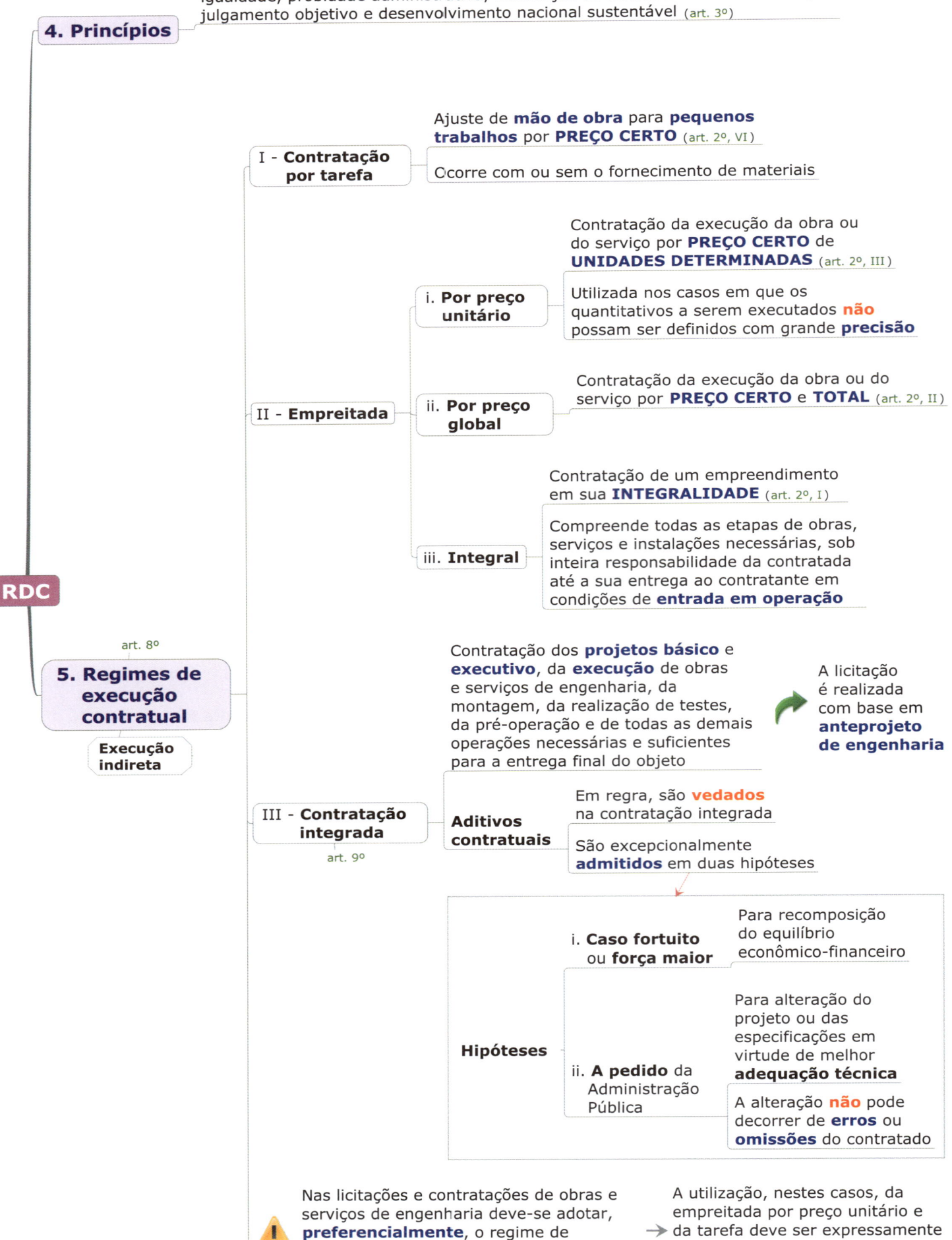

5. Regimes de execução contratual (art. 8º)

Execução indireta

- **I - Contratação por tarefa**
  - Ajuste de **mão de obra** para **pequenos trabalhos** por **PREÇO CERTO** (art. 2º, VI)
  - Ocorre com ou sem o fornecimento de materiais

- **II - Empreitada**
  - **i. Por preço unitário**
    - Contratação da execução da obra ou do serviço por **PREÇO CERTO** de **UNIDADES DETERMINADAS** (art. 2º, III)
    - Utilizada nos casos em que os quantitativos a serem executados **não** possam ser definidos com grande **precisão**
  - **ii. Por preço global**
    - Contratação da execução da obra ou do serviço por **PREÇO CERTO** e **TOTAL** (art. 2º, II)
  - **iii. Integral**
    - Contratação de um empreendimento em sua **INTEGRALIDADE** (art. 2º, I)
    - Compreende todas as etapas de obras, serviços e instalações necessárias, sob inteira responsabilidade da contratada até a sua entrega ao contratante em condições de **entrada em operação**

- **III - Contratação integrada** (art. 9º)
  - Contratação dos **projetos básico** e **executivo**, da **execução** de obras e serviços de engenharia, da montagem, da realização de testes, da pré-operação e de todas as demais operações necessárias e suficientes para a entrega final do objeto
  - ➜ A licitação é realizada com base em **anteprojeto de engenharia**
  - **Aditivos contratuais**
    - Em regra, são **vedados** na contratação integrada
    - São excepcionalmente **admitidos** em duas hipóteses
  - **Hipóteses**
    - **i. Caso fortuito ou força maior** — Para recomposição do equilíbrio econômico-financeiro
    - **ii. A pedido** da Administração Pública — Para alteração do projeto ou das especificações em virtude de melhor **adequação técnica**
      - A alteração **não** pode decorrer de **erros** ou **omissões** do contratado

⚠ Nas licitações e contratações de obras e serviços de engenharia deve-se adotar, **preferencialmente**, o regime de empreitada por preço global, empreitada integral e contratação integrada (art. 8º, § 1º)

→ A utilização, nestes casos, da empreitada por preço unitário e da tarefa deve ser expressamente **justificada** (exposição dos motivos nos autos do procedimento)

RDC III - OBJETO DA LICITAÇÃO

Objeto da licitação

1. Definição do objeto
art. 5º

Para **LICITAR** obras e serviços, com **exceção** da **contratação integrada** (licitada com base em **anteprojeto**), dever haver **projeto básico** aprovado pela autoridade competente (art. 8º, § 5º)

Para **EXECUTAR** obras e serviços de **engenharia** deve haver **projeto executivo** (art. 8º, § 7º)

2. Elaboração do orçamento

Em regra, nas licitações para contratação de obras e serviços deve haver projeto básico, o qual inclui o **orçamento detalhado** (art. 8º, § 5º c/c art. 2º, p. único, VI)

Contratação integrada → Apesar de ser realizada com base em **anteprojeto**, deve ser feita a **avaliação** do **custo global** da obra ou do serviço de engenharia

O valor estimado da contratação será calculado com base em (art. 9º, § 2º, II):

- **I - Orçamento sintético**: Contém a relação de todos os serviços com as respectivas unidades de medida, quantidades e preços unitários, calculados a partir dos projetos e demais especificações técnicas

- **II - Metodologia expedita**:
  - É uma estimativa aproximada, preparada sem dados detalhados de engenharia, baseada em **custos** de investimento por **unidade de capacidade**
  - **Menos** precisa do que outros métodos de estimativa, baseia-se na utilização de **indicadores de custos médios** por unidade característica do empreendimento (custo por metro quadrado, p.ex.)

- **III - Metodologia paramétrica**:
  - Realizada a partir de levantamentos preliminares obtidos em anteprojetos
    - Divide-se a obra nas suas principais **parcelas** ou **etapas** em termos de custo
    - Avalia-se cada parcela ou etapa a partir de **bancos de dados** elaborados com **parâmetros** de obras **similares** ou com outras referências de preços
  - Indicada quando os projetos já se encontram em estágio mais avançado, mas ainda não contêm todos os elementos exigidos de um projeto básico. Produz uma **estimativa mais apurada** do que a obtida mediante a metodologia expedita

3. Publicação do orçamento
art. 6º

O RDC permite a realização de licitação com orçamento **aberto** (não sigiloso) ou **fechado** (sigiloso)

Orçamento fechado (Sigiloso):
- A Administração Pública mantém o **sigilo** do orçamento, disponibilizando as informações estritamente para os **órgãos de controle** interno e externo
- Informações necessárias para a elaboração das propostas, como detalhamento dos quantitativos, devem ser **divulgadas**
- O orçamento previamente estimado para a contratação será tornado **público** após o **encerramento** da licitação

Julgamento por maior desconto:
- Esse critério de julgamento exige a **publicação**, no instrumento convocatório, do **orçamento** previamente estimado
- Fica, assim, **impossibilitada** a aplicação do **sigilo** (orçamento fechado)

Julgamento por melhor técnica: O valor do **prêmio** ou da **remuneração** deve ser publicado no instrumento convocatório

4. Remuneração variável
art. 10

O RDC admite remuneração variável para contratação de **obras** e **serviços**, inclusive de engenharia

Deve ser vinculada ao **desempenho** da contratada, com base nos seguintes critérios, definidos no instrumento convocatório e no contrato:
- I - Alcance de metas
- II - Padrões de qualidade
- III - Sustentabilidade ambiental
- IV - Cumprimento de prazos

Limite: O limite máximo admitido para remuneração variável é o **limite orçamentário** fixado pela Administração Pública para a contratação

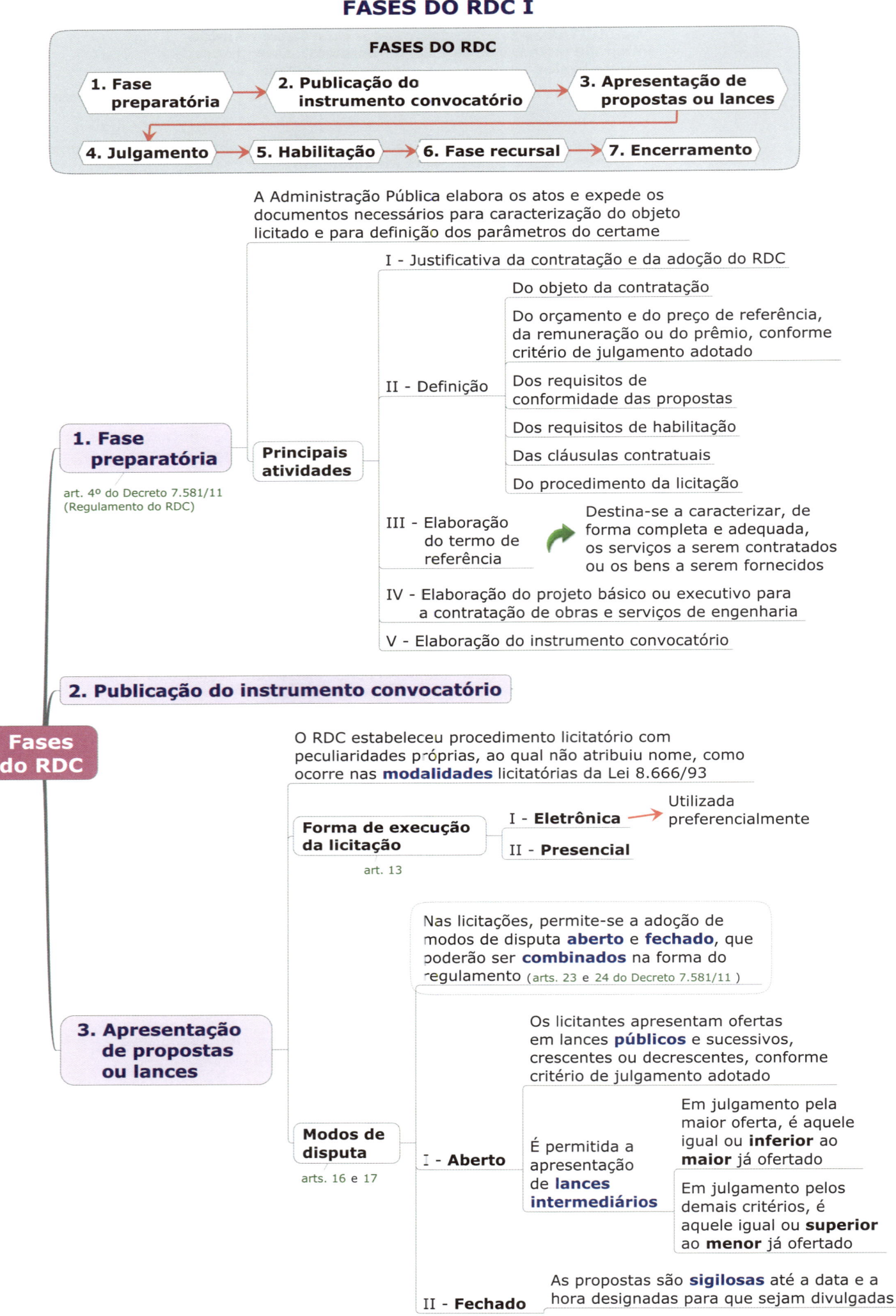

FASES DO RDC I

FASES DO RDC

1. Fase preparatória → 2. Publicação do instrumento convocatório → 3. Apresentação de propostas ou lances → 4. Julgamento → 5. Habilitação → 6. Fase recursal → 7. Encerramento

Fases do RDC

1. Fase preparatória
art. 4º do Decreto 7.581/11 (Regulamento do RDC)

A Administração Pública elabora os atos e expede os documentos necessários para caracterização do objeto licitado e para definição dos parâmetros do certame

Principais atividades

- **I** - Justificativa da contratação e da adoção do RDC
- **II - Definição**
  - Do objeto da contratação
  - Do orçamento e do preço de referência, da remuneração ou do prêmio, conforme critério de julgamento adotado
  - Dos requisitos de conformidade das propostas
  - Dos requisitos de habilitação
  - Das cláusulas contratuais
  - Do procedimento da licitação
- **III** - Elaboração do termo de referência → Destina-se a caracterizar, de forma completa e adequada, os serviços a serem contratados ou os bens a serem fornecidos
- **IV** - Elaboração do projeto básico ou executivo para a contratação de obras e serviços de engenharia
- **V** - Elaboração do instrumento convocatório

2. Publicação do instrumento convocatório

O RDC estabeleceu procedimento licitatório com peculiaridades próprias, ao qual não atribuiu nome, como ocorre nas **modalidades** licitatórias da Lei 8.666/93

Forma de execução da licitação (art. 13)
- **I - Eletrônica** → Utilizada preferencialmente
- **II - Presencial**

3. Apresentação de propostas ou lances

Nas licitações, permite-se a adoção de modos de disputa **aberto** e **fechado**, que poderão ser **combinados** na forma do regulamento (arts. 23 e 24 do Decreto 7.581/11)

Modos de disputa (arts. 16 e 17)

- **I - Aberto**
  - Os licitantes apresentam ofertas em lances **públicos** e sucessivos, crescentes ou decrescentes, conforme critério de julgamento adotado
  - É permitida a apresentação de **lances intermediários**
    - Em julgamento pela maior oferta, é aquele igual ou **inferior** ao **maior** já ofertado
    - Em julgamento pelos demais critérios, é aquele igual ou **superior** ao **menor** já ofertado
- **II - Fechado**: As propostas são **sigilosas** até a data e a hora designadas para que sejam divulgadas

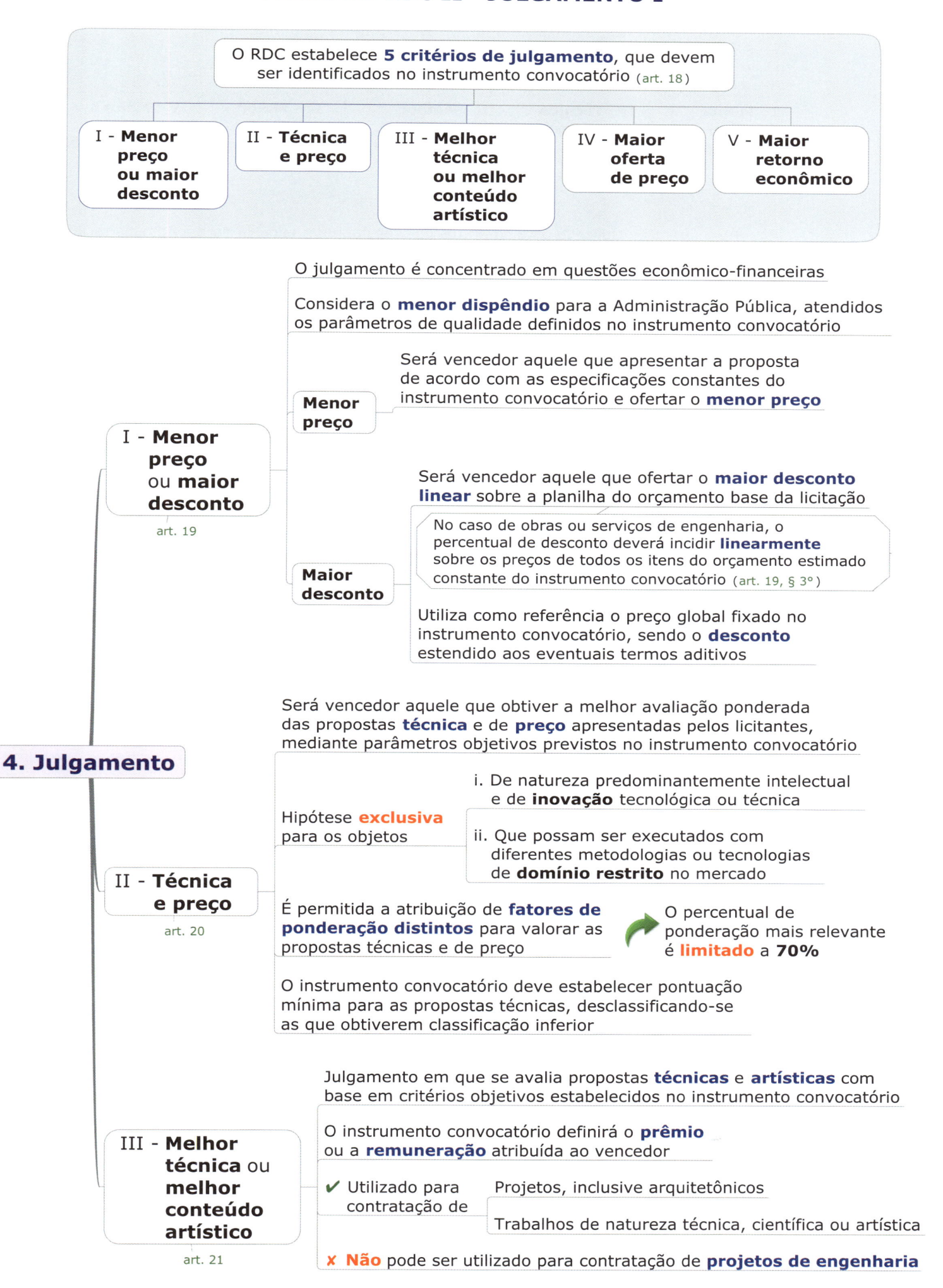

FASES DO RDC II - JULGAMENTO I

O RDC estabelece **5 critérios de julgamento**, que devem ser identificados no instrumento convocatório (art. 18)

- **I - Menor preço ou maior desconto**
- **II - Técnica e preço**
- **III - Melhor técnica ou melhor conteúdo artístico**
- **IV - Maior oferta de preço**
- **V - Maior retorno econômico**

4. Julgamento

I - Menor preço ou maior desconto (art. 19)

O julgamento é concentrado em questões econômico-financeiras

Considera o **menor dispêndio** para a Administração Pública, atendidos os parâmetros de qualidade definidos no instrumento convocatório

Menor preço
- Será vencedor aquele que apresentar a proposta de acordo com as especificações constantes do instrumento convocatório e ofertar o **menor preço**

Maior desconto
- Será vencedor aquele que ofertar o **maior desconto linear** sobre a planilha do orçamento base da licitação
  - No caso de obras ou serviços de engenharia, o percentual de desconto deverá incidir **linearmente** sobre os preços de todos os itens do orçamento estimado constante do instrumento convocatório (art. 19, § 3º)
- Utiliza como referência o preço global fixado no instrumento convocatório, sendo o **desconto** estendido aos eventuais termos aditivos

II - Técnica e preço (art. 20)

Será vencedor aquele que obtiver a melhor avaliação ponderada das propostas **técnica** e de **preço** apresentadas pelos licitantes, mediante parâmetros objetivos previstos no instrumento convocatório

- Hipótese **exclusiva** para os objetos:
  - i. De natureza predominantemente intelectual e de **inovação** tecnológica ou técnica
  - ii. Que possam ser executados com diferentes metodologias ou tecnologias de **domínio restrito** no mercado
- É permitida a atribuição de **fatores de ponderação distintos** para valorar as propostas técnicas e de preço
  - ➜ O percentual de ponderação mais relevante é **limitado** a **70%**
- O instrumento convocatório deve estabelecer pontuação mínima para as propostas técnicas, desclassificando-se as que obtiverem classificação inferior

III - Melhor técnica ou melhor conteúdo artístico (art. 21)

Julgamento em que se avalia propostas **técnicas** e **artísticas** com base em critérios objetivos estabelecidos no instrumento convocatório

- O instrumento convocatório definirá o **prêmio** ou a **remuneração** atribuída ao vencedor
- ✔ Utilizado para contratação de:
  - Projetos, inclusive arquitetônicos
  - Trabalhos de natureza técnica, científica ou artística
- ✘ **Não** pode ser utilizado para contratação de **projetos de engenharia**

89

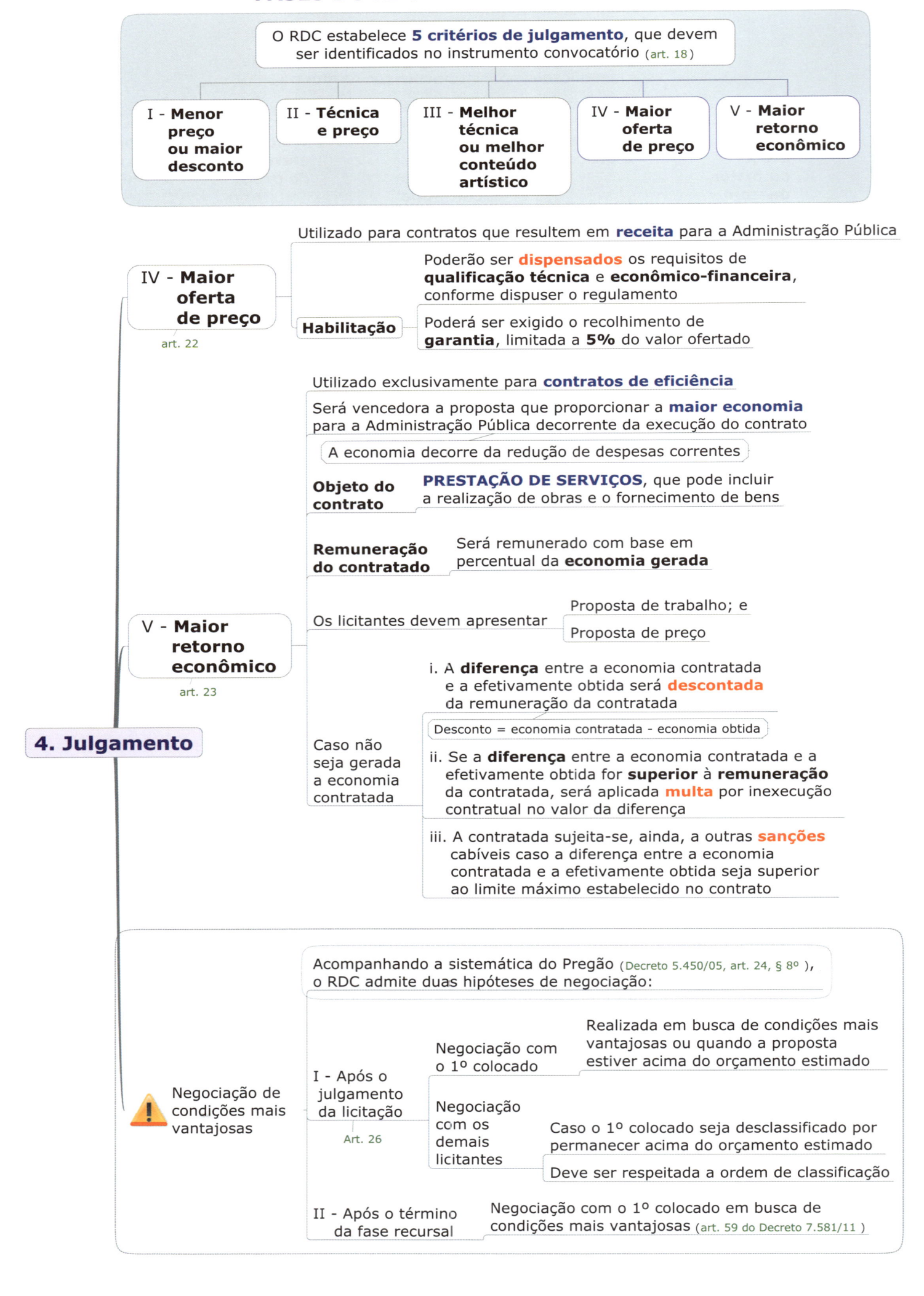

FASES DO RDC III - JULGAMENTO II

O RDC estabelece **5 critérios de julgamento**, que devem ser identificados no instrumento convocatório (art. 18)

- **I - Menor preço ou maior desconto**
- **II - Técnica e preço**
- **III - Melhor técnica ou melhor conteúdo artístico**
- **IV - Maior oferta de preço**
- **V - Maior retorno econômico**

4. Julgamento

IV - Maior oferta de preço (art. 22)

Utilizado para contratos que resultem em **receita** para a Administração Pública

Habilitação:
- Poderão ser **dispensados** os requisitos de **qualificação técnica** e **econômico-financeira**, conforme dispuser o regulamento
- Poderá ser exigido o recolhimento de **garantia**, limitada a **5%** do valor ofertado

V - Maior retorno econômico (art. 23)

Utilizado exclusivamente para **contratos de eficiência**

Será vencedora a proposta que proporcionar a **maior economia** para a Administração Pública decorrente da execução do contrato

(A economia decorre da redução de despesas correntes)

Objeto do contrato: **PRESTAÇÃO DE SERVIÇOS**, que pode incluir a realização de obras e o fornecimento de bens

Remuneração do contratado: Será remunerado com base em percentual da **economia gerada**

Os licitantes devem apresentar:
- Proposta de trabalho; e
- Proposta de preço

Caso não seja gerada a economia contratada:

i. A **diferença** entre a economia contratada e a efetivamente obtida será **descontada** da remuneração da contratada
  (Desconto = economia contratada - economia obtida)

ii. Se a **diferença** entre a economia contratada e a efetivamente obtida for **superior** à **remuneração** da contratada, será aplicada **multa** por inexecução contratual no valor da diferença

iii. A contratada sujeita-se, ainda, a outras **sanções** cabíveis caso a diferença entre a economia contratada e a efetivamente obtida seja superior ao limite máximo estabelecido no contrato

⚠ Negociação de condições mais vantajosas

Acompanhando a sistemática do Pregão (Decreto 5.450/05, art. 24, § 8º), o RDC admite duas hipóteses de negociação:

I - Após o julgamento da licitação (Art. 26)

- **Negociação com o 1º colocado:** Realizada em busca de condições mais vantajosas ou quando a proposta estiver acima do orçamento estimado
- **Negociação com os demais licitantes:**
  - Caso o 1º colocado seja desclassificado por permanecer acima do orçamento estimado
  - Deve ser respeitada a ordem de classificação

II - Após o término da fase recursal: Negociação com o 1º colocado em busca de condições mais vantajosas (art. 59 do Decreto 7.581/11)

FASES DO RDC IV

Fases do RDC

5. Habilitação

Com relação aos documentos de habilitação, aplicam-se, no que couber, as disposições da Lei 8.666/93 (arts. 27 a 33)

Regra
- O RDC estabeleceu ordem **inversa** da Lei 8.666, com a fase de **habilitação após** a de **julgamento**
- Será exigida a habilitação apenas do licitante vencedor (art. 14, II)

Exceção
- A fase de **habilitação** poderá **anteceder** as de apresentação de propostas ou de lances, desde que motivado e previsto no instrumento convocatório (art. 12, p. único)

Documentos relativos à regularidade fiscal
- Podem ser exigidos em momento posterior ao julgamento das propostas, apenas em relação ao licitante mais bem classificado (art. 14, IV)

Julgamento pela maior oferta de preço (art. 22, §§ 1º e 2º)
- Nesse caso, poderão ser **dispensados** os requisitos de qualificação **técnica** e **econômico-financeira**
- Como requisito adicional de habilitação, pode ser exigido o recolhimento de **garantia**, limitada a **5%** do valor ofertado

⚠️ **Na aquisição de bens, a Administração Pública poderá** (art. 7º)
- I - Indicar marca ou modelo, para as hipóteses previstas na lei → Deve ser justificado
- II - Exigir amostra do bem → Deve ser justificado
- III - Solicitar certificação de qualidade do produto ou do processo de qualificação → Emitida por instituição oficial competente ou por entidade credenciada
- IV - Solicitar carta de solidariedade do fabricante no caso de licitante revendedor ou distribuidor → Deve ser motivado

6. Fase recursal

Se não houver inversão de fases (art. 27)
- Há fase recursal única, após a habilitação do vencedor
- Procede-se à análise dos recursos referentes
  - Ao julgamento das propostas
  - À habilitação do vencedor

Se houver inversão de fases (art. 58 do Decreto 7.581/11)
- Hipótese em que a habilitação ocorre antes da fase de julgamento das propostas
- Os licitantes poderão apresentar recurso após
  - A fase de habilitação
  - A fase de julgamento das propostas

7. Encerramento

A autoridade superior, após o encerramento do procedimento licitatório, poderá (art. 28)
- I - Determinar o **saneamento** de irregularidades que forem supríveis (vício sanável)
- II - **Anular** o procedimento, no todo ou em parte, por vício insanável
- III - **Revogar** o procedimento (conveniência e oportunidade)
- IV - **Adjudicar** o objeto e homologar a licitação

No caso de desistência do licitante vencedor, a Administração poderá (art. 40)
- I - **Revogar** a licitação, sem prejuízo das sanções legais
- II - Convocar os licitantes **remanescentes**, na ordem de classificação, para a celebração do contrato nas condições ofertadas pelo licitante **VENCEDOR**
  - Caso nenhum dos licitantes aceite a contratação, a Administração pública poderá convocar os licitantes remanescentes, na ordem de classificação, para a celebração do contrato nas condições ofertadas por **ESTES**
  - O valor da contratação deve ser igual ou inferior ao orçamento estimado, inclusive quanto aos preços atualizados nos termos do instrumento convocatório

Capítulo 10

Estatuto Jurídico das Estatais

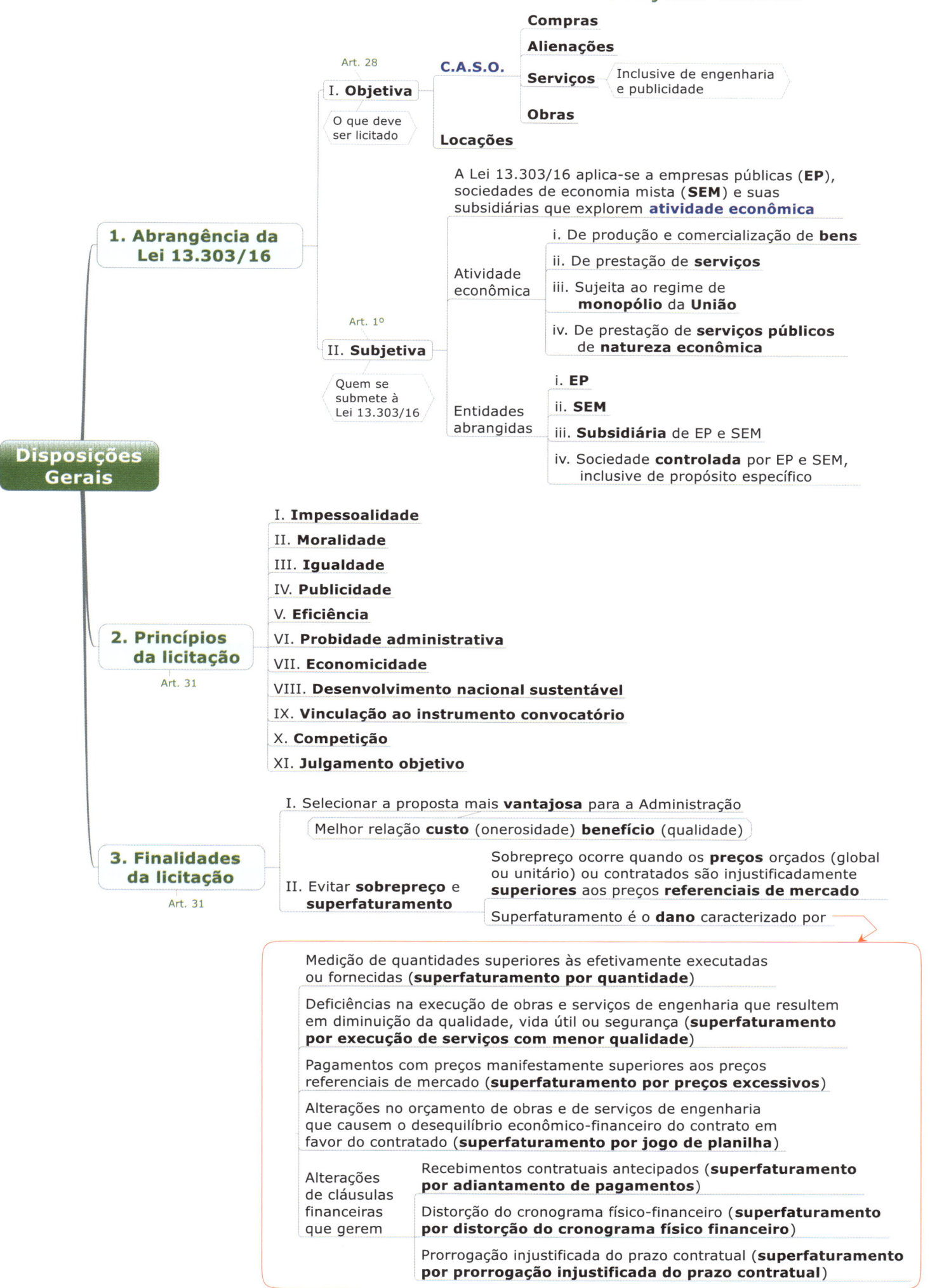

ESTATUTO JURÍDICO DA EP E SEM - DISPOSIÇÕES GERAIS

Disposições Gerais

1. Abrangência da Lei 13.303/16

Art. 28 — I. Objetiva (O que deve ser licitado)

C.A.S.O.
- Compras
- Alienações
- Serviços (Inclusive de engenharia e publicidade)
- Obras

Locações

Art. 1º — II. Subjetiva (Quem se submete à Lei 13.303/16)

A Lei 13.303/16 aplica-se a empresas públicas (**EP**), sociedades de economia mista (**SEM**) e suas subsidiárias que explorem **atividade econômica**

Atividade econômica
- i. De produção e comercialização de **bens**
- ii. De prestação de **serviços**
- iii. Sujeita ao regime de **monopólio** da União
- iv. De prestação de **serviços públicos** de **natureza econômica**

Entidades abrangidas
- i. **EP**
- ii. **SEM**
- iii. **Subsidiária** de EP e SEM
- iv. Sociedade **controlada** por EP e SEM, inclusive de propósito específico

2. Princípios da licitação (Art. 31)

- I. **Impessoalidade**
- II. **Moralidade**
- III. **Igualdade**
- IV. **Publicidade**
- V. **Eficiência**
- VI. **Probidade administrativa**
- VII. **Economicidade**
- VIII. **Desenvolvimento nacional sustentável**
- IX. **Vinculação ao instrumento convocatório**
- X. **Competição**
- XI. **Julgamento objetivo**

3. Finalidades da licitação (Art. 31)

I. Selecionar a proposta mais **vantajosa** para a Administração
- Melhor relação **custo** (onerosidade) **benefício** (qualidade)

II. Evitar **sobrepreço** e **superfaturamento**
- Sobrepreço ocorre quando os **preços** orçados (global ou unitário) ou contratados são injustificadamente **superiores** aos preços **referenciais de mercado**
- Superfaturamento é o **dano** caracterizado por:
  - Medição de quantidades superiores às efetivamente executadas ou fornecidas (**superfaturamento por quantidade**)
  - Deficiências na execução de obras e serviços de engenharia que resultem em diminuição da qualidade, vida útil ou segurança (**superfaturamento por execução de serviços com menor qualidade**)
  - Pagamentos com preços manifestamente superiores aos preços referenciais de mercado (**superfaturamento por preços excessivos**)
  - Alterações no orçamento de obras e de serviços de engenharia que causem o desequilíbrio econômico-financeiro do contrato em favor do contratado (**superfaturamento por jogo de planilha**)
  - Alterações de cláusulas financeiras que gerem:
    - Recebimentos contratuais antecipados (**superfaturamento por adiantamento de pagamentos**)
    - Distorção do cronograma físico-financeiro (**superfaturamento por distorção do cronograma físico financeiro**)
    - Prorrogação injustificada do prazo contratual (**superfaturamento por prorrogação injustificada do prazo contratual**)

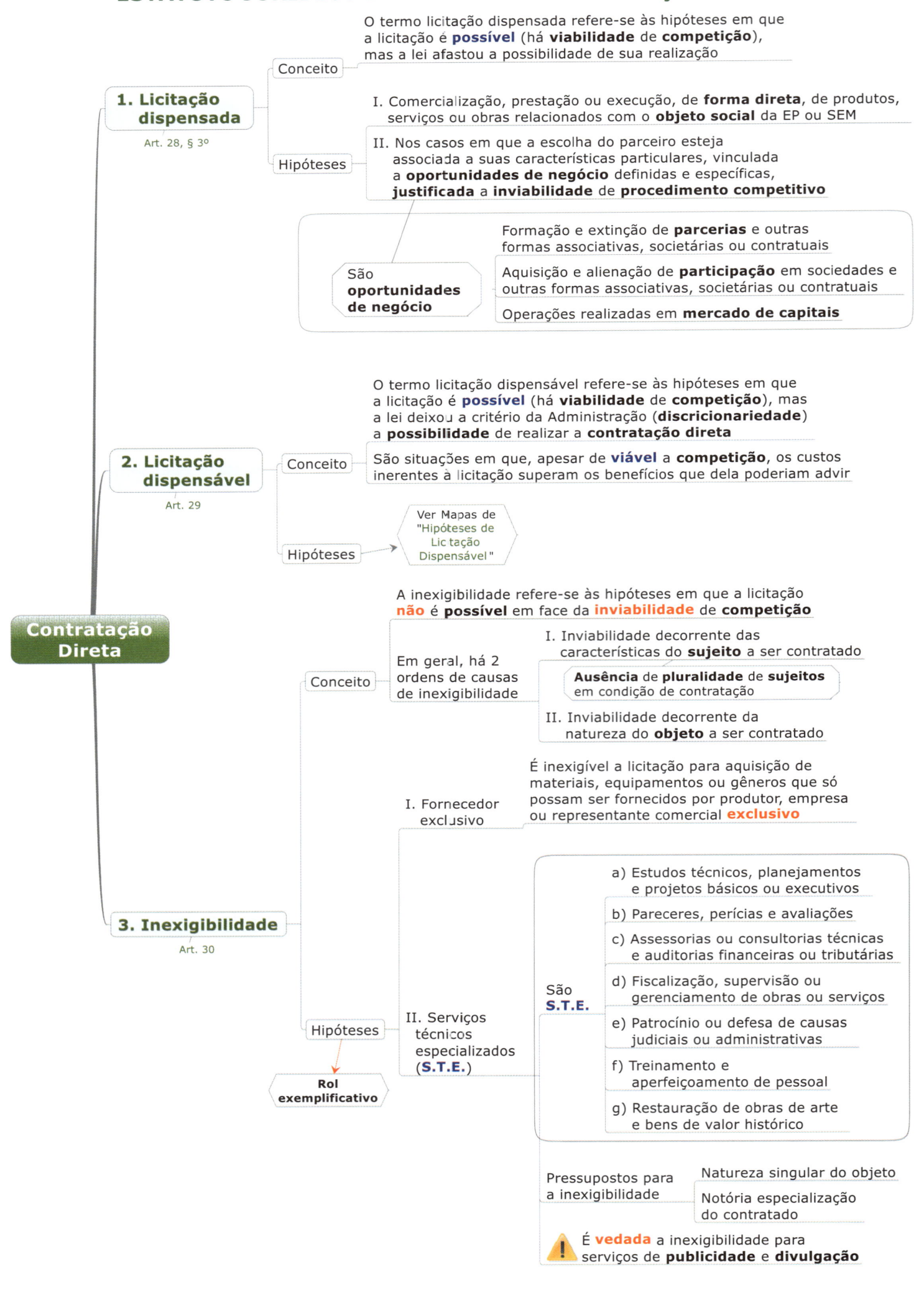

ESTATUTO JURÍDICO DA EP E SEM - CONTRATAÇÃO DIRETA

Contratação Direta

1. Licitação dispensada
Art. 28, § 3º

- **Conceito:** O termo licitação dispensada refere-se às hipóteses em que a licitação é **possível** (há **viabilidade** de **competição**), mas a lei afastou a possibilidade de sua realização

- **Hipóteses:**
  - I. Comercialização, prestação ou execução, de **forma direta**, de produtos, serviços ou obras relacionados com o **objeto social** da EP ou SEM
  - II. Nos casos em que a escolha do parceiro esteja associada a suas características particulares, vinculada a **oportunidades de negócio** definidas e específicas, **justificada** a **inviabilidade** de **procedimento competitivo**

- **São oportunidades de negócio:**
  - Formação e extinção de **parcerias** e outras formas associativas, societárias ou contratuais
  - Aquisição e alienação de **participação** em sociedades e outras formas associativas, societárias ou contratuais
  - Operações realizadas em **mercado de capitais**

2. Licitação dispensável
Art. 29

- **Conceito:**
  - O termo licitação dispensável refere-se às hipóteses em que a licitação é **possível** (há **viabilidade** de **competição**), mas a lei deixou a critério da Administração (**discricionariedade**) a **possibilidade** de realizar a **contratação direta**
  - São situações em que, apesar de **viável** a **competição**, os custos inerentes à licitação superam os benefícios que dela poderiam advir

- **Hipóteses:** Ver Mapas de "Hipóteses de Licitação Dispensável"

3. Inexigibilidade
Art. 30

- **Conceito:**
  - A inexigibilidade refere-se às hipóteses em que a licitação **não** é **possível** em face da **inviabilidade** de **competição**
  - Em geral, há 2 ordens de causas de inexigibilidade:
    - I. Inviabilidade decorrente das características do **sujeito** a ser contratado — **Ausência** de **pluralidade** de **sujeitos** em condição de contratação
    - II. Inviabilidade decorrente da natureza do **objeto** a ser contratado

- **Hipóteses** (Rol exemplificativo):
  - **I. Fornecedor exclusivo:** É inexigível a licitação para aquisição de materiais, equipamentos ou gêneros que só possam ser fornecidos por produtor, empresa ou representante comercial **exclusivo**
  - **II. Serviços técnicos especializados (S.T.E.)** — São S.T.E.:
    - a) Estudos técnicos, planejamentos e projetos básicos ou executivos
    - b) Pareceres, perícias e avaliações
    - c) Assessorias ou consultorias técnicas e auditorias financeiras ou tributárias
    - d) Fiscalização, supervisão ou gerenciamento de obras ou serviços
    - e) Patrocínio ou defesa de causas judiciais ou administrativas
    - f) Treinamento e aperfeiçoamento de pessoal
    - g) Restauração de obras de arte e bens de valor histórico

  - **Pressupostos para a inexigibilidade:**
    - Natureza singular do objeto
    - Notória especialização do contratado

  - ⚠️ É **vedada** a inexigibilidade para serviços de **publicidade** e **divulgação**

ESTATUTO JURÍDICO DA EP E SEM - HIPÓTESES DE LICITAÇÃO DISPENSÁVEL I

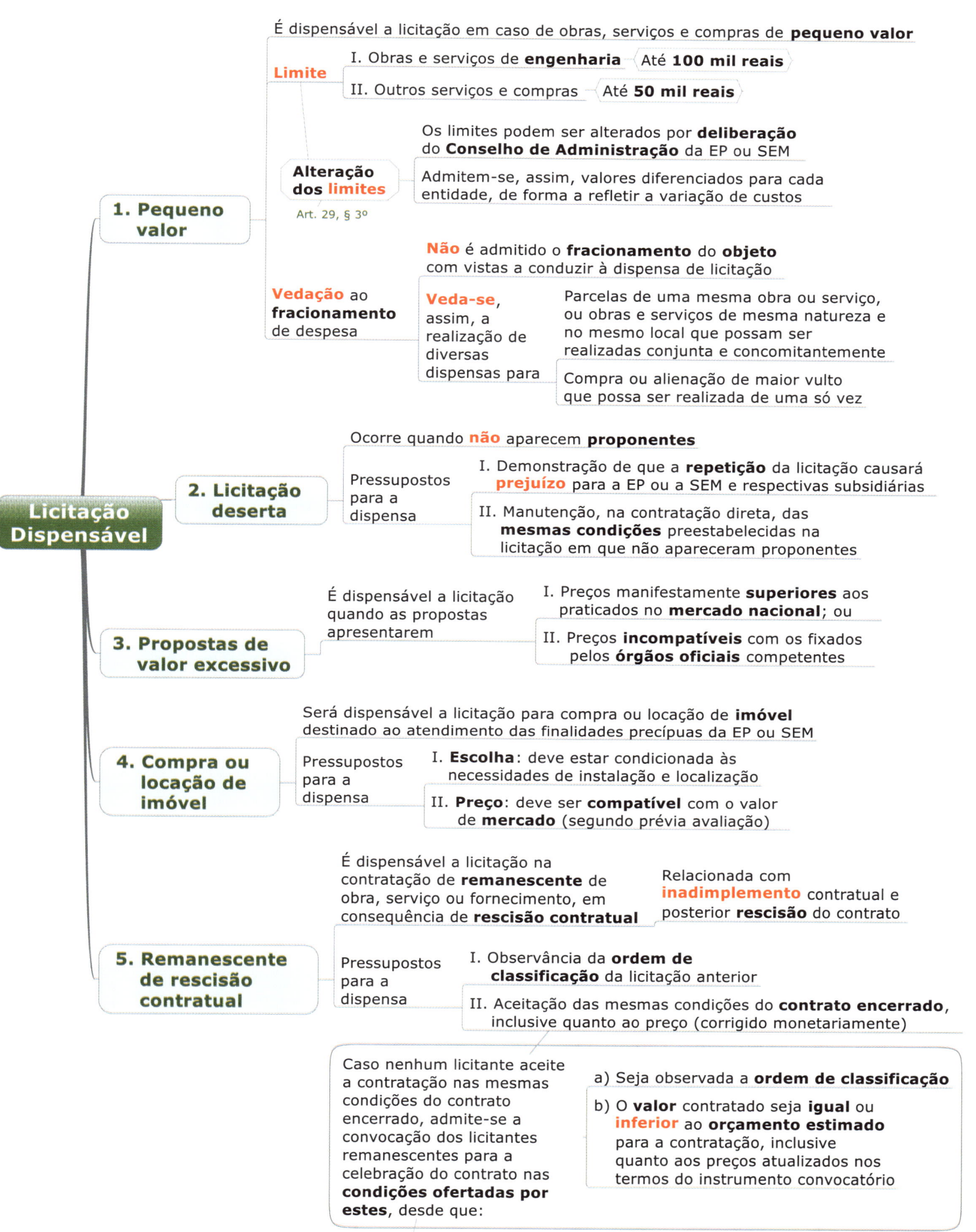

Licitação Dispensável

1. Pequeno valor

É dispensável a licitação em caso de obras, serviços e compras de **pequeno valor**

Limite
- I. Obras e serviços de **engenharia** — Até **100 mil reais**
- II. Outros serviços e compras — Até **50 mil reais**

Alteração dos limites (Art. 29, § 3º)
- Os limites podem ser alterados por **deliberação** do **Conselho de Administração** da EP ou SEM
- Admitem-se, assim, valores diferenciados para cada entidade, de forma a refletir a variação de custos

Vedação ao fracionamento de despesa
- **Não** é admitido o **fracionamento** do **objeto** com vistas a conduzir à dispensa de licitação
- **Veda-se**, assim, a realização de diversas dispensas para:
  - Parcelas de uma mesma obra ou serviço, ou obras e serviços de mesma natureza e no mesmo local que possam ser realizadas conjunta e concomitantemente
  - Compra ou alienação de maior vulto que possa ser realizada de uma só vez

2. Licitação deserta

Ocorre quando **não** aparecem **proponentes**

Pressupostos para a dispensa
- I. Demonstração de que a **repetição** da licitação causará **prejuízo** para a EP ou a SEM e respectivas subsidiárias
- II. Manutenção, na contratação direta, das **mesmas condições** preestabelecidas na licitação em que não apareceram proponentes

3. Propostas de valor excessivo

É dispensável a licitação quando as propostas apresentarem:
- I. Preços manifestamente **superiores** aos praticados no **mercado nacional**; ou
- II. Preços **incompatíveis** com os fixados pelos **órgãos oficiais** competentes

4. Compra ou locação de imóvel

Será dispensável a licitação para compra ou locação de **imóvel** destinado ao atendimento das finalidades precípuas da EP ou SEM

Pressupostos para a dispensa
- I. **Escolha**: deve estar condicionada às necessidades de instalação e localização
- II. **Preço**: deve ser **compatível** com o valor de **mercado** (segundo prévia avaliação)

5. Remanescente de rescisão contratual

É dispensável a licitação na contratação de **remanescente** de obra, serviço ou fornecimento, em consequência de **rescisão contratual**

Relacionada com **inadimplemento** contratual e posterior **rescisão** do contrato

Pressupostos para a dispensa
- I. Observância da **ordem de classificação** da licitação anterior
- II. Aceitação das mesmas condições do **contrato encerrado**, inclusive quanto ao preço (corrigido monetariamente)

Caso nenhum licitante aceite a contratação nas mesmas condições do contrato encerrado, admite-se a convocação dos licitantes remanescentes para a celebração do contrato nas **condições ofertadas por estes**, desde que:
- a) Seja observada a **ordem de classificação**
- b) O **valor** contratado seja **igual** ou **inferior** ao orçamento estimado para a contratação, inclusive quanto aos preços atualizados nos termos do instrumento convocatório

Art. 29, § 1º

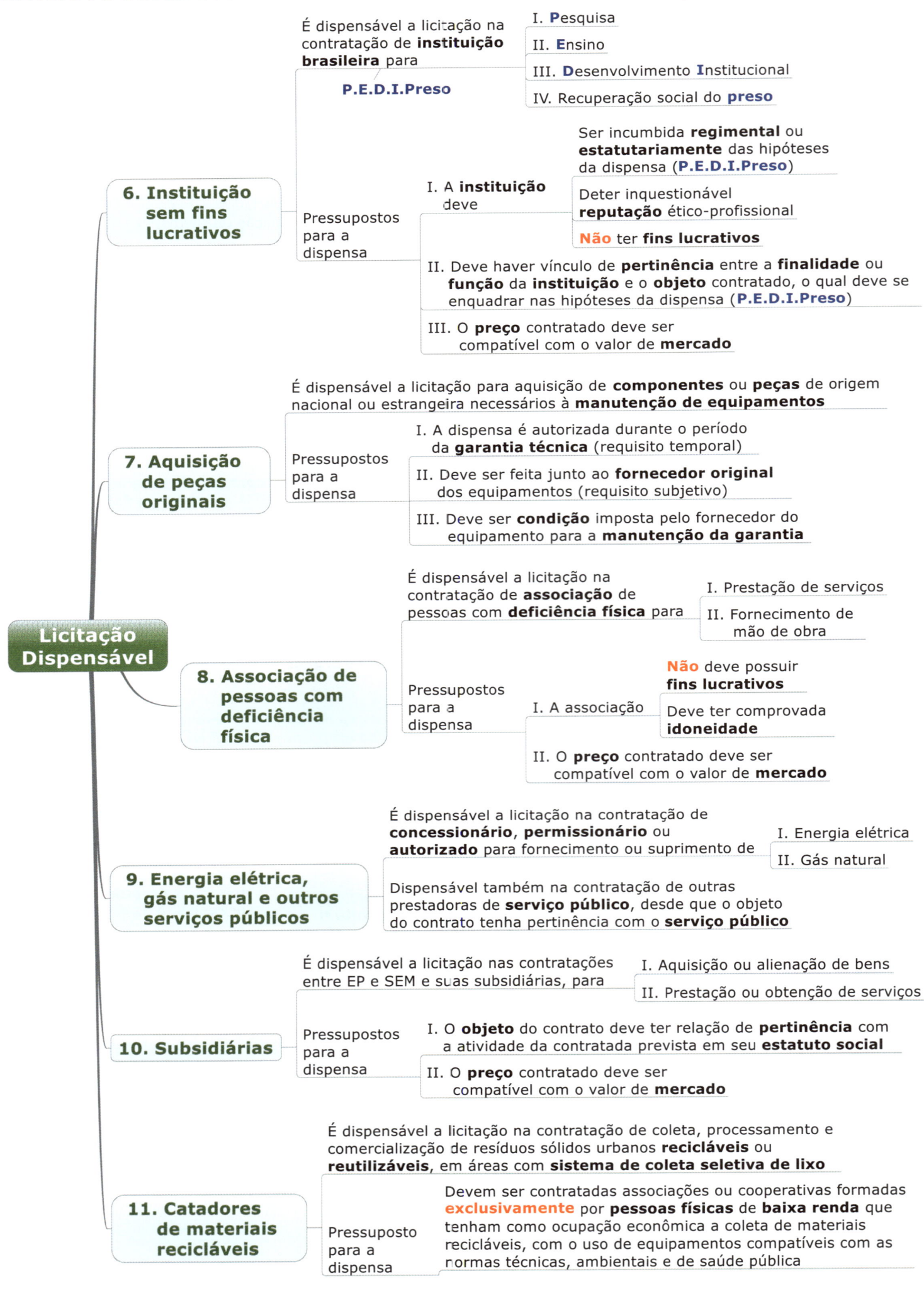

ESTATUTO JURÍDICO DA EP E SEM - HIPÓTESES DE LICITAÇÃO DISPENSÁVEL II

Licitação Dispensável

6. Instituição sem fins lucrativos

É dispensável a licitação na contratação de **instituição brasileira** para **P.E.D.I.Preso**:
- I. **P**esquisa
- II. **E**nsino
- III. **D**esenvolvimento **I**nstitucional
- IV. Recuperação social do **preso**

Pressupostos para a dispensa:

I. A **instituição** deve:
- Ser incumbida **regimental** ou **estatutariamente** das hipóteses da dispensa (**P.E.D.I.Preso**)
- Deter inquestionável **reputação** ético-profissional
- **Não** ter **fins lucrativos**

II. Deve haver vínculo de **pertinência** entre a **finalidade** ou **função** da **instituição** e o **objeto** contratado, o qual deve se enquadrar nas hipóteses da dispensa (**P.E.D.I.Preso**)

III. O **preço** contratado deve ser compatível com o valor de **mercado**

7. Aquisição de peças originais

É dispensável a licitação para aquisição de **componentes** ou **peças** de origem nacional ou estrangeira necessários à **manutenção de equipamentos**

Pressupostos para a dispensa:

I. A dispensa é autorizada durante o período da **garantia técnica** (requisito temporal)

II. Deve ser feita junto ao **fornecedor original** dos equipamentos (requisito subjetivo)

III. Deve ser **condição** imposta pelo fornecedor do equipamento para a **manutenção da garantia**

8. Associação de pessoas com deficiência física

É dispensável a licitação na contratação de **associação** de pessoas com **deficiência física** para:
- I. Prestação de serviços
- II. Fornecimento de mão de obra

Pressupostos para a dispensa:

I. A associação:
- **Não** deve possuir **fins lucrativos**
- Deve ter comprovada **idoneidade**

II. O **preço** contratado deve ser compatível com o valor de **mercado**

9. Energia elétrica, gás natural e outros serviços públicos

É dispensável a licitação na contratação de **concessionário, permissionário** ou **autorizado** para fornecimento ou suprimento de:
- I. Energia elétrica
- II. Gás natural

Dispensável também na contratação de outras prestadoras de **serviço público**, desde que o objeto do contrato tenha pertinência com o **serviço público**

10. Subsidiárias

É dispensável a licitação nas contratações entre EP e SEM e suas subsidiárias, para:
- I. Aquisição ou alienação de bens
- II. Prestação ou obtenção de serviços

Pressupostos para a dispensa:

I. O **objeto** do contrato deve ter relação de **pertinência** com a atividade da contratada prevista em seu **estatuto social**

II. O **preço** contratado deve ser compatível com o valor de **mercado**

11. Catadores de materiais recicláveis

É dispensável a licitação na contratação de coleta, processamento e comercialização de resíduos sólidos urbanos **recicláveis** ou **reutilizáveis**, em áreas com **sistema de coleta seletiva de lixo**

Pressuposto para a dispensa:

Devem ser contratadas associações ou cooperativas formadas **exclusivamente** por **pessoas físicas** de **baixa renda** que tenham como ocupação econômica a coleta de materiais recicláveis, com o uso de equipamentos compatíveis com as normas técnicas, ambientais e de saúde pública

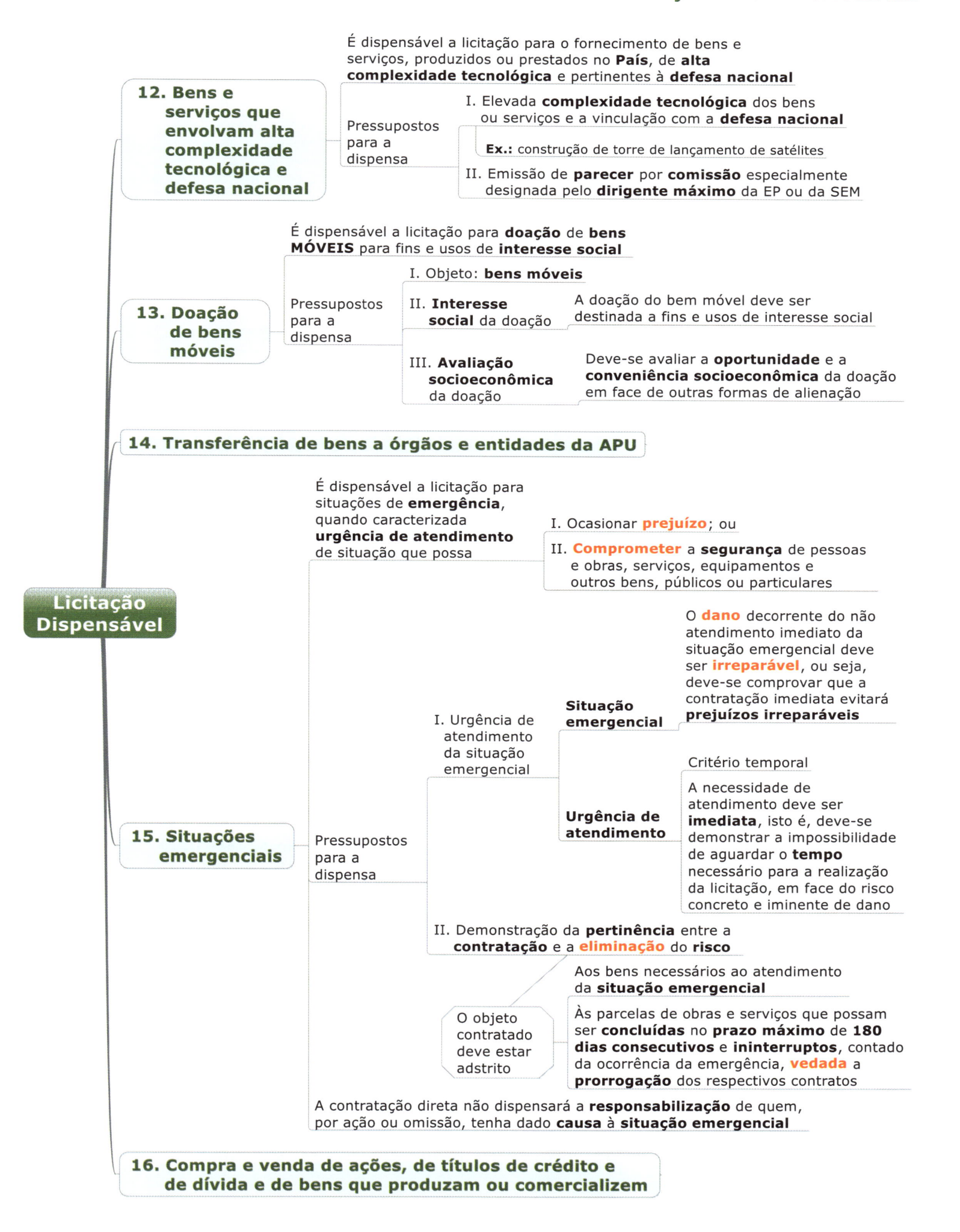

ESTATUTO JURÍDICO DA EP E SEM - HIPÓTESES DE LICITAÇÃO DISPENSÁVEL III

Licitação Dispensável

12. Bens e serviços que envolvam alta complexidade tecnológica e defesa nacional

É dispensável a licitação para o fornecimento de bens e serviços, produzidos ou prestados no **País**, de **alta complexidade tecnológica** e pertinentes à **defesa nacional**

Pressupostos para a dispensa:
- I. Elevada **complexidade tecnológica** dos bens ou serviços e a vinculação com a **defesa nacional**
  - **Ex.:** construção de torre de lançamento de satélites
- II. Emissão de **parecer** por **comissão** especialmente designada pelo **dirigente máximo** da EP ou da SEM

13. Doação de bens móveis

É dispensável a licitação para **doação** de bens **MÓVEIS** para fins e usos de **interesse social**

Pressupostos para a dispensa:
- I. Objeto: **bens móveis**
- II. **Interesse social** da doação — A doação do bem móvel deve ser destinada a fins e usos de interesse social
- III. **Avaliação socioeconômica** da doação — Deve-se avaliar a **oportunidade** e a **conveniência socioeconômica** da doação em face de outras formas de alienação

14. Transferência de bens a órgãos e entidades da APU

15. Situações emergenciais

É dispensável a licitação para situações de **emergência**, quando caracterizada **urgência de atendimento** de situação que possa:
- I. Ocasionar **prejuízo**; ou
- II. **Comprometer** a **segurança** de pessoas e obras, serviços, equipamentos e outros bens, públicos ou particulares

Pressupostos para a dispensa:

- I. Urgência de atendimento da situação emergencial
  - **Situação emergencial**: O **dano** decorrente do não atendimento imediato da situação emergencial deve ser **irreparável**, ou seja, deve-se comprovar que a contratação imediata evitará **prejuízos irreparáveis**
  - **Urgência de atendimento**: Critério temporal — A necessidade de atendimento deve ser **imediata**, isto é, deve-se demonstrar a impossibilidade de aguardar o **tempo** necessário para a realização da licitação, em face do risco concreto e iminente de dano

- II. Demonstração da **pertinência** entre a **contratação** e a **eliminação** do **risco**

- O objeto contratado deve estar adstrito:
  - Aos bens necessários ao atendimento da **situação emergencial**
  - Às parcelas de obras e serviços que possam ser **concluídas** no **prazo máximo** de **180 dias consecutivos** e **ininterruptos**, contado da ocorrência da emergência, **vedada** a **prorrogação** dos respectivos contratos

A contratação direta não dispensará a **responsabilização** de quem, por ação ou omissão, tenha dado **causa** à **situação emergencial**

16. Compra e venda de ações, de títulos de crédito e de dívida e de bens que produzam ou comercializem

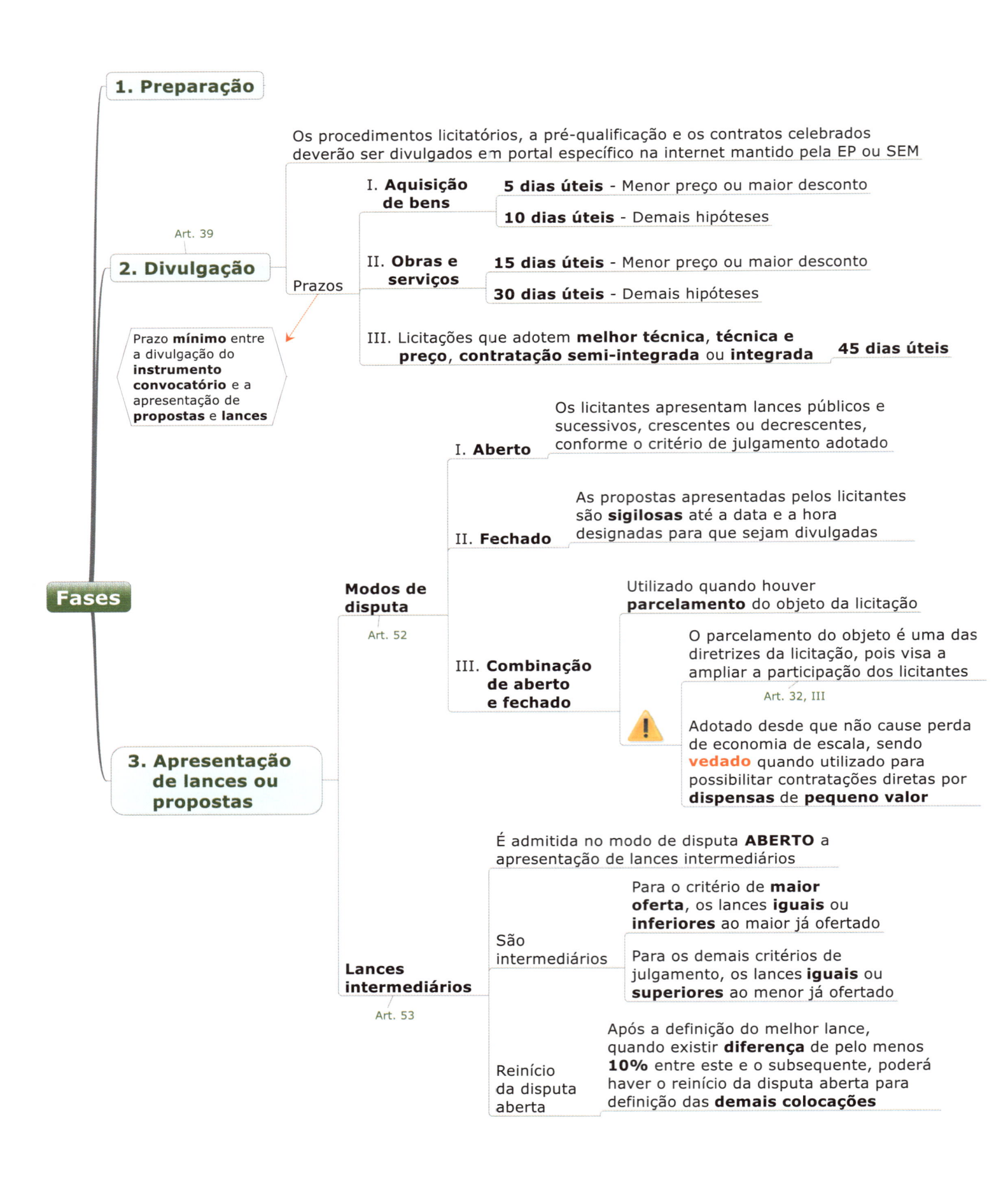

ESTATUTO JURÍDICO DA EP E SEM - PROCEDIMENTO LICITATÓRIO - FASES I

Fases

1. Preparação

2. Divulgação
Art. 39

Os procedimentos licitatórios, a pré-qualificação e os contratos celebrados deverão ser divulgados em portal específico na internet mantido pela EP ou SEM

Prazos

- **I. Aquisição de bens**
  - **5 dias úteis** - Menor preço ou maior desconto
  - **10 dias úteis** - Demais hipóteses
- **II. Obras e serviços**
  - **15 dias úteis** - Menor preço ou maior desconto
  - **30 dias úteis** - Demais hipóteses
- **III.** Licitações que adotem **melhor técnica**, **técnica e preço**, **contratação semi-integrada** ou **integrada** — **45 dias úteis**

Prazo **mínimo** entre a divulgação do **instrumento convocatório** e a apresentação de **propostas** e **lances**

3. Apresentação de lances ou propostas

Modos de disputa
Art. 52

- **I. Aberto** — Os licitantes apresentam lances públicos e sucessivos, crescentes ou decrescentes, conforme o critério de julgamento adotado
- **II. Fechado** — As propostas apresentadas pelos licitantes são **sigilosas** até a data e a hora designadas para que sejam divulgadas
- **III. Combinação de aberto e fechado**
  - Utilizado quando houver **parcelamento** do objeto da licitação
  - O parcelamento do objeto é uma das diretrizes da licitação, pois visa a ampliar a participação dos licitantes — Art. 32, III
  - ⚠ Adotado desde que não cause perda de economia de escala, sendo **vedado** quando utilizado para possibilitar contratações diretas por **dispensas** de **pequeno valor**

Lances intermediários
Art. 53

- É admitida no modo de disputa **ABERTO** a apresentação de lances intermediários
- São intermediários
  - Para o critério de **maior oferta**, os lances **iguais** ou **inferiores** ao maior já ofertado
  - Para os demais critérios de julgamento, os lances **iguais** ou **superiores** ao menor já ofertado
- Reinício da disputa aberta — Após a definição do melhor lance, quando existir **diferença** de pelo menos **10%** entre este e o subsequente, poderá haver o reinício da disputa aberta para definição das **demais colocações**

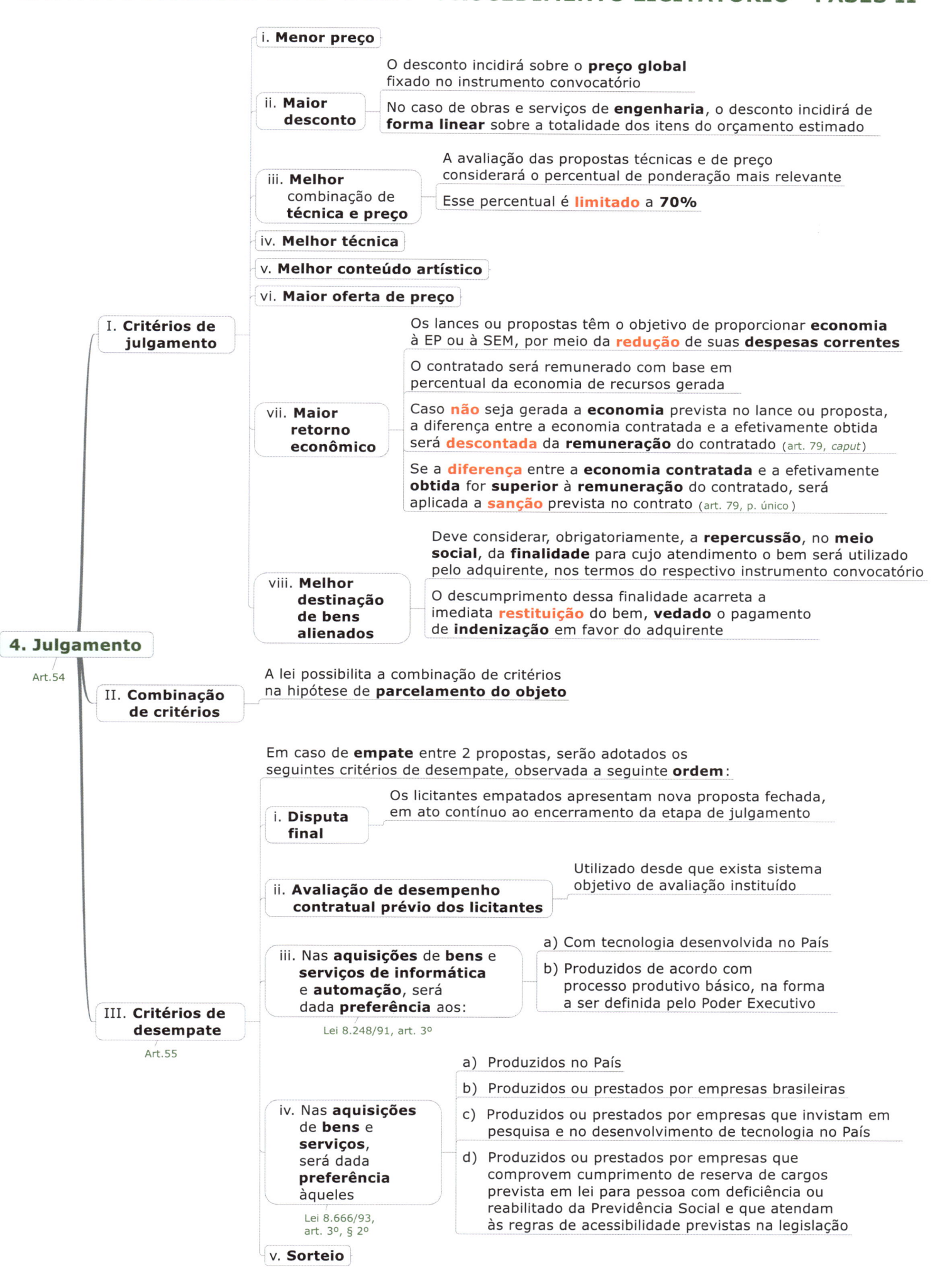

ESTATUTO JURÍDICO DA EP E SEM - PROCEDIMENTO LICITATÓRIO - FASES II

4. Julgamento
Art. 54

- **I. Critérios de julgamento**
  - **i. Menor preço**
  - **ii. Maior desconto**
    - O desconto incidirá sobre o **preço global** fixado no instrumento convocatório
    - No caso de obras e serviços de **engenharia**, o desconto incidirá de **forma linear** sobre a totalidade dos itens do orçamento estimado
  - **iii. Melhor combinação de técnica e preço**
    - A avaliação das propostas técnicas e de preço considerará o percentual de ponderação mais relevante
    - Esse percentual é **limitado** a **70%**
  - **iv. Melhor técnica**
  - **v. Melhor conteúdo artístico**
  - **vi. Maior oferta de preço**
  - **vii. Maior retorno econômico**
    - Os lances ou propostas têm o objetivo de proporcionar **economia** à EP ou à SEM, por meio da **redução** de suas **despesas correntes**
    - O contratado será remunerado com base em percentual da economia de recursos gerada
    - Caso **não** seja gerada a **economia** prevista no lance ou proposta, a diferença entre a economia contratada e a efetivamente obtida será **descontada** da **remuneração** do contratado (art. 79, caput)
    - Se a **diferença** entre a **economia contratada** e a efetivamente **obtida** for **superior** à **remuneração** do contratado, será aplicada a **sanção** prevista no contrato (art. 79, p. único)
  - **viii. Melhor destinação de bens alienados**
    - Deve considerar, obrigatoriamente, a **repercussão**, no **meio social**, da **finalidade** para cujo atendimento o bem será utilizado pelo adquirente, nos termos do respectivo instrumento convocatório
    - O descumprimento dessa finalidade acarreta a imediata **restituição** do bem, **vedado** o pagamento de **indenização** em favor do adquirente

- **II. Combinação de critérios**
  - A lei possibilita a combinação de critérios na hipótese de **parcelamento do objeto**

- **III. Critérios de desempate**
Art. 55
  - Em caso de **empate** entre 2 propostas, serão adotados os seguintes critérios de desempate, observada a seguinte **ordem**:
  - **i. Disputa final**
    - Os licitantes empatados apresentam nova proposta fechada, em ato contínuo ao encerramento da etapa de julgamento
  - **ii. Avaliação de desempenho contratual prévio dos licitantes**
    - Utilizado desde que exista sistema objetivo de avaliação instituído
  - **iii. Nas aquisições de bens e serviços de informática e automação, será dada preferência aos:**
    Lei 8.248/91, art. 3º
    - a) Com tecnologia desenvolvida no País
    - b) Produzidos de acordo com processo produtivo básico, na forma a ser definida pelo Poder Executivo
  - **iv. Nas aquisições de bens e serviços, será dada preferência àqueles**
    Lei 8.666/93, art. 3º, § 2º
    - a) Produzidos no País
    - b) Produzidos ou prestados por empresas brasileiras
    - c) Produzidos ou prestados por empresas que invistam em pesquisa e no desenvolvimento de tecnologia no País
    - d) Produzidos ou prestados por empresas que comprovem cumprimento de reserva de cargos prevista em lei para pessoa com deficiência ou reabilitado da Previdência Social e que atendam às regras de acessibilidade previstas na legislação
  - **v. Sorteio**

ESTATUTO JURÍDICO DA EP E SEM - PROCEDIMENTO LICITATÓRIO - FASES III

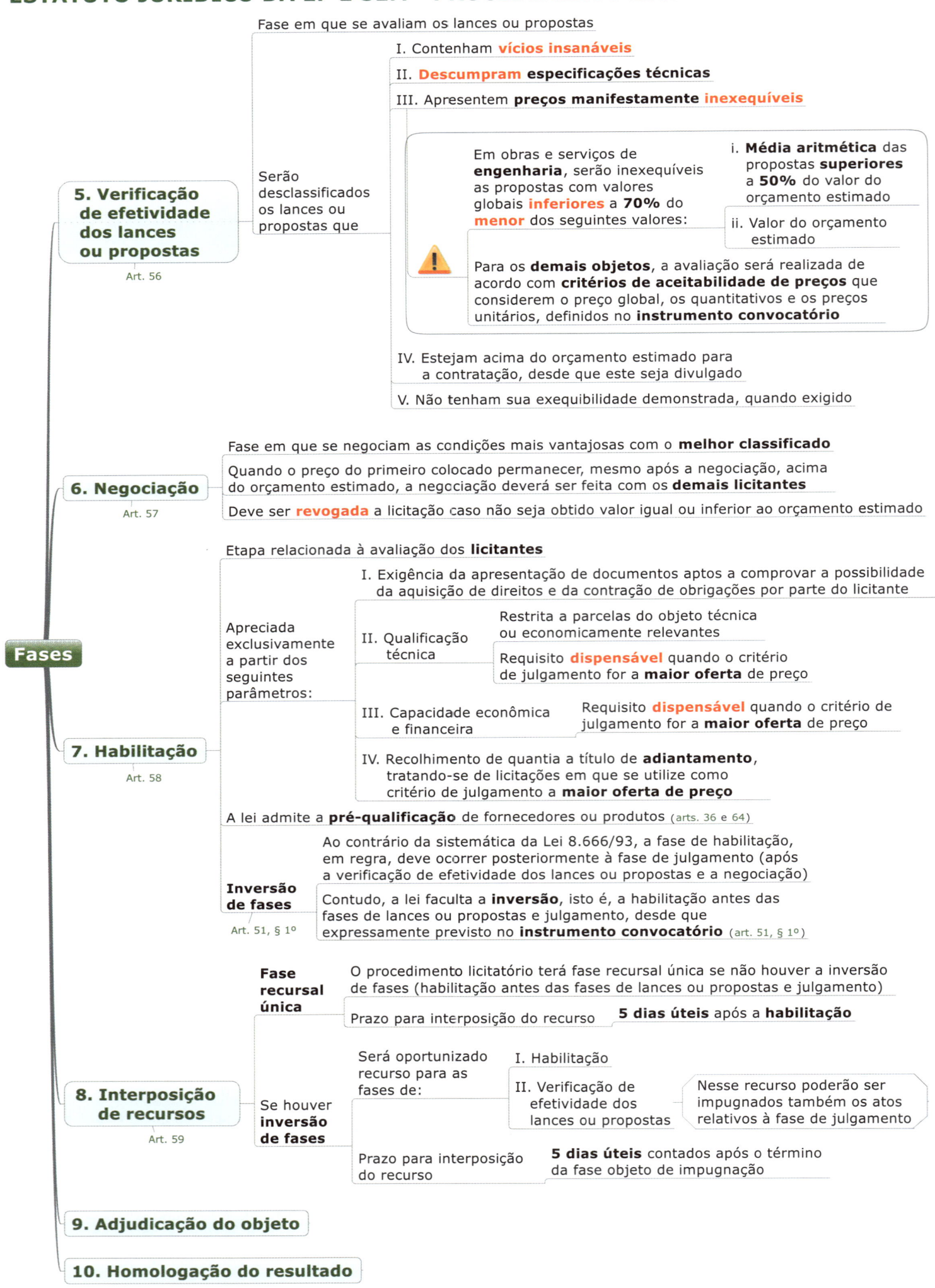

Fases

5. Verificação de efetividade dos lances ou propostas
Art. 56

- Fase em que se avaliam os lances ou propostas
- Serão desclassificados os lances ou propostas que:
  - I. Contenham **vícios insanáveis**
  - II. **Descumpram** especificações técnicas
  - III. Apresentem **preços manifestamente inexequíveis**
    - Em obras e serviços de **engenharia**, serão inexequíveis as propostas com valores globais **inferiores** a **70%** do **menor** dos seguintes valores:
      - i. **Média aritmética** das propostas **superiores** a **50%** do valor do orçamento estimado
      - ii. Valor do orçamento estimado
    - ⚠ Para os **demais objetos**, a avaliação será realizada de acordo com **critérios de aceitabilidade de preços** que considerem o preço global, os quantitativos e os preços unitários, definidos no **instrumento convocatório**
  - IV. Estejam acima do orçamento estimado para a contratação, desde que este seja divulgado
  - V. Não tenham sua exequibilidade demonstrada, quando exigido

6. Negociação
Art. 57

- Fase em que se negociam as condições mais vantajosas com o **melhor classificado**
- Quando o preço do primeiro colocado permanecer, mesmo após a negociação, acima do orçamento estimado, a negociação deverá ser feita com os **demais licitantes**
- Deve ser **revogada** a licitação caso não seja obtido valor igual ou inferior ao orçamento estimado

7. Habilitação
Art. 58

- Etapa relacionada à avaliação dos **licitantes**
- Apreciada exclusivamente a partir dos seguintes parâmetros:
  - I. Exigência da apresentação de documentos aptos a comprovar a possibilidade da aquisição de direitos e da contração de obrigações por parte do licitante
  - II. Qualificação técnica
    - Restrita a parcelas do objeto técnica ou economicamente relevantes
    - Requisito **dispensável** quando o critério de julgamento for a **maior oferta** de preço
  - III. Capacidade econômica e financeira
    - Requisito **dispensável** quando o critério de julgamento for a **maior oferta** de preço
  - IV. Recolhimento de quantia a título de **adiantamento**, tratando-se de licitações em que se utilize como critério de julgamento a **maior oferta de preço**
- A lei admite a **pré-qualificação** de fornecedores ou produtos (arts. 36 e 64)
- **Inversão de fases** (Art. 51, § 1º)
  - Ao contrário da sistemática da Lei 8.666/93, a fase de habilitação, em regra, deve ocorrer posteriormente à fase de julgamento (após a verificação de efetividade dos lances ou propostas e a negociação)
  - Contudo, a lei faculta a **inversão**, isto é, a habilitação antes das fases de lances ou propostas e julgamento, desde que expressamente previsto no **instrumento convocatório** (art. 51, § 1º)

8. Interposição de recursos
Art. 59

- **Fase recursal única**
  - O procedimento licitatório terá fase recursal única se não houver a inversão de fases (habilitação antes das fases de lances ou propostas e julgamento)
  - Prazo para interposição do recurso: **5 dias úteis** após a **habilitação**
- **Se houver inversão de fases**
  - Será oportunizado recurso para as fases de:
    - I. Habilitação
    - II. Verificação de efetividade dos lances ou propostas — Nesse recurso poderão ser impugnados também os atos relativos à fase de julgamento
  - Prazo para interposição do recurso: **5 dias úteis** contados após o término da fase objeto de impugnação

9. Adjudicação do objeto

10. Homologação do resultado

REVOGAÇÃO E ANULAÇÃO DA LICITAÇÃO E PROCEDIMENTOS AUXILIARES

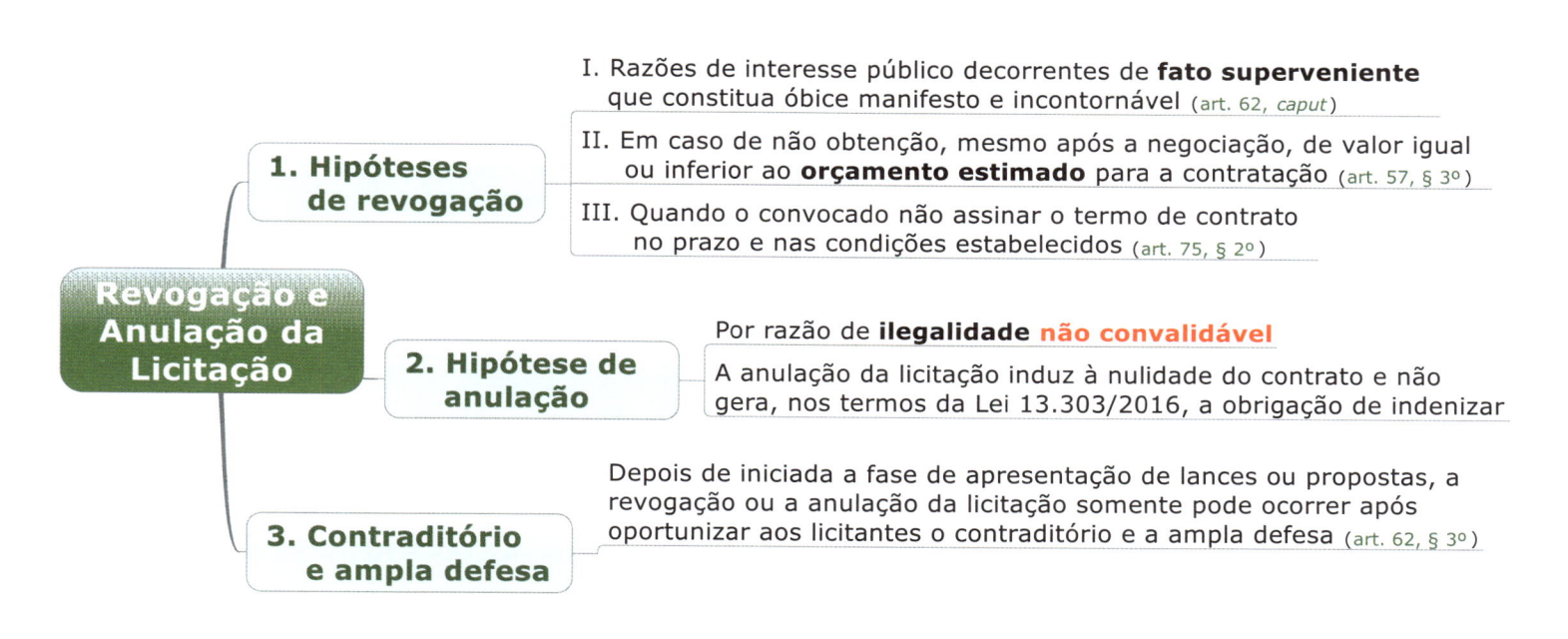

Revogação e Anulação da Licitação

1. Hipóteses de revogação

- I. Razões de interesse público decorrentes de **fato superveniente** que constitua óbice manifesto e incontornável (art. 62, *caput*)
- II. Em caso de não obtenção, mesmo após a negociação, de valor igual ou inferior ao **orçamento estimado** para a contratação (art. 57, § 3º)
- III. Quando o convocado não assinar o termo de contrato no prazo e nas condições estabelecidos (art. 75, § 2º)

2. Hipótese de anulação

- Por razão de **ilegalidade não convalidável**
- A anulação da licitação induz à nulidade do contrato e não gera, nos termos da Lei 13.303/2016, a obrigação de indenizar

3. Contraditório e ampla defesa

Depois de iniciada a fase de apresentação de lances ou propostas, a revogação ou a anulação da licitação somente pode ocorrer após oportunizar aos licitantes o contraditório e a ampla defesa (art. 62, § 3º)

Procedimentos Auxiliares

1. Pré-qualificação dos licitantes (Art. 64)

- Admitida para fornecedores ou produtos
- Trata-se de procedimento anterior à licitação, permanentemente aberto à inscrição de qualquer interessado
- Destina-se a identificar:
  - I. **Fornecedores** que reúnam condições de habilitação exigidas para o fornecimento de bem ou a execução de serviço ou obra nos prazos, locais e condições previamente estabelecidos
  - II. **Bens** que atendam às exigências técnicas e de qualidade
- Tem **validade máxima** de **1 ano** e pode ser atualizada a qualquer tempo

2. Cadastramento (Art. 65)

- Utilizados para efeito de **habilitação** dos inscritos em procedimentos licitatórios
- Tem **validade máxima** de **1 ano** e pode ser atualizado a qualquer tempo
- A qualquer tempo pode ser alterado, suspenso ou cancelado o registro do inscrito que deixar de satisfazer as exigências estabelecidas para habilitação ou para admissão cadastral

3. Sistema de registro de preços (Art. 66)

4. Catálogo eletrônico de padronização (Art. 67)

- Trata-se de sistema informatizado, de gerenciamento centralizado, destinado a permitir a **padronização** dos itens a serem adquiridos pela EP ou SEM
- Utilizado em licitações cujo critério de julgamento seja o **menor preço** ou o **maior desconto**

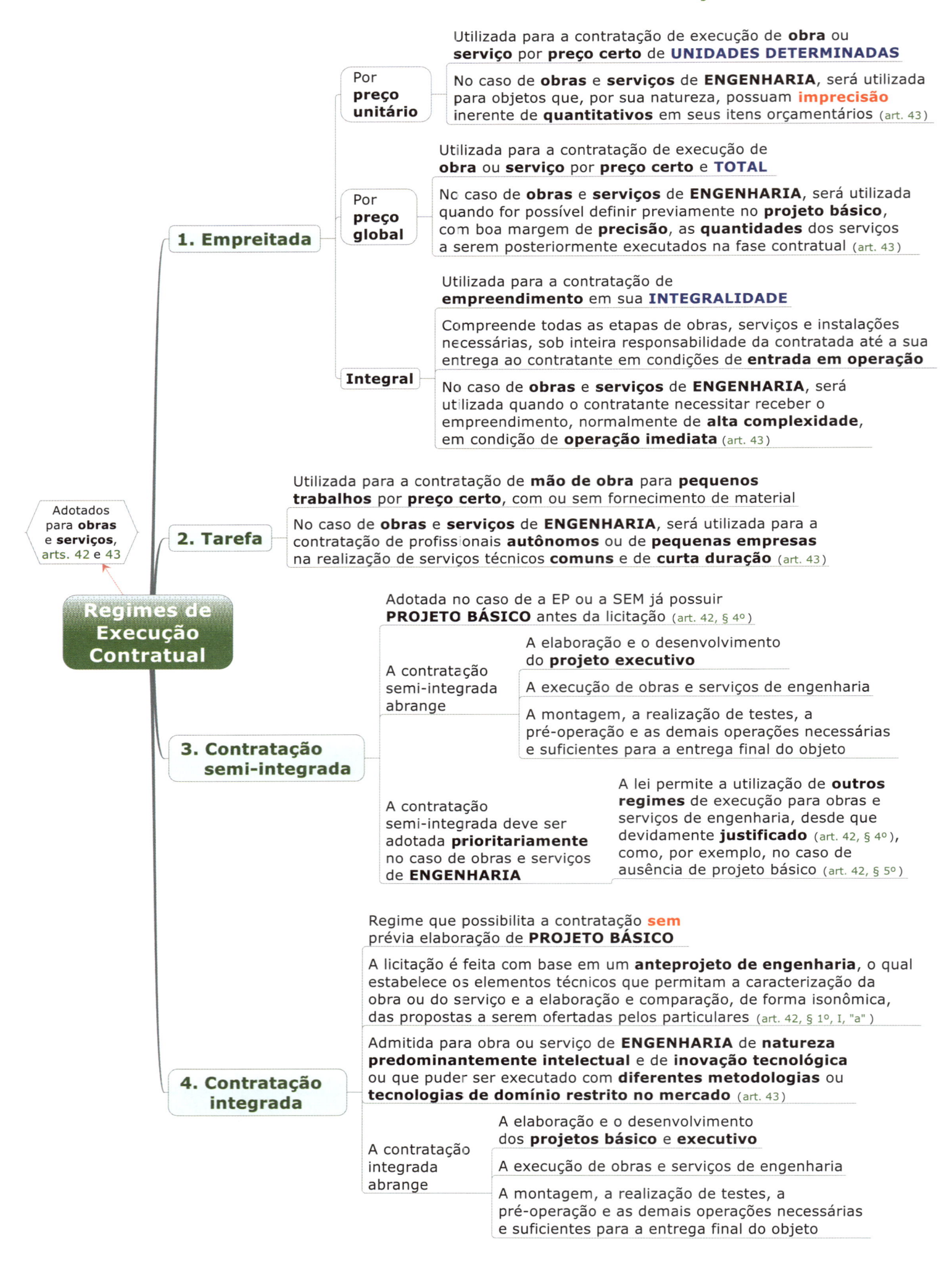

ESTATUTO JURÍDICO DA EP E SEM - REGIMES DE EXECUÇÃO CONTRATUAL

Regimes de Execução Contratual — Adotados para **obras** e **serviços**, arts. 42 e 43

1. Empreitada

- **Por preço unitário**
  - Utilizada para a contratação de execução de **obra** ou **serviço** por **preço certo** de UNIDADES DETERMINADAS
  - No caso de **obras** e **serviços** de **ENGENHARIA**, será utilizada para objetos que, por sua natureza, possuam *imprecisão* inerente de **quantitativos** em seus itens orçamentários (art. 43)

- **Por preço global**
  - Utilizada para a contratação de execução de **obra** ou **serviço** por **preço certo** e TOTAL
  - No caso de **obras** e **serviços** de **ENGENHARIA**, será utilizada quando for possível definir previamente no **projeto básico**, com boa margem de **precisão**, as **quantidades** dos serviços a serem posteriormente executados na fase contratual (art. 43)

- **Integral**
  - Utilizada para a contratação de **empreendimento** em sua INTEGRALIDADE
  - Compreende todas as etapas de obras, serviços e instalações necessárias, sob inteira responsabilidade da contratada até a sua entrega ao contratante em condições de **entrada em operação**
  - No caso de **obras** e **serviços** de **ENGENHARIA**, será utilizada quando o contratante necessitar receber o empreendimento, normalmente de **alta complexidade**, em condição de **operação imediata** (art. 43)

2. Tarefa

- Utilizada para a contratação de **mão de obra** para **pequenos trabalhos** por **preço certo**, com ou sem fornecimento de material
- No caso de **obras** e **serviços** de **ENGENHARIA**, será utilizada para a contratação de profissionais **autônomos** ou de **pequenas empresas** na realização de serviços técnicos **comuns** e de **curta duração** (art. 43)

3. Contratação semi-integrada

- Adotada no caso de a EP ou a SEM já possuir **PROJETO BÁSICO** antes da licitação (art. 42, § 4º)
- A contratação semi-integrada abrange:
  - A elaboração e o desenvolvimento do **projeto executivo**
  - A execução de obras e serviços de engenharia
  - A montagem, a realização de testes, a pré-operação e as demais operações necessárias e suficientes para a entrega final do objeto
- A contratação semi-integrada deve ser adotada **prioritariamente** no caso de obras e serviços de **ENGENHARIA**
  - A lei permite a utilização de **outros regimes** de execução para obras e serviços de engenharia, desde que devidamente **justificado** (art. 42, § 4º), como, por exemplo, no caso de ausência de projeto básico (art. 42, § 5º)

4. Contratação integrada

- Regime que possibilita a contratação *sem* prévia elaboração de **PROJETO BÁSICO**
- A licitação é feita com base em um **anteprojeto de engenharia**, o qual estabelece os elementos técnicos que permitam a caracterização da obra ou do serviço e a elaboração e comparação, de forma isonômica, das propostas a serem ofertadas pelos particulares (art. 42, § 1º, I, "a")
- Admitida para obra ou serviço de **ENGENHARIA** de **natureza predominantemente intelectual** e de **inovação tecnológica** ou que puder ser executado com **diferentes metodologias** ou **tecnologias de domínio restrito no mercado** (art. 43)
- A contratação integrada abrange:
  - A elaboração e o desenvolvimento dos **projetos básico** e **executivo**
  - A execução de obras e serviços de engenharia
  - A montagem, a realização de testes, a pré-operação e as demais operações necessárias e suficientes para a entrega final do objeto

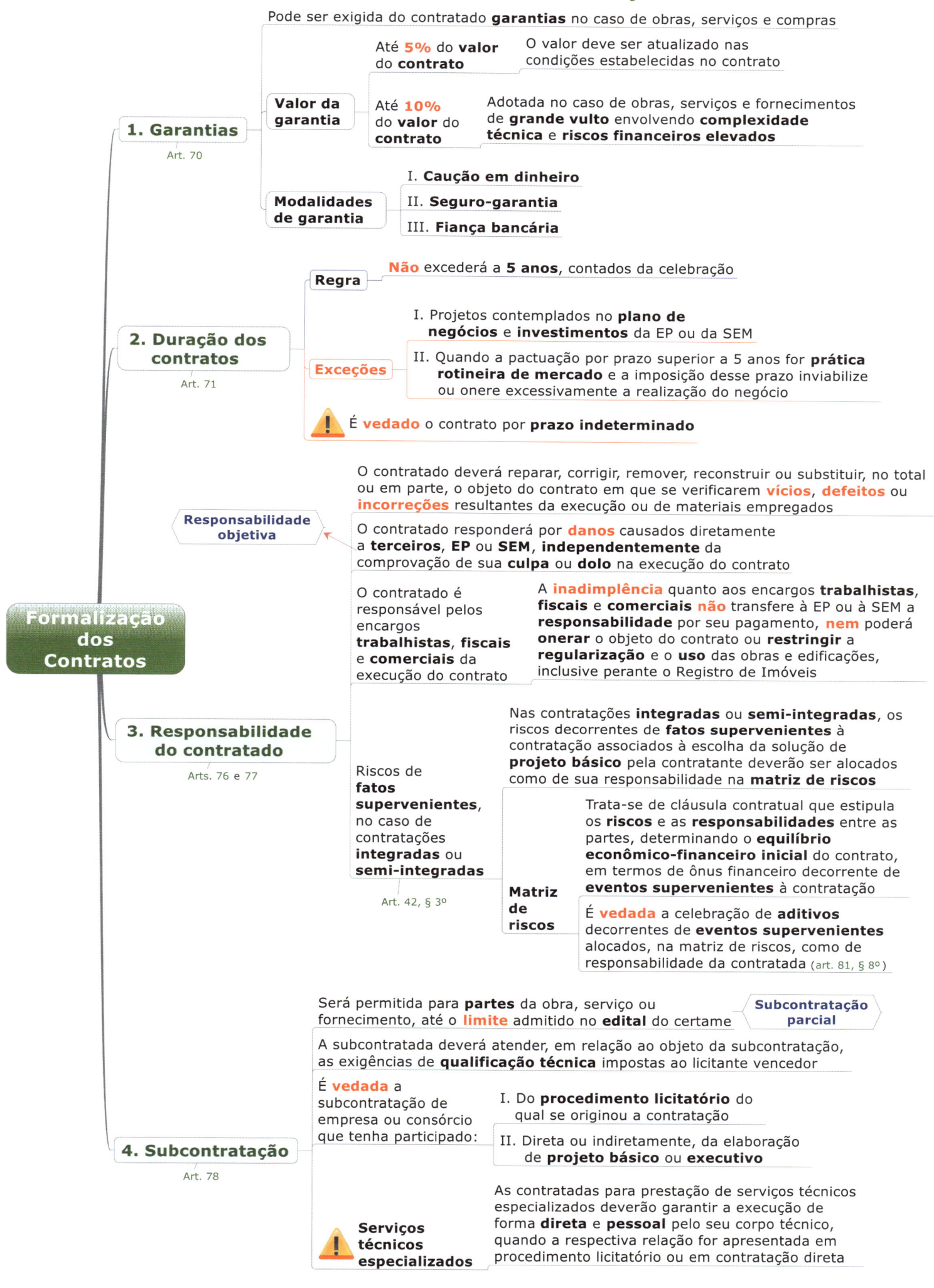

ESTATUTO JURÍDICO DA EP E SEM - FORMALIZAÇÃO DOS CONTRATOS

Formalização dos Contratos

1. Garantias (Art. 70)

Pode ser exigida do contratado **garantias** no caso de obras, serviços e compras

Valor da garantia:
- Até **5%** do **valor** do **contrato** — O valor deve ser atualizado nas condições estabelecidas no contrato
- Até **10%** do **valor** do **contrato** — Adotada no caso de obras, serviços e fornecimentos de **grande vulto** envolvendo **complexidade técnica** e **riscos financeiros elevados**

Modalidades de garantia:
- I. **Caução em dinheiro**
- II. **Seguro-garantia**
- III. **Fiança bancária**

2. Duração dos contratos (Art. 71)

Regra: **Não** excederá a **5 anos**, contados da celebração

Exceções:
- I. Projetos contemplados no **plano de negócios** e **investimentos** da EP ou da SEM
- II. Quando a pactuação por prazo superior a 5 anos for **prática rotineira de mercado** e a imposição desse prazo inviabilize ou onere excessivamente a realização do negócio

⚠️ É **vedado** o contrato por **prazo indeterminado**

3. Responsabilidade do contratado (Arts. 76 e 77)

Responsabilidade objetiva:

O contratado deverá reparar, corrigir, remover, reconstruir ou substituir, no total ou em parte, o objeto do contrato em que se verificarem **vícios**, **defeitos** ou **incorreções** resultantes da execução ou de materiais empregados

O contratado responderá por **danos** causados diretamente a **terceiros**, **EP** ou **SEM**, **independentemente** da comprovação de sua **culpa** ou **dolo** na execução do contrato

O contratado é responsável pelos encargos **trabalhistas**, **fiscais** e **comerciais** da execução do contrato — A **inadimplência** quanto aos encargos **trabalhistas**, **fiscais** e **comerciais** **não** transfere à EP ou à SEM a **responsabilidade** por seu pagamento, **nem** poderá **onerar** o objeto do contrato ou **restringir** a **regularização** e o **uso** das obras e edificações, inclusive perante o Registro de Imóveis

Riscos de fatos supervenientes, no caso de contratações **integradas** ou **semi-integradas** (Art. 42, § 3º):

Nas contratações **integradas** ou **semi-integradas**, os riscos decorrentes de **fatos supervenientes** à contratação associados à escolha da solução de **projeto básico** pela contratante deverão ser alocados como de sua responsabilidade na **matriz de riscos**

Matriz de riscos:
- Trata-se de cláusula contratual que estipula os **riscos** e as **responsabilidades** entre as partes, determinando o **equilíbrio econômico-financeiro inicial** do contrato, em termos de ônus financeiro decorrente de **eventos supervenientes** à contratação
- É **vedada** a celebração de **aditivos** decorrentes de **eventos supervenientes** alocados, na matriz de riscos, como de responsabilidade da contratada (art. 81, § 8º)

4. Subcontratação (Art. 78)

Subcontratação parcial: Será permitida para **partes** da obra, serviço ou fornecimento, até o **limite** admitido no **edital** do certame

A subcontratada deverá atender, em relação ao objeto da subcontratação, as exigências de **qualificação técnica** impostas ao licitante vencedor

É **vedada** a subcontratação de empresa ou consórcio que tenha participado:
- I. Do **procedimento licitatório** do qual se originou a contratação
- II. Direta ou indiretamente, da elaboração de **projeto básico** ou **executivo**

⚠️ **Serviços técnicos especializados:** As contratadas para prestação de serviços técnicos especializados deverão garantir a execução de forma **direta** e **pessoal** pelo seu corpo técnico, quando a respectiva relação for apresentada em procedimento licitatório ou em contratação direta

ESTATUTO JURÍDICO DA EP E SEM - ALTERAÇÃO DOS CONTRATOS

Alteração dos Contratos

1. Alteração consensual

Os contratos só podem ser alterados por **ACORDO** entre as partes, mediante a previsão de **cláusula** que estabeleça a possibilidade de **alteração** (art. 81, *caput*)

É **vedado** o ajuste que resulte em **violação** da **obrigação de licitar** (art. 72)

2. Limites para alteração
Art. 81, § 1º

I. Obras, serviços ou compras — Até **25%** do valor inicial atualizado do contrato, para **acréscimos** ou **supressões** — **± 25%**

II. Reforma de edifício ou de equipamento — Até **50%** do valor inicial atualizado do contrato, para **acréscimos** — **+ 50%**

⚠️ As **supressões** resultantes de **acordo** podem **exceder** os **limites** de alteração (art. 81, § 2º)

3. Hipóteses de alteração
Art. 81

✔ Adotadas nos contratos de **obras** e **serviços** de **engenharia** nos regimes de **tarefa**, **empreitada** (por preço unitário, preço global e integral) e **contratação semi-integrada**

✘ **Não** se aplicam à **contratação integrada**

I. Quando houver modificação do **projeto** ou das **especificações**, para melhor adequação técnica aos seus objetivos

II. Quando necessária a modificação do valor contratual em decorrência de acréscimo ou diminuição **quantitativa** de seu objeto, nos limites permitidos por esta Lei

III. Quando conveniente a **substituição** da **garantia** de execução

IV. Quando necessária a **modificação** do **regime de execução** da obra ou serviço, bem como do modo de fornecimento, em face de verificação técnica da inaplicabilidade dos termos contratuais originários

V. Quando necessária a **modificação** da **forma** de **pagamento,** por imposição de circunstâncias supervenientes, mantido o valor inicial atualizado — É **vedada** a **antecipação** do pagamento, com relação ao cronograma financeiro fixado, sem a correspondente contraprestação de fornecimento de bens ou execução de obra ou serviço

VI. Para **restabelecer** a relação que as partes pactuaram inicialmente entre os **encargos** do contratado e a **retribuição** da administração para a justa **remuneração** da obra, serviço ou fornecimento, objetivando a manutenção do **equilíbrio econômico-financeiro** inicial do contrato, na hipótese de sobrevirem **fatos imprevisíveis**, ou **previsíveis** porém de **consequências incalculáveis, retardadores** ou **impeditivos** da execução do ajustado, ou, ainda, em caso de **força maior, caso fortuito** ou **fato do príncipe**, configurando **álea econômica extraordinária** e **extracontratual**

⚠️ A criação, a alteração ou a extinção de quaisquer tributos ou encargos legais, bem como a superveniência de disposições legais, quando ocorridas **após** a data da apresentação da **proposta**, com comprovada repercussão nos preços contratados, implicarão a **revisão** destes para mais ou para menos, conforme o caso

É **vedada** a celebração de **aditivos** decorrentes de **eventos supervenientes** alocados, na **matriz de riscos**, como de responsabilidade da contratada (art. 81, § 8º)

4. Reajuste contratual
Art. 81, § 7º

Não caracterizam **alteração** do contrato a variação do valor contratual para fazer face ao **reajuste de preços** previsto no próprio **contrato** e as atualizações, compensações ou penalizações financeiras decorrentes das condições de pagamento nele previstas, bem como o empenho de dotações orçamentárias suplementares até o limite do seu valor corrigido

Pode ser registrado por simples **apostila**

ESTATUTO JURÍDICO DA EP E SEM - SAÇÕES ADMINISTRATIVAS

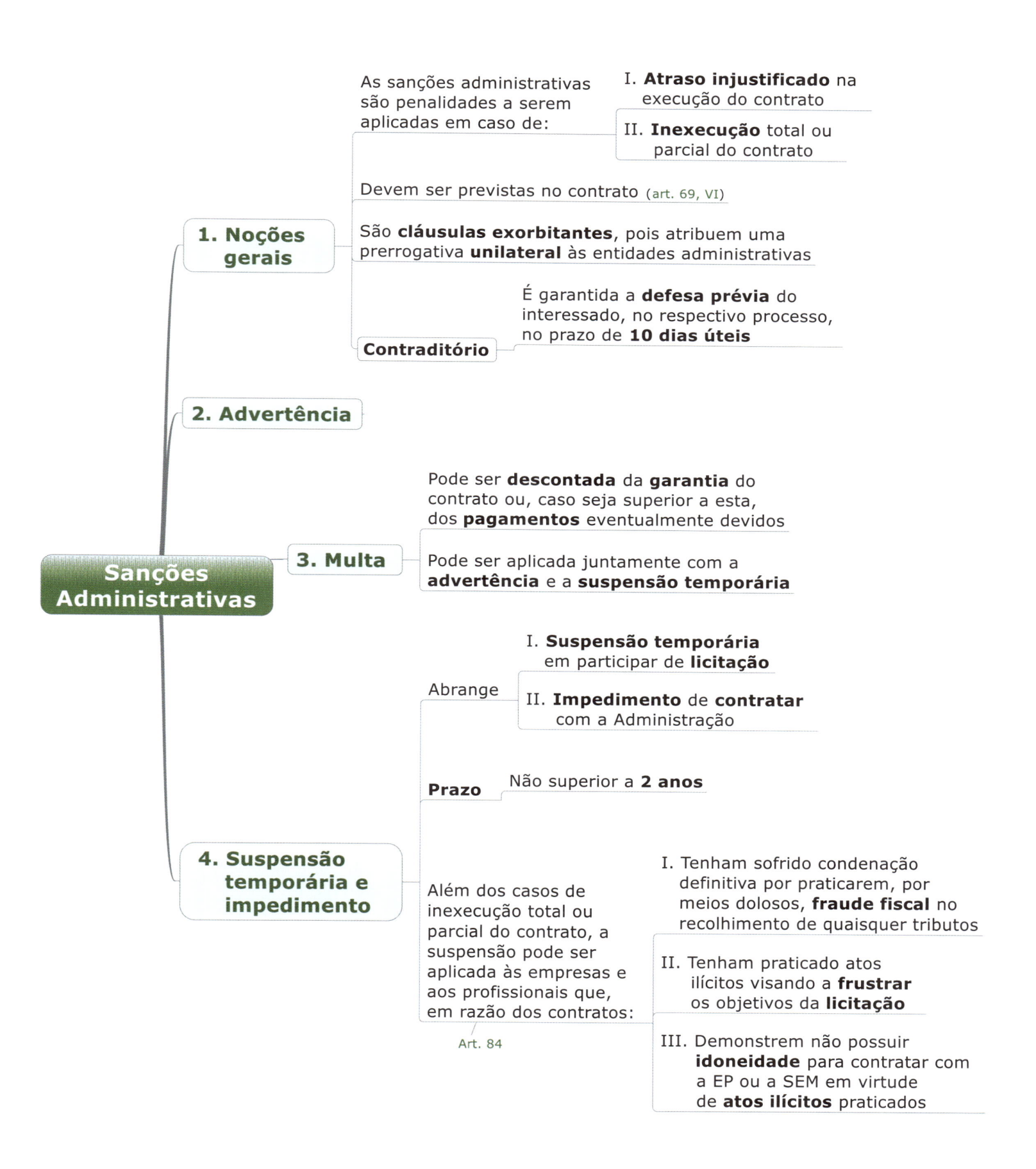

Sanções Administrativas

1. Noções gerais

- As sanções administrativas são penalidades a serem aplicadas em caso de:
  - I. **Atraso injustificado** na execução do contrato
  - II. **Inexecução** total ou parcial do contrato
- Devem ser previstas no contrato (art. 69, VI)
- São **cláusulas exorbitantes**, pois atribuem uma prerrogativa **unilateral** às entidades administrativas
- **Contraditório**: É garantida a **defesa prévia** do interessado, no respectivo processo, no prazo de **10 dias úteis**

2. Advertência

3. Multa

- Pode ser **descontada** da **garantia** do contrato ou, caso seja superior a esta, dos **pagamentos** eventualmente devidos
- Pode ser aplicada juntamente com a **advertência** e a **suspensão temporária**

4. Suspensão temporária e impedimento

- **Abrange**:
  - I. **Suspensão temporária** em participar de **licitação**
  - II. **Impedimento** de **contratar** com a Administração
- **Prazo**: Não superior a **2 anos**
- Além dos casos de inexecução total ou parcial do contrato, a suspensão pode ser aplicada às empresas e aos profissionais que, em razão dos contratos (Art. 84):
  - I. Tenham sofrido condenação definitiva por praticarem, por meios dolosos, **fraude fiscal** no recolhimento de quaisquer tributos
  - II. Tenham praticado atos ilícitos visando a **frustrar** os objetivos da **licitação**
  - III. Demonstrem não possuir **idoneidade** para contratar com a EP ou a SEM em virtude de **atos ilícitos** praticados

Capítulo 11

Servidores Públicos

AGENTES PÚBLICOS - NOÇÕES INTRODUTÓRIAS

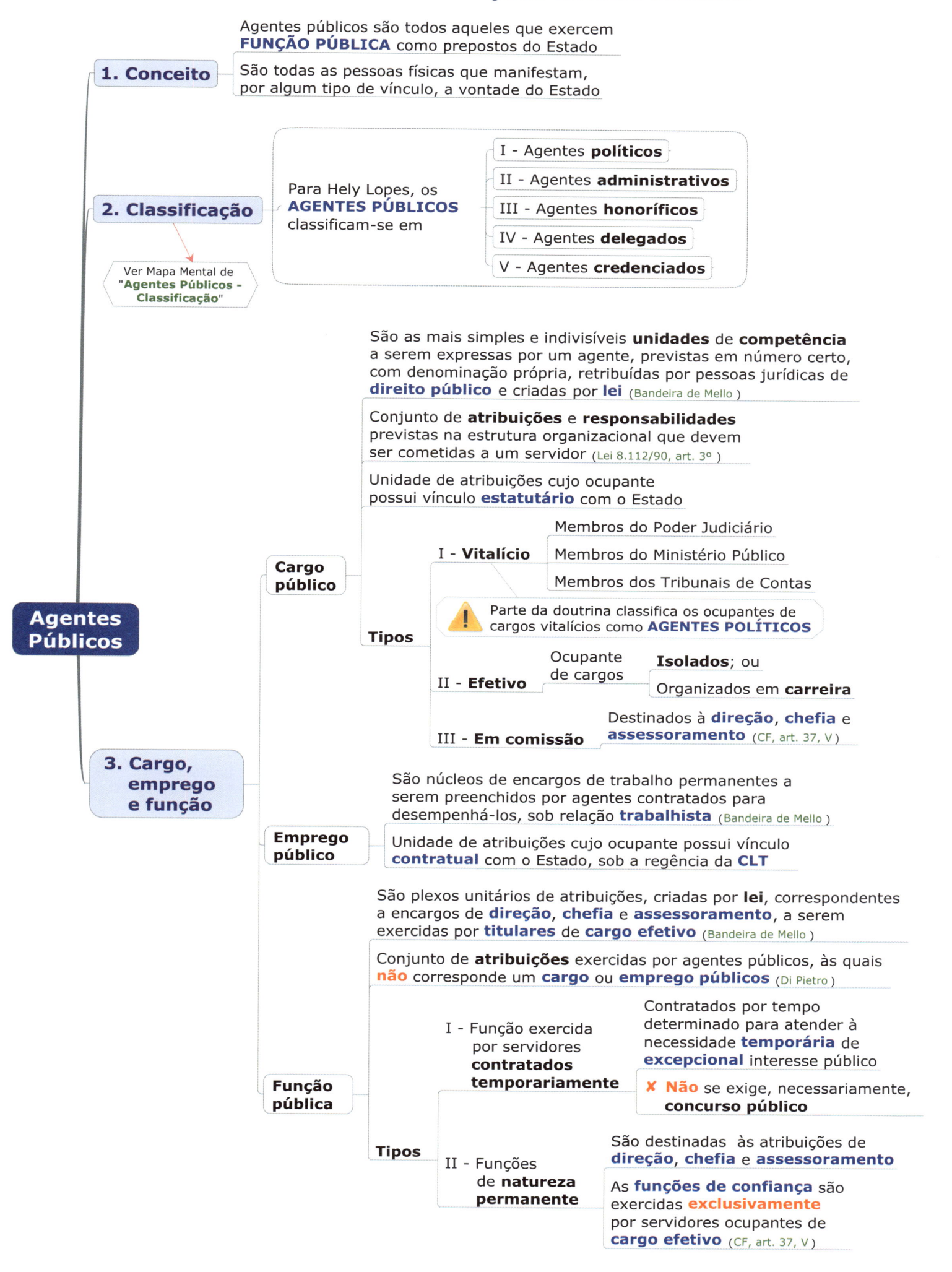

Agentes Públicos

1. Conceito
- Agentes públicos são todos aqueles que exercem **FUNÇÃO PÚBLICA** como prepostos do Estado
- São todas as pessoas físicas que manifestam, por algum tipo de vínculo, a vontade do Estado

2. Classificação

Para Hely Lopes, os **AGENTES PÚBLICOS** classificam-se em:
- I - Agentes **políticos**
- II - Agentes **administrativos**
- III - Agentes **honoríficos**
- IV - Agentes **delegados**
- V - Agentes **credenciados**

Ver Mapa Mental de "Agentes Públicos - Classificação"

3. Cargo, emprego e função

Cargo público
- São as mais simples e indivisíveis **unidades** de **competência** a serem expressas por um agente, previstas em número certo, com denominação própria, retribuídas por pessoas jurídicas de **direito público** e criadas por **lei** (Bandeira de Mello)
- Conjunto de **atribuições** e **responsabilidades** previstas na estrutura organizacional que devem ser cometidas a um servidor (Lei 8.112/90, art. 3º)
- Unidade de atribuições cujo ocupante possui vínculo **estatutário** com o Estado

Tipos:
- **I - Vitalício**
  - Membros do Poder Judiciário
  - Membros do Ministério Público
  - Membros dos Tribunais de Contas
  - ⚠ Parte da doutrina classifica os ocupantes de cargos vitalícios como **AGENTES POLÍTICOS**
- **II - Efetivo** — Ocupante de cargos:
  - **Isolados**; ou
  - Organizados em **carreira**
- **III - Em comissão** — Destinados à **direção**, **chefia** e **assessoramento** (CF, art. 37, V)

Emprego público
- São núcleos de encargos de trabalho permanentes a serem preenchidos por agentes contratados para desempenhá-los, sob relação **trabalhista** (Bandeira de Mello)
- Unidade de atribuições cujo ocupante possui vínculo **contratual** com o Estado, sob a regência da **CLT**

Função pública
- São plexos unitários de atribuições, criadas por **lei**, correspondentes a encargos de **direção**, **chefia** e **assessoramento**, a serem exercidas por **titulares** de **cargo efetivo** (Bandeira de Mello)
- Conjunto de **atribuições** exercidas por agentes públicos, às quais **não** corresponde um **cargo** ou **emprego públicos** (Di Pietro)

Tipos:
- **I - Função exercida por servidores contratados temporariamente**
  - Contratados por tempo determinado para atender à necessidade **temporária** de **excepcional** interesse público
  - ✗ **Não** se exige, necessariamente, **concurso público**
- **II - Funções de natureza permanente**
  - São destinadas às atribuições de **direção**, **chefia** e **assessoramento**
  - As **funções de confiança** são exercidas **exclusivamente** por servidores ocupantes de **cargo efetivo** (CF, art. 37, V)

111

AGENTES PÚBLICOS - CLASSIFICAÇÃO

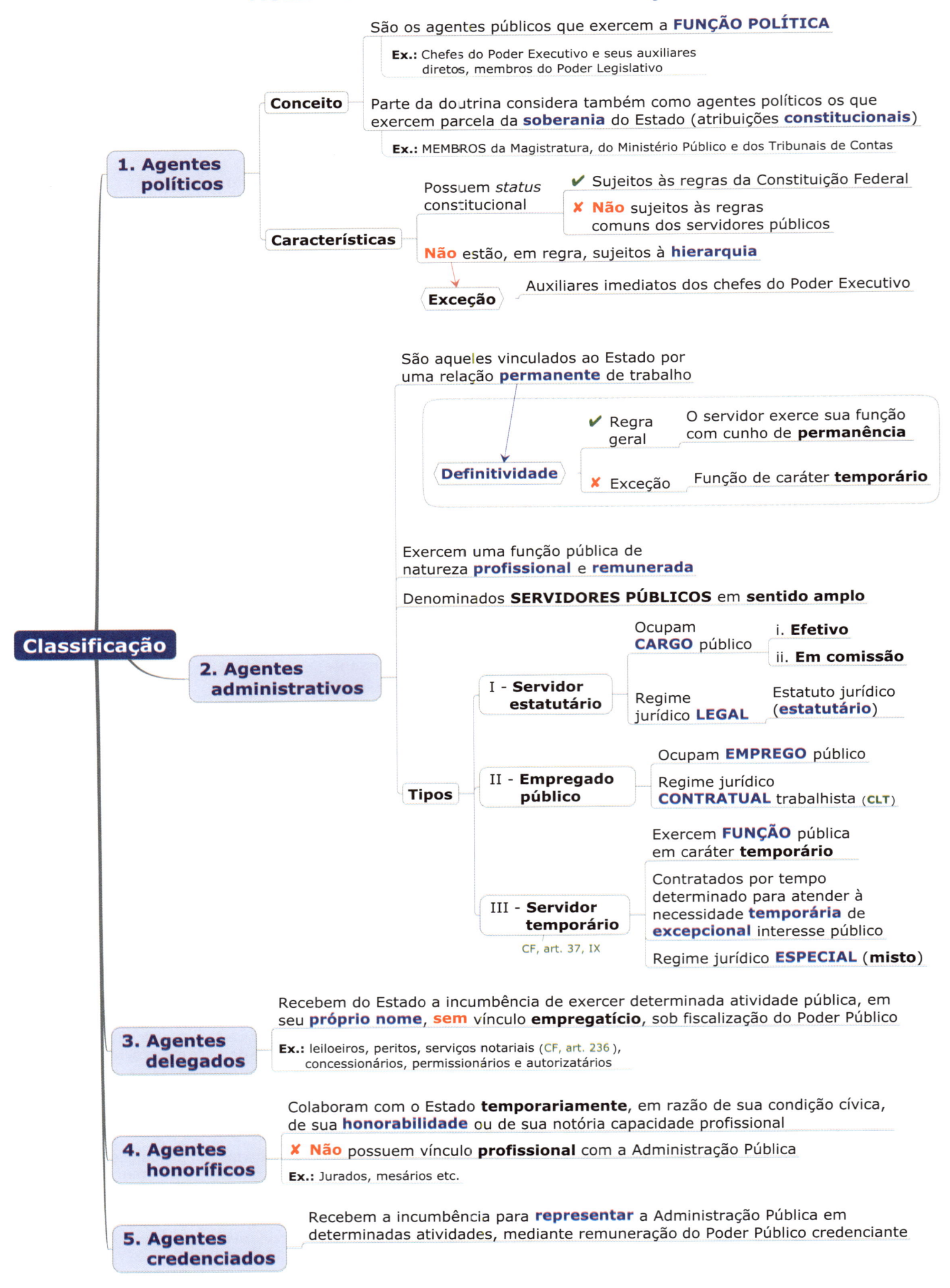

Classificação

1. Agentes políticos

Conceito
- São os agentes públicos que exercem a **FUNÇÃO POLÍTICA**
  - **Ex.:** Chefes do Poder Executivo e seus auxiliares diretos, membros do Poder Legislativo
- Parte da doutrina considera também como agentes políticos os que exercem parcela da **soberania** do Estado (atribuições **constitucionais**)
  - **Ex.:** MEMBROS da Magistratura, do Ministério Público e dos Tribunais de Contas

Características
- Possuem *status* constitucional
  - ✔ Sujeitos às regras da Constituição Federal
  - ✘ **Não** sujeitos às regras comuns dos servidores públicos
- **Não** estão, em regra, sujeitos à **hierarquia**
  - **Exceção:** Auxiliares imediatos dos chefes do Poder Executivo

2. Agentes administrativos

São aqueles vinculados ao Estado por uma relação **permanente** de trabalho

Definitividade
- ✔ Regra geral: O servidor exerce sua função com cunho de **permanência**
- ✘ Exceção: Função de caráter **temporário**

Exercem uma função pública de natureza **profissional** e **remunerada**

Denominados **SERVIDORES PÚBLICOS** em **sentido amplo**

Tipos:

I - Servidor estatutário
- Ocupam **CARGO** público
  - i. **Efetivo**
  - ii. **Em comissão**
- Regime jurídico **LEGAL** — Estatuto jurídico (**estatutário**)

II - Empregado público
- Ocupam **EMPREGO** público
- Regime jurídico **CONTRATUAL** trabalhista (**CLT**)

III - Servidor temporário (CF, art. 37, IX)
- Exercem **FUNÇÃO** pública em caráter **temporário**
- Contratados por tempo determinado para atender à necessidade **temporária** de **excepcional** interesse público
- Regime jurídico **ESPECIAL** (**misto**)

3. Agentes delegados

Recebem do Estado a incumbência de exercer determinada atividade pública, em seu **próprio nome**, **sem** vínculo **empregatício**, sob fiscalização do Poder Público

Ex.: leiloeiros, peritos, serviços notariais (CF, art. 236), concessionários, permissionários e autorizatários

4. Agentes honoríficos

Colaboram com o Estado **temporariamente**, em razão de sua condição cívica, de sua **honorabilidade** ou de sua notória capacidade profissional

✘ **Não** possuem vínculo **profissional** com a Administração Pública

Ex.: Jurados, mesários etc.

5. Agentes credenciados

Recebem a incumbência para **representar** a Administração Pública em determinadas atividades, mediante remuneração do Poder Público credenciante

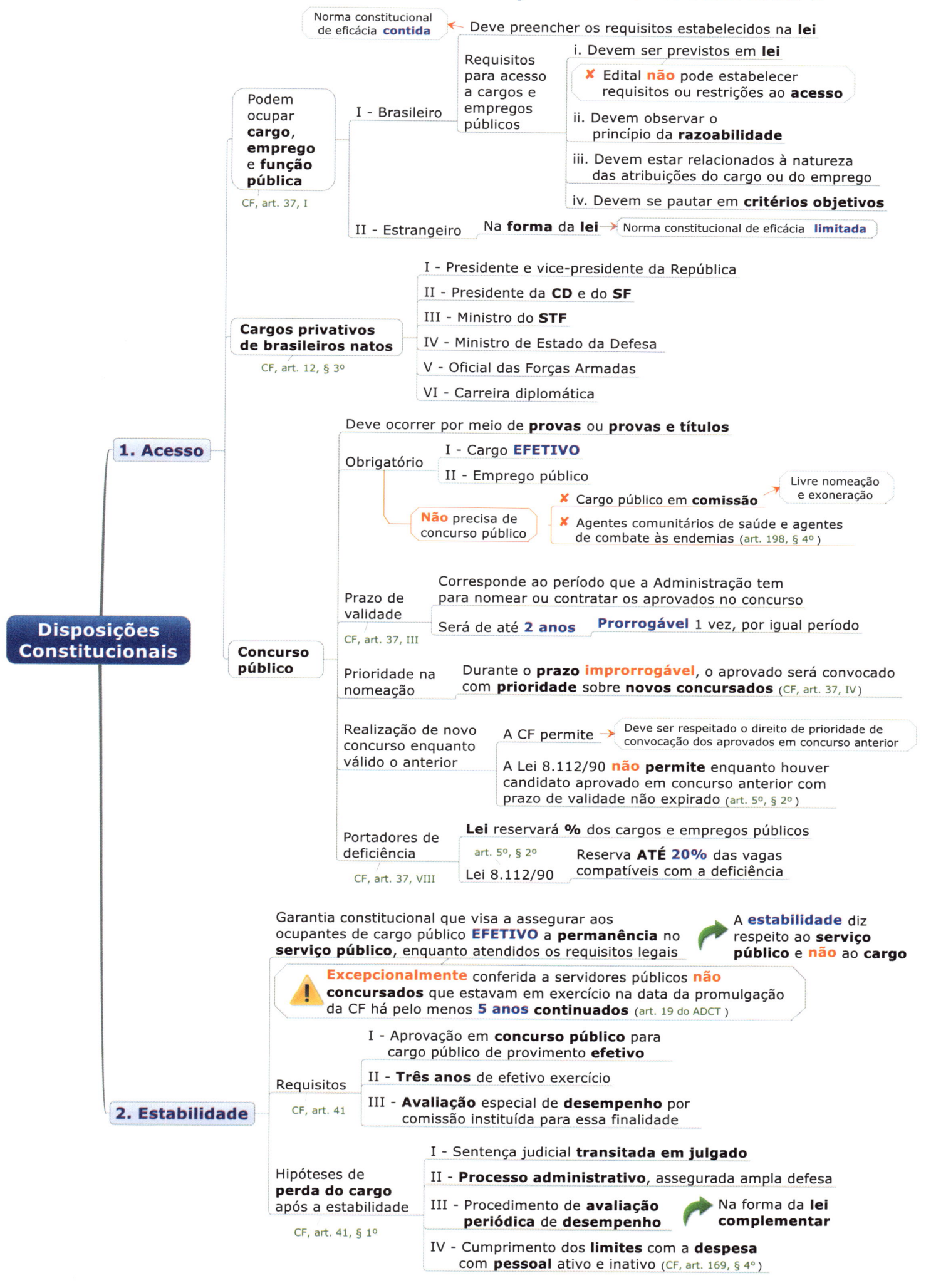

SERVIDORES PÚBLICOS - DISPOSIÇÕES CONSTITUCIONAIS I

Disposições Constitucionais

1. Acesso

Podem ocupar cargo, emprego e função pública (CF, art. 37, I)

- **I - Brasileiro**
  - Deve preencher os requisitos estabelecidos na **lei** → Norma constitucional de eficácia **contida**
  - Requisitos para acesso a cargos e empregos públicos:
    - i. Devem ser previstos em **lei**
      - ✗ Edital **não** pode estabelecer requisitos ou restrições ao **acesso**
    - ii. Devem observar o princípio da **razoabilidade**
    - iii. Devem estar relacionados à natureza das atribuições do cargo ou do emprego
    - iv. Devem se pautar em **critérios objetivos**
- **II - Estrangeiro** — Na **forma** da **lei** → Norma constitucional de eficácia **limitada**

Cargos privativos de brasileiros natos (CF, art. 12, § 3º)
- I - Presidente e vice-presidente da República
- II - Presidente da **CD** e do **SF**
- III - Ministro do **STF**
- IV - Ministro de Estado da Defesa
- V - Oficial das Forças Armadas
- VI - Carreira diplomática

Concurso público

- Deve ocorrer por meio de **provas** ou **provas e títulos**
- **Obrigatório**:
  - I - Cargo **EFETIVO**
  - II - Emprego público
- **Não** precisa de concurso público:
  - ✗ Cargo público em **comissão** → Livre nomeação e exoneração
  - ✗ Agentes comunitários de saúde e agentes de combate às endemias (art. 198, § 4º)
- **Prazo de validade** (CF, art. 37, III)
  - Corresponde ao período que a Administração tem para nomear ou contratar os aprovados no concurso
  - Será de até **2 anos** — **Prorrogável** 1 vez, por igual período
- **Prioridade na nomeação**
  - Durante o **prazo improrrogável**, o aprovado será convocado com **prioridade** sobre **novos concursados** (CF, art. 37, IV)
- **Realização de novo concurso enquanto válido o anterior**
  - A CF permite → Deve ser respeitado o direito de prioridade de convocação dos aprovados em concurso anterior
  - A Lei 8.112/90 **não** permite enquanto houver candidato aprovado em concurso anterior com prazo de validade não expirado (art. 5º, § 2º)
- **Portadores de deficiência** (CF, art. 37, VIII)
  - **Lei** reservará **%** dos cargos e empregos públicos (art. 5º, § 2º)
  - Lei 8.112/90 — Reserva **ATÉ 20%** das vagas compatíveis com a deficiência

2. Estabilidade

Garantia constitucional que visa a assegurar aos ocupantes de cargo público **EFETIVO** a **permanência** no **serviço público**, enquanto atendidos os requisitos legais
→ A **estabilidade** diz respeito ao **serviço público** e **não** ao **cargo**

⚠ **Excepcionalmente** conferida a servidores públicos **não concursados** que estavam em exercício na data da promulgação da CF há pelo menos **5 anos continuados** (art. 19 do ADCT)

Requisitos (CF, art. 41)
- I - Aprovação em **concurso público** para cargo público de provimento **efetivo**
- II - **Três anos** de efetivo exercício
- III - **Avaliação** especial de **desempenho** por comissão instituída para essa finalidade

Hipóteses de perda do cargo após a estabilidade (CF, art. 41, § 1º)
- I - Sentença judicial **transitada em julgado**
- II - **Processo administrativo**, assegurada ampla defesa
- III - Procedimento de **avaliação periódica** de **desempenho** → Na forma da **lei complementar**
- IV - Cumprimento dos **limites** com a **despesa** com **pessoal** ativo e inativo (CF, art. 169, § 4º)

SERVIDORES PÚBLICOS - DISPOSIÇÕES CONSTITUCIONAIS II

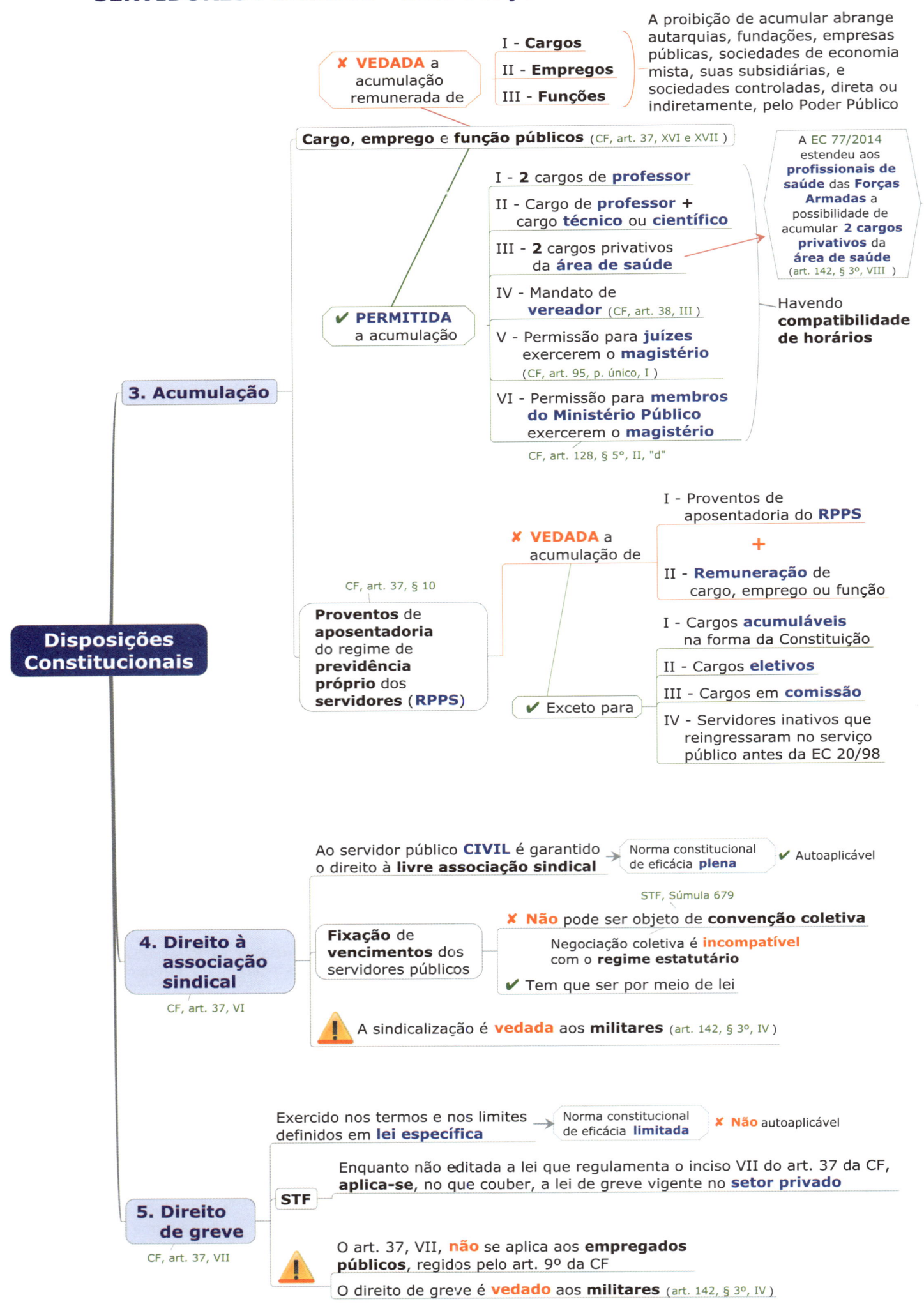

Disposições Constitucionais

3. Acumulação

✗ VEDADA a acumulação remunerada de:
- I - **Cargos**
- II - **Empregos**
- III - **Funções**

A proibição de acumular abrange autarquias, fundações, empresas públicas, sociedades de economia mista, suas subsidiárias, e sociedades controladas, direta ou indiretamente, pelo Poder Público

Cargo, emprego e função públicos (CF, art. 37, XVI e XVII)

✓ PERMITIDA a acumulação:
- I - **2 cargos de professor**
- II - Cargo de **professor** + cargo **técnico** ou **científico**
- III - **2 cargos privativos** da **área de saúde**
- IV - Mandato de **vereador** (CF, art. 38, III)
- V - Permissão para **juízes** exercerem o **magistério** (CF, art. 95, p. único, I)
- VI - Permissão para **membros do Ministério Público** exercerem o **magistério**

CF, art. 128, § 5º, II, "d"

A EC 77/2014 estendeu aos **profissionais de saúde** das **Forças Armadas** a possibilidade de acumular **2 cargos privativos** da **área de saúde** (art. 142, § 3º, VIII)

Havendo **compatibilidade de horários**

CF, art. 37, § 10

Proventos de aposentadoria do regime de **previdência próprio** dos **servidores (RPPS)**

✗ VEDADA a acumulação de:
- I - Proventos de aposentadoria do **RPPS**
- **+**
- II - **Remuneração** de cargo, emprego ou função

✓ Exceto para:
- I - Cargos **acumuláveis** na forma da Constituição
- II - Cargos **eletivos**
- III - Cargos em **comissão**
- IV - Servidores inativos que reingressaram no serviço público antes da EC 20/98

4. Direito à associação sindical
CF, art. 37, VI

Ao servidor público **CIVIL** é garantido o direito à **livre associação sindical** → Norma constitucional de eficácia **plena** → ✓ Autoaplicável

Fixação de **vencimentos** dos servidores públicos:
- STF, Súmula 679
- ✗ **Não** pode ser objeto de **convenção coletiva**
- Negociação coletiva é **incompatível** com o **regime estatutário**
- ✓ Tem que ser por meio de lei

⚠ A sindicalização é **vedada** aos **militares** (art. 142, § 3º, IV)

5. Direito de greve
CF, art. 37, VII

Exercido nos termos e nos limites definidos em **lei específica** → Norma constitucional de eficácia **limitada** → ✗ **Não** autoaplicável

STF: Enquanto não editada a lei que regulamenta o inciso VII do art. 37 da CF, **aplica-se**, no que couber, a lei de greve vigente no **setor privado**

⚠ O art. 37, VII, **não** se aplica aos **empregados públicos**, regidos pelo art. 9º da CF

O direito de greve é **vedado** aos **militares** (art. 142, § 3º, IV)

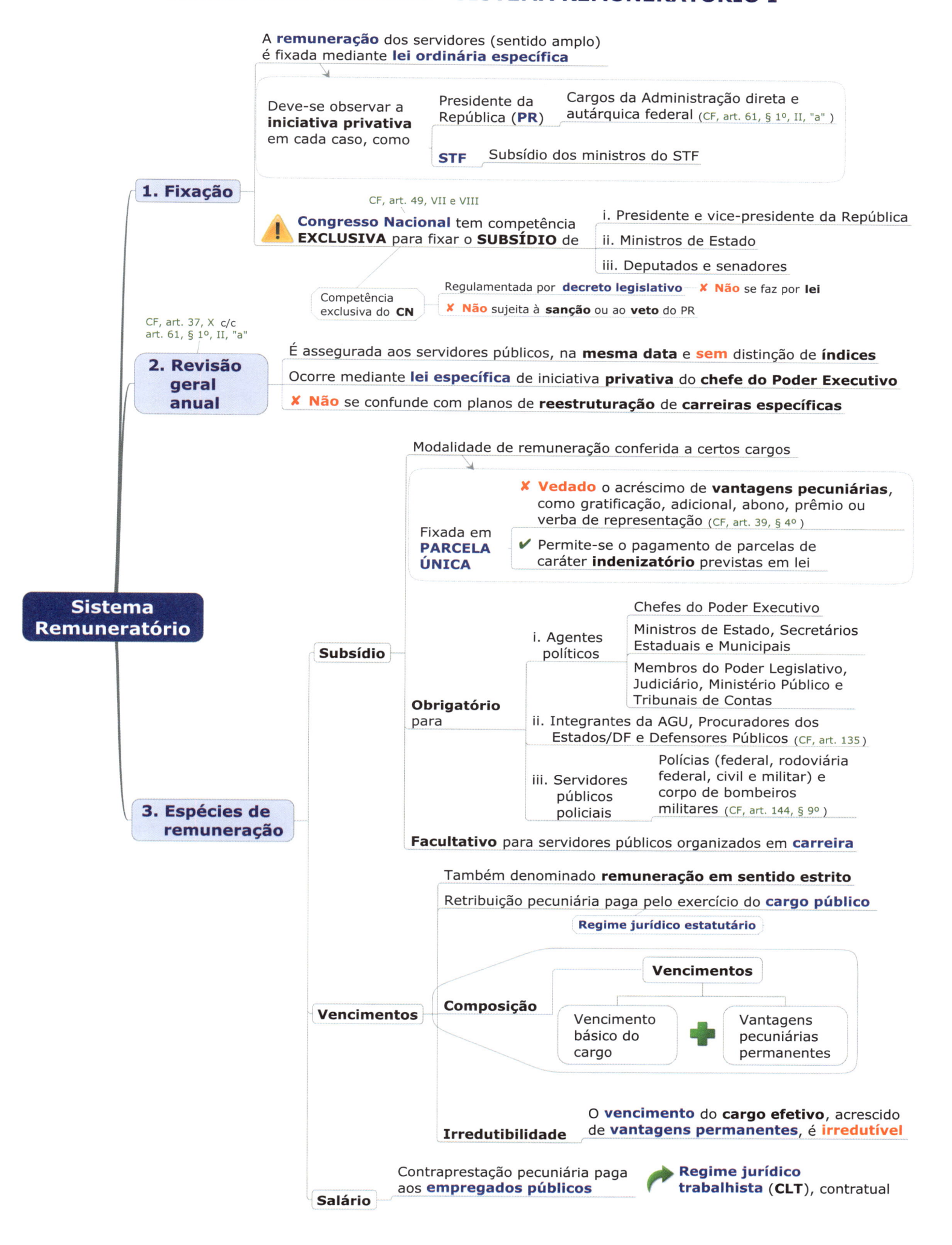

SERVIDORES PÚBLICOS - SISTEMA REMUNERATÓRIO I

Sistema Remuneratório

1. Fixação

A **remuneração** dos servidores (sentido amplo) é fixada mediante **lei ordinária específica**

Deve-se observar a **iniciativa privativa** em cada caso, como:
- **Presidente da República (PR)** — Cargos da Administração direta e autárquica federal (CF, art. 61, § 1º, II, "a")
- **STF** — Subsídio dos ministros do STF

⚠️ CF, art. 49, VII e VIII — **Congresso Nacional** tem competência **EXCLUSIVA** para fixar o **SUBSÍDIO** de:
i. Presidente e vice-presidente da República
ii. Ministros de Estado
iii. Deputados e senadores

Competência exclusiva do **CN**:
- Regulamentada por **decreto legislativo** — ✗ Não se faz por **lei**
- ✗ Não sujeita à **sanção** ou ao **veto** do PR

2. Revisão geral anual

CF, art. 37, X c/c art. 61, § 1º, II, "a"

- É assegurada aos servidores públicos, na **mesma data** e **sem** distinção de **índices**
- Ocorre mediante **lei específica** de iniciativa **privativa** do **chefe do Poder Executivo**
- ✗ **Não** se confunde com planos de **reestruturação** de **carreiras específicas**

3. Espécies de remuneração

Subsídio

Modalidade de remuneração conferida a certos cargos

Fixada em PARCELA ÚNICA
- ✗ **Vedado** o acréscimo de **vantagens pecuniárias**, como gratificação, adicional, abono, prêmio ou verba de representação (CF, art. 39, § 4º)
- ✓ Permite-se o pagamento de parcelas de caráter **indenizatório** previstas em lei

Obrigatório para:

i. Agentes políticos:
- Chefes do Poder Executivo
- Ministros de Estado, Secretários Estaduais e Municipais
- Membros do Poder Legislativo, Judiciário, Ministério Público e Tribunais de Contas

ii. Integrantes da AGU, Procuradores dos Estados/DF e Defensores Públicos (CF, art. 135)

iii. Servidores públicos policiais: Polícias (federal, rodoviária federal, civil e militar) e corpo de bombeiros militares (CF, art. 144, § 9º)

Facultativo para servidores públicos organizados em **carreira**

Vencimentos

- Também denominado **remuneração em sentido estrito**
- Retribuição pecuniária paga pelo exercício do **cargo público**
- **Regime jurídico estatutário**

Composição: Vencimentos = Vencimento básico do cargo + Vantagens pecuniárias permanentes

Irredutibilidade: O **vencimento** do **cargo efetivo**, acrescido de **vantagens permanentes**, é **irredutível**

Salário

Contraprestação pecuniária paga aos **empregados públicos** → **Regime jurídico trabalhista (CLT)**, contratual

115

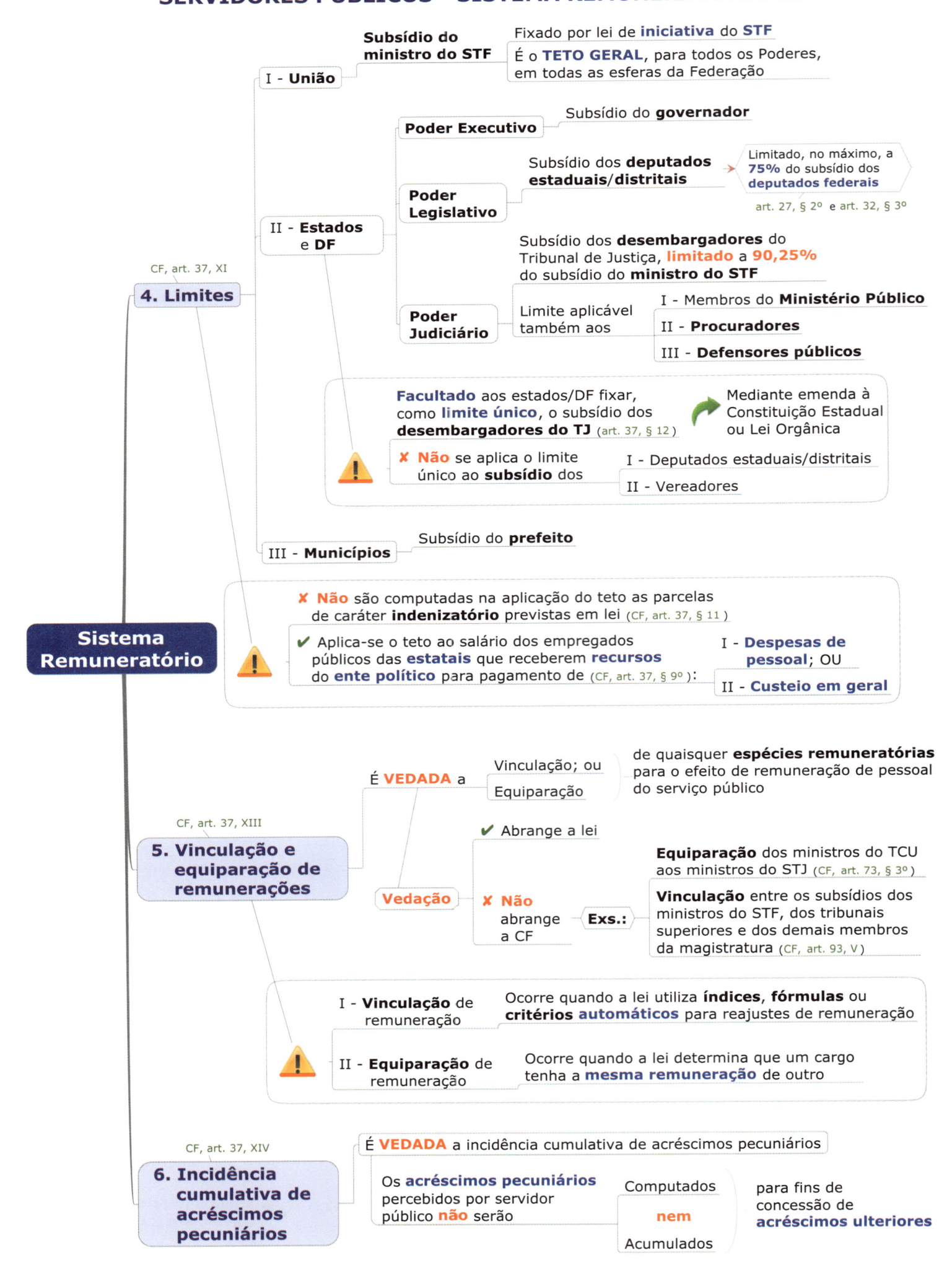

SERVIDORES PÚBLICOS - SISTEMA REMUNERATÓRIO II

Sistema Remuneratório

4. Limites (CF, art. 37, XI)

- **I - União** — Subsídio do ministro do STF
  - Fixado por lei de iniciativa do STF
  - É o **TETO GERAL**, para todos os Poderes, em todas as esferas da Federação

- **II - Estados e DF**
  - **Poder Executivo** — Subsídio do **governador**
  - **Poder Legislativo** — Subsídio dos **deputados estaduais/distritais** → Limitado, no máximo, a **75%** do subsídio dos **deputados federais** (art. 27, § 2º e art. 32, § 3º)
  - **Poder Judiciário** — Subsídio dos **desembargadores** do Tribunal de Justiça, **limitado** a **90,25%** do subsídio do **ministro do STF**
    - Limite aplicável também aos:
      - I - Membros do **Ministério Público**
      - II - **Procuradores**
      - III - **Defensores públicos**

⚠️ **Facultado** aos estados/DF fixar, como **limite único**, o subsídio dos **desembargadores do TJ** (art. 37, § 12) → Mediante emenda à Constituição Estadual ou Lei Orgânica

✗ **Não** se aplica o limite único ao **subsídio** dos:
- I - Deputados estaduais/distritais
- II - Vereadores

- **III - Municípios** — Subsídio do **prefeito**

⚠️ ✗ **Não** são computadas na aplicação do teto as parcelas de caráter **indenizatório** previstas em lei (CF, art. 37, § 11)

✔ Aplica-se o teto ao salário dos empregados públicos das **estatais** que receberem **recursos** do **ente político** para pagamento de (CF, art. 37, § 9º):
- I - **Despesas de pessoal**; OU
- II - **Custeio em geral**

5. Vinculação e equiparação de remunerações (CF, art. 37, XIII)

- É **VEDADA** a Vinculação; ou Equiparação de quaisquer **espécies remuneratórias** para o efeito de remuneração de pessoal do serviço público

- **Vedação**
  - ✔ Abrange a lei
  - ✗ **Não** abrange a CF — Exs.:
    - **Equiparação** dos ministros do TCU aos ministros do STJ (CF, art. 73, § 3º)
    - **Vinculação** entre os subsídios dos ministros do STF, dos tribunais superiores e dos demais membros da magistratura (CF, art. 93, V)

⚠️
- **I - Vinculação** de remuneração — Ocorre quando a lei utiliza **índices**, **fórmulas** ou **critérios automáticos** para reajustes de remuneração
- **II - Equiparação** de remuneração — Ocorre quando a lei determina que um cargo tenha a **mesma remuneração** de outro

6. Incidência cumulativa de acréscimos pecuniários (CF, art. 37, XIV)

- É **VEDADA** a incidência cumulativa de acréscimos pecuniários
- Os **acréscimos pecuniários** percebidos por servidor público **não** serão Computados nem Acumulados para fins de concessão de **acréscimos ulteriores**

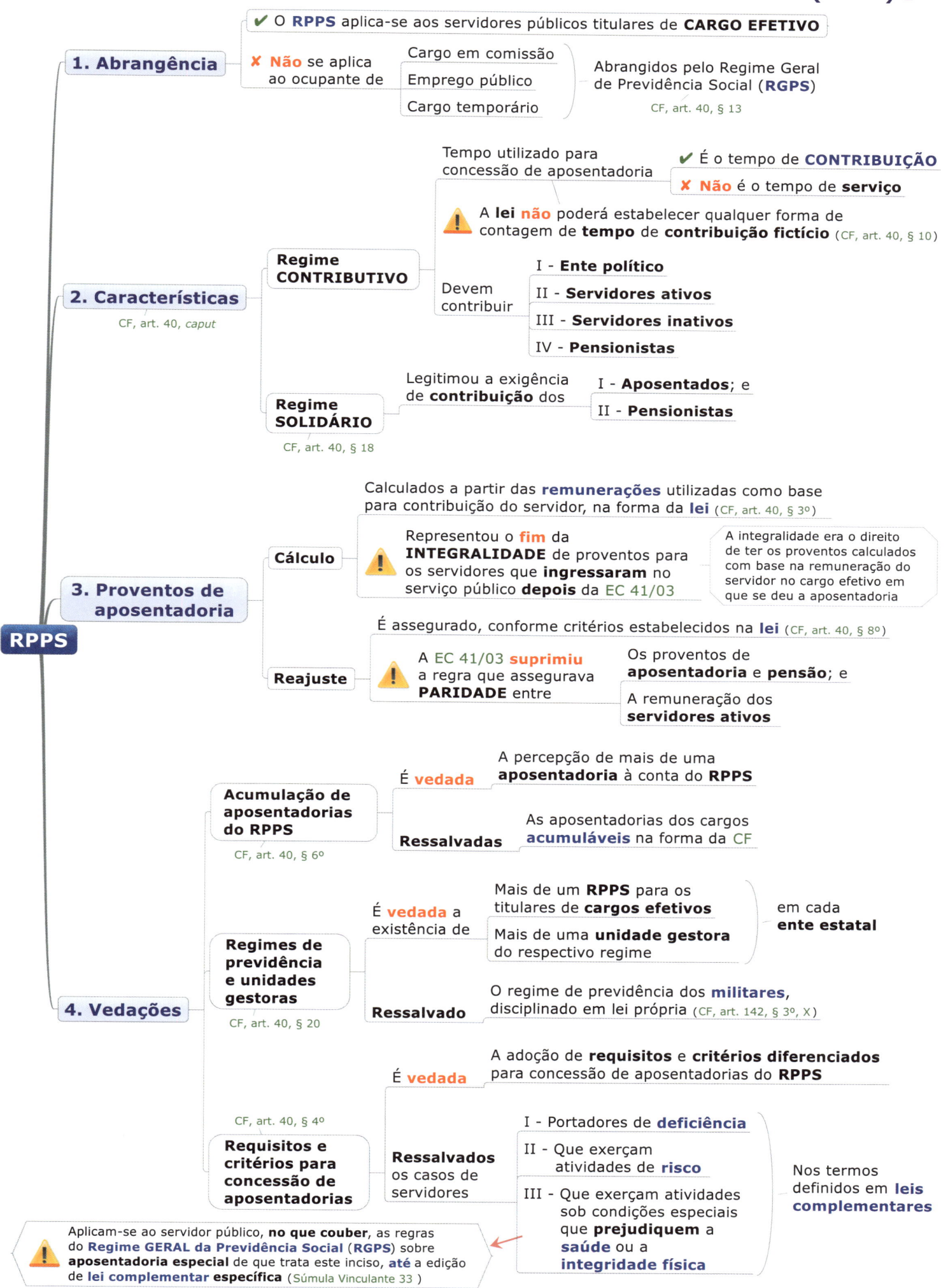

REGIME PRÓPRIO DE PREVIDÊNCIA DOS SERVIDORES PÚBLICOS (RPPS) I

RPPS

1. Abrangência
- ✓ O **RPPS** aplica-se aos servidores públicos titulares de **CARGO EFETIVO**
- ✗ **Não** se aplica ao ocupante de:
  - Cargo em comissão
  - Emprego público
  - Cargo temporário

  Abrangidos pelo Regime Geral de Previdência Social (**RGPS**) — CF, art. 40, § 13

2. Características
CF, art. 40, caput

Regime CONTRIBUTIVO
- Tempo utilizado para concessão de aposentadoria:
  - ✓ É o tempo de **CONTRIBUIÇÃO**
  - ✗ **Não** é o tempo de **serviço**
- ⚠ A **lei não** poderá estabelecer qualquer forma de contagem de **tempo** de **contribuição fictício** (CF, art. 40, § 10)
- Devem contribuir:
  - I - Ente político
  - II - Servidores ativos
  - III - Servidores inativos
  - IV - Pensionistas

Regime SOLIDÁRIO
CF, art. 40, § 18
- Legitimou a exigência de **contribuição** dos:
  - I - Aposentados; e
  - II - Pensionistas

3. Proventos de aposentadoria

Cálculo
- Calculados a partir das **remunerações** utilizadas como base para contribuição do servidor, na forma da **lei** (CF, art. 40, § 3º)
- ⚠ Representou o **fim** da **INTEGRALIDADE** de proventos para os servidores que **ingressaram** no serviço público **depois** da EC 41/03
  - A integralidade era o direito de ter os proventos calculados com base na remuneração do servidor no cargo efetivo em que se deu a aposentadoria

Reajuste
- É assegurado, conforme critérios estabelecidos na **lei** (CF, art. 40, § 8º)
- ⚠ A EC 41/03 **suprimiu** a regra que assegurava **PARIDADE** entre:
  - Os proventos de **aposentadoria** e **pensão**; e
  - A remuneração dos **servidores ativos**

4. Vedações

Acumulação de aposentadorias do RPPS
CF, art. 40, § 6º
- **É vedada** a percepção de mais de uma **aposentadoria** à conta do **RPPS**
- **Ressalvadas** as aposentadorias dos cargos **acumuláveis** na forma da CF

Regimes de previdência e unidades gestoras
CF, art. 40, § 20
- **É vedada** a existência de:
  - Mais de um **RPPS** para os titulares de **cargos efetivos**
  - Mais de uma **unidade gestora** do respectivo regime

  em cada **ente estatal**
- **Ressalvado** o regime de previdência dos **militares**, disciplinado em lei própria (CF, art. 142, § 3º, X)

Requisitos e critérios para concessão de aposentadorias
CF, art. 40, § 4º
- **É vedada** a adoção de **requisitos** e **critérios diferenciados** para concessão de aposentadorias do **RPPS**
- **Ressalvados** os casos de servidores:
  - I - Portadores de **deficiência**
  - II - Que exerçam atividades de **risco**
  - III - Que exerçam atividades sob condições especiais que **prejudiquem** a **saúde** ou a **integridade física**

  Nos termos definidos em **leis complementares**

⚠ Aplicam-se ao servidor público, **no que couber**, as regras do **Regime GERAL da Previdência Social** (**RGPS**) sobre **aposentadoria especial** de que trata este inciso, **até** a edição de **lei complementar específica** (Súmula Vinculante 33)

117

REGIME PRÓPRIO DE PREVIDÊNCIA DOS SERVIDORES PÚBLICOS (RPPS) II

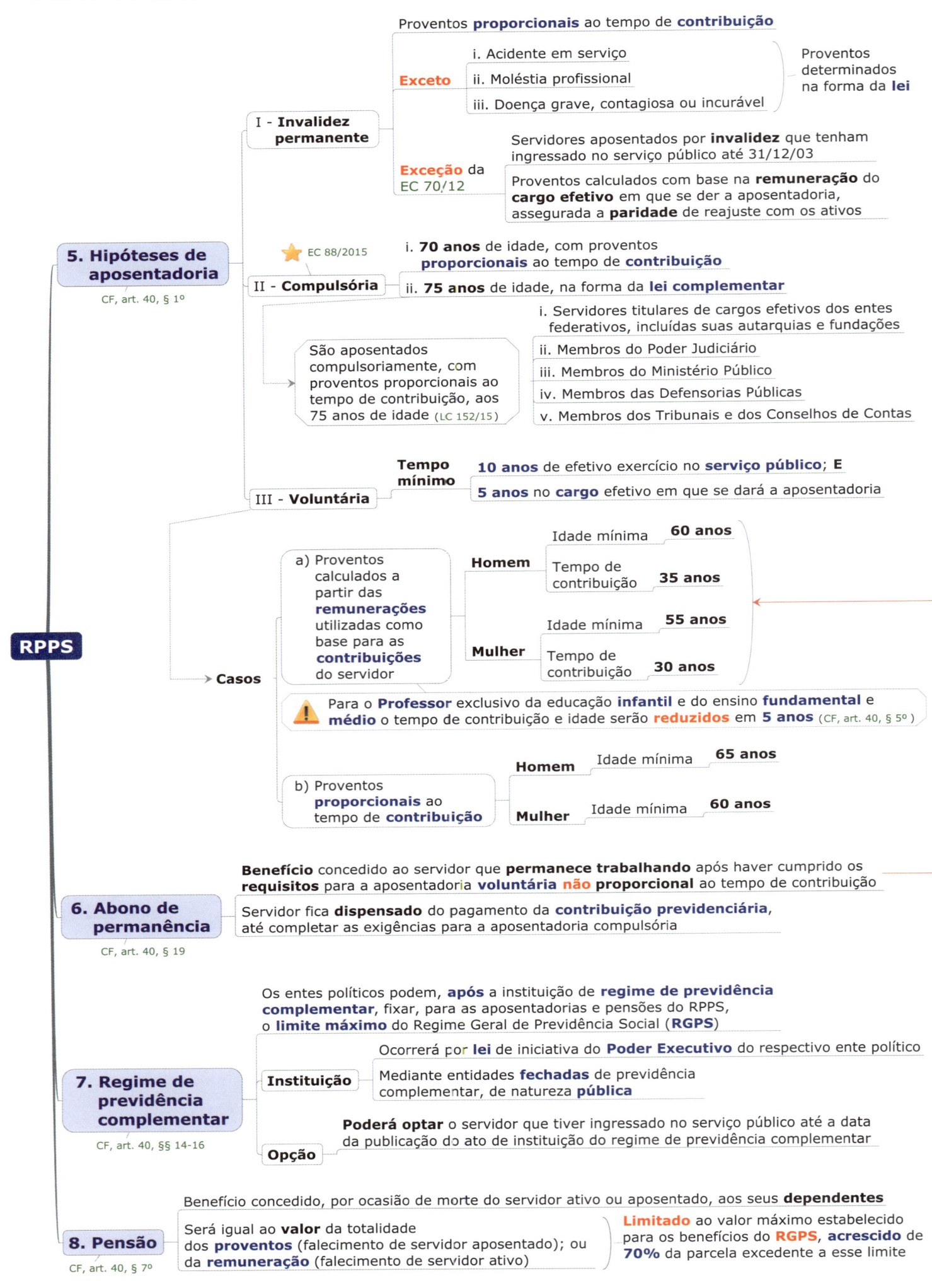

RPPS

5. Hipóteses de aposentadoria
CF, art. 40, § 1º

I - Invalidez permanente
Proventos **proporcionais** ao tempo de **contribuição**

Exceto
- i. Acidente em serviço
- ii. Moléstia profissional
- iii. Doença grave, contagiosa ou incurável

→ Proventos determinados na forma da **lei**

Exceção da EC 70/12
- Servidores aposentados por **invalidez** que tenham ingressado no serviço público até 31/12/03
- Proventos calculados com base na **remuneração** do **cargo efetivo** em que se der a aposentadoria, assegurada a **paridade** de reajuste com os ativos

II - Compulsória
★ EC 88/2015
- i. **70 anos** de idade, com proventos **proporcionais** ao tempo de **contribuição**
- ii. **75 anos** de idade, na forma da **lei complementar**

São aposentados compulsoriamente, com proventos proporcionais ao tempo de contribuição, aos 75 anos de idade (LC 152/15):
- i. Servidores titulares de cargos efetivos dos entes federativos, incluídas suas autarquias e fundações
- ii. Membros do Poder Judiciário
- iii. Membros do Ministério Público
- iv. Membros das Defensorias Públicas
- v. Membros dos Tribunais e dos Conselhos de Contas

III - Voluntária
Tempo mínimo
- **10 anos** de efetivo exercício no **serviço público**; **E**
- **5 anos** no **cargo** efetivo em que se dará a aposentadoria

Casos

a) Proventos calculados a partir das **remunerações** utilizadas como base para as **contribuições** do servidor
- **Homem**: Idade mínima **60 anos**; Tempo de contribuição **35 anos**
- **Mulher**: Idade mínima **55 anos**; Tempo de contribuição **30 anos**

⚠ Para o **Professor** exclusivo da educação **infantil** e do ensino **fundamental** e **médio** o tempo de contribuição e idade serão **reduzidos** em **5 anos** (CF, art. 40, § 5º)

b) Proventos **proporcionais** ao tempo de **contribuição**
- **Homem**: Idade mínima **65 anos**
- **Mulher**: Idade mínima **60 anos**

6. Abono de permanência
CF, art. 40, § 19

Benefício concedido ao servidor que **permanece trabalhando** após haver cumprido os **requisitos** para a aposentadoria **voluntária não** proporcional ao tempo de contribuição

Servidor fica **dispensado** do pagamento da **contribuição previdenciária**, até completar as exigências para a aposentadoria compulsória

7. Regime de previdência complementar
CF, art. 40, §§ 14-16

Os entes políticos podem, **após** a instituição de **regime de previdência complementar**, fixar, para as aposentadorias e pensões do RPPS, o **limite máximo** do Regime Geral de Previdência Social (**RGPS**)

Instituição
- Ocorrerá por **lei** de iniciativa do **Poder Executivo** do respectivo ente político
- Mediante entidades **fechadas** de previdência complementar, de natureza **pública**

Opção
- **Poderá optar** o servidor que tiver ingressado no serviço público até a data da publicação do ato de instituição do regime de previdência complementar

8. Pensão
CF, art. 40, § 7º

Benefício concedido, por ocasião de morte do servidor ativo ou aposentado, aos seus **dependentes**

Será igual ao **valor** da totalidade dos **proventos** (falecimento de servidor aposentado); ou da **remuneração** (falecimento de servidor ativo)

Limitado ao valor máximo estabelecido para os benefícios do **RGPS**, **acrescido** de **70%** da parcela excedente a esse limite

118

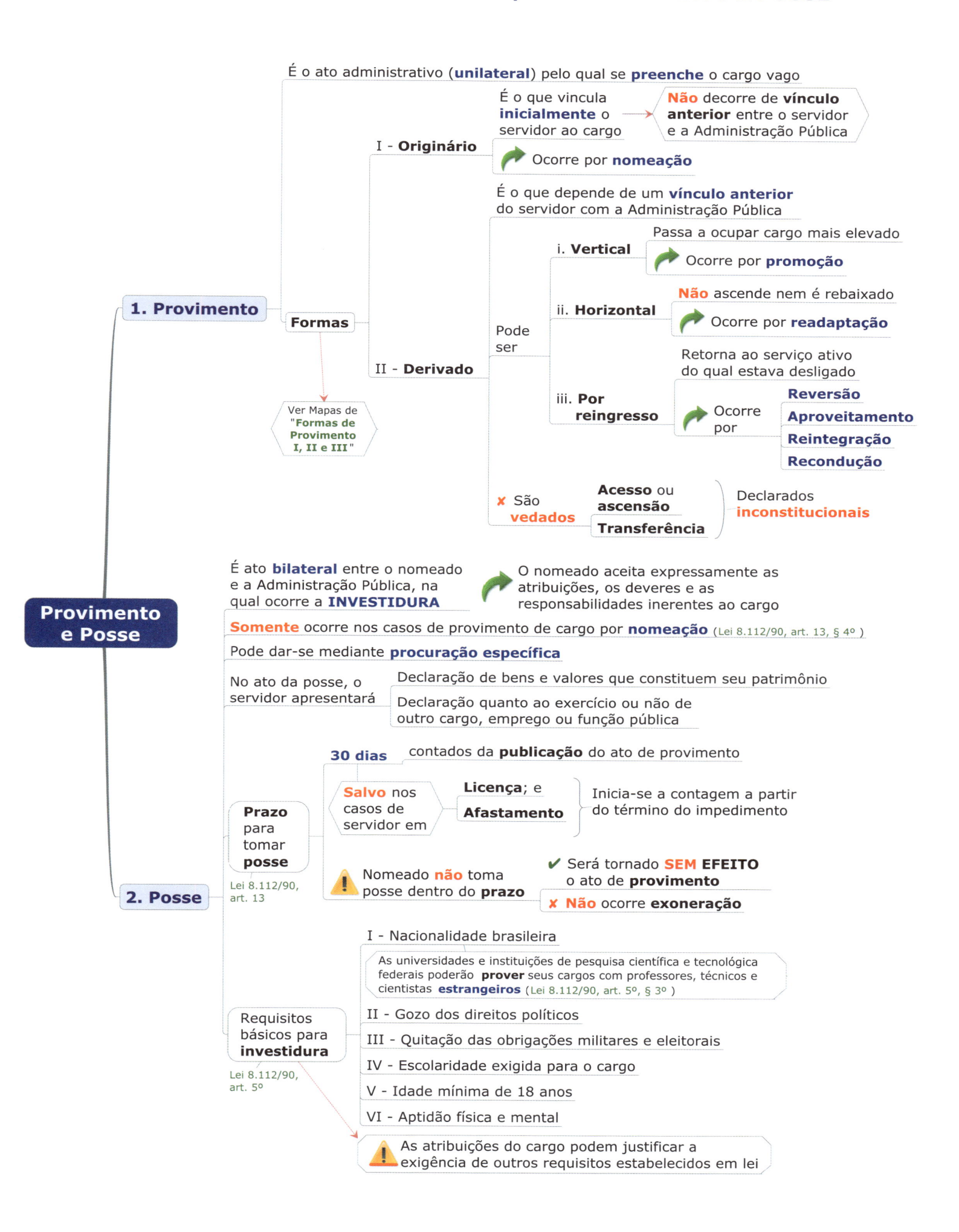

SERVIDORES PÚBLICOS - LEI 8.112/90 - PROVIMENTO E POSSE

Provimento e Posse

1. Provimento

É o ato administrativo (**unilateral**) pelo qual se **preenche** o cargo vago

Formas

- **I - Originário**
  - É o que vincula **inicialmente** o servidor ao cargo → **Não** decorre de **vínculo anterior** entre o servidor e a Administração Pública
  - Ocorre por **nomeação**

- **II - Derivado**
  - É o que depende de um **vínculo anterior** do servidor com a Administração Pública
  - Pode ser:
    - **i. Vertical** — Passa a ocupar cargo mais elevado → Ocorre por **promoção**
    - **ii. Horizontal** — **Não** ascende nem é rebaixado → Ocorre por **readaptação**
    - **iii. Por reingresso** — Retorna ao serviço ativo do qual estava desligado → Ocorre por:
      - Reversão
      - Aproveitamento
      - Reintegração
      - Recondução

Ver Mapas de "Formas de Provimento I, II e III"

- ✗ São **vedados**:
  - **Acesso** ou **ascensão** — Declarados **inconstitucionais**
  - **Transferência**

2. Posse
Lei 8.112/90, art. 13

- É ato **bilateral** entre o nomeado e a Administração Pública, na qual ocorre a **INVESTIDURA** → O nomeado aceita expressamente as atribuições, os deveres e as responsabilidades inerentes ao cargo
- **Somente** ocorre nos casos de provimento de cargo por **nomeação** (Lei 8.112/90, art. 13, § 4º)
- Pode dar-se mediante **procuração específica**
- No ato da posse, o servidor apresentará:
  - Declaração de bens e valores que constituem seu patrimônio
  - Declaração quanto ao exercício ou não de outro cargo, emprego ou função pública

- **Prazo para tomar posse**
  - **30 dias** contados da **publicação** do ato de provimento
  - **Salvo** nos casos de servidor em **Licença**; e **Afastamento** — Inicia-se a contagem a partir do término do impedimento
  - ⚠ Nomeado **não** toma posse dentro do **prazo**:
    - ✓ Será tornado **SEM EFEITO** o ato de **provimento**
    - ✗ **Não** ocorre **exoneração**

- **Requisitos básicos para investidura**
Lei 8.112/90, art. 5º
  - I - Nacionalidade brasileira
    - As universidades e instituições de pesquisa científica e tecnológica federais poderão **prover** seus cargos com professores, técnicos e cientistas **estrangeiros** (Lei 8.112/90, art. 5º, § 3º)
  - II - Gozo dos direitos políticos
  - III - Quitação das obrigações militares e eleitorais
  - IV - Escolaridade exigida para o cargo
  - V - Idade mínima de 18 anos
  - VI - Aptidão física e mental
  - ⚠ As atribuições do cargo podem justificar a exigência de outros requisitos estabelecidos em lei

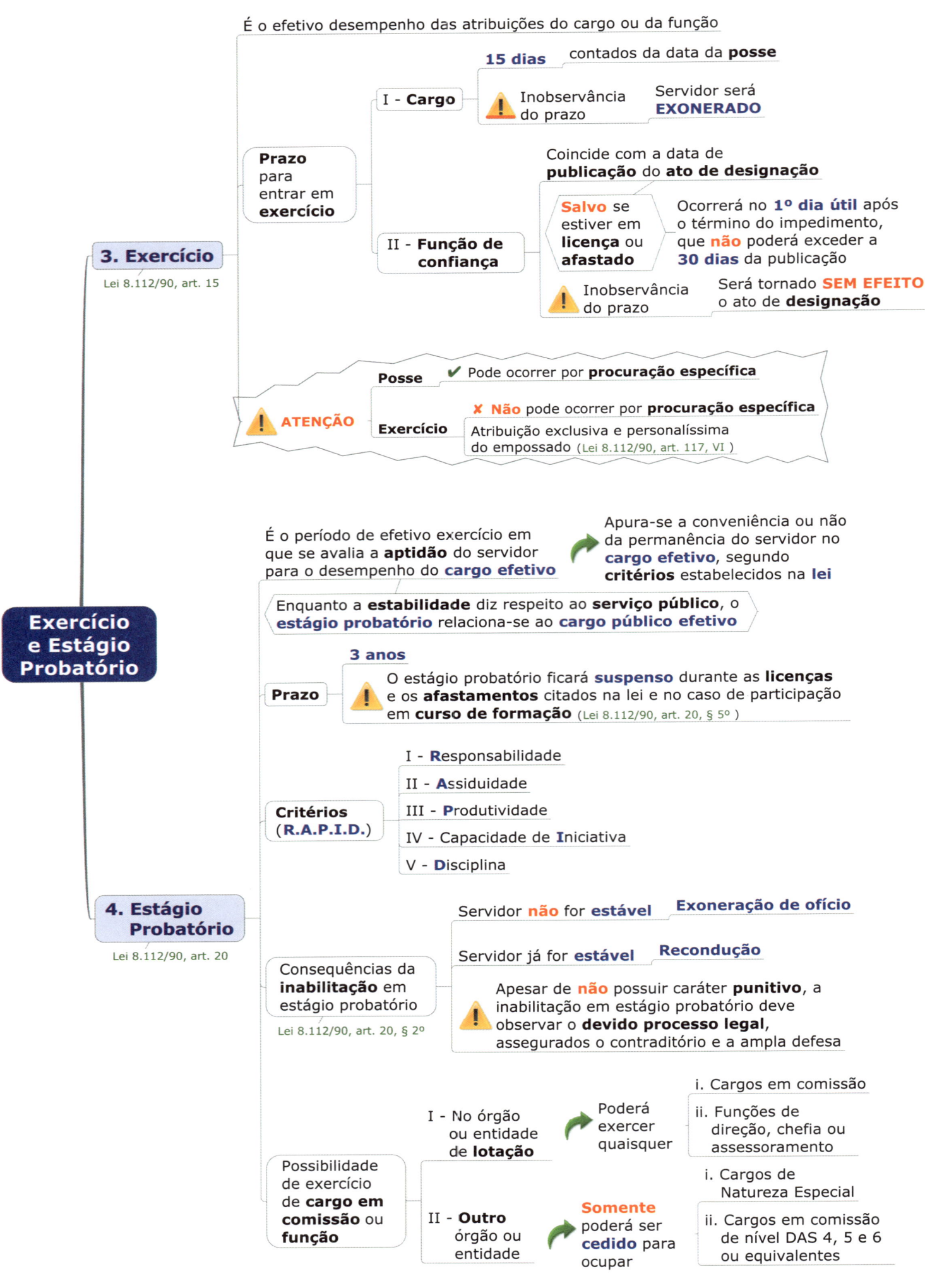

SERVIDORES PÚBLICOS - LEI 8.112/90 - EXERCÍCIO E ESTÁGIO PROBATÓRIO

Exercício e Estágio Probatório

3. Exercício
Lei 8.112/90, art. 15

É o efetivo desempenho das atribuições do cargo ou da função

Prazo para entrar em exercício

- **I - Cargo**: 15 dias contados da data da **posse**
  - ⚠ Inobservância do prazo → Servidor será **EXONERADO**

- **II - Função de confiança**: Coincide com a data de **publicação** do **ato de designação**
  - **Salvo** se estiver em **licença** ou **afastado** → Ocorrerá no **1º dia útil** após o término do impedimento, que **não** poderá exceder a **30 dias** da publicação
  - ⚠ Inobservância do prazo → Será tornado **SEM EFEITO** o ato de **designação**

⚠ **ATENÇÃO**
- **Posse**: ✓ Pode ocorrer por **procuração específica**
- **Exercício**: ✗ **Não** pode ocorrer por **procuração específica**. Atribuição exclusiva e personalíssima do empossado (Lei 8.112/90, art. 117, VI)

4. Estágio Probatório
Lei 8.112/90, art. 20

É o período de efetivo exercício em que se avalia a **aptidão** do servidor para o desempenho do **cargo efetivo**

↪ Apura-se a conveniência ou não da permanência do servidor no **cargo efetivo**, segundo **critérios** estabelecidos na **lei**

Enquanto a **estabilidade** diz respeito ao **serviço público**, o **estágio probatório** relaciona-se ao **cargo público efetivo**

Prazo: 3 anos
- ⚠ O estágio probatório ficará **suspenso** durante as **licenças** e os **afastamentos** citados na lei e no caso de participação em **curso de formação** (Lei 8.112/90, art. 20, § 5º)

Critérios (R.A.P.I.D.)
- I - **R**esponsabilidade
- II - **A**ssiduidade
- III - **P**rodutividade
- IV - Capacidade de **I**niciativa
- V - **D**isciplina

Consequências da inabilitação em estágio probatório (Lei 8.112/90, art. 20, § 2º)
- Servidor **não** for **estável** → **Exoneração de ofício**
- Servidor já for **estável** → **Recondução**
- ⚠ Apesar de **não** possuir caráter **punitivo**, a inabilitação em estágio probatório deve observar o **devido processo legal**, assegurados o contraditório e a ampla defesa

Possibilidade de exercício de cargo em comissão ou função
- **I - No órgão ou entidade de lotação** → Poderá exercer quaisquer:
  - i. Cargos em comissão
  - ii. Funções de direção, chefia ou assessoramento
- **II - Outro órgão ou entidade** → **Somente** poderá ser **cedido** para ocupar:
  - i. Cargos de Natureza Especial
  - ii. Cargos em comissão de nível DAS 4, 5 e 6 ou equivalentes

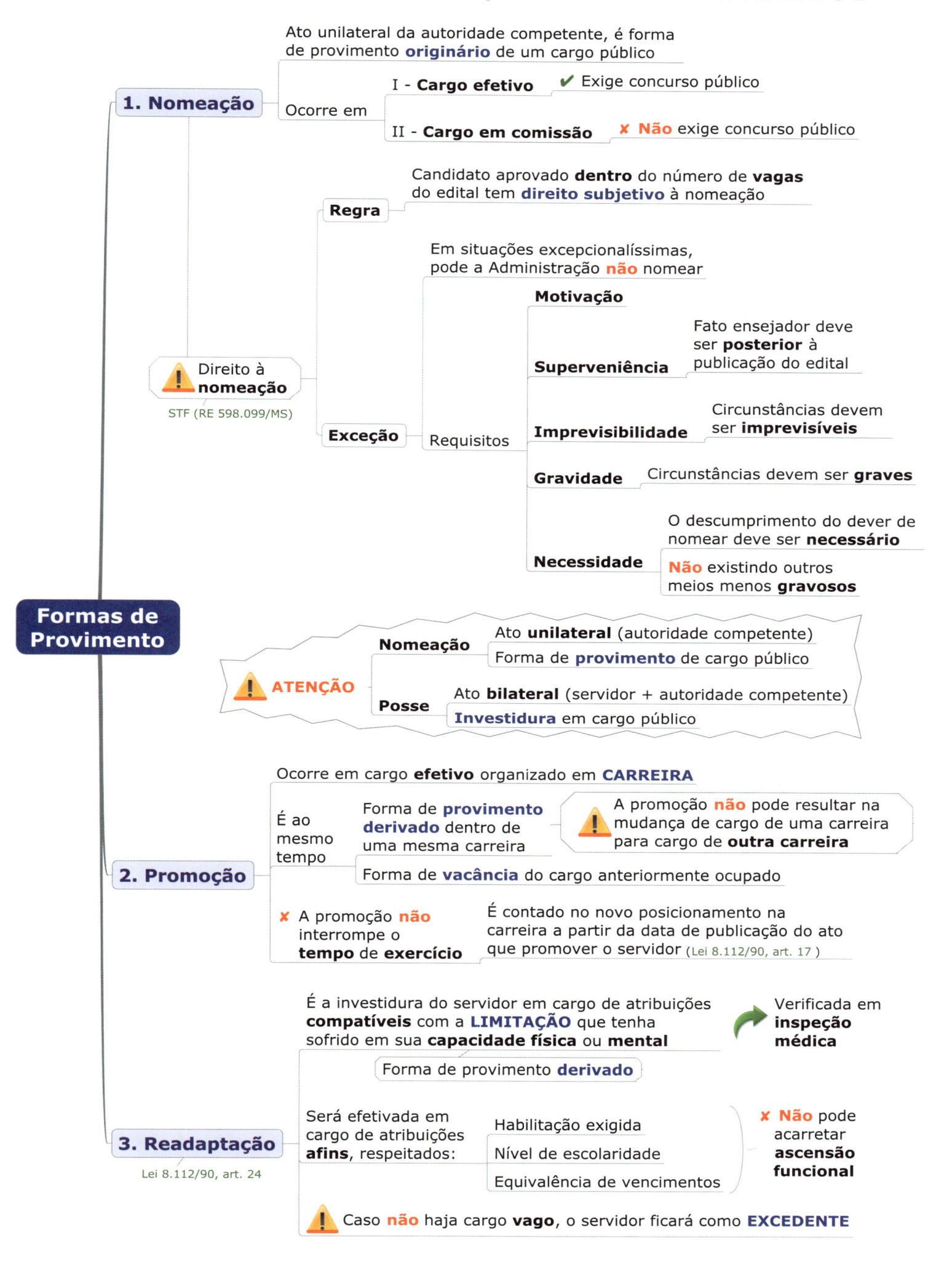

SERVIDORES PÚBLICOS - LEI 8.112/90 - FORMAS DE PROVIMENTO I

Formas de Provimento

1. Nomeação

Ato unilateral da autoridade competente, é forma de provimento **originário** de um cargo público

Ocorre em:
- **I - Cargo efetivo** ✔ Exige concurso público
- **II - Cargo em comissão** ✘ **Não** exige concurso público

Direito à nomeação
STF (RE 598.099/MS)

- **Regra**: Candidato aprovado **dentro** do número de **vagas** do edital tem **direito subjetivo** à nomeação
- **Exceção**: Em situações excepcionalíssimas, pode a Administração **não** nomear

Requisitos:
- **Motivação**
- **Superveniência**: Fato ensejador deve ser **posterior** à publicação do edital
- **Imprevisibilidade**: Circunstâncias devem ser **imprevisíveis**
- **Gravidade**: Circunstâncias devem ser **graves**
- **Necessidade**: O descumprimento do dever de nomear deve ser **necessário**. **Não** existindo outros meios menos **gravosos**

⚠ ATENÇÃO

- **Nomeação**
  - Ato **unilateral** (autoridade competente)
  - Forma de **provimento** de cargo público
- **Posse**
  - Ato **bilateral** (servidor + autoridade competente)
  - **Investidura** em cargo público

2. Promoção

Ocorre em cargo **efetivo** organizado em **CARREIRA**

É ao mesmo tempo:
- Forma de **provimento derivado** dentro de uma mesma carreira
  - ⚠ A promoção **não** pode resultar na mudança de cargo de uma carreira para cargo de **outra carreira**
- Forma de **vacância** do cargo anteriormente ocupado

✘ A promoção **não** interrompe o **tempo** de **exercício** — É contado no novo posicionamento na carreira a partir da data de publicação do ato que promover o servidor (Lei 8.112/90, art. 17)

3. Readaptação
Lei 8.112/90, art. 24

É a investidura do servidor em cargo de atribuições **compatíveis** com a LIMITAÇÃO que tenha sofrido em sua **capacidade física** ou **mental**
↳ Verificada em **inspeção médica**

Forma de provimento **derivado**

Será efetivada em cargo de atribuições **afins**, respeitados:
- Habilitação exigida
- Nível de escolaridade
- Equivalência de vencimentos

✘ **Não** pode acarretar **ascensão funcional**

⚠ Caso **não** haja cargo **vago**, o servidor ficará como **EXCEDENTE**

SERVIDORES PÚBLICOS - LEI 8.112/90 - FORMAS DE PROVIMENTO II

Formas de Provimento

4. Reversão
Lei 8.112/90, arts. 25 e 27

- É o **retorno** à atividade do **APOSENTADO**
  - Forma de provimento **derivado**
- **Deve ocorrer**:
  - I - No mesmo cargo; OU
  - II - No cargo resultante de sua transformação
- **Modalidades**:
  - **I - Reversão de ofício** — **Por invalidez**
    - Junta médica oficial declara insubsistentes os motivos da aposentadoria
    - ⚠ Encontrando-se provido o cargo, o servidor ficará como **EXCEDENTE**, até a ocorrência de vaga
    - Ato **vinculado**
  - **II - Reversão a pedido**
    - No **interesse** da Administração Pública
    - Ato **discricionário**
    - **Requisitos**:
      - i. Tenha solicitado a reversão
      - ii. A aposentadoria tenha sido **voluntária**
        - **Não** pode reverter o aposentado que tiver completado **70 anos**
      - iii. **ESTÁVEL** quando na atividade
      - iv. Aposentadoria ocorrida nos **5 anos** anteriores à solicitação
      - v. Haja cargo **vago**

5. Aproveitamento
CF, art. 41, § 3º e Lei 8.112/90, arts. 30 a 32

- É o **retorno** à atividade do servidor em **DISPONIBILIDADE** → Exclusivo para servidor **ESTÁVEL**
  - Forma de provimento **derivado**
- Deverá ocorrer em cargo de **atribuições** e **vencimentos compatíveis** com o anteriormente ocupado
- Enquanto em disponibilidade, é remunerado **proporcionalmente**
  - ✔ Ao tempo de **serviço**
  - ✘ **Não** ao tempo de **contribuição**
- Se o servidor **não** entrar em **exercício** dentro do prazo legal
  - Será tornado **sem efeito** o aproveitamento e **cassada** a disponibilidade
  - **Exceção**: **Doença** comprovada por junta médica oficial

SERVIDORES PÚBLICOS - LEI 8.112/90 - FORMAS DE PROVIMENTO III

Formas de Provimento

6. Reintegração
CF, art. 41, § 2º e Lei 8.112/90, art. 28

- É a reinvestidura do servidor estável **ilegalmente DEMITIDO** quando invalidada a demissão por decisão
  - Administrativa
  - Judicial
  - ➔ Exclusivo para servidor **ESTÁVEL**
- Forma de provimento **derivado**
- Ocorre com o **ressarcimento** de todos os prejuízos sofridos
- **Se extinto o cargo**
  - I - O servidor será **aproveitado** em outro cargo; OU
  - II - Ficará em **disponibilidade**, com **remuneração proporcional** ao tempo de **serviço**
- **Se o cargo encontrar-se provido, o eventual ocupante**
  - **Se estável, poderá ser:**
    - I - **Reconduzido** ao cargo de origem
      - ✗ **Sem** direito à **indenização**
    - II - **Aproveitado** em outro cargo
    - III - Posto em **disponibilidade**
      - Com **remuneração proporcional** ao tempo de **serviço**
  - **Se não for estável** → Será **exonerado**
- ⭐ Prevalência do servidor **reintegrado**

7. Recondução
Lei 8.112/90, art. 29

- É o retorno do servidor estável ao cargo que ocupava anteriormente
  - ➔ Exclusivo para servidor **ESTÁVEL**
- Forma de provimento **derivado**
- **Casos:**
  - I - **Estágio probatório** relativo a outro cargo
    - Inabilitação
    - **Recondução a pedido** (desistência) → Somente durante o período do estágio probatório
    - *STF e Súmula AGU 16/2002*
  - II - **Reintegração** do anterior ocupante *(CF, art. 41, § 2º)*
- **Se o cargo de origem encontrar-se provido**
  - O servidor será **aproveitado** em outro cargo de atribuições e vencimentos compatíveis *(Lei 8.112/90, art. 29, p. único e art. 30)*
- ⭐ Prevalência do servidor **ocupante**

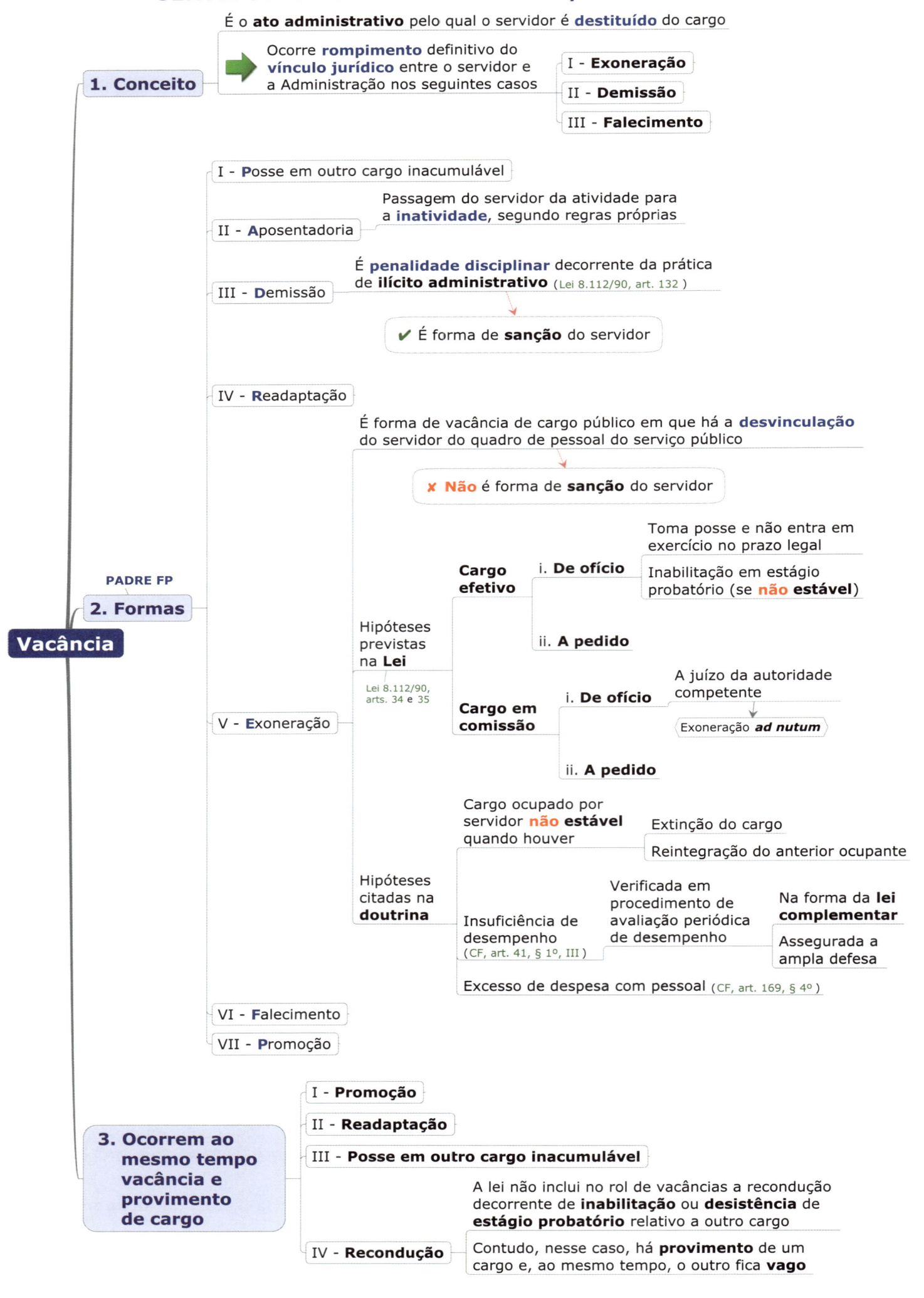

SERVIDORES PÚBLICOS - LEI 8.112/90 - VACÂNCIA

É o **ato administrativo** pelo qual o servidor é **destituído** do cargo

Vacância

1. Conceito
- Ocorre **rompimento** definitivo do **vínculo jurídico** entre o servidor e a Administração nos seguintes casos
  - I - **Exoneração**
  - II - **Demissão**
  - III - **Falecimento**

2. Formas (PADRE FP)

- I - **P**osse em outro cargo inacumulável
- II - **A**posentadoria — Passagem do servidor da atividade para a **inatividade**, segundo regras próprias
- III - **D**emissão — É **penalidade disciplinar** decorrente da prática de **ilícito administrativo** (Lei 8.112/90, art. 132)
  - ✔ É forma de **sanção** do servidor
- IV - **R**eadaptação
  - É forma de vacância de cargo público em que há a **desvinculação** do servidor do quadro de pessoal do serviço público
  - ✘ **Não** é forma de **sanção** do servidor
- V - **E**xoneração
  - Hipóteses previstas na **Lei** (Lei 8.112/90, arts. 34 e 35)
    - **Cargo efetivo**
      - i. **De ofício**
        - Toma posse e não entra em exercício no prazo legal
        - Inabilitação em estágio probatório (se **não estável**)
      - ii. **A pedido**
    - **Cargo em comissão**
      - i. **De ofício**
        - A juízo da autoridade competente
        - Exoneração **ad nutum**
      - ii. **A pedido**
  - Hipóteses citadas na **doutrina**
    - Cargo ocupado por servidor **não estável** quando houver
      - Extinção do cargo
      - Reintegração do anterior ocupante
    - Insuficiência de desempenho (CF, art. 41, § 1º, III)
      - Verificada em procedimento de avaliação periódica de desempenho
        - Na forma da **lei complementar**
        - Assegurada a ampla defesa
    - Excesso de despesa com pessoal (CF, art. 169, § 4º)
- VI - **F**alecimento
- VII - **P**romoção

3. Ocorrem ao mesmo tempo vacância e provimento de cargo
- I - **Promoção**
- II - **Readaptação**
- III - **Posse em outro cargo inacumulável**
- IV - **Recondução**
  - A lei não inclui no rol de vacâncias a recondução decorrente de **inabilitação** ou **desistência** de **estágio probatório** relativo a outro cargo
  - Contudo, nesse caso, há **provimento** de um cargo e, ao mesmo tempo, o outro fica **vago**

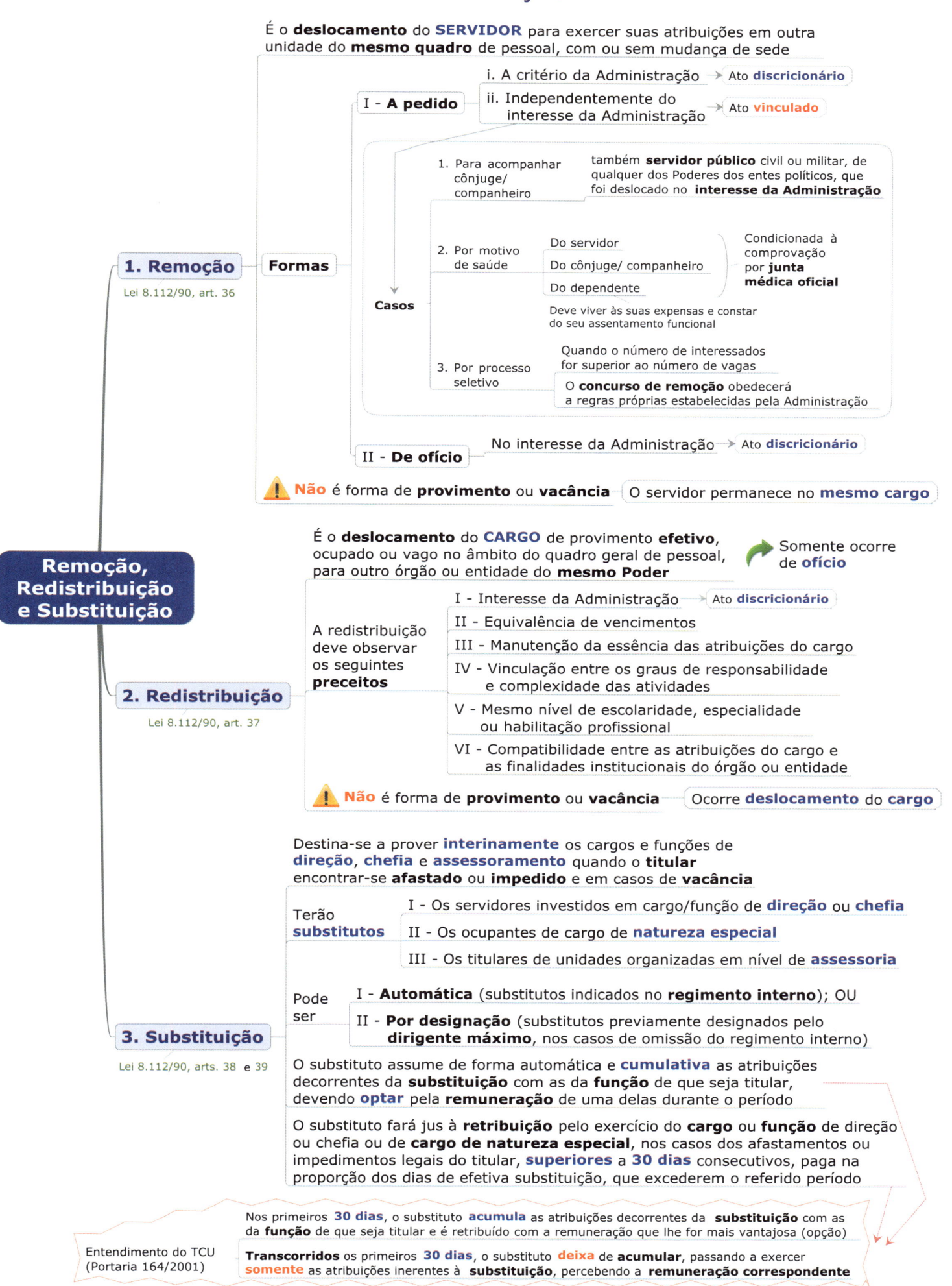

SERVIDORES PÚBLICOS - LEI 8.112/90 - REMOÇÃO, REDISTRIBUIÇÃO E SUBSTITUIÇÃO

Remoção, Redistribuição e Substituição

1. Remoção
Lei 8.112/90, art. 36

É o **deslocamento** do **SERVIDOR** para exercer suas atribuições em outra unidade do **mesmo quadro** de pessoal, com ou sem mudança de sede

Formas:

I - A pedido
- i. A critério da Administração → Ato **discricionário**
- ii. Independentemente do interesse da Administração → Ato **vinculado**

Casos:
1. Para acompanhar cônjuge/companheiro — também **servidor público** civil ou militar, de qualquer dos Poderes dos entes políticos, que foi deslocado no **interesse da Administração**
2. Por motivo de saúde:
   - Do servidor
   - Do cônjuge/companheiro
   - Do dependente

   Condicionada à comprovação por **junta médica oficial**

   Deve viver às suas expensas e constar do seu assentamento funcional
3. Por processo seletivo — Quando o número de interessados for superior ao número de vagas. O **concurso de remoção** obedecerá a regras próprias estabelecidas pela Administração

II - De ofício — No interesse da Administração → Ato **discricionário**

⚠️ **Não** é forma de **provimento** ou **vacância** — O servidor permanece no **mesmo cargo**

2. Redistribuição
Lei 8.112/90, art. 37

É o **deslocamento** do **CARGO** de provimento **efetivo**, ocupado ou vago no âmbito do quadro geral de pessoal, para outro órgão ou entidade do **mesmo Poder**

➡ Somente ocorre de **ofício**

A redistribuição deve observar os seguintes preceitos:
- I - Interesse da Administração → Ato **discricionário**
- II - Equivalência de vencimentos
- III - Manutenção da essência das atribuições do cargo
- IV - Vinculação entre os graus de responsabilidade e complexidade das atividades
- V - Mesmo nível de escolaridade, especialidade ou habilitação profissional
- VI - Compatibilidade entre as atribuições do cargo e as finalidades institucionais do órgão ou entidade

⚠️ **Não** é forma de **provimento** ou **vacância** — Ocorre **deslocamento** do **cargo**

3. Substituição
Lei 8.112/90, arts. 38 e 39

Destina-se a prover **interinamente** os cargos e funções de **direção**, **chefia** e **assessoramento** quando o **titular** encontrar-se **afastado** ou **impedido** e em casos de **vacância**

Terão substitutos:
- I - Os servidores investidos em cargo/função de **direção** ou **chefia**
- II - Os ocupantes de cargo de **natureza especial**
- III - Os titulares de unidades organizadas em nível de **assessoria**

Pode ser:
- I - **Automática** (substitutos indicados no **regimento interno**); OU
- II - **Por designação** (substitutos previamente designados pelo **dirigente máximo**, nos casos de omissão do regimento interno)

O substituto assume de forma automática e **cumulativa** as atribuições decorrentes da **substituição** com as da **função** de que seja titular, devendo **optar** pela **remuneração** de uma delas durante o período

O substituto fará jus à **retribuição** pelo exercício do **cargo** ou **função** de direção ou chefia ou de **cargo de natureza especial**, nos casos dos afastamentos ou impedimentos legais do titular, **superiores** a **30 dias** consecutivos, paga na proporção dos dias de efetiva substituição, que excederem o referido período

Entendimento do TCU (Portaria 164/2001):

Nos primeiros **30 dias**, o substituto **acumula** as atribuições decorrentes da **substituição** com as da **função** de que seja titular e é retribuído com a remuneração que lhe for mais vantajosa (opção)

Transcorridos os primeiros **30 dias**, o substituto **deixa** de **acumular**, passando a exercer **somente** as atribuições inerentes à **substituição**, percebendo a **remuneração correspondente**

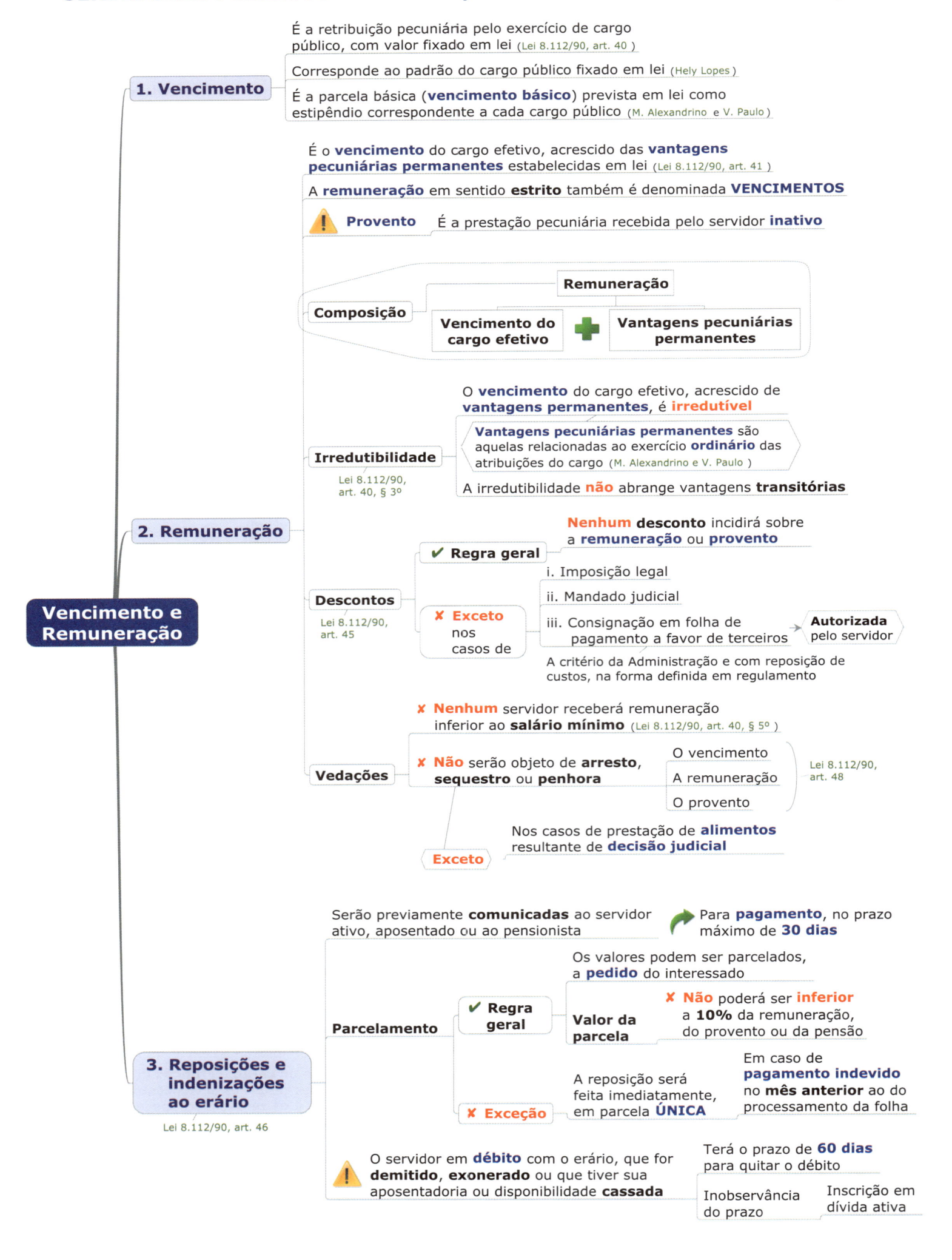

SERVIDORES PÚBLICOS - LEI 8.112/90 - VENCIMENTO E REMUNERAÇÃO

Vencimento e Remuneração

1. Vencimento

- É a retribuição pecuniária pelo exercício de cargo público, com valor fixado em lei (Lei 8.112/90, art. 40)
- Corresponde ao padrão do cargo público fixado em lei (Hely Lopes)
- É a parcela básica (**vencimento básico**) prevista em lei como estipêndio correspondente a cada cargo público (M. Alexandrino e V. Paulo)

2. Remuneração

- É o **vencimento** do cargo efetivo, acrescido das **vantagens pecuniárias permanentes** estabelecidas em lei (Lei 8.112/90, art. 41)
- A **remuneração** em sentido **estrito** também é denominada **VENCIMENTOS**
- ⚠️ **Provento**: É a prestação pecuniária recebida pelo servidor **inativo**

Composição
Remuneração = Vencimento do cargo efetivo + Vantagens pecuniárias permanentes

Irredutibilidade (Lei 8.112/90, art. 40, § 3º)
- O **vencimento** do cargo efetivo, acrescido de **vantagens permanentes**, é **irredutível**
- **Vantagens pecuniárias permanentes** são aquelas relacionadas ao exercício **ordinário** das atribuições do cargo (M. Alexandrino e V. Paulo)
- A irredutibilidade **não** abrange vantagens **transitórias**

Descontos (Lei 8.112/90, art. 45)
- ✔ **Regra geral**: **Nenhum desconto** incidirá sobre a **remuneração** ou **provento**
- ✘ **Exceto nos casos de**:
  i. Imposição legal
  ii. Mandado judicial
  iii. Consignação em folha de pagamento a favor de terceiros → **Autorizada** pelo servidor
  - A critério da Administração e com reposição de custos, na forma definida em regulamento

Vedações
- ✘ **Nenhum** servidor receberá remuneração inferior ao **salário mínimo** (Lei 8.112/90, art. 40, § 5º)
- ✘ **Não** serão objeto de **arresto, sequestro ou penhora**:
  - O vencimento
  - A remuneração
  - O provento
  (Lei 8.112/90, art. 48)
- **Exceto**: Nos casos de prestação de **alimentos** resultante de **decisão judicial**

3. Reposições e indenizações ao erário
Lei 8.112/90, art. 46

- Serão previamente **comunicadas** ao servidor ativo, aposentado ou ao pensionista → Para **pagamento**, no prazo máximo de **30 dias**

Parcelamento
- ✔ **Regra geral**: Os valores podem ser parcelados, a **pedido** do interessado
  - **Valor da parcela**: ✘ **Não** poderá ser **inferior** a **10%** da remuneração, do provento ou da pensão
- ✘ **Exceção**: A reposição será feita imediatamente, em parcela **ÚNICA** — Em caso de **pagamento indevido** no **mês anterior** ao do processamento da folha

⚠️ O servidor em **débito** com o erário, que for **demitido, exonerado** ou que tiver sua aposentadoria ou disponibilidade **cassada**:
- Terá o prazo de **60 dias** para quitar o débito
- Inobservância do prazo → Inscrição em dívida ativa

126

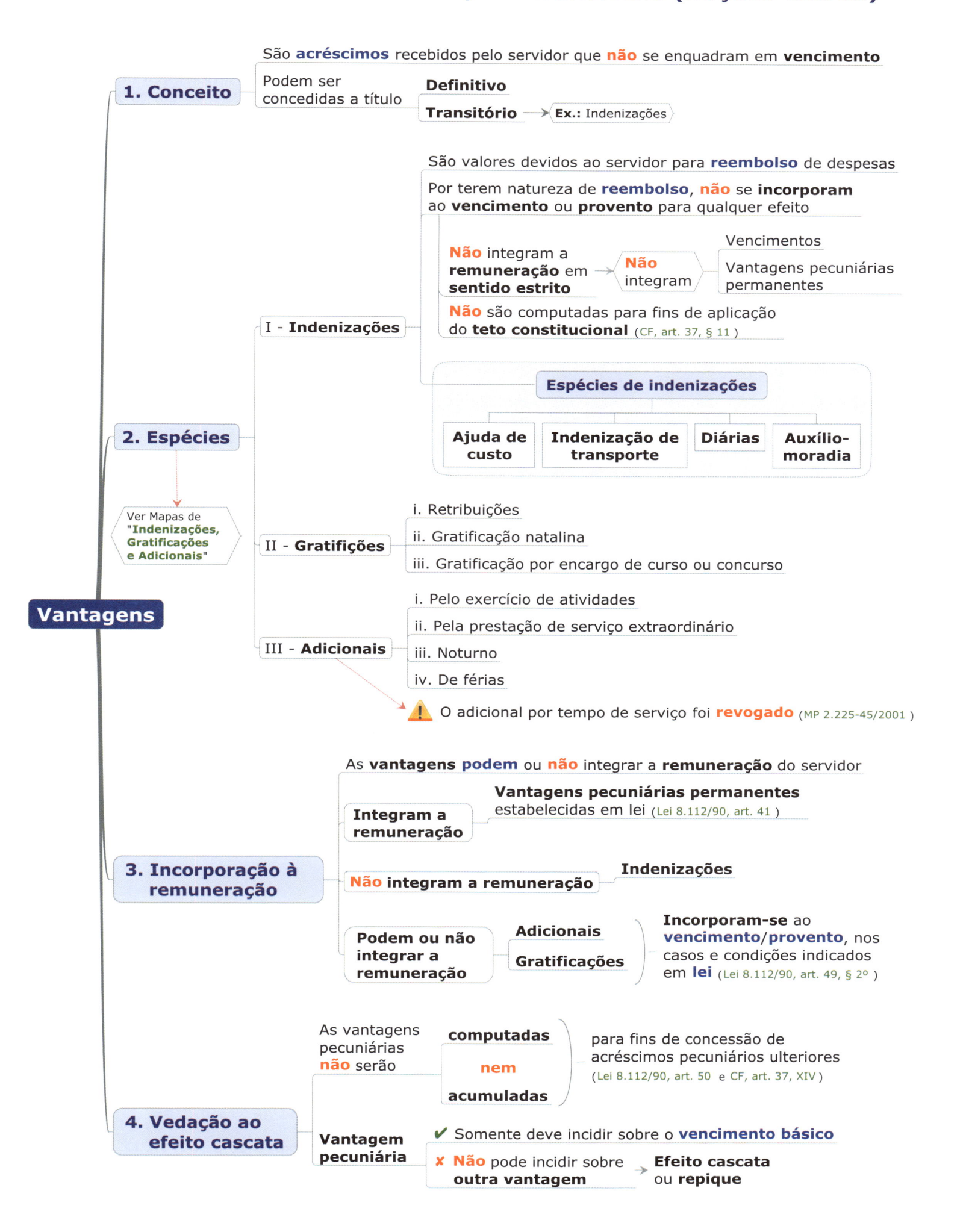

SERVIDORES PÚBLICOS - LEI 8.112/90 - VANTAGENS (NOÇÕES GERAIS)

Vantagens

1. Conceito
- São **acréscimos** recebidos pelo servidor que **não** se enquadram em **vencimento**
- Podem ser concedidas a título:
  - **Definitivo**
  - **Transitório** → Ex.: Indenizações

2. Espécies

Ver Mapas de "**Indenizações, Gratificações e Adicionais**"

I - Indenizações
- São valores devidos ao servidor para **reembolso** de despesas
- Por terem natureza de **reembolso**, **não** se **incorporam** ao **vencimento** ou **provento** para qualquer efeito
  - **Não** integram a **remuneração** em **sentido estrito** → **Não** integram:
    - Vencimentos
    - Vantagens pecuniárias permanentes
  - **Não** são computadas para fins de aplicação do **teto constitucional** (CF, art. 37, § 11)

Espécies de indenizações
- Ajuda de custo
- Indenização de transporte
- Diárias
- Auxílio-moradia

II - Gratifições
- i. Retribuições
- ii. Gratificação natalina
- iii. Gratificação por encargo de curso ou concurso

III - Adicionais
- i. Pelo exercício de atividades
- ii. Pela prestação de serviço extraordinário
- iii. Noturno
- iv. De férias

⚠ O adicional por tempo de serviço foi **revogado** (MP 2.225-45/2001)

3. Incorporação à remuneração
- As **vantagens podem** ou **não** integrar a **remuneração** do servidor
- **Integram a remuneração**: Vantagens pecuniárias permanentes estabelecidas em lei (Lei 8.112/90, art. 41)
- **Não integram a remuneração**: Indenizações
- **Podem ou não integrar a remuneração**: Adicionais / Gratificações — **Incorporam-se** ao **vencimento/provento**, nos casos e condições indicados em **lei** (Lei 8.112/90, art. 49, § 2º)

4. Vedação ao efeito cascata
- As vantagens pecuniárias **não** serão **computadas** nem **acumuladas** para fins de concessão de acréscimos pecuniários ulteriores (Lei 8.112/90, art. 50 e CF, art. 37, XIV)
- Vantagem pecuniária:
  - ✔ Somente deve incidir sobre o **vencimento básico**
  - ✗ **Não** pode incidir sobre **outra vantagem** → **Efeito cascata** ou **repique**

127

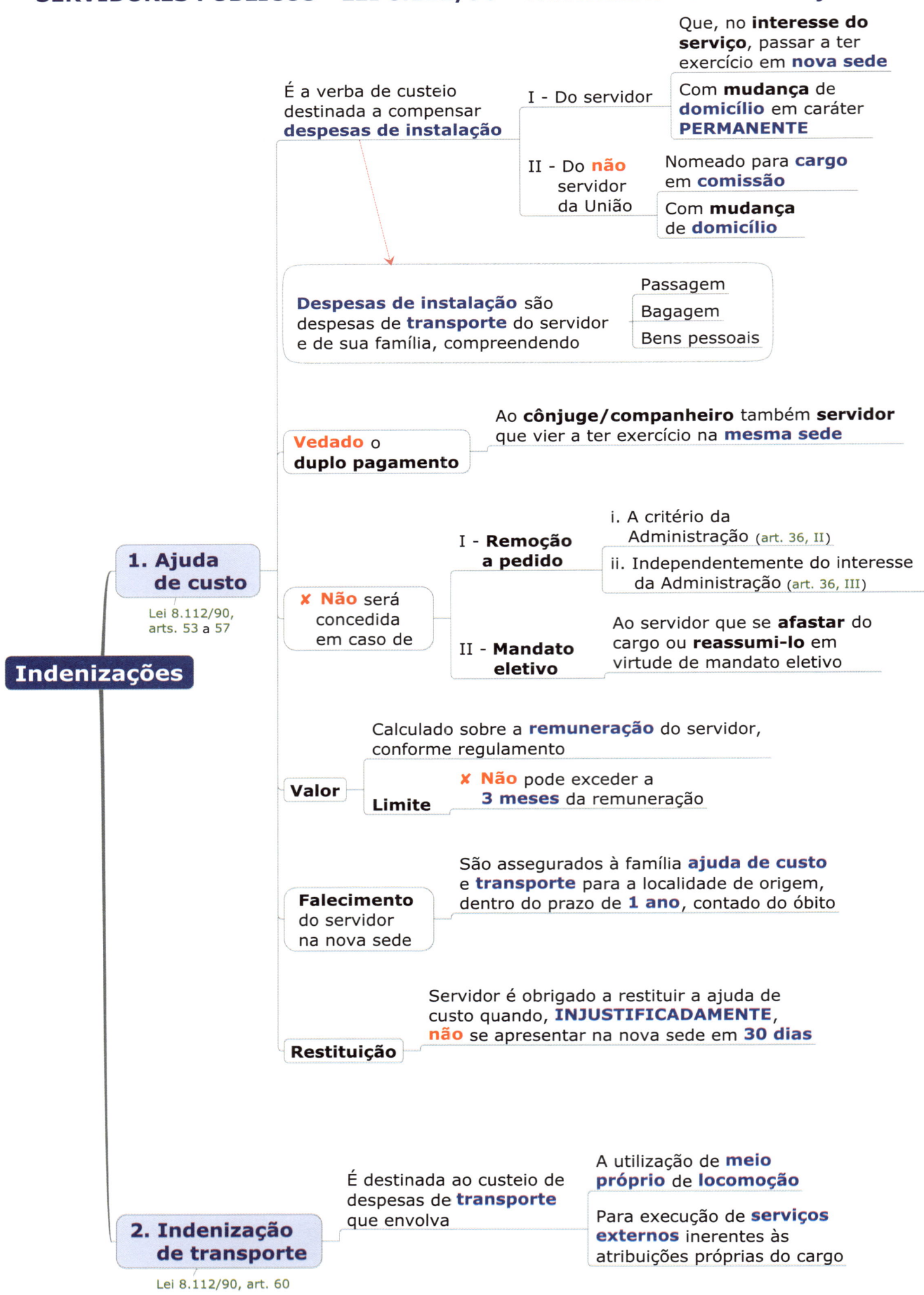

SERVIDORES PÚBLICOS - LEI 8.112/90 - VANTAGENS - INDENIZAÇÕES I

Indenizações

1. Ajuda de custo
Lei 8.112/90, arts. 53 a 57

- É a verba de custeio destinada a compensar **despesas de instalação**
  - **I - Do servidor**
    - Que, no **interesse do serviço**, passar a ter exercício em **nova sede**
    - Com **mudança** de **domicílio** em caráter **PERMANENTE**
  - **II - Do não servidor da União**
    - Nomeado para **cargo** em **comissão**
    - Com **mudança** de **domicílio**

- **Despesas de instalação** são despesas de **transporte** do servidor e de sua família, compreendendo:
  - Passagem
  - Bagagem
  - Bens pessoais

- **Vedado** o **duplo pagamento**
  - Ao **cônjuge/companheiro** também **servidor** que vier a ter exercício na **mesma sede**

- ✗ **Não** será concedida em caso de:
  - **I - Remoção a pedido**
    - i. A critério da Administração (art. 36, II)
    - ii. Independentemente do interesse da Administração (art. 36, III)
  - **II - Mandato eletivo**
    - Ao servidor que se **afastar** do cargo ou **reassumi-lo** em virtude de mandato eletivo

- **Valor**
  - Calculado sobre a **remuneração** do servidor, conforme regulamento
  - **Limite**: ✗ **Não** pode exceder a **3 meses** da remuneração

- **Falecimento do servidor na nova sede**
  - São assegurados à família **ajuda de custo** e **transporte** para a localidade de origem, dentro do prazo de **1 ano**, contado do óbito

- **Restituição**
  - Servidor é obrigado a restituir a ajuda de custo quando, **INJUSTIFICADAMENTE**, **não** se apresentar na nova sede em **30 dias**

2. Indenização de transporte
Lei 8.112/90, art. 60

- É destinada ao custeio de despesas de **transporte** que envolva:
  - A utilização de **meio próprio** de **locomoção**
  - Para execução de **serviços externos** inerentes às atribuições próprias do cargo

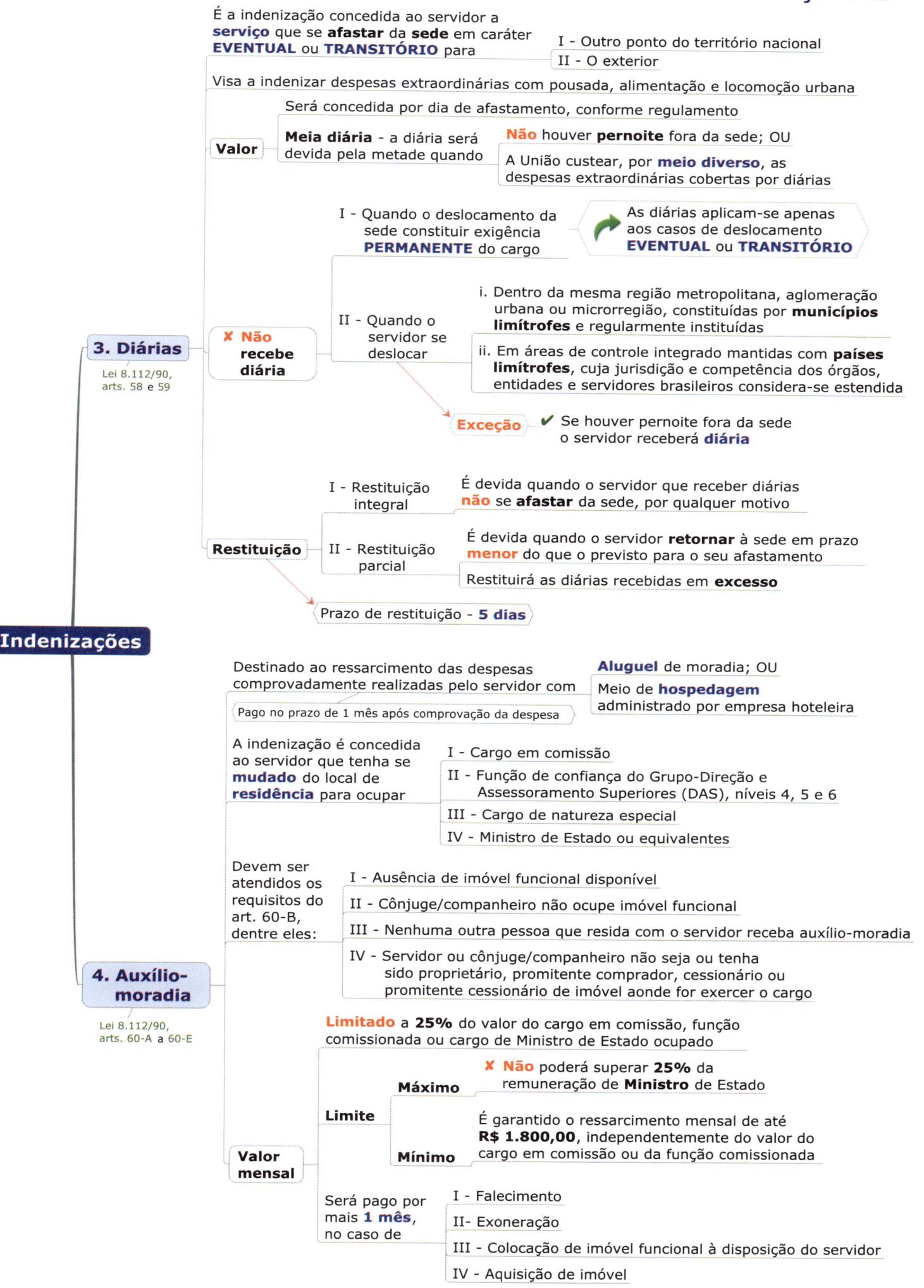

SERVIDORES PÚBLICOS - LEI 8.112/90 - VANTAGENS - INDENIZAÇÕES II

Indenizações

3. Diárias
Lei 8.112/90, arts. 58 e 59

É a indenização concedida ao servidor a **serviço** que se **afastar** da **sede** em caráter **EVENTUAL** ou **TRANSITÓRIO** para
- I - Outro ponto do território nacional
- II - O exterior

Visa a indenizar despesas extraordinárias com pousada, alimentação e locomoção urbana

Valor
- Será concedida por dia de afastamento, conforme regulamento
- **Meia diária** - a diária será devida pela metade quando
  - **Não** houver **pernoite** fora da sede; OU
  - A União custear, por **meio diverso**, as despesas extraordinárias cobertas por diárias

✗ Não recebe diária
- I - Quando o deslocamento da sede constituir exigência **PERMANENTE** do cargo
  - ➡ As diárias aplicam-se apenas aos casos de deslocamento **EVENTUAL** ou **TRANSITÓRIO**
- II - Quando o servidor se deslocar
  - i. Dentro da mesma região metropolitana, aglomeração urbana ou microrregião, constituídas por **municípios limítrofes** e regularmente instituídas
  - ii. Em áreas de controle integrado mantidas com **países limítrofes**, cuja jurisdição e competência dos órgãos, entidades e servidores brasileiros considera-se estendida

Exceção ✔ Se houver pernoite fora da sede o servidor receberá **diária**

Restituição
- I - Restituição integral — É devida quando o servidor que receber diárias **não** se **afastar** da sede, por qualquer motivo
- II - Restituição parcial
  - É devida quando o servidor **retornar** à sede em prazo **menor** do que o previsto para o seu afastamento
  - Restituirá as diárias recebidas em **excesso**

Prazo de restituição - **5 dias**

4. Auxílio-moradia
Lei 8.112/90, arts. 60-A a 60-E

Destinado ao ressarcimento das despesas comprovadamente realizadas pelo servidor com
- **Aluguel** de moradia; OU
- Meio de **hospedagem** administrado por empresa hoteleira

Pago no prazo de 1 mês após comprovação da despesa

A indenização é concedida ao servidor que tenha se **mudado** do local de **residência** para ocupar
- I - Cargo em comissão
- II - Função de confiança do Grupo-Direção e Assessoramento Superiores (DAS), níveis 4, 5 e 6
- III - Cargo de natureza especial
- IV - Ministro de Estado ou equivalentes

Devem ser atendidos os requisitos do art. 60-B, dentre eles:
- I - Ausência de imóvel funcional disponível
- II - Cônjuge/companheiro não ocupe imóvel funcional
- III - Nenhuma outra pessoa que resida com o servidor receba auxílio-moradia
- IV - Servidor ou cônjuge/companheiro não seja ou tenha sido proprietário, promitente comprador, cessionário ou promitente cessionário de imóvel aonde for exercer o cargo

Limitado a **25%** do valor do cargo em comissão, função comissionada ou cargo de Ministro de Estado ocupado

Valor mensal
- **Limite**
  - **Máximo**: ✗ **Não** poderá superar **25%** da remuneração de **Ministro** de Estado
  - **Mínimo**: É garantido o ressarcimento mensal de até **R$ 1.800,00**, independentemente do valor do cargo em comissão ou da função comissionada
- Será pago por mais **1 mês**, no caso de
  - I - Falecimento
  - II - Exoneração
  - III - Colocação de imóvel funcional à disposição do servidor
  - IV - Aquisição de imóvel

129

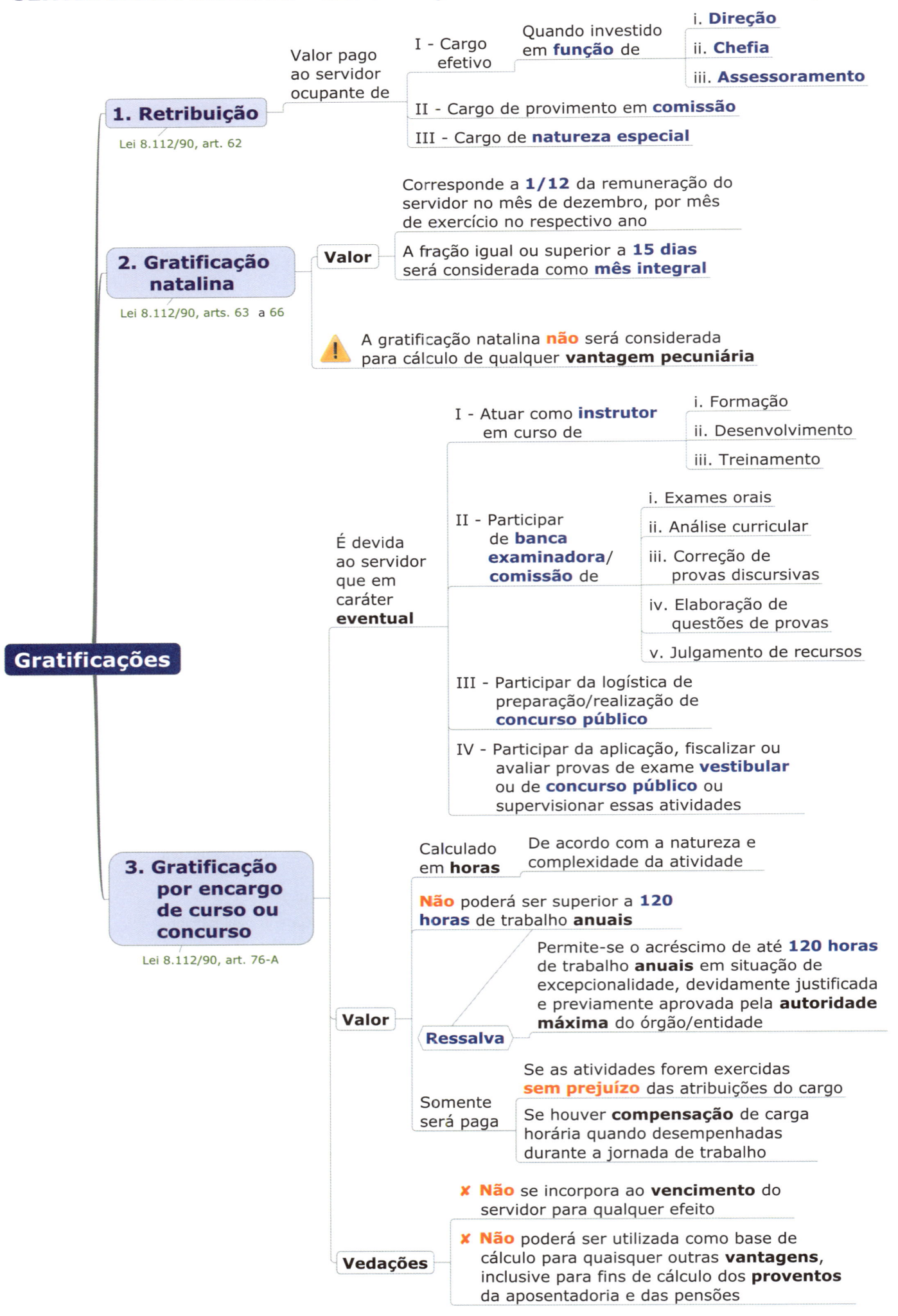

SERVIDORES PÚBLICOS - LEI 8.112/90 - VANTAGENS - GRATIFICAÇÕES

Gratificações

1. Retribuição
Lei 8.112/90, art. 62

Valor pago ao servidor ocupante de:
- **I - Cargo efetivo** — Quando investido em **função** de:
  - i. **Direção**
  - ii. **Chefia**
  - iii. **Assessoramento**
- **II - Cargo de provimento em comissão**
- **III - Cargo de natureza especial**

2. Gratificação natalina
Lei 8.112/90, arts. 63 a 66

Valor
- Corresponde a **1/12** da remuneração do servidor no mês de dezembro, por mês de exercício no respectivo ano
- A fração igual ou superior a **15 dias** será considerada como **mês integral**

⚠ A gratificação natalina **não** será considerada para cálculo de qualquer **vantagem pecuniária**

3. Gratificação por encargo de curso ou concurso
Lei 8.112/90, art. 76-A

É devida ao servidor que em caráter **eventual**:
- **I - Atuar como instrutor** em curso de:
  - i. Formação
  - ii. Desenvolvimento
  - iii. Treinamento
- **II - Participar de banca examinadora/comissão de**:
  - i. Exames orais
  - ii. Análise curricular
  - iii. Correção de provas discursivas
  - iv. Elaboração de questões de provas
  - v. Julgamento de recursos
- **III -** Participar da logística de preparação/realização de **concurso público**
- **IV -** Participar da aplicação, fiscalizar ou avaliar provas de exame **vestibular** ou de **concurso público** ou supervisionar essas atividades

Valor
- Calculado em **horas** — De acordo com a natureza e complexidade da atividade
- **Não** poderá ser superior a **120 horas** de trabalho **anuais**
  - **Ressalva**: Permite-se o acréscimo de até **120 horas** de trabalho **anuais** em situação de excepcionalidade, devidamente justificada e previamente aprovada pela **autoridade máxima** do órgão/entidade

Somente será paga:
- Se as atividades forem exercidas **sem prejuízo** das atribuições do cargo
- Se houver **compensação** de carga horária quando desempenhadas durante a jornada de trabalho

Vedações:
- ✗ **Não** se incorpora ao **vencimento** do servidor para qualquer efeito
- ✗ **Não** poderá ser utilizada como base de cálculo para quaisquer outras **vantagens**, inclusive para fins de cálculo dos **proventos** da aposentadoria e das pensões

SERVIDORES PÚBLICOS - LEI 8.112/90 - VANTAGENS - ADICIONAIS

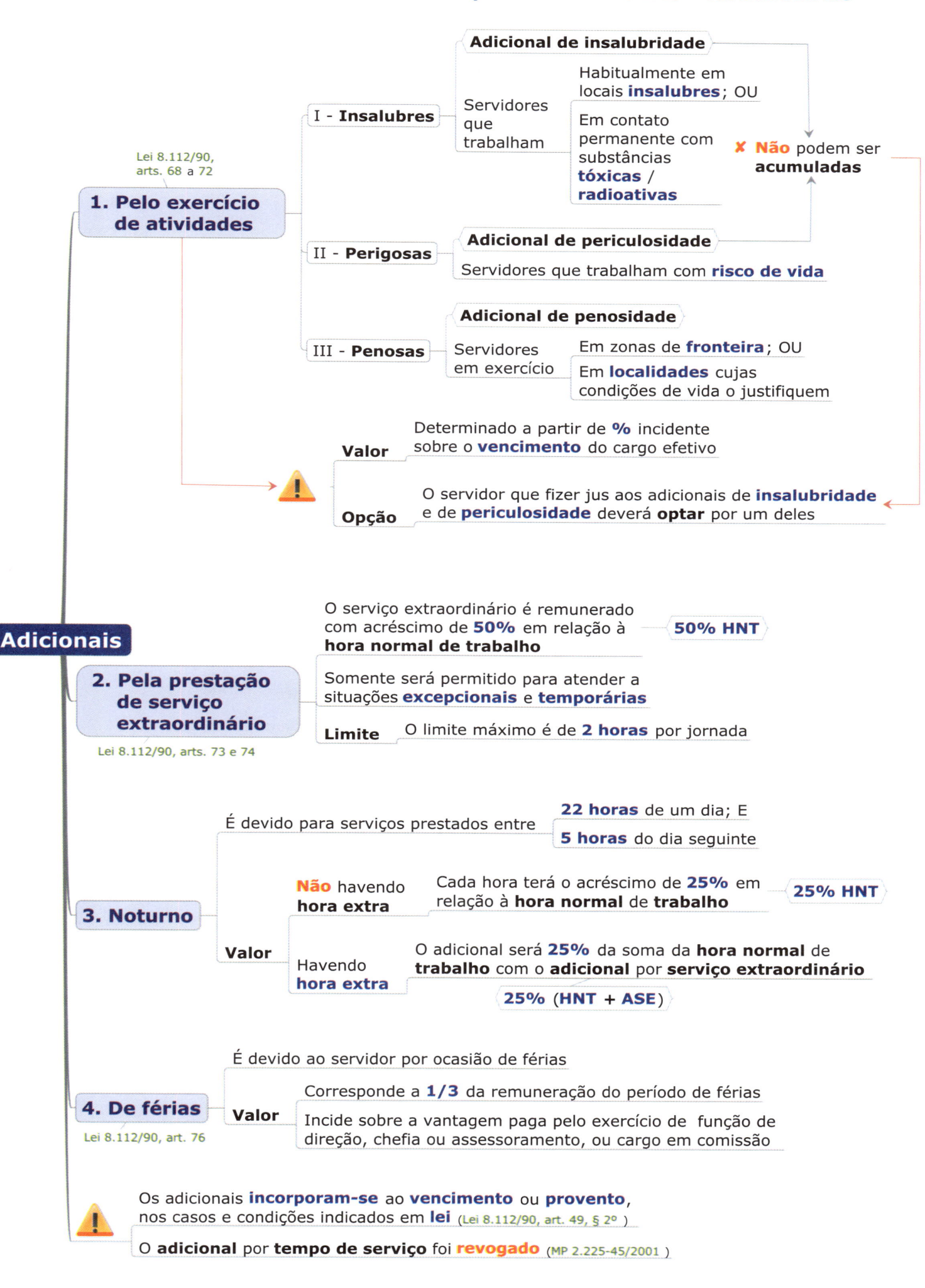

Adicionais

1. Pelo exercício de atividades
Lei 8.112/90, arts. 68 a 72

- **I - Insalubres** → **Adicional de insalubridade**
  - Servidores que trabalham:
    - Habitualmente em locais **insalubres**; OU
    - Em contato permanente com substâncias **tóxicas** / **radioativas**
  - ✗ **Não** podem ser **acumuladas**

- **II - Perigosas** → **Adicional de periculosidade**
  - Servidores que trabalham com **risco de vida**

- **III - Penosas** → **Adicional de penosidade**
  - Servidores em exercício:
    - Em zonas de **fronteira**; OU
    - Em **localidades** cujas condições de vida o justifiquem

⚠️
- **Valor**: Determinado a partir de **%** incidente sobre o **vencimento** do cargo efetivo
- **Opção**: O servidor que fizer jus aos adicionais de **insalubridade** e de **periculosidade** deverá **optar** por um deles

2. Pela prestação de serviço extraordinário
Lei 8.112/90, arts. 73 e 74

- O serviço extraordinário é remunerado com acréscimo de **50%** em relação à **hora normal de trabalho** — **50% HNT**
- Somente será permitido para atender a situações **excepcionais** e **temporárias**
- **Limite**: O limite máximo é de **2 horas** por jornada

3. Noturno

- É devido para serviços prestados entre **22 horas** de um dia; E **5 horas** do dia seguinte
- **Valor**:
  - **Não** havendo **hora extra**: Cada hora terá o acréscimo de **25%** em relação à **hora normal** de trabalho — **25% HNT**
  - Havendo **hora extra**: O adicional será **25%** da soma da **hora normal** de trabalho com o **adicional** por **serviço extraordinário** — **25% (HNT + ASE)**

4. De férias
Lei 8.112/90, art. 76

- É devido ao servidor por ocasião de férias
- **Valor**:
  - Corresponde a **1/3** da remuneração do período de férias
  - Incide sobre a vantagem paga pelo exercício de função de direção, chefia ou assessoramento, ou cargo em comissão

⚠️
- Os adicionais **incorporam-se** ao **vencimento** ou **provento**, nos casos e condições indicados em **lei** (Lei 8.112/90, art. 49, § 2º)
- O **adicional** por **tempo de serviço** foi **revogado** (MP 2.225-45/2001)

131

LEI 8.112/90 - PROCESSO ADMINISTRATIVO DISCIPLINAR (PAD)

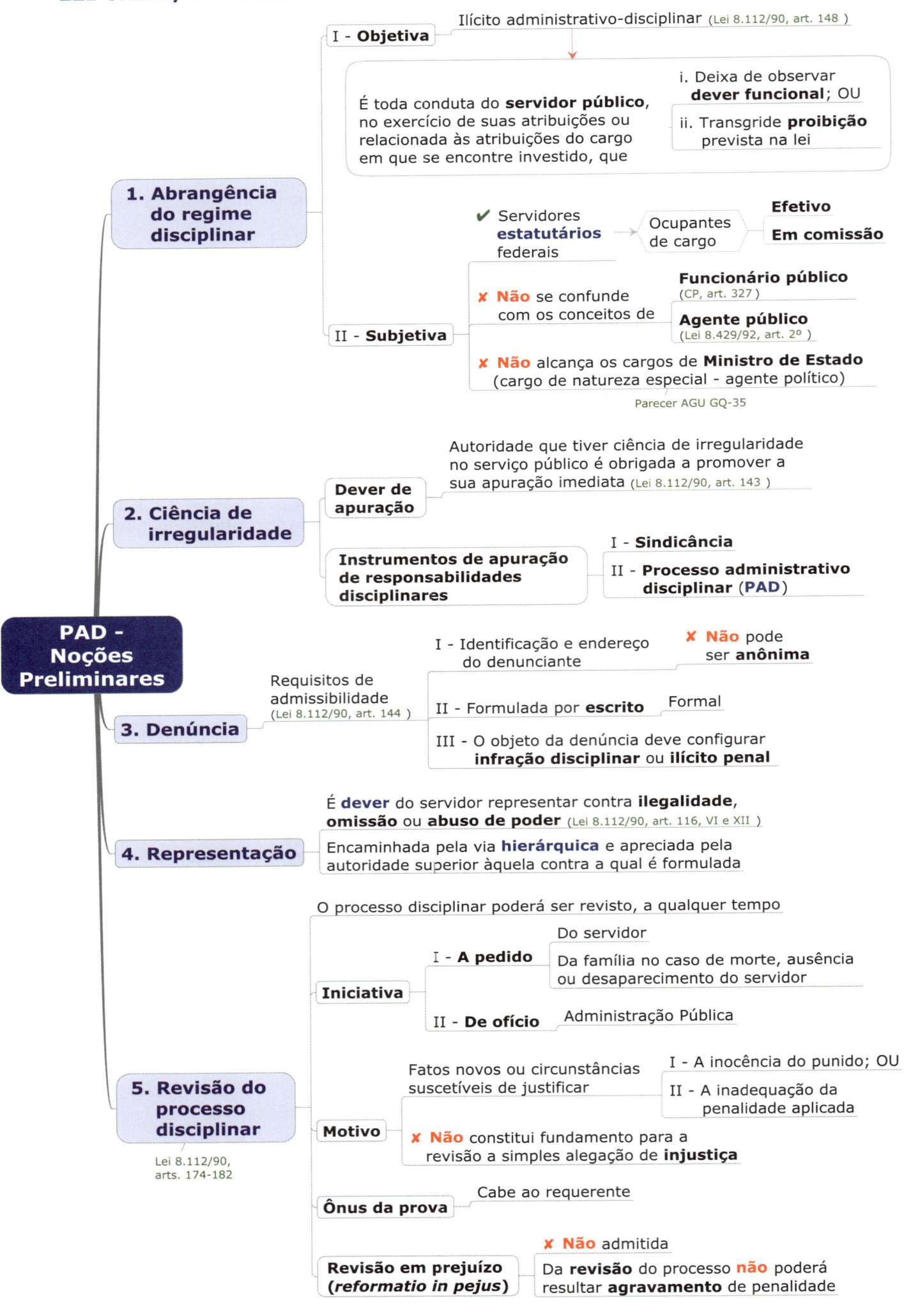

PAD - Noções Preliminares

1. Abrangência do regime disciplinar

I - Objetiva
- Ilícito administrativo-disciplinar (Lei 8.112/90, art. 148)
- É toda conduta do **servidor público**, no exercício de suas atribuições ou relacionada às atribuições do cargo em que se encontre investido, que:
  - i. Deixa de observar **dever funcional**; OU
  - ii. Transgride **proibição** prevista na lei

II - Subjetiva
- ✔ Servidores **estatutários** federais → Ocupantes de cargo → Efetivo / Em comissão
- ✘ **Não** se confunde com os conceitos de:
  - Funcionário público (CP, art. 327)
  - Agente público (Lei 8.429/92, art. 2º)
- ✘ **Não** alcança os cargos de **Ministro de Estado** (cargo de natureza especial - agente político)
- Parecer AGU GQ-35

2. Ciência de irregularidade

Dever de apuração
- Autoridade que tiver ciência de irregularidade no serviço público é obrigada a promover a sua apuração imediata (Lei 8.112/90, art. 143)

Instrumentos de apuração de responsabilidades disciplinares
- I - Sindicância
- II - Processo administrativo disciplinar (**PAD**)

3. Denúncia

Requisitos de admissibilidade (Lei 8.112/90, art. 144)
- I - Identificação e endereço do denunciante — ✘ **Não** pode ser **anônima**
- II - Formulada por **escrito** — Formal
- III - O objeto da denúncia deve configurar **infração disciplinar** ou **ilícito penal**

4. Representação

- É **dever** do servidor representar contra **ilegalidade**, **omissão** ou **abuso de poder** (Lei 8.112/90, art. 116, VI e XII)
- Encaminhada pela via **hierárquica** e apreciada pela autoridade superior àquela contra a qual é formulada

5. Revisão do processo disciplinar
Lei 8.112/90, arts. 174-182

O processo disciplinar poderá ser revisto, a qualquer tempo

Iniciativa
- I - **A pedido**
  - Do servidor
  - Da família no caso de morte, ausência ou desaparecimento do servidor
- II - **De ofício** — Administração Pública

Motivo
- Fatos novos ou circunstâncias suscetíveis de justificar:
  - I - A inocência do punido; OU
  - II - A inadequação da penalidade aplicada
- ✘ **Não** constitui fundamento para a revisão a simples alegação de **injustiça**

Ônus da prova — Cabe ao requerente

Revisão em prejuízo (*reformatio in pejus*)
- ✘ **Não** admitida
- Da **revisão** do processo **não** poderá resultar **agravamento** de penalidade

SERVIDORES PÚBLICOS - LEI 8.112/90 - SINDICÂNCIA

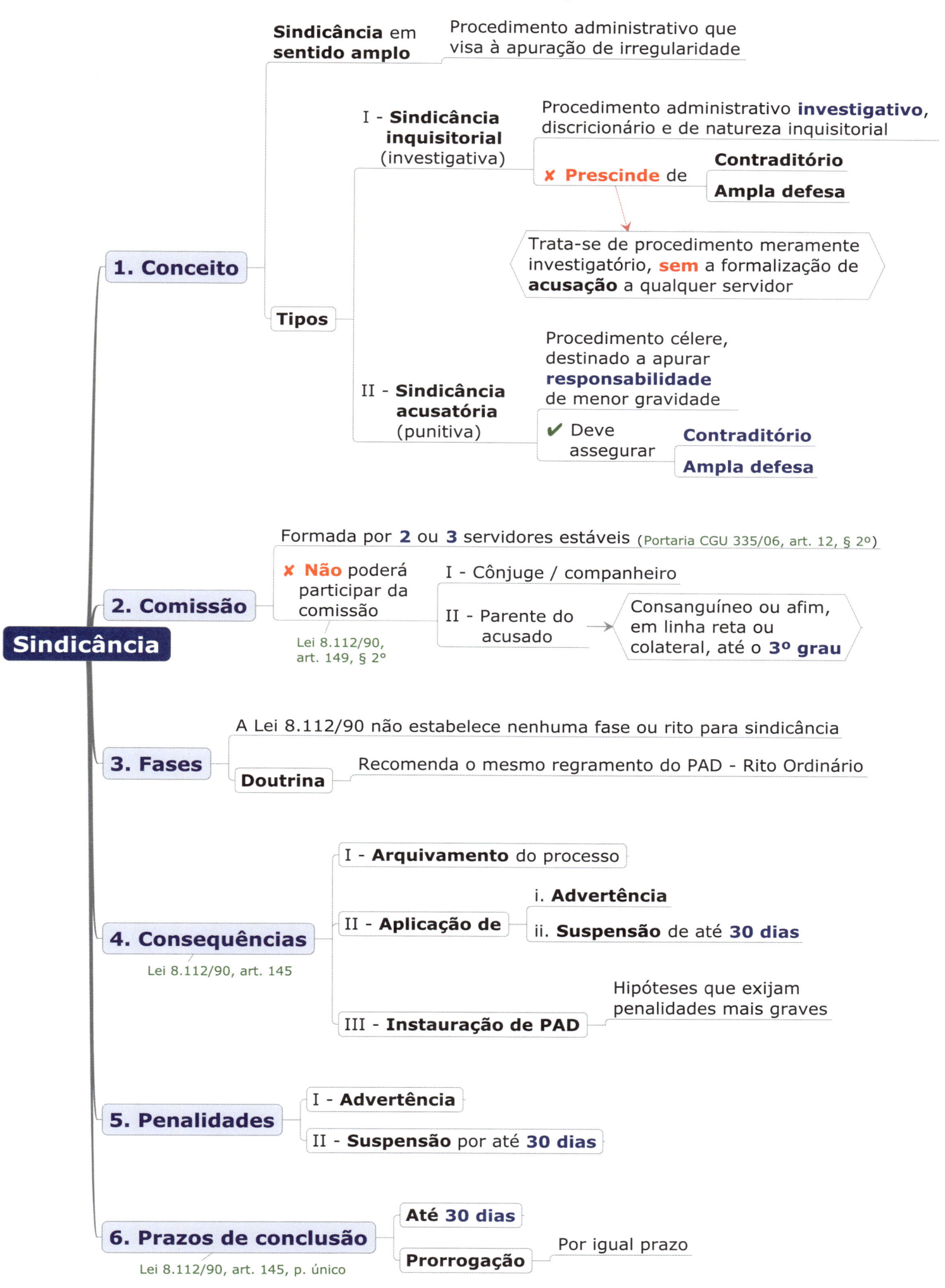

Sindicância

1. Conceito
- **Sindicância em sentido amplo**: Procedimento administrativo que visa à apuração de irregularidade
- **Tipos**:
  - **I - Sindicância inquisitorial (investigativa)**: Procedimento administrativo **investigativo**, discricionário e de natureza inquisitorial
    - ✗ **Prescinde** de:
      - Contraditório
      - Ampla defesa
    - Trata-se de procedimento meramente investigatório, **sem** a formalização de **acusação** a qualquer servidor
  - **II - Sindicância acusatória (punitiva)**: Procedimento célere, destinado a apurar **responsabilidade** de menor gravidade
    - ✓ Deve assegurar:
      - Contraditório
      - Ampla defesa

2. Comissão
- Formada por **2** ou **3** servidores estáveis (Portaria CGU 335/06, art. 12, § 2º)
- ✗ **Não** poderá participar da comissão (Lei 8.112/90, art. 149, § 2º):
  - I - Cônjuge / companheiro
  - II - Parente do acusado → Consanguíneo ou afim, em linha reta ou colateral, até o **3º grau**

3. Fases
- A Lei 8.112/90 não estabelece nenhuma fase ou rito para sindicância
- **Doutrina**: Recomenda o mesmo regramento do PAD - Rito Ordinário

4. Consequências (Lei 8.112/90, art. 145)
- I - **Arquivamento** do processo
- II - **Aplicação de**:
  - i. **Advertência**
  - ii. **Suspensão** de até **30 dias**
- III - **Instauração de PAD**: Hipóteses que exijam penalidades mais graves

5. Penalidades
- I - **Advertência**
- II - **Suspensão** por até **30 dias**

6. Prazos de conclusão (Lei 8.112/90, art. 145, p. único)
- **Até 30 dias**
- **Prorrogação**: Por igual prazo

133

LEI 8.112/90 - PAD RITO ORDINÁRIO

PAD - Rito Ordinário

1. Conceito

Instrumento destinado a apurar responsabilidade de servidor por infração praticada
Lei 8.112/90, art. 148
- I - No exercício de suas atribuições; OU
- II - Que tenha relação com as atribuições do cargo em que se encontre investido

✔ **Obrigatório** quando ilícito praticado ensejar penalidade de:
- I - **Suspensão** por mais de **30 dias**
- II - **Penas expulsivas**
  - i. **Demissão**
  - ii. **Cassação** de Aposentadoria / Disponibilidade
  - iii. **Destituição** de cargo em comissão

2. Comissão
Lei 8.112/90, art. 149

Formada por **3** servidores **estáveis**

O presidente da comissão deve ter:
- I - Cargo **efetivo** de mesmo nível ou superior; OU
- II - Nível de escolaridade igual ou superior

ao do **indiciado**

✘ **Não** poderá participar da comissão:
- I - Cônjuge / companheiro
- II - Parente do acusado → Consanguíneo ou afim, em linha reta ou colateral, até o **3º grau**

3. Prazos

Conclusão (*Lei 8.112/90, art. 152*)
- **Não** excederá **60 dias** → Contados da **publicação** do ato constitutivo da comissão
- **Prorrogável** por igual período

Julgamento (*Lei 8.112/90, art. 167*)
- **20 dias** → Contados do **recebimento** do processo

4. Fases

Ver Mapa Mental "Fases do PAD Rito Ordinário"

- **I - Instauração**: Publicação do ato que constituir a comissão
- **II - Inquérito administrativo**:
  - i. **Instrução**
    - Busca elementos para amparar a formação de **convicção** da comissão e da autoridade julgadora
    - Objetiva a coleta de **provas**
    - Último ato da instrução → **INDICIAÇÃO**
  - ii. **Defesa**
  - iii. **Relatório**
- **III - Julgamento**

5. Contraditório e ampla defesa

- Devem ser concedidos a partir da fase do **INQUÉRITO ADMINISTRATIVO** (*Lei 8.112/90, art. 153*)
- A **falta** de defesa técnica por **advogado** em PAD **não** ofende a Constituição (*STF - Súmula Vinculante 5*)

6. Afastamento preventivo
Lei 8.112/90, art. 147

- ✔ É medida **cautelar** — Para que servidor não venha a influir na apuração
- ✘ **Não** é **penalidade** — Ocorre sem prejuízo da remuneração
- **Prazo**: Até **60 dias**, **Prorrogável** por igual período

LEI 8.112/90 - FASES DO PAD RITO ORDINÁRIO

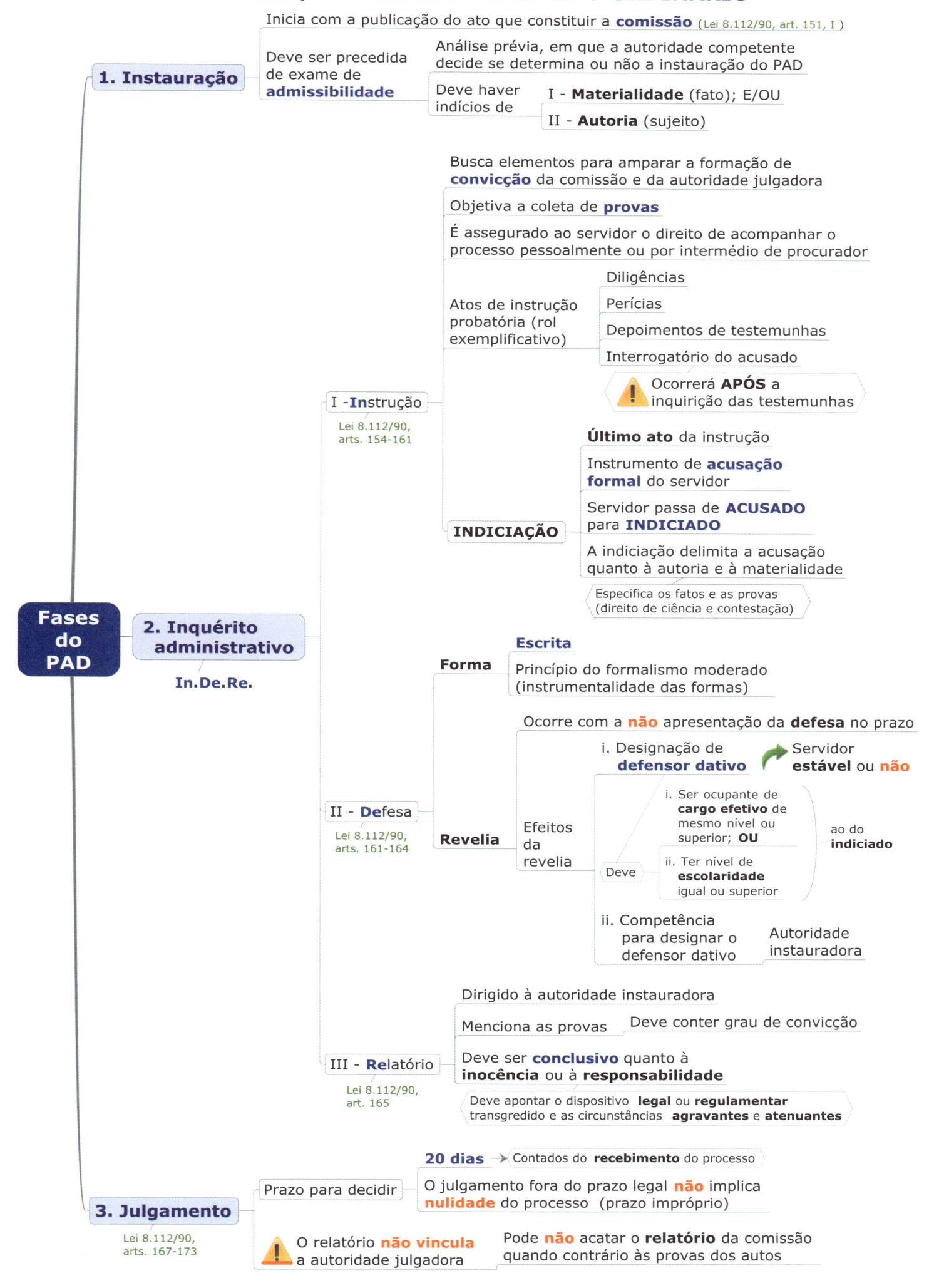

Fases do PAD

1. Instauração

- Inicia com a publicação do ato que constituir a **comissão** (Lei 8.112/90, art. 151, I)
- Deve ser precedida de exame de **admissibilidade**
  - Análise prévia, em que a autoridade competente decide se determina ou não a instauração do PAD
  - Deve haver indícios de:
    - I - **Materialidade** (fato); E/OU
    - II - **Autoria** (sujeito)

2. Inquérito administrativo (In.De.Re.)

I - Instrução (Lei 8.112/90, arts. 154-161)

- Busca elementos para amparar a formação de **convicção** da comissão e da autoridade julgadora
- Objetiva a coleta de **provas**
- É assegurado ao servidor o direito de acompanhar o processo pessoalmente ou por intermédio de procurador
- Atos de instrução probatória (rol exemplificativo):
  - Diligências
  - Perícias
  - Depoimentos de testemunhas
  - Interrogatório do acusado
    - ⚠ Ocorrerá **APÓS** a inquirição das testemunhas

INDICIAÇÃO
- **Último ato** da instrução
- Instrumento de **acusação formal** do servidor
- Servidor passa de ACUSADO para INDICIADO
- A indiciação delimita a acusação quanto à autoria e à materialidade
- Especifica os fatos e as provas (direito de ciência e contestação)

II - Defesa (Lei 8.112/90, arts. 161-164)

- **Forma**
  - Escrita
  - Princípio do formalismo moderado (instrumentalidade das formas)
- **Revelia**
  - Ocorre com a **não** apresentação da **defesa** no prazo
  - Efeitos da revelia:
    - i. Designação de **defensor dativo** → Servidor **estável** ou **não**
      - Deve:
        - i. Ser ocupante de **cargo efetivo** de mesmo nível ou superior; OU
        - ii. Ter nível de **escolaridade** igual ou superior
      - ao do **indiciado**
    - ii. Competência para designar o defensor dativo → Autoridade instauradora

III - Relatório (Lei 8.112/90, art. 165)

- Dirigido à autoridade instauradora
- Menciona as provas — Deve conter grau de convicção
- Deve ser **conclusivo** quanto à **inocência** ou à **responsabilidade**
- Deve apontar o dispositivo **legal** ou **regulamentar** transgredido e as circunstâncias **agravantes** e **atenuantes**

3. Julgamento (Lei 8.112/90, arts. 167-173)

- Prazo para decidir:
  - **20 dias** → Contados do **recebimento** do processo
  - O julgamento fora do prazo legal **não** implica **nulidade** do processo (prazo impróprio)
- ⚠ O relatório **não vincula** a autoridade julgadora
  - Pode **não** acatar o **relatório** da comissão quando contrário às provas dos autos

LEI 8.112/90 - PAD - RITO SUMÁRIO E PRAZOS

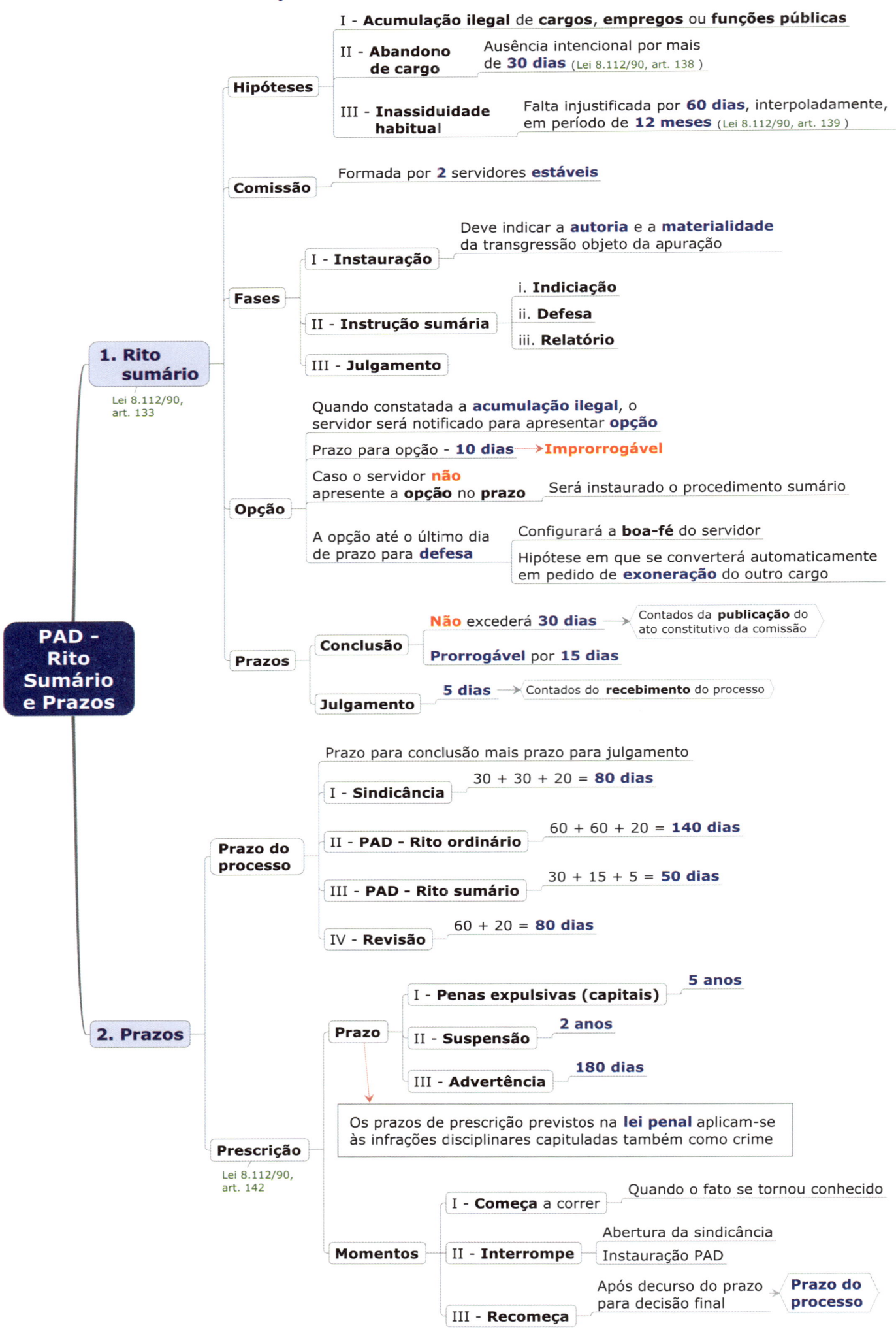

PAD - Rito Sumário e Prazos

1. Rito sumário
Lei 8.112/90, art. 133

- **Hipóteses**
  - I - **Acumulação ilegal** de **cargos**, **empregos** ou **funções públicas**
  - II - **Abandono de cargo** — Ausência intencional por mais de **30 dias** (Lei 8.112/90, art. 138)
  - III - **Inassiduidade habitual** — Falta injustificada por **60 dias**, interpoladamente, em período de **12 meses** (Lei 8.112/90, art. 139)

- **Comissão** — Formada por **2** servidores **estáveis**

- **Fases**
  - I - **Instauração** — Deve indicar a **autoria** e a **materialidade** da transgressão objeto da apuração
  - II - **Instrução sumária**
    - i. **Indiciação**
    - ii. **Defesa**
    - iii. **Relatório**
  - III - **Julgamento**

- **Opção**
  - Quando constatada a **acumulação ilegal**, o servidor será notificado para apresentar **opção**
  - Prazo para opção - **10 dias** → **Improrrogável**
  - Caso o servidor **não** apresente a **opção** no **prazo** — Será instaurado o procedimento sumário
  - A opção até o último dia de prazo para **defesa**
    - Configurará a **boa-fé** do servidor
    - Hipótese em que se converterá automaticamente em pedido de **exoneração** do outro cargo

- **Prazos**
  - **Conclusão**
    - **Não** excederá **30 dias** → Contados da **publicação** do ato constitutivo da comissão
    - **Prorrogável** por **15 dias**
  - **Julgamento** — **5 dias** → Contados do **recebimento** do processo

2. Prazos

- **Prazo do processo** — Prazo para conclusão mais prazo para julgamento
  - I - **Sindicância** — 30 + 30 + 20 = **80 dias**
  - II - **PAD - Rito ordinário** — 60 + 60 + 20 = **140 dias**
  - III - **PAD - Rito sumário** — 30 + 15 + 5 = **50 dias**
  - IV - **Revisão** — 60 + 20 = **80 dias**

- **Prescrição** *Lei 8.112/90, art. 142*
  - **Prazo**
    - I - **Penas expulsivas (capitais)** — **5 anos**
    - II - **Suspensão** — **2 anos**
    - III - **Advertência** — **180 dias**
    - Os prazos de prescrição previstos na **lei penal** aplicam-se às infrações disciplinares capituladas também como crime
  - **Momentos**
    - I - **Começa** a correr — Quando o fato se tornou conhecido
    - II - **Interrompe** — Abertura da sindicância / Instauração PAD
    - III - **Recomeça** — Após decurso do prazo para decisão final → **Prazo do processo**

Capítulo 12

Serviços Públicos

CONCEITO DE SERVIÇO PÚBLICO

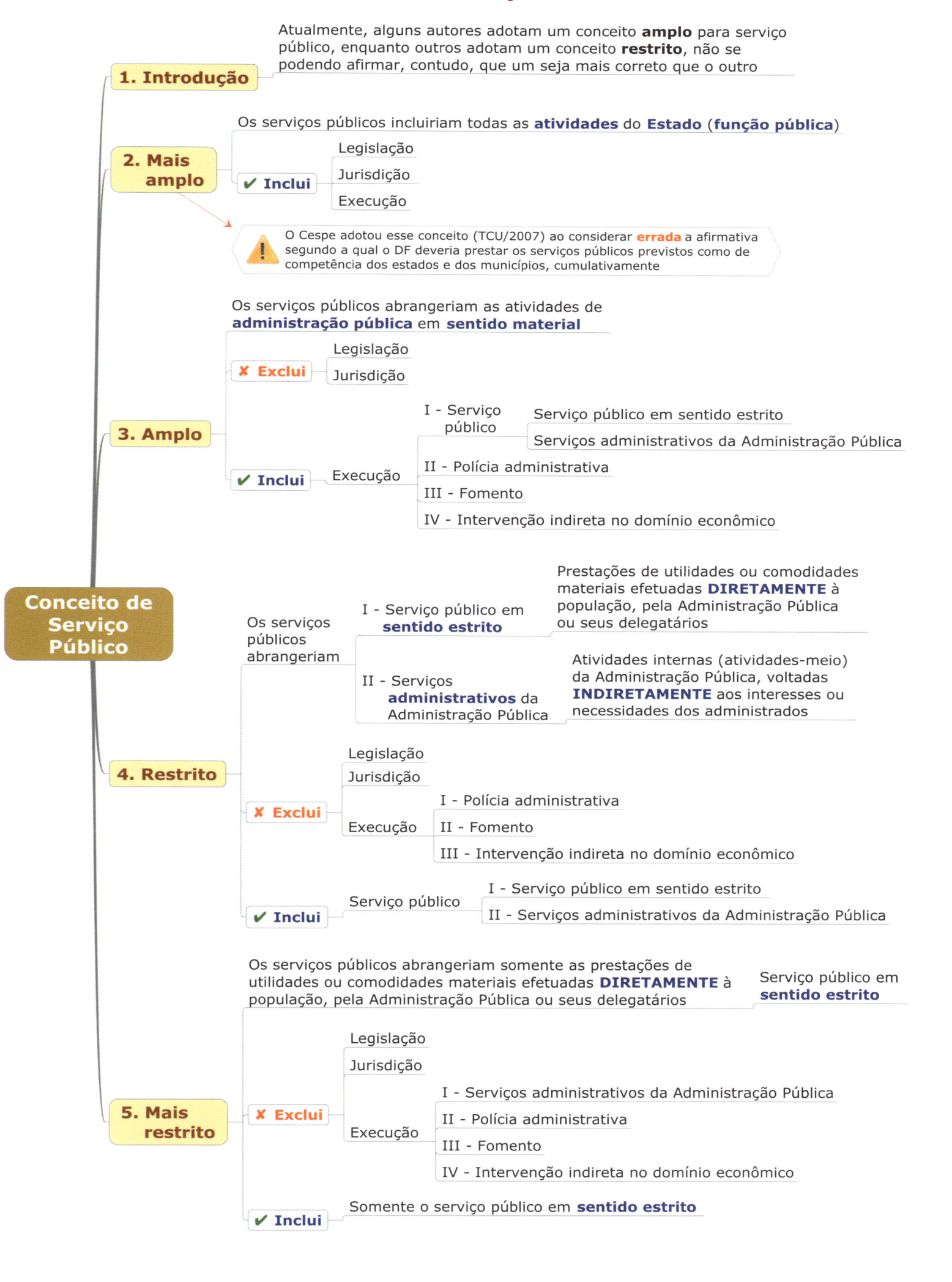

Conceito de Serviço Público

1. Introdução
Atualmente, alguns autores adotam um conceito **amplo** para serviço público, enquanto outros adotam um conceito **restrito**, não se podendo afirmar, contudo, que um seja mais correto que o outro

2. Mais amplo
Os serviços públicos incluiriam todas as **atividades** do **Estado** (**função pública**)

✔ **Inclui**
- Legislação
- Jurisdição
- Execução

⚠ O Cespe adotou esse conceito (TCU/2007) ao considerar **errada** a afirmativa segundo a qual o DF deveria prestar os serviços públicos previstos como de competência dos estados e dos municípios, cumulativamente

3. Amplo
Os serviços públicos abrangeriam as atividades de **administração pública** em **sentido material**

✘ **Exclui**
- Legislação
- Jurisdição

✔ **Inclui** — Execução
- I - Serviço público
  - Serviço público em sentido estrito
  - Serviços administrativos da Administração Pública
- II - Polícia administrativa
- III - Fomento
- IV - Intervenção indireta no domínio econômico

4. Restrito
Os serviços públicos abrangeriam:

- I - **Serviço público em sentido estrito**: Prestações de utilidades ou comodidades materiais efetuadas **DIRETAMENTE** à população, pela Administração Pública ou seus delegatários
- II - Serviços **administrativos** da Administração Pública: Atividades internas (atividades-meio) da Administração Pública, voltadas **INDIRETAMENTE** aos interesses ou necessidades dos administrados

✘ **Exclui**
- Legislação
- Jurisdição
- Execução
  - I - Polícia administrativa
  - II - Fomento
  - III - Intervenção indireta no domínio econômico

✔ **Inclui** — Serviço público
- I - Serviço público em sentido estrito
- II - Serviços administrativos da Administração Pública

5. Mais restrito
Os serviços públicos abrangeriam somente as prestações de utilidades ou comodidades materiais efetuadas **DIRETAMENTE** à população, pela Administração Pública ou seus delegatários — Serviço público em **sentido estrito**

✘ **Exclui**
- Legislação
- Jurisdição
- Execução
  - I - Serviços administrativos da Administração Pública
  - II - Polícia administrativa
  - III - Fomento
  - IV - Intervenção indireta no domínio econômico

✔ **Inclui** — Somente o serviço público em **sentido estrito**

SERVIÇOS PÚBLICOS – CONSIDERAÇÕES GERAIS

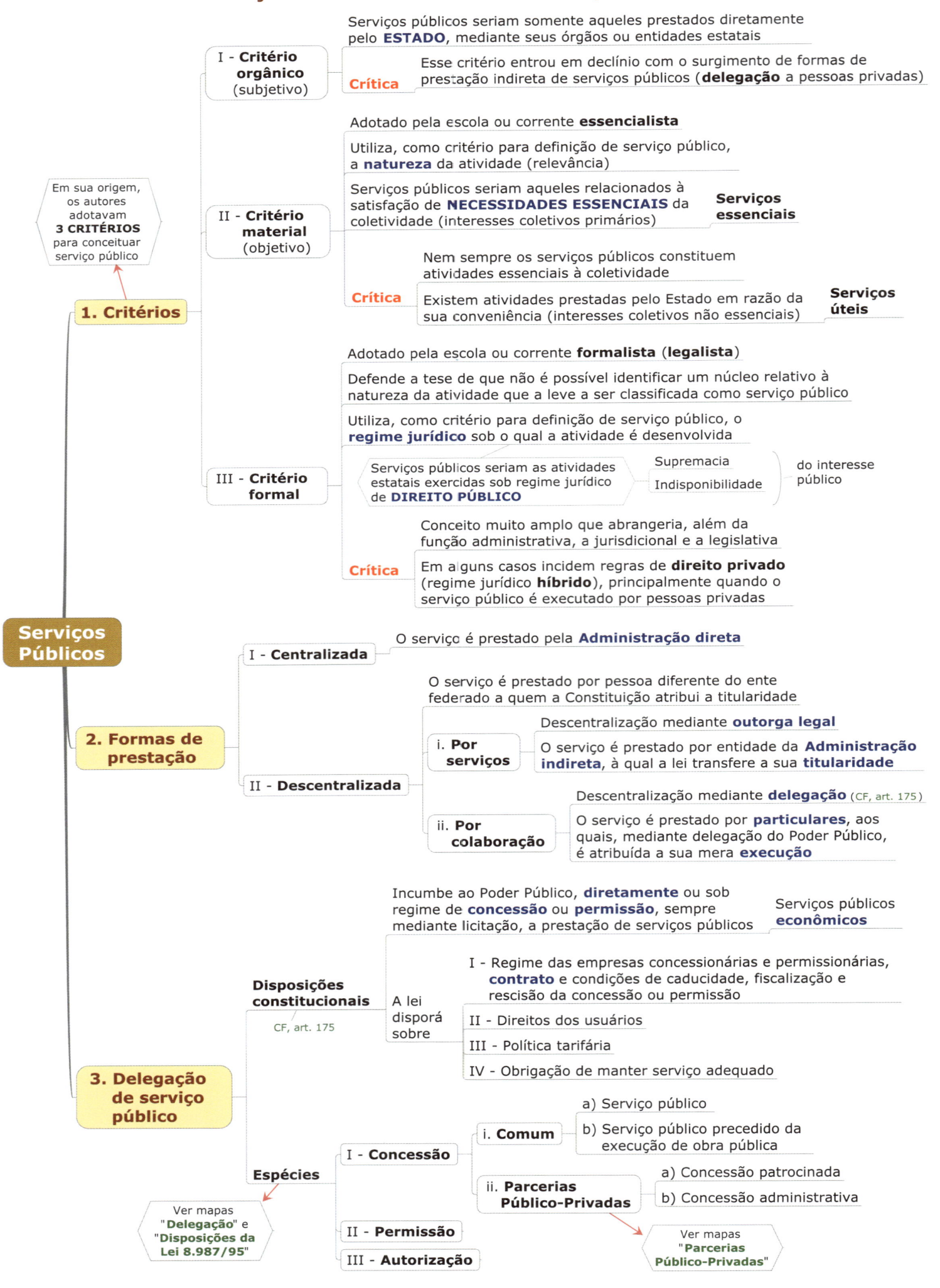

Serviços Públicos

1. Critérios

Em sua origem, os autores adotavam **3 CRITÉRIOS** para conceituar serviço público.

I - Critério orgânico (subjetivo)
- Serviços públicos seriam somente aqueles prestados diretamente pelo **ESTADO**, mediante seus órgãos ou entidades estatais
- **Crítica**: Esse critério entrou em declínio com o surgimento de formas de prestação indireta de serviços públicos (**delegação** a pessoas privadas)

II - Critério material (objetivo)
- Adotado pela escola ou corrente **essencialista**
- Utiliza, como critério para definição de serviço público, a **natureza** da atividade (relevância)
- Serviços públicos seriam aqueles relacionados à satisfação de **NECESSIDADES ESSENCIAIS** da coletividade (interesses coletivos primários) — **Serviços essenciais**
- **Crítica**:
  - Nem sempre os serviços públicos constituem atividades essenciais à coletividade
  - Existem atividades prestadas pelo Estado em razão da sua conveniência (interesses coletivos não essenciais) — **Serviços úteis**

III - Critério formal
- Adotado pela escola ou corrente **formalista** (**legalista**)
- Defende a tese de que não é possível identificar um núcleo relativo à natureza da atividade que a leve a ser classificada como serviço público
- Utiliza, como critério para definição de serviço público, o **regime jurídico** sob o qual a atividade é desenvolvida
- Serviços públicos seriam as atividades estatais exercidas sob regime jurídico de **DIREITO PÚBLICO** — Supremacia / Indisponibilidade do interesse público
- **Crítica**:
  - Conceito muito amplo que abrangeria, além da função administrativa, a jurisdicional e a legislativa
  - Em alguns casos incidem regras de **direito privado** (regime jurídico **híbrido**), principalmente quando o serviço público é executado por pessoas privadas

2. Formas de prestação

I - Centralizada
- O serviço é prestado pela **Administração direta**

II - Descentralizada
- O serviço é prestado por pessoa diferente do ente federado a quem a Constituição atribui a titularidade
- **i. Por serviços**:
  - Descentralização mediante **outorga legal**
  - O serviço é prestado por entidade da **Administração indireta**, à qual a lei transfere a sua **titularidade**
- **ii. Por colaboração**:
  - Descentralização mediante **delegação** (CF, art. 175)
  - O serviço é prestado por **particulares**, aos quais, mediante delegação do Poder Público, é atribuída a sua mera **execução**

3. Delegação de serviço público

Disposições constitucionais (CF, art. 175)
- Incumbe ao Poder Público, **diretamente** ou sob regime de **concessão** ou **permissão**, sempre mediante licitação, a prestação de serviços públicos — **Serviços públicos econômicos**
- A lei disporá sobre:
  - I - Regime das empresas concessionárias e permissionárias, **contrato** e condições de caducidade, fiscalização e rescisão da concessão ou permissão
  - II - Direitos dos usuários
  - III - Política tarifária
  - IV - Obrigação de manter serviço adequado

Espécies
- **I - Concessão**
  - **i. Comum**:
    - a) Serviço público
    - b) Serviço público precedido da execução de obra pública
  - **ii. Parcerias Público-Privadas**:
    - a) Concessão patrocinada
    - b) Concessão administrativa
- **II - Permissão**
- **III - Autorização**

Ver mapas "Delegação" e "Disposições da Lei 8.987/95"

Ver mapas "Parcerias Público-Privadas"

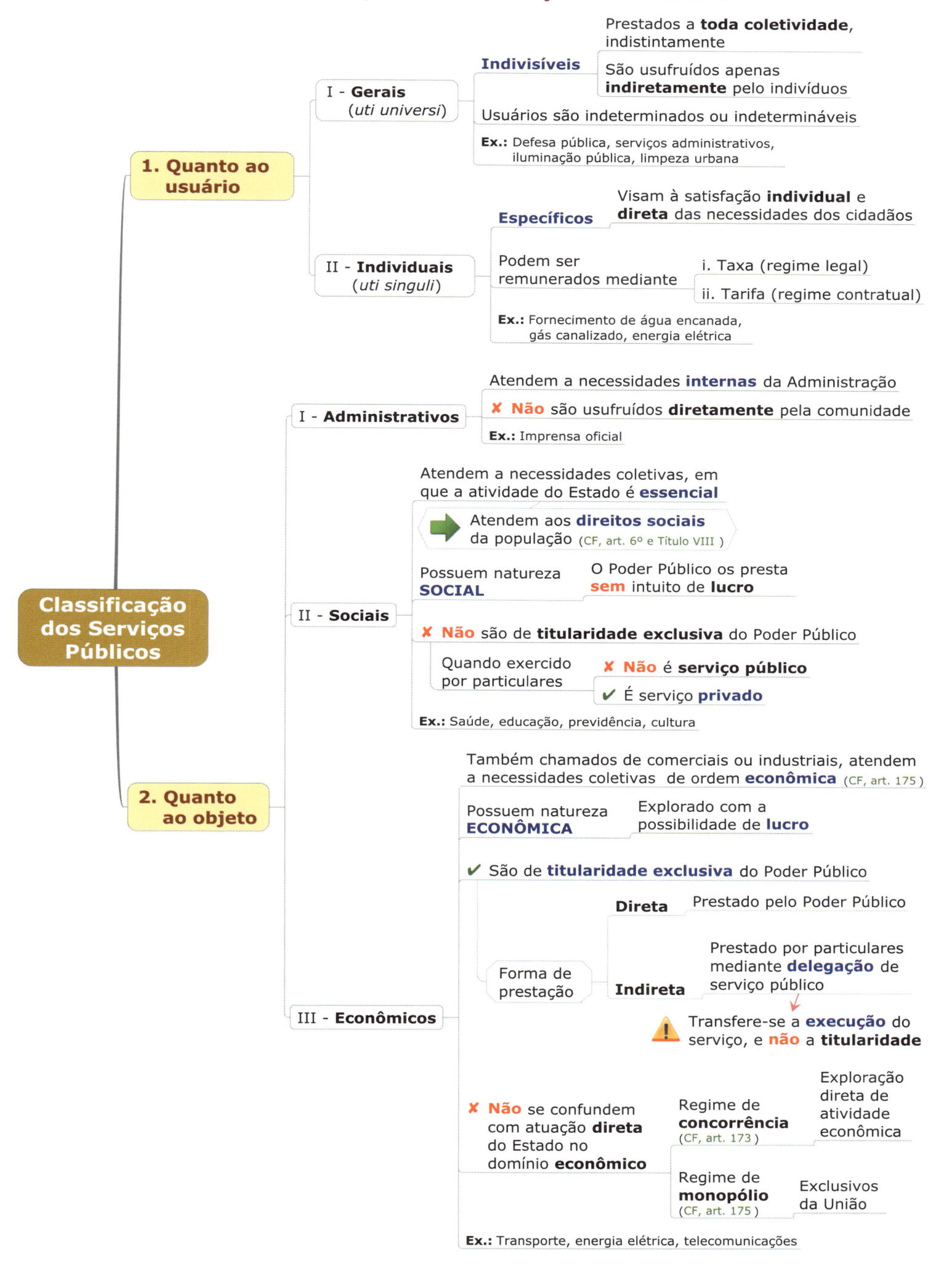

CLASSIFICAÇÃO DOS SERVIÇOS PÚBLICOS I

Classificação dos Serviços Públicos

- **1. Quanto ao usuário**
  - **I - Gerais** (*uti universi*)
    - **Indivisíveis**
      - Prestados a **toda coletividade**, indistintamente
      - São usufruídos apenas **indiretamente** pelo indivíduos
    - Usuários são indeterminados ou indetermináveis
    - **Ex.:** Defesa pública, serviços administrativos, iluminação pública, limpeza urbana
  - **II - Individuais** (*uti singuli*)
    - **Específicos**
      - Visam à satisfação **individual** e **direta** das necessidades dos cidadãos
    - Podem ser remunerados mediante
      - i. Taxa (regime legal)
      - ii. Tarifa (regime contratual)
    - **Ex.:** Fornecimento de água encanada, gás canalizado, energia elétrica

- **2. Quanto ao objeto**
  - **I - Administrativos**
    - Atendem a necessidades **internas** da Administração
    - ✗ **Não** são usufruídos **diretamente** pela comunidade
    - **Ex.:** Imprensa oficial
  - **II - Sociais**
    - Atendem a necessidades coletivas, em que a atividade do Estado é **essencial**
      - ➡ Atendem aos **direitos sociais** da população (CF, art. 6º e Título VIII)
    - Possuem natureza **SOCIAL**
      - O Poder Público os presta **sem** intuito de **lucro**
    - ✗ **Não** são de **titularidade exclusiva** do Poder Público
      - Quando exercido por particulares
        - ✗ **Não** é **serviço público**
        - ✔ É serviço **privado**
    - **Ex.:** Saúde, educação, previdência, cultura
  - **III - Econômicos**
    - Também chamados de comerciais ou industriais, atendem a necessidades coletivas de ordem **econômica** (CF, art. 175)
    - Possuem natureza **ECONÔMICA**
      - Explorado com a possibilidade de **lucro**
    - ✔ São de **titularidade exclusiva** do Poder Público
    - Forma de prestação
      - **Direta**: Prestado pelo Poder Público
      - **Indireta**: Prestado por particulares mediante **delegação** de serviço público
        - ⚠ Transfere-se a **execução** do serviço, e **não** a **titularidade**
    - ✗ **Não** se confundem com atuação **direta** do Estado no domínio **econômico**
      - Regime de **concorrência** (CF, art. 173): Exploração direta de atividade econômica
      - Regime de **monopólio** (CF, art. 175): Exclusivos da União
    - **Ex.:** Transporte, energia elétrica, telecomunicações

CLASSIFICAÇÃO DOS SERVIÇOS PÚBLICOS II

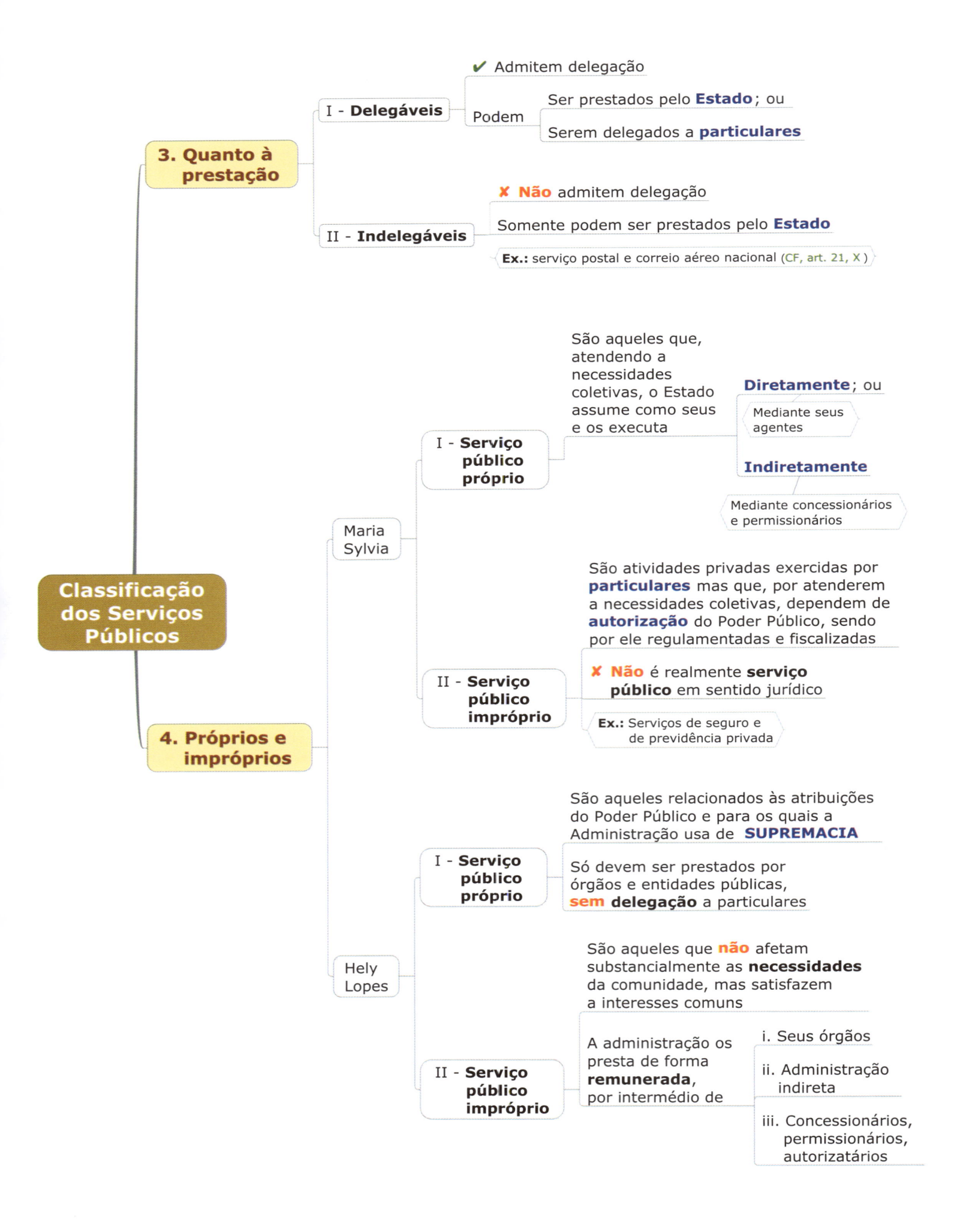

Classificação dos Serviços Públicos

3. Quanto à prestação

I - Delegáveis
- ✔ Admitem delegação
- Podem:
  - Ser prestados pelo **Estado**; ou
  - Serem delegados a **particulares**

II - Indelegáveis
- ✘ **Não** admitem delegação
- Somente podem ser prestados pelo **Estado**
- **Ex.:** serviço postal e correio aéreo nacional (CF, art. 21, X)

4. Próprios e impróprios

Maria Sylvia

I - Serviço público próprio
- São aqueles que, atendendo a necessidades coletivas, o Estado assume como seus e os executa:
  - **Diretamente**; ou (Mediante seus agentes)
  - **Indiretamente** (Mediante concessionários e permissionários)

II - Serviço público impróprio
- São atividades privadas exercidas por **particulares** mas que, por atenderem a necessidades coletivas, dependem de **autorização** do Poder Público, sendo por ele regulamentadas e fiscalizadas
- ✘ **Não** é realmente **serviço público** em sentido jurídico
- **Ex.:** Serviços de seguro e de previdência privada

Hely Lopes

I - Serviço público próprio
- São aqueles relacionados às atribuições do Poder Público e para os quais a Administração usa de **SUPREMACIA**
- Só devem ser prestados por órgãos e entidades públicas, **sem delegação** a particulares

II - Serviço público impróprio
- São aqueles que **não** afetam substancialmente as **necessidades** da comunidade, mas satisfazem a interesses comuns
- A administração os presta de forma **remunerada**, por intermédio de:
  i. Seus órgãos
  ii. Administração indireta
  iii. Concessionários, permissionários, autorizatários

SERVIÇOS PÚBLICOS - DELEGAÇÃO

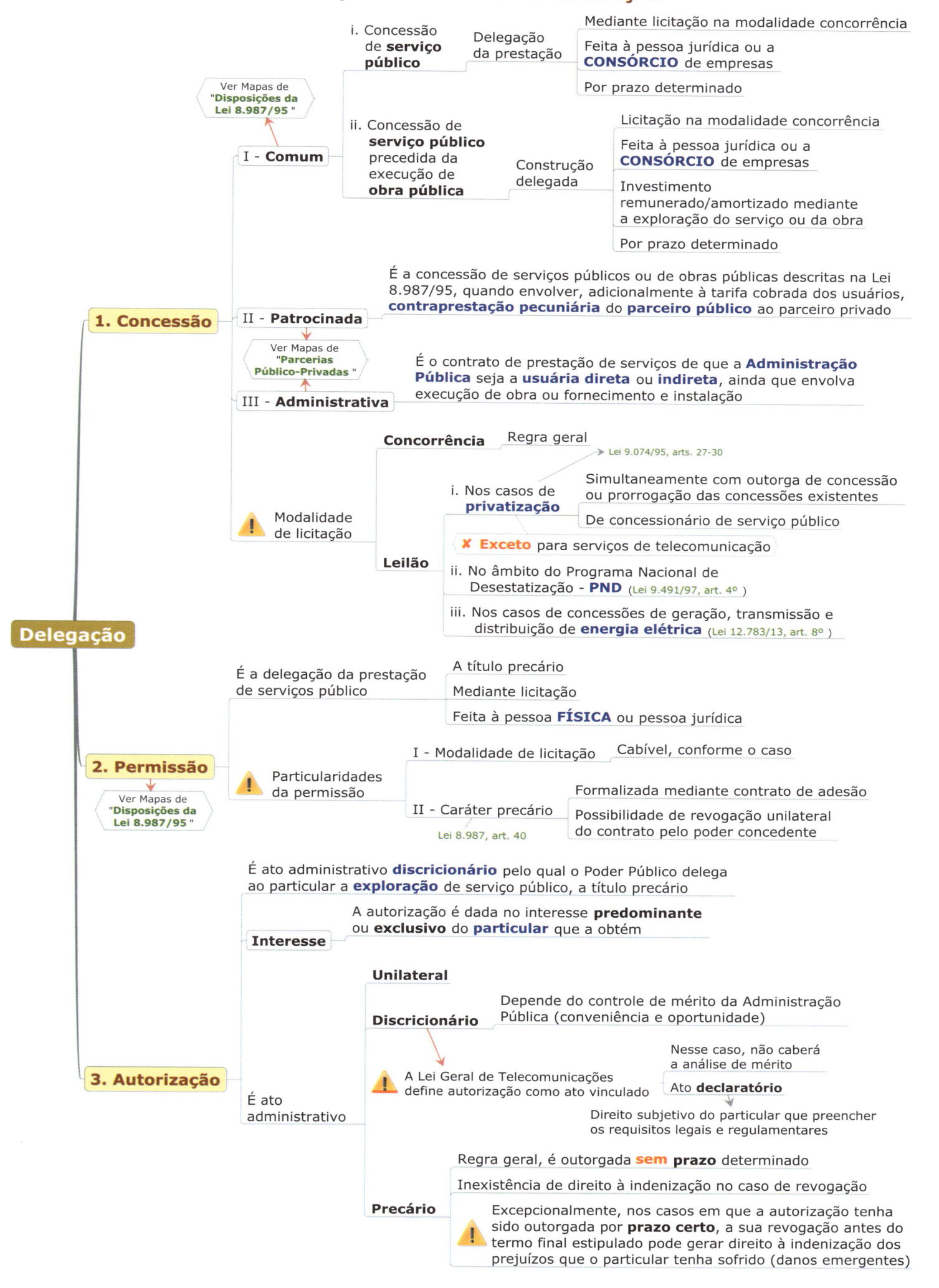

Delegação

1. Concessão

Ver Mapas de "Disposições da Lei 8.987/95"

I - Comum

i. Concessão de serviço público — Delegação da prestação:
- Mediante licitação na modalidade concorrência
- Feita à pessoa jurídica ou a **CONSÓRCIO** de empresas
- Por prazo determinado

ii. Concessão de serviço público precedida da execução de obra pública — Construção delegada:
- Licitação na modalidade concorrência
- Feita à pessoa jurídica ou a **CONSÓRCIO** de empresas
- Investimento remunerado/amortizado mediante a exploração do serviço ou da obra
- Por prazo determinado

II - Patrocinada

É a concessão de serviços públicos ou de obras públicas descritas na Lei 8.987/95, quando envolver, adicionalmente à tarifa cobrada dos usuários, **contraprestação pecuniária** do **parceiro público** ao parceiro privado

Ver Mapas de "Parcerias Público-Privadas"

III - Administrativa

É o contrato de prestação de serviços de que a **Administração Pública** seja a **usuária direta** ou **indireta**, ainda que envolva execução de obra ou fornecimento e instalação

⚠ Modalidade de licitação

- **Concorrência** — Regra geral → Lei 9.074/95, arts. 27-30
- **Leilão**:
  - i. Nos casos de **privatização**:
    - Simultaneamente com outorga de concessão ou prorrogação das concessões existentes
    - De concessionário de serviço público
    - ✗ **Exceto** para serviços de telecomunicação
  - ii. No âmbito do Programa Nacional de Desestatização - **PND** (Lei 9.491/97, art. 4º)
  - iii. Nos casos de concessões de geração, transmissão e distribuição de **energia elétrica** (Lei 12.783/13, art. 8º)

2. Permissão

Ver Mapas de "Disposições da Lei 8.987/95"

É a delegação da prestação de serviços público:
- A título precário
- Mediante licitação
- Feita à pessoa **FÍSICA** ou pessoa jurídica

⚠ Particularidades da permissão

- **I - Modalidade de licitação**: Cabível, conforme o caso
- **II - Caráter precário** (Lei 8.987, art. 40):
  - Formalizada mediante contrato de adesão
  - Possibilidade de revogação unilateral do contrato pelo poder concedente

3. Autorização

É ato administrativo **discricionário** pelo qual o Poder Público delega ao particular a **exploração** de serviço público, a título precário

Interesse

A autorização é dada no interesse **predominante** ou **exclusivo** do **particular** que a obtém

É ato administrativo

- **Unilateral**
- **Discricionário**: Depende do controle de mérito da Administração Pública (conveniência e oportunidade)
  - ⚠ A Lei Geral de Telecomunicações define autorização como ato vinculado
    - Nesse caso, não caberá a análise de mérito
    - Ato **declaratório**
    - Direito subjetivo do particular que preencher os requisitos legais e regulamentares
- **Precário**:
  - Regra geral, é outorgada **sem prazo** determinado
  - Inexistência de direito à indenização no caso de revogação
  - ⚠ Excepcionalmente, nos casos em que a autorização tenha sido outorgada por **prazo certo**, a sua revogação antes do termo final estipulado pode gerar direito à indenização dos prejuízos que o particular tenha sofrido (danos emergentes)

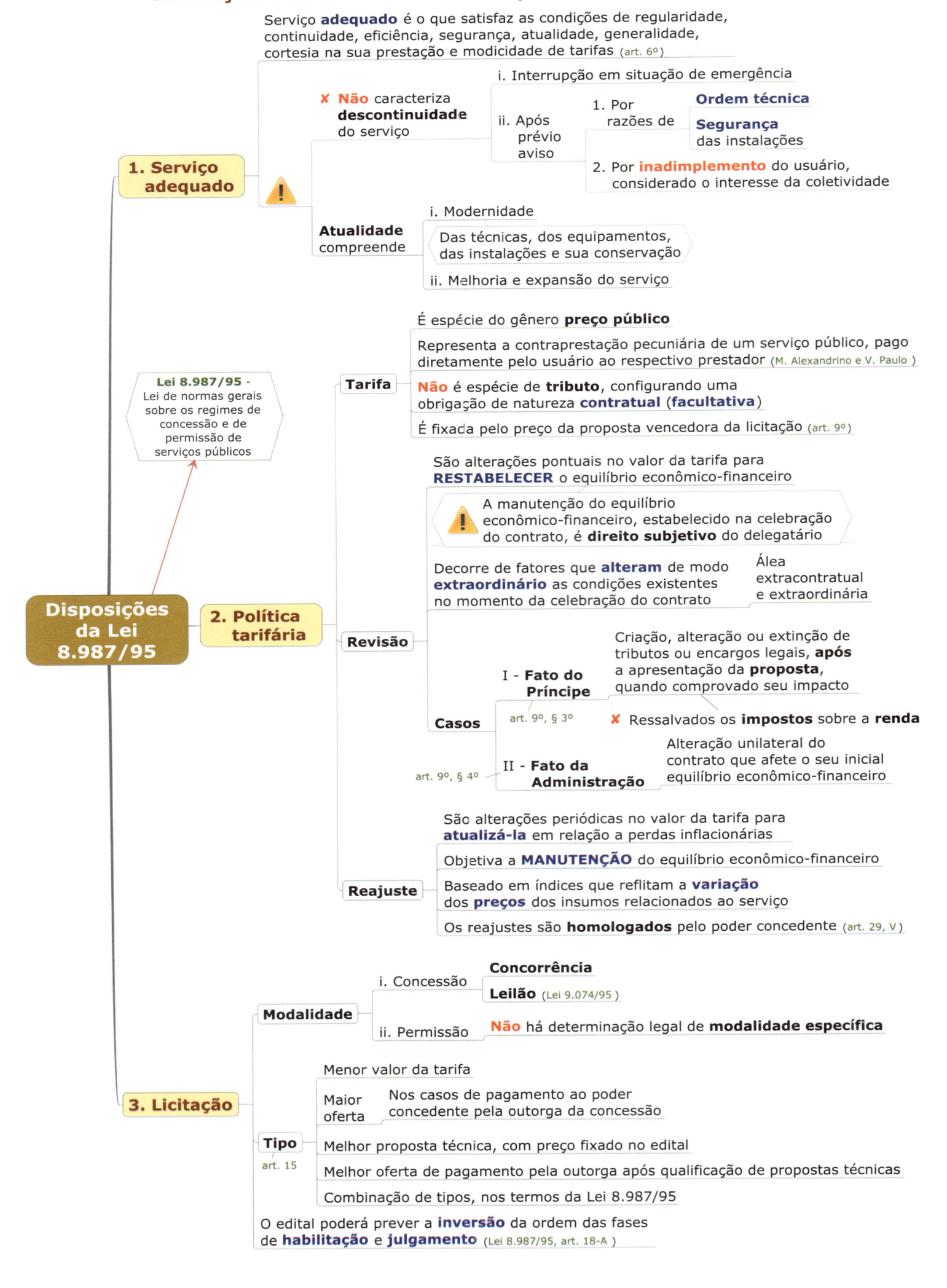

SERVIÇOS PÚBLICOS - DISPOSIÇÕES DA LEI 8.987/95 I

Disposições da Lei 8.987/95

Lei 8.987/95 - Lei de normas gerais sobre os regimes de concessão e de permissão de serviços públicos

1. Serviço adequado

Serviço **adequado** é o que satisfaz as condições de regularidade, continuidade, eficiência, segurança, atualidade, generalidade, cortesia na sua prestação e modicidade de tarifas (art. 6º)

- ✗ **Não** caracteriza **descontinuidade** do serviço:
  - i. Interrupção em situação de emergência
  - ii. Após prévio aviso:
    1. Por razões de **Ordem técnica** / **Segurança** das instalações
    2. Por **inadimplemento** do usuário, considerado o interesse da coletividade

- **Atualidade** compreende:
  - i. Modernidade — Das técnicas, dos equipamentos, das instalações e sua conservação
  - ii. Melhoria e expansão do serviço

2. Política tarifária

Tarifa
- É espécie do gênero **preço público**
- Representa a contraprestação pecuniária de um serviço público, pago diretamente pelo usuário ao respectivo prestador (M. Alexandrino e V. Paulo)
- **Não** é espécie de **tributo**, configurando uma obrigação de natureza **contratual** (**facultativa**)
- É fixada pelo preço da proposta vencedora da licitação (art. 9º)

Revisão
- São alterações pontuais no valor da tarifa para **RESTABELECER** o equilíbrio econômico-financeiro
- ⚠ A manutenção do equilíbrio econômico-financeiro, estabelecido na celebração do contrato, é **direito subjetivo** do delegatário
- Decorre de fatores que **alteram** de modo **extraordinário** as condições existentes no momento da celebração do contrato — Álea extracontratual e extraordinária
- **Casos**:
  - I - **Fato do Príncipe** (art. 9º, § 3º): Criação, alteração ou extinção de tributos ou encargos legais, **após** a apresentação da **proposta**, quando comprovado seu impacto — ✗ Ressalvados os **impostos** sobre a **renda**
  - II - **Fato da Administração** (art. 9º, § 4º): Alteração unilateral do contrato que afete o seu inicial equilíbrio econômico-financeiro

Reajuste
- São alterações periódicas no valor da tarifa para **atualizá-la** em relação a perdas inflacionárias
- Objetiva a **MANUTENÇÃO** do equilíbrio econômico-financeiro
- Baseado em índices que reflitam a **variação** dos **preços** dos insumos relacionados ao serviço
- Os reajustes são **homologados** pelo poder concedente (art. 29, V)

3. Licitação

Modalidade
- i. Concessão: **Concorrência** / **Leilão** (Lei 9.074/95)
- ii. Permissão: **Não** há determinação legal de **modalidade específica**

Tipo (art. 15)
- Menor valor da tarifa
- Maior oferta — Nos casos de pagamento ao poder concedente pela outorga da concessão
- Melhor proposta técnica, com preço fixado no edital
- Melhor oferta de pagamento pela outorga após qualificação de propostas técnicas
- Combinação de tipos, nos termos da Lei 8.987/95

O edital poderá prever a **inversão** da ordem das fases de **habilitação** e **julgamento** (Lei 8.987/95, art. 18-A)

144

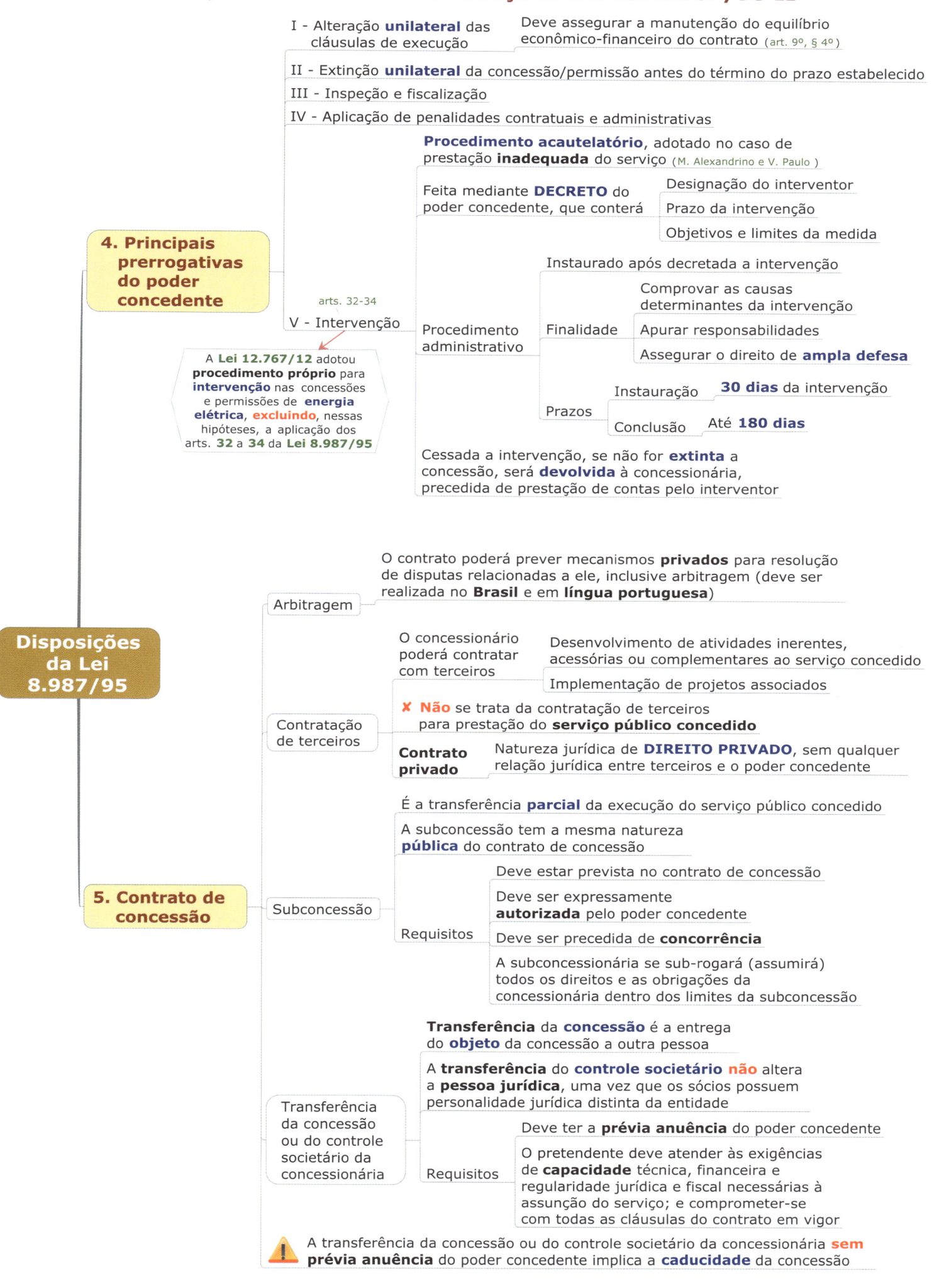

SERVIÇOS PÚBLICOS - DISPOSIÇÕES DA LEI 8.987/95 II

Disposições da Lei 8.987/95

4. Principais prerrogativas do poder concedente

- I - Alteração **unilateral** das cláusulas de execução — Deve assegurar a manutenção do equilíbrio econômico-financeiro do contrato (art. 9º, § 4º)
- II - Extinção **unilateral** da concessão/permissão antes do término do prazo estabelecido
- III - Inspeção e fiscalização
- IV - Aplicação de penalidades contratuais e administrativas
- V - Intervenção (arts. 32-34)
  - **Procedimento acautelatório**, adotado no caso de prestação **inadequada** do serviço (M. Alexandrino e V. Paulo)
  - Feita mediante **DECRETO** do poder concedente, que conterá:
    - Designação do interventor
    - Prazo da intervenção
    - Objetivos e limites da medida
  - Procedimento administrativo
    - Instaurado após decretada a intervenção
    - Finalidade:
      - Comprovar as causas determinantes da intervenção
      - Apurar responsabilidades
      - Assegurar o direito de **ampla defesa**
    - Prazos:
      - Instauração: **30 dias** da intervenção
      - Conclusão: Até **180 dias**
  - Cessada a intervenção, se não for **extinta** a concessão, será **devolvida** à concessionária, precedida de prestação de contas pelo interventor

> A **Lei 12.767/12** adotou **procedimento próprio** para **intervenção** nas concessões e permissões de **energia elétrica**, **excluindo**, nessas hipóteses, a aplicação dos arts. **32** a **34** da **Lei 8.987/95**

5. Contrato de concessão

- **Arbitragem**
  - O contrato poderá prever mecanismos **privados** para resolução de disputas relacionadas a ele, inclusive arbitragem (deve ser realizada no **Brasil** e em **língua portuguesa**)

- **Contratação de terceiros**
  - O concessionário poderá contratar com terceiros:
    - Desenvolvimento de atividades inerentes, acessórias ou complementares ao serviço concedido
    - Implementação de projetos associados
  - ✗ **Não** se trata da contratação de terceiros para prestação do **serviço público concedido**
  - **Contrato privado**: Natureza jurídica de **DIREITO PRIVADO**, sem qualquer relação jurídica entre terceiros e o poder concedente

- **Subconcessão**
  - É a transferência **parcial** da execução do serviço público concedido
  - A subconcessão tem a mesma natureza **pública** do contrato de concessão
  - Requisitos:
    - Deve estar prevista no contrato de concessão
    - Deve ser expressamente **autorizada** pelo poder concedente
    - Deve ser precedida de **concorrência**
  - A subconcessionária se sub-rogará (assumirá) todos os direitos e as obrigações da concessionária dentro dos limites da subconcessão

- **Transferência da concessão ou do controle societário da concessionária**
  - **Transferência** da **concessão** é a entrega do **objeto** da concessão a outra pessoa
  - A **transferência** do **controle societário não** altera a **pessoa jurídica**, uma vez que os sócios possuem personalidade jurídica distinta da entidade
  - Requisitos:
    - Deve ter a **prévia anuência** do poder concedente
    - O pretendente deve atender às exigências de **capacidade** técnica, financeira e regularidade jurídica e fiscal necessárias à assunção do serviço; e comprometer-se com todas as cláusulas do contrato em vigor
  - ⚠ A transferência da concessão ou do controle societário da concessionária **sem prévia anuência** do poder concedente implica a **caducidade** da concessão

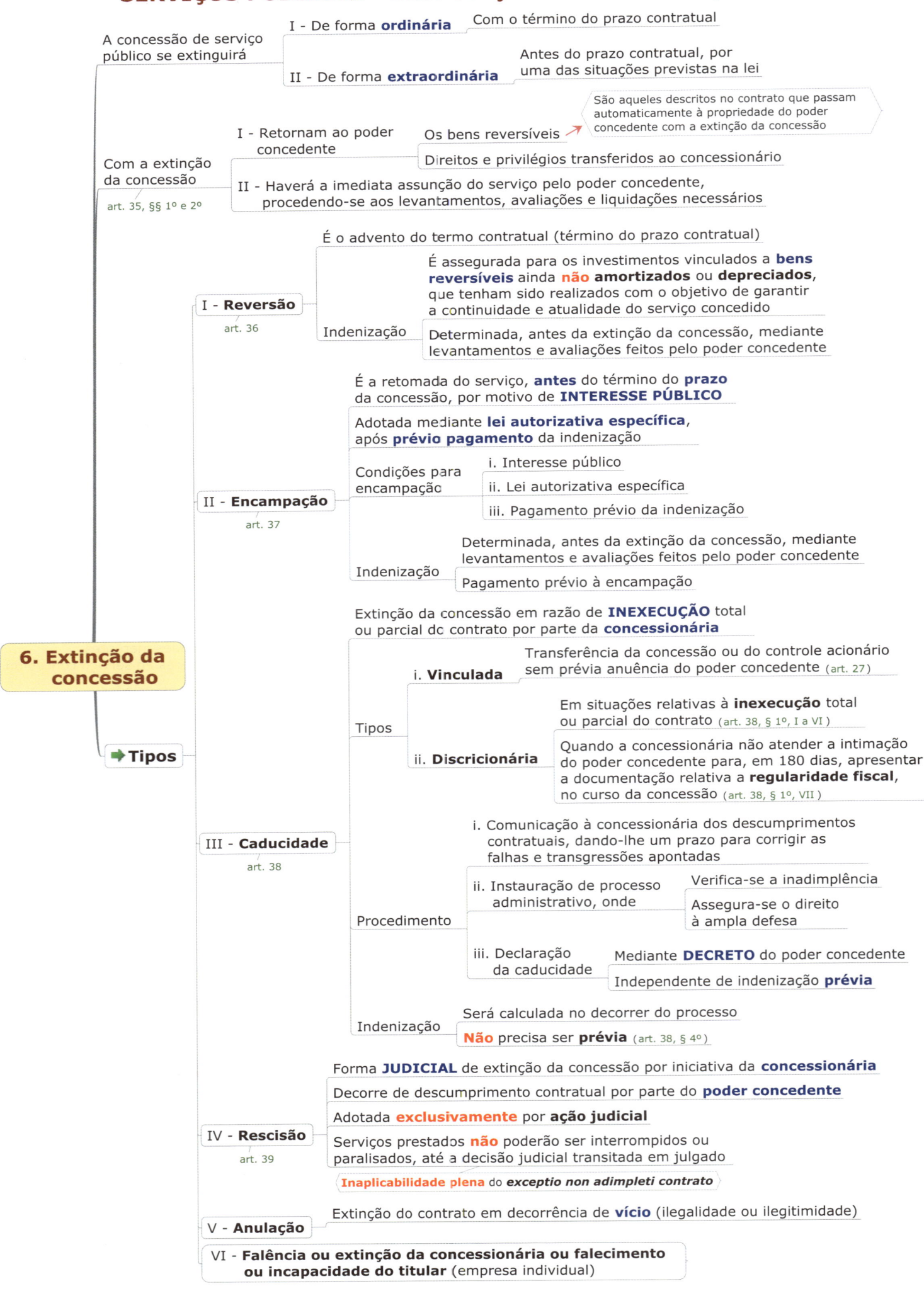

SERVIÇOS PÚBLICOS - DISPOSIÇÕES DA LEI 8.987/95 III

6. Extinção da concessão

- A concessão de serviço público se extinguirá
  - I - De forma **ordinária**: Com o término do prazo contratual
  - II - De forma **extraordinária**: Antes do prazo contratual, por uma das situações previstas na lei

- Com a extinção da concessão (art. 35, §§ 1º e 2º)
  - I - Retornam ao poder concedente
    - Os bens reversíveis → São aqueles descritos no contrato que passam automaticamente à propriedade do poder concedente com a extinção da concessão
    - Direitos e privilégios transferidos ao concessionário
  - II - Haverá a imediata assunção do serviço pelo poder concedente, procedendo-se aos levantamentos, avaliações e liquidações necessários

- **Tipos**

  - **I - Reversão** (art. 36)
    - É o advento do termo contratual (término do prazo contratual)
    - Indenização
      - É assegurada para os investimentos vinculados a **bens reversíveis** ainda **não amortizados** ou **depreciados**, que tenham sido realizados com o objetivo de garantir a continuidade e atualidade do serviço concedido
      - Determinada, antes da extinção da concessão, mediante levantamentos e avaliações feitos pelo poder concedente

  - **II - Encampação** (art. 37)
    - É a retomada do serviço, **antes** do término do **prazo** da concessão, por motivo de **INTERESSE PÚBLICO**
    - Adotada mediante **lei autorizativa específica**, após **prévio pagamento** da indenização
    - Condições para encampação
      - i. Interesse público
      - ii. Lei autorizativa específica
      - iii. Pagamento prévio da indenização
    - Indenização
      - Determinada, antes da extinção da concessão, mediante levantamentos e avaliações feitos pelo poder concedente
      - Pagamento prévio à encampação

  - **III - Caducidade** (art. 38)
    - Extinção da concessão em razão de **INEXECUÇÃO** total ou parcial do contrato por parte da **concessionária**
    - Tipos
      - i. **Vinculada**: Transferência da concessão ou do controle acionário sem prévia anuência do poder concedente (art. 27)
      - ii. **Discricionária**
        - Em situações relativas à **inexecução** total ou parcial do contrato (art. 38, § 1º, I a VI)
        - Quando a concessionária não atender a intimação do poder concedente para, em 180 dias, apresentar a documentação relativa a **regularidade fiscal**, no curso da concessão (art. 38, § 1º, VII)
    - Procedimento
      - i. Comunicação à concessionária dos descumprimentos contratuais, dando-lhe um prazo para corrigir as falhas e transgressões apontadas
      - ii. Instauração de processo administrativo, onde
        - Verifica-se a inadimplência
        - Assegura-se o direito à ampla defesa
      - iii. Declaração da caducidade
        - Mediante **DECRETO** do poder concedente
        - Independente de indenização **prévia**
    - Indenização
      - Será calculada no decorrer do processo
      - **Não** precisa ser **prévia** (art. 38, § 4º)

  - **IV - Rescisão** (art. 39)
    - Forma **JUDICIAL** de extinção da concessão por iniciativa da **concessionária**
    - Decorre de descumprimento contratual por parte do **poder concedente**
    - Adotada **exclusivamente** por **ação judicial**
    - Serviços prestados **não** poderão ser interrompidos ou paralisados, até a decisão judicial transitada em julgado
    - Inaplicabilidade plena do *exceptio non adimpleti contrato*

  - **V - Anulação**: Extinção do contrato em decorrência de **vício** (ilegalidade ou ilegitimidade)

  - **VI - Falência ou extinção da concessionária ou falecimento ou incapacidade do titular** (empresa individual)

SERVIÇOS PÚBLICOS - PARCERIAS PÚBLICO-PRIVADAS (PPP) I

A **PPP** é o contrato administrativo de **concessão**, na modalidade **patrocinada** ou **administrativa**, aplicável à Administração Pública Direta dos **Poderes Executivo** e **Legislativo**, aos fundos especiais, à Administração Indireta e às demais entidades controladas direta ou indiretamente pelos entes federativos

PPP

1. Conceito

⚠️ **Não** constitui PPP a **concessão comum** (Lei 8.987/95), quando **não** envolver **contraprestação pecuniária** do **parceiro público** ao parceiro privado

É vedada a celebração de PPP:
- I. Cujo valor do contrato seja **inferior** a **10 milhões** de reais
- II. Cujo período de prestação seja **inferior** a **5 anos**
- III. Que tenha como objeto **ÚNICO**:
  - i. O fornecimento de **mão de obra**
  - ii. O fornecimento e instalação de **equipamentos**
  - iii. A execução de **obra pública**

2. Modalidades de PPP

- **I. Concessão Patrocinada**: É a concessão de **serviços** públicos ou de **obras** públicas descritas na Lei 8.987/95, quando envolver, adicionalmente à **tarifa** cobrada dos usuários, **contraprestação pecuniária** do parceiro público ao parceiro privado
- **II. Concessão Administrativa**: É o contrato de **prestação de serviços** de que a **Administração Pública** seja a **usuária direta** ou **indireta**, ainda que envolva execução de obra ou fornecimento e instalação

3. Licitação

Modalidade: Concorrência

Principais condições para abertura do processo:
- Demonstração de que as despesas criadas ou aumentadas não afetarão as metas de resultados fiscais
- Estimativa do impacto orçamentário-financeiro nos exercícios em que deva vigorar a PPP
- Previsão do objeto da PPP no **plano plurianual** em vigor
- **Autorização legislativa específica**: Para as concessões **patrocinadas** em que **mais** de **70%** da **remuneração** do parceiro privado for paga pela Administração Pública

O edital poderá prever:
- Exigência de **garantia** de **proposta** do licitante
- Especificação, quando houver, das **garantias** da **contraprestação** do parceiro público a serem concedidas ao parceiro privado
- Emprego dos mecanismos privados para resolução de disputas, inclusive **arbitragem** (realizada no **Brasil** e em **língua portuguesa**)
- A **inversão** da ordem das **fases** de habilitação e julgamento

Procedimento:

O julgamento poderá ser precedido de etapa de **qualificação** de propostas técnicas, desclassificando-se os licitantes que não alcançarem a **pontuação mínima**

Critérios de julgamento:
- I. Menor valor da **tarifa**
- II. Melhor proposta em razão da combinação do critério de menor valor da **tarifa** com o de melhor **técnica**
- III. Menor **valor** da **contraprestação** a ser paga pela Administração Pública
- IV. Melhor proposta em razão da combinação do critério de menor **valor** da **contraprestação** a ser paga pela Administração com o de **melhor técnica**, conforme pesos estabelecidos no edital

Admite-se, conforme previsto no edital, as seguintes formas de apresentação das **propostas econômicas**:
- I. Propostas escritas em envelopes lacrados; OU
- II. Propostas escritas, seguidas de lances em viva voz:
  - Oferecidos na ordem inversa da classificação das propostas escritas, sendo **vedado** ao edital **limitar** a quantidade de **lances**
  - O edital poderá **restringir** os lances em viva voz aos licitantes cuja proposta escrita seja no máximo **20%** maior que a **melhor proposta**

147

SERVIÇOS PÚBLICOS - PARCERIAS PÚBLICO-PRIVADAS (PPP) II

PPP

As cláusulas dos contratos de PPP atenderão, no que couber, às do contrato de concessão comum

4. Contrato

Prazo de vigência
- Deve ser compatível com a amortização dos investimentos realizados
- ✗ **Não pode ser**:
  - **Inferior** a **5 anos**
  - **Superior** a **35 anos**, incluindo eventual prorrogação

Repartição de risco
- O contrato deve prever a **repartição** de **riscos** entre as partes
- Inclusive os referentes a:
  - I. Caso fortuito
  - II. Força maior
  - III. Fato do príncipe
  - IV. Álea econômica extraordinária

Contraprestação da Administração
- A contraprestação pode ser feita por:
  - I. Ordem bancária
  - II. Cessão de créditos **NÃO** tributários
  - III. Outorga de direitos em face da Administração Pública
  - IV. Outorga de direitos sobre bens públicos dominicais
  - V. Outros meios admitidos em lei
- A remuneração poderá ser **variável** vinculada ao **desempenho** do parceiro privado, conforme metas e padrões de qualidade e disponibilidade definidos no contrato
- A contraprestação da Administração será obrigatoriamente precedida da **disponibilização** do **serviço** objeto da PPP
  - ⚠️ A disponibilização do serviço pode ser **parcial**, desde que a parte disponibilizada seja **fruível** de forma independente

Reajuste
- O contrato poderá prever cláusulas de **atualização automática** de valores, aplicadas **sem** necessidade de **homologação**
- O reajuste poderá ser **rejeitado** por razões fundamentadas na Lei 11.079/04 ou no contrato, desde que publicas na imprensa oficial, onde houver, até o prazo de 15 dias após apresentação da fatura

5. Sociedade de propósito específico (SPE)

- Antes da celebração do contrato, deverá ser constituída uma SPE
  - Incumbida de **Implantar** / **Gerir** — O objeto da parceria
  - Poderá assumir a forma de companhia de capital aberto

- A **transferência** do controle da SPE é condicionada à **autorização** expressa da Administração Pública

- O pretendente à aquisição do controle deverá:
  - I. Atender às exigências de **capacidade** técnica, idoneidade financeira e regularidade jurídica e fiscal necessárias à assunção do serviço
    - A transferência do controle da sociedade de propósito específico para os seus **financiadores**, com o objetivo de promover a sua **reestruturação financeira** e assegurar a continuidade da prestação dos serviços **não** é condicionada ao atendimento das exigências de **capacidade** técnica, idoneidade financeira e regularidade jurídica e fiscal (art. 5º, § 2º, I)
  - II. Comprometer-se a cumprir todas as cláusulas do contrato em vigor

- ✗ **É vedado** à Administração Pública ser titular da maioria do capital votante das SPE
  - **Exceto** na hipótese de aquisição da maioria do capital votante por instituição financeira controlada pelo Poder Público, em caso de **inadimplemento** do financiamento

Capítulo 13

Responsabilidade Civil do Estado

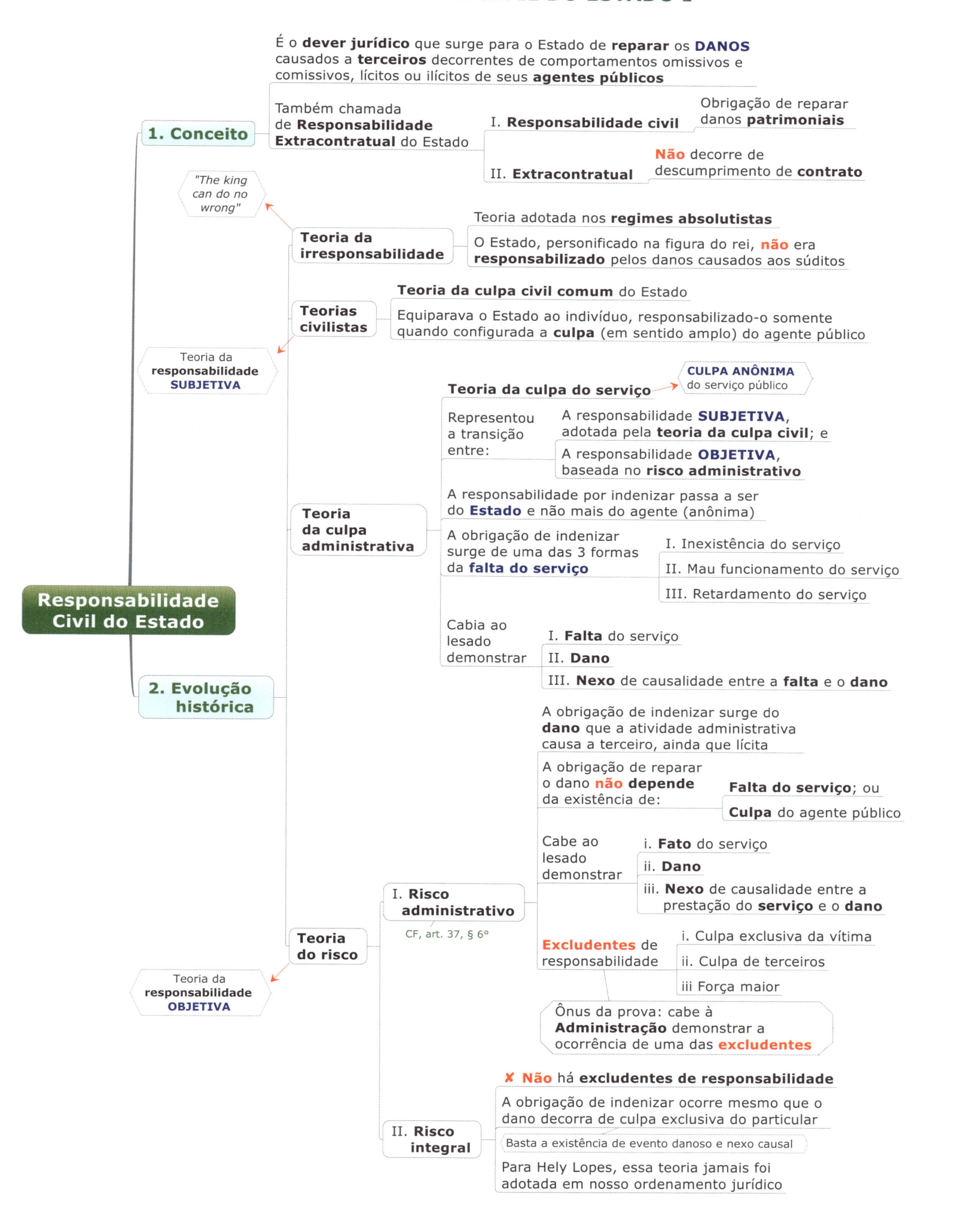

RESPONSABILIDADE CIVIL DO ESTADO I

Responsabilidade Civil do Estado

1. Conceito

É o **dever jurídico** que surge para o Estado de **reparar** os **DANOS** causados a **terceiros** decorrentes de comportamentos omissivos e comissivos, lícitos ou ilícitos de seus **agentes públicos**

Também chamada de **Responsabilidade Extracontratual** do Estado
- I. **Responsabilidade civil** — Obrigação de reparar danos **patrimoniais**
- II. **Extracontratual** — **Não** decorre de descumprimento de **contrato**

2. Evolução histórica

Teoria da irresponsabilidade
"The king can do no wrong" → Teoria da **responsabilidade SUBJETIVA**
- Teoria adotada nos **regimes absolutistas**
- O Estado, personificado na figura do rei, **não** era **responsabilizado** pelos danos causados aos súditos

Teorias civilistas
- **Teoria da culpa civil comum** do Estado
- Equiparava o Estado ao indivíduo, responsabilizado-o somente quando configurada a **culpa** (em sentido amplo) do agente público

Teoria da culpa administrativa
- **Teoria da culpa do serviço** → **CULPA ANÔNIMA** do serviço público
- Representou a transição entre:
  - A responsabilidade **SUBJETIVA**, adotada pela **teoria da culpa civil**; e
  - A responsabilidade **OBJETIVA**, baseada no **risco administrativo**
- A responsabilidade por indenizar passa a ser do **Estado** e não mais do agente (anônima)
- A obrigação de indenizar surge de uma das 3 formas da **falta do serviço**:
  - I. Inexistência do serviço
  - II. Mau funcionamento do serviço
  - III. Retardamento do serviço
- Cabia ao lesado demonstrar:
  - I. **Falta** do serviço
  - II. **Dano**
  - III. **Nexo** de causalidade entre a **falta** e o **dano**

Teoria do risco → Teoria da **responsabilidade OBJETIVA**

I. Risco administrativo (CF, art. 37, § 6º)
- A obrigação de indenizar surge do **dano** que a atividade administrativa causa a terceiro, ainda que lícita
- A obrigação de reparar o dano **não depende** da existência de:
  - **Falta do serviço**; ou
  - **Culpa** do agente público
- Cabe ao lesado demonstrar:
  - i. **Fato** do serviço
  - ii. **Dano**
  - iii. **Nexo** de causalidade entre a prestação do **serviço** e o **dano**
- **Excludentes** de responsabilidade:
  - i. Culpa exclusiva da vítima
  - ii. Culpa de terceiros
  - iii. Força maior
- Ônus da prova: cabe à **Administração** demonstrar a ocorrência de uma das **excludentes**

II. Risco integral
- ✗ **Não** há excludentes de responsabilidade
- A obrigação de indenizar ocorre mesmo que o dano decorra de culpa exclusiva do particular
- Basta a existência de evento danoso e nexo causal
- Para Hely Lopes, essa teoria jamais foi adotada em nosso ordenamento jurídico

RESPONSABILIDADE CIVIL DO ESTADO II

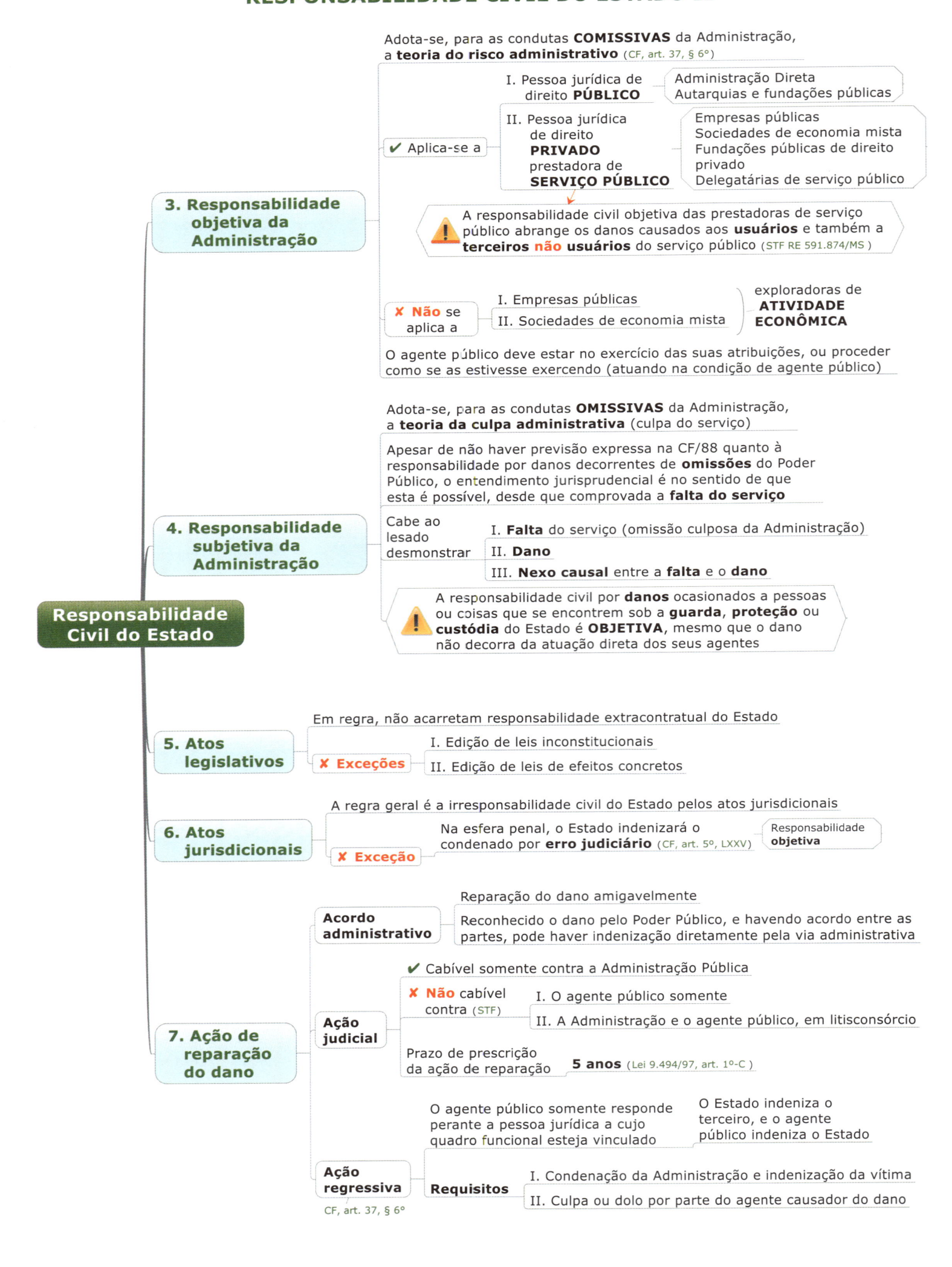

Responsabilidade Civil do Estado

3. Responsabilidade objetiva da Administração

Adota-se, para as condutas **COMISSIVAS** da Administração, a **teoria do risco administrativo** (CF, art. 37, § 6º)

✔ Aplica-se a:
- I. Pessoa jurídica de direito **PÚBLICO**
  - Administração Direta
  - Autarquias e fundações públicas
- II. Pessoa jurídica de direito **PRIVADO** prestadora de **SERVIÇO PÚBLICO**
  - Empresas públicas
  - Sociedades de economia mista
  - Fundações públicas de direito privado
  - Delegatárias de serviço público

⚠ A responsabilidade civil objetiva das prestadoras de serviço público abrange os danos causados aos **usuários** e também a **terceiros não usuários** do serviço público (STF RE 591.874/MS)

✘ Não se aplica a:
- I. Empresas públicas
- II. Sociedades de economia mista

exploradoras de **ATIVIDADE ECONÔMICA**

O agente público deve estar no exercício das suas atribuições, ou proceder como se as estivesse exercendo (atuando na condição de agente público)

4. Responsabilidade subjetiva da Administração

Adota-se, para as condutas **OMISSIVAS** da Administração, a **teoria da culpa administrativa** (culpa do serviço)

Apesar de não haver previsão expressa na CF/88 quanto à responsabilidade por danos decorrentes de **omissões** do Poder Público, o entendimento jurisprudencial é no sentido de que esta é possível, desde que comprovada a **falta do serviço**

Cabe ao lesado desmonstrar:
- I. **Falta** do serviço (omissão culposa da Administração)
- II. **Dano**
- III. **Nexo causal** entre a **falta** e o **dano**

⚠ A responsabilidade civil por **danos** ocasionados a pessoas ou coisas que se encontrem sob a **guarda**, **proteção** ou **custódia** do Estado é **OBJETIVA**, mesmo que o dano não decorra da atuação direta dos seus agentes

5. Atos legislativos

Em regra, não acarretam responsabilidade extracontratual do Estado

✘ Exceções:
- I. Edição de leis inconstitucionais
- II. Edição de leis de efeitos concretos

6. Atos jurisdicionais

A regra geral é a irresponsabilidade civil do Estado pelos atos jurisdicionais

✘ Exceção: Na esfera penal, o Estado indenizará o condenado por **erro judiciário** (CF, art. 5º, LXXV) — Responsabilidade objetiva

7. Ação de reparação do dano

Acordo administrativo
- Reparação do dano amigavelmente
- Reconhecido o dano pelo Poder Público, e havendo acordo entre as partes, pode haver indenização diretamente pela via administrativa

Ação judicial
- ✔ Cabível somente contra a Administração Pública
- ✘ Não cabível contra (STF):
  - I. O agente público somente
  - II. A Administração e o agente público, em litisconsórcio
- Prazo de prescrição da ação de reparação: **5 anos** (Lei 9.494/97, art. 1º-C)

Ação regressiva (CF, art. 37, § 6º)
- O agente público somente responde perante a pessoa jurídica a cujo quadro funcional esteja vinculado
- O Estado indeniza o terceiro, e o agente público indeniza o Estado
- Requisitos:
  - I. Condenação da Administração e indenização da vítima
  - II. Culpa ou dolo por parte do agente causador do dano

Capítulo 14

Controle de Administração Pública

CONTROLE DA ADMINISTRAÇÃO PÚBLICA I

Controle da Administração Pública

1. Conceito
- É o conjunto de instrumentos pelos quais a própria **Administração Pública**, os Poderes **Judiciário** e **Legislativo**, e ainda o **povo**, diretamente ou por meio de seus órgãos especializados, possam exercer o poder de **fiscalização**, **orientação** e **revisão** da atuação administrativa de todos os órgãos, entidades e agentes públicos, em todas as esferas do Poder
- O controle da Administração Pública fundamenta-se no princípio da **legalidade** (controle de **conformidade**) e, em algumas hipóteses, na **discricionariedade** administrativa (controle de **mérito**)

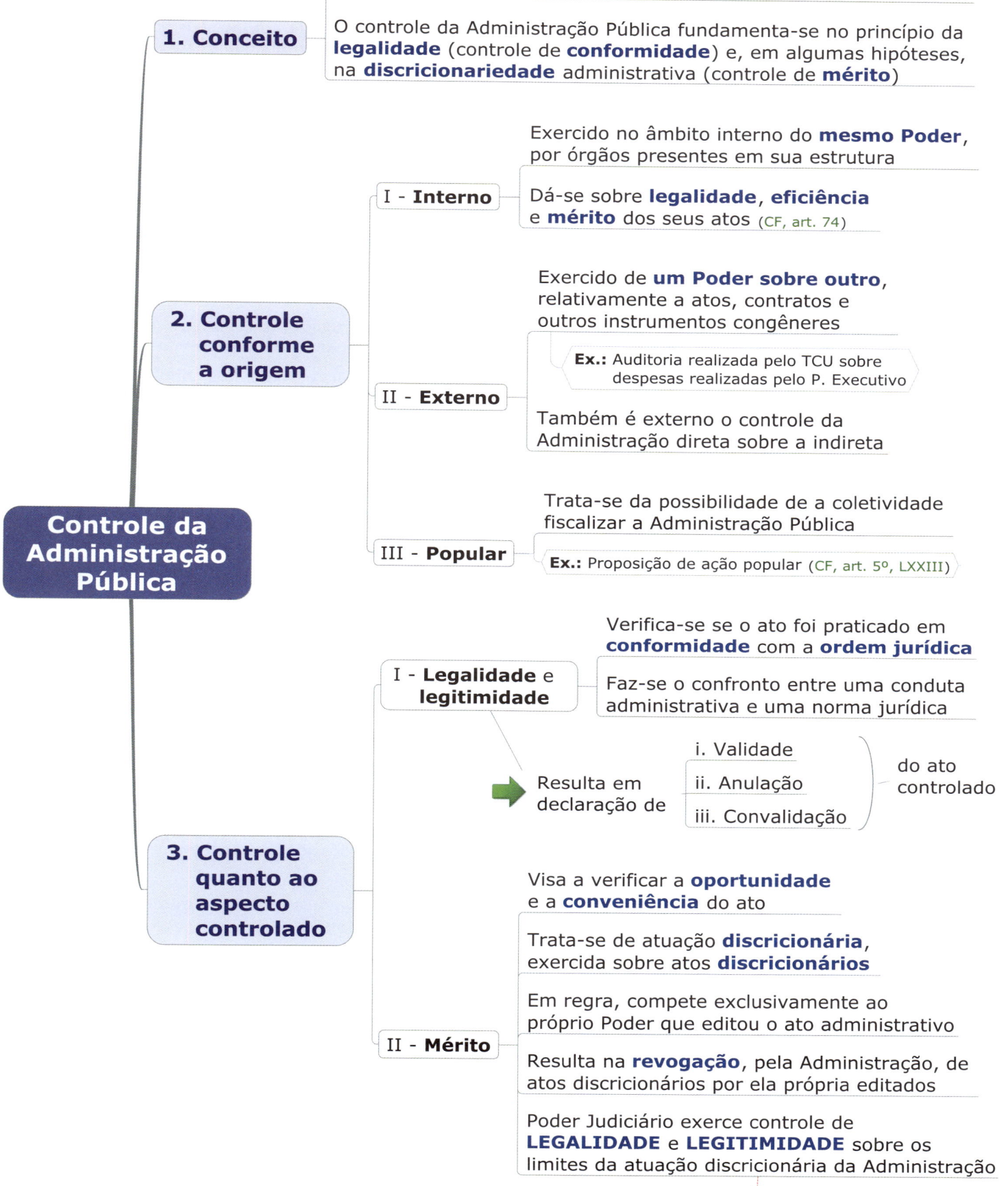

2. Controle conforme a origem

- **I - Interno**
  - Exercido no âmbito interno do **mesmo Poder**, por órgãos presentes em sua estrutura
  - Dá-se sobre **legalidade**, **eficiência** e **mérito** dos seus atos (CF, art. 74)

- **II - Externo**
  - Exercido de **um Poder sobre outro**, relativamente a atos, contratos e outros instrumentos congêneres
  - **Ex.:** Auditoria realizada pelo TCU sobre despesas realizadas pelo P. Executivo
  - Também é externo o controle da Administração direta sobre a indireta

- **III - Popular**
  - Trata-se da possibilidade de a coletividade fiscalizar a Administração Pública
  - **Ex.:** Proposição de ação popular (CF, art. 5º, LXXIII)

3. Controle quanto ao aspecto controlado

- **I - Legalidade e legitimidade**
  - Verifica-se se o ato foi praticado em **conformidade** com a **ordem jurídica**
  - Faz-se o confronto entre uma conduta administrativa e uma norma jurídica
  - Resulta em declaração de:
    - i. Validade
    - ii. Anulação
    - iii. Convalidação
  - do ato controlado

- **II - Mérito**
  - Visa a verificar a **oportunidade** e a **conveniência** do ato
  - Trata-se de atuação **discricionária**, exercida sobre atos **discricionários**
  - Em regra, compete exclusivamente ao próprio Poder que editou o ato administrativo
  - Resulta na **revogação**, pela Administração, de atos discricionários por ela própria editados
  - Poder Judiciário exerce controle de **LEGALIDADE** e **LEGITIMIDADE** sobre os limites da atuação discricionária da Administração
  - ✗ O Poder Judiciário **nunca** realiza **controle** de **mérito** de ato praticado por **outro Poder**

155

CONTROLE DA ADMINISTRAÇÃO PÚBLICA II

Controle da Administração Pública

4. Controle quanto ao órgão que o exerce

I - Administrativo
- É o controle **interno**, fundado no poder de **autotutela** (legalidade e mérito)
- Abrange aspectos de **legalidade** e de **mérito**
- É exercido de forma provocada ou por iniciativa própria (*ex officio*)
- A Administração pode **anular** seus próprios atos, quando eivados de vícios que os tornam ilegais ou **revogá-los**, por motivo de conveniência ou oportunidade, respeitados os direitos adquiridos

II - Legislativo ou Parlamentar
- Exercido sob os aspectos político e financeiro
- Meios:
  - i. CPI
  - ii. Convocação de autoridades e pedido de informação
  - iii. Participação na função administrativa
  - iv. Função jurisdicional
  - v. Fiscalização contábil, financeira e orçamentária
  - vi. Sustação de atos normativos

III - Judiciário
- Exercido pelo Poder Judiciário sobre atos administrativos emanados de qualquer dos Poderes
- Verifica exclusivamente a **legalidade** ou **legitimidade** dos atos administrativos, **nunca** o **mérito**

5. Controle quanto à amplitude

I - Hierárquico
- Decorre do escalonamento vertical de órgãos da mesma pessoa jurídica da Administração Pública
- É sempre um controle **interno** — Relação de **SUBORDINAÇÃO** entre controlado e controlador
- **Ex.:** Ministérios exercem controle hierárquico sobre suas secretarias

II - Finalístico
- Exercido pela **Administração direta** sobre as entidades da **Administração indireta**
- Resulta da **descentralização administrativa** — Relação de **VINCULAÇÃO** entre as pessoas
- Depende de **norma legal** que estabeleça meios e ocasiões de controle
- Também denominado **tutela** administrativa ou **supervisão ministerial**

6. Controle conforme o momento de exercício

I - Prévio
- Chama-se preventivo, prévio, ou *a priori*
- Ocorre quando é efetivado **antes** do início ou da conclusão do ato

II - Concomitante
- Controle **durante** a realização do ato
- **Ex.:** Auditoria durante a execução do orçamento

III - Posterior
- Chamado controle posterior, subsequente ou corretivo
- Ocorre **após** a finalização do ato
- Seu objetivo é desfazê-lo, se ilegal ou inconveniente e inoportuno, corrigi-lo ou, ainda, confirmá-lo

Capítulo 15

Improbidade Administrativa

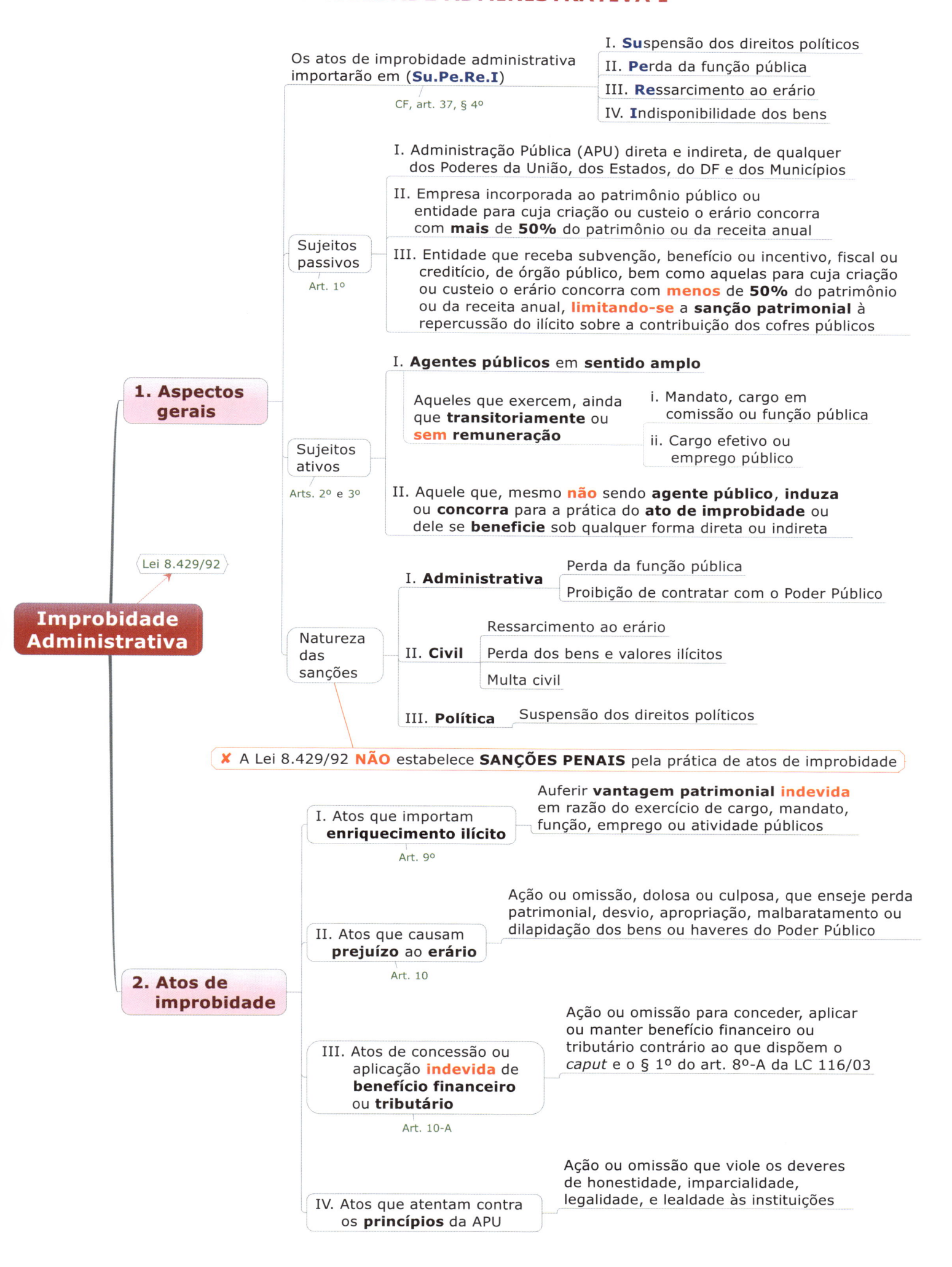

IMPROBIDADE ADMINISTRATIVA I

Improbidade Administrativa (Lei 8.429/92)

1. Aspectos gerais

Os atos de improbidade administrativa importarão em (Su.Pe.Re.I) — CF, art. 37, § 4º
- I. **Su**spensão dos direitos políticos
- II. **Pe**rda da função pública
- III. **Re**ssarcimento ao erário
- IV. **I**ndisponibilidade dos bens

Sujeitos passivos — Art. 1º
- I. Administração Pública (APU) direta e indireta, de qualquer dos Poderes da União, dos Estados, do DF e dos Municípios
- II. Empresa incorporada ao patrimônio público ou entidade para cuja criação ou custeio o erário concorra com **mais** de **50%** do patrimônio ou da receita anual
- III. Entidade que receba subvenção, benefício ou incentivo, fiscal ou creditício, de órgão público, bem como aquelas para cuja criação ou custeio o erário concorra com **menos** de **50%** do patrimônio ou da receita anual, **limitando-se** a **sanção patrimonial** à repercussão do ilícito sobre a contribuição dos cofres públicos

Sujeitos ativos — Arts. 2º e 3º
- I. **Agentes públicos** em **sentido amplo**
  - Aqueles que exercem, ainda que **transitoriamente** ou **sem remuneração**:
    - i. Mandato, cargo em comissão ou função pública
    - ii. Cargo efetivo ou emprego público
- II. Aquele que, mesmo **não** sendo **agente público**, **induza** ou **concorra** para a prática do **ato de improbidade** ou dele se **beneficie** sob qualquer forma direta ou indireta

Natureza das sanções
- I. **Administrativa**
  - Perda da função pública
  - Proibição de contratar com o Poder Público
- II. **Civil**
  - Ressarcimento ao erário
  - Perda dos bens e valores ilícitos
  - Multa civil
- III. **Política**
  - Suspensão dos direitos políticos

✗ A Lei 8.429/92 **NÃO** estabelece **SANÇÕES PENAIS** pela prática de atos de improbidade

2. Atos de improbidade

I. Atos que importam enriquecimento ilícito — Art. 9º
Auferir **vantagem patrimonial indevida** em razão do exercício de cargo, mandato, função, emprego ou atividade públicos

II. Atos que causam prejuízo ao erário — Art. 10
Ação ou omissão, dolosa ou culposa, que enseje perda patrimonial, desvio, apropriação, malbaratamento ou dilapidação dos bens ou haveres do Poder Público

III. Atos de concessão ou aplicação indevida de benefício financeiro ou tributário — Art. 10-A
Ação ou omissão para conceder, aplicar ou manter benefício financeiro ou tributário contrário ao que dispõem o *caput* e o § 1º do art. 8º-A da LC 116/03

IV. Atos que atentam contra os princípios da APU
Ação ou omissão que viole os deveres de honestidade, imparcialidade, legalidade, e lealdade às instituições

IMPROBIDADE ADMINISTRATIVA II

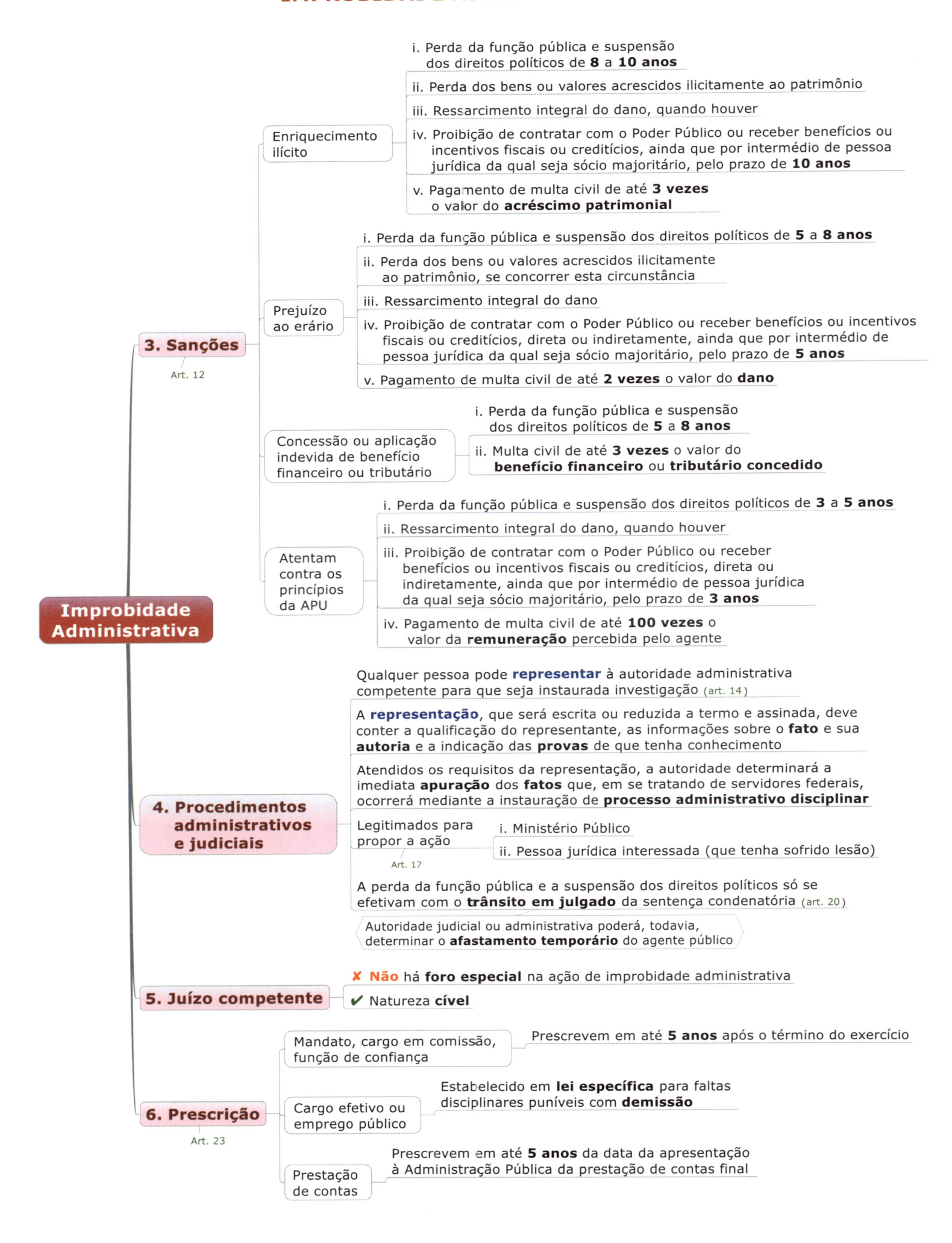

Improbidade Administrativa

- **3. Sanções** (Art. 12)
  - **Enriquecimento ilícito**
    - i. Perda da função pública e suspensão dos direitos políticos de **8 a 10 anos**
    - ii. Perda dos bens ou valores acrescidos ilicitamente ao patrimônio
    - iii. Ressarcimento integral do dano, quando houver
    - iv. Proibição de contratar com o Poder Público ou receber benefícios ou incentivos fiscais ou creditícios, ainda que por intermédio de pessoa jurídica da qual seja sócio majoritário, pelo prazo de **10 anos**
    - v. Pagamento de multa civil de até **3 vezes** o valor do **acréscimo patrimonial**
  - **Prejuízo ao erário**
    - i. Perda da função pública e suspensão dos direitos políticos de **5 a 8 anos**
    - ii. Perda dos bens ou valores acrescidos ilicitamente ao patrimônio, se concorrer esta circunstância
    - iii. Ressarcimento integral do dano
    - iv. Proibição de contratar com o Poder Público ou receber benefícios ou incentivos fiscais ou creditícios, direta ou indiretamente, ainda que por intermédio de pessoa jurídica da qual seja sócio majoritário, pelo prazo de **5 anos**
    - v. Pagamento de multa civil de até **2 vezes** o valor do **dano**
  - **Concessão ou aplicação indevida de benefício financeiro ou tributário**
    - i. Perda da função pública e suspensão dos direitos políticos de **5 a 8 anos**
    - ii. Multa civil de até **3 vezes** o valor do **benefício financeiro** ou **tributário concedido**
  - **Atentam contra os princípios da APU**
    - i. Perda da função pública e suspensão dos direitos políticos de **3 a 5 anos**
    - ii. Ressarcimento integral do dano, quando houver
    - iii. Proibição de contratar com o Poder Público ou receber benefícios ou incentivos fiscais ou creditícios, direta ou indiretamente, ainda que por intermédio de pessoa jurídica da qual seja sócio majoritário, pelo prazo de **3 anos**
    - iv. Pagamento de multa civil de até **100 vezes** o valor da **remuneração** percebida pelo agente

- **4. Procedimentos administrativos e judiciais**
  - Qualquer pessoa pode **representar** à autoridade administrativa competente para que seja instaurada investigação (art. 14)
  - A **representação**, que será escrita ou reduzida a termo e assinada, deve conter a qualificação do representante, as informações sobre o **fato** e sua **autoria** e a indicação das **provas** de que tenha conhecimento
  - Atendidos os requisitos da representação, a autoridade determinará a imediata **apuração** dos **fatos** que, em se tratando de servidores federais, ocorrerá mediante a instauração de **processo administrativo disciplinar**
  - Legitimados para propor a ação (Art. 17)
    - i. Ministério Público
    - ii. Pessoa jurídica interessada (que tenha sofrido lesão)
  - A perda da função pública e a suspensão dos direitos políticos só se efetivam com o **trânsito em julgado** da sentença condenatória (art. 20)
  - Autoridade judicial ou administrativa poderá, todavia, determinar o **afastamento temporário** do agente público

- **5. Juízo competente**
  - ✗ **Não** há **foro especial** na ação de improbidade administrativa
  - ✓ Natureza **cível**

- **6. Prescrição** (Art. 23)
  - Mandato, cargo em comissão, função de confiança — Prescrevem em até **5 anos** após o término do exercício
  - Cargo efetivo ou emprego público — Estabelecido em **lei específica** para faltas disciplinares puníveis com **demissão**
  - Prestação de contas — Prescrevem em até **5 anos** da data da apresentação à Administração Pública da prestação de contas final

Capítulo 16
Processo Administrativo

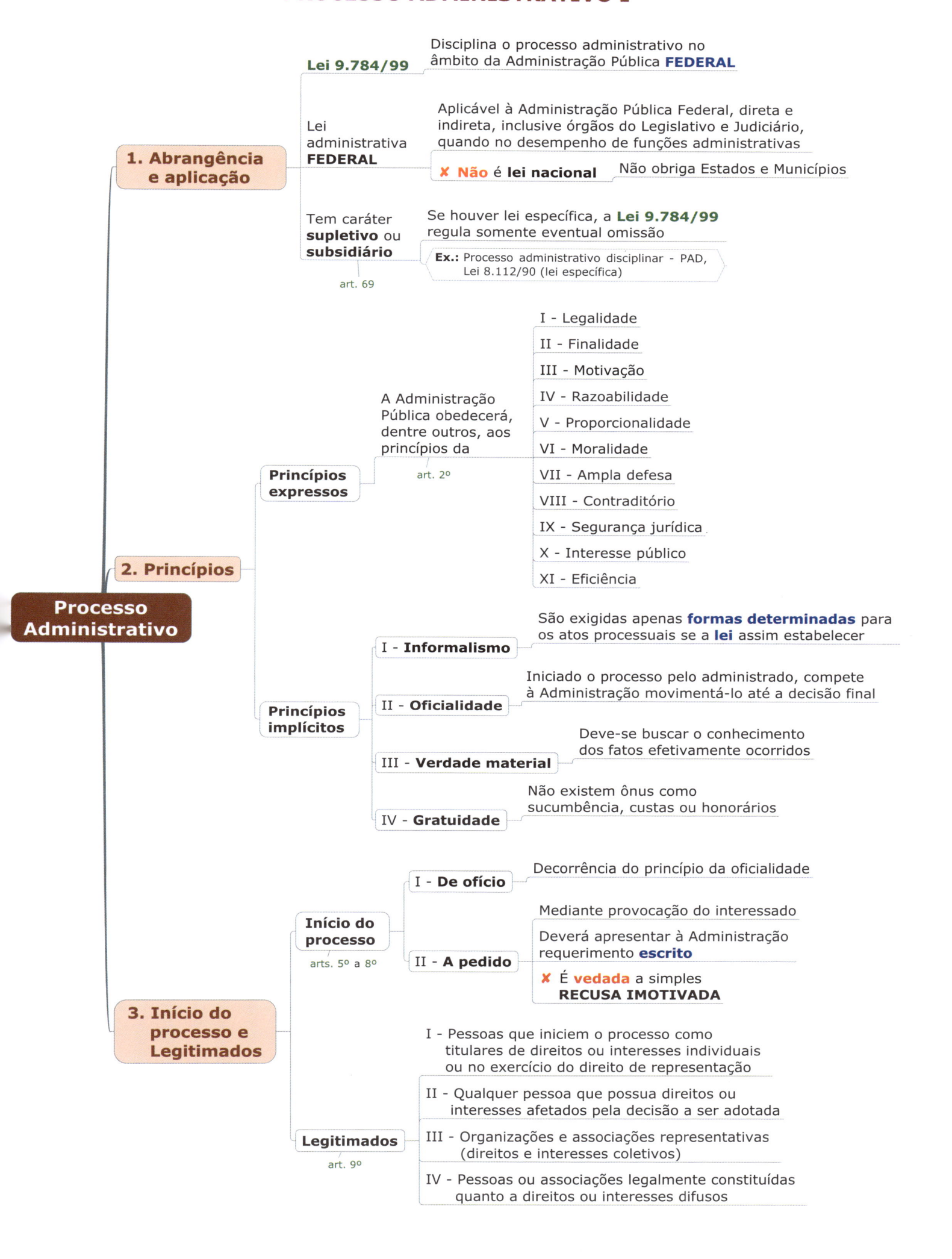

PROCESSO ADMINISTRATIVO I

Processo Administrativo

1. Abrangência e aplicação

- **Lei 9.784/99**: Disciplina o processo administrativo no âmbito da Administração Pública **FEDERAL**

- **Lei administrativa FEDERAL**: Aplicável à Administração Pública Federal, direta e indireta, inclusive órgãos do Legislativo e Judiciário, quando no desempenho de funções administrativas
  - ✗ **Não** é **lei nacional** — Não obriga Estados e Municípios

- **Tem caráter supletivo ou subsidiário** (art. 69): Se houver lei específica, a **Lei 9.784/99** regula somente eventual omissão
  - Ex.: Processo administrativo disciplinar - PAD, Lei 8.112/90 (lei específica)

2. Princípios

Princípios expressos

A Administração Pública obedecerá, dentre outros, aos princípios da (art. 2º):

- I - Legalidade
- II - Finalidade
- III - Motivação
- IV - Razoabilidade
- V - Proporcionalidade
- VI - Moralidade
- VII - Ampla defesa
- VIII - Contraditório
- IX - Segurança jurídica
- X - Interesse público
- XI - Eficiência

Princípios implícitos

- **I - Informalismo**: São exigidas apenas **formas determinadas** para os atos processuais se a **lei** assim estabelecer
- **II - Oficialidade**: Iniciado o processo pelo administrado, compete à Administração movimentá-lo até a decisão final
- **III - Verdade material**: Deve-se buscar o conhecimento dos fatos efetivamente ocorridos
- **IV - Gratuidade**: Não existem ônus como sucumbência, custas ou honorários

3. Início do processo e Legitimados

Início do processo (arts. 5º a 8º)

- **I - De ofício**: Decorrência do princípio da oficialidade
- **II - A pedido**: Mediante provocação do interessado
  - Deverá apresentar à Administração requerimento **escrito**
  - ✗ É **vedada** a simples **RECUSA IMOTIVADA**

Legitimados (art. 9º)

- I - Pessoas que iniciem o processo como titulares de direitos ou interesses individuais ou no exercício do direito de representação
- II - Qualquer pessoa que possua direitos ou interesses afetados pela decisão a ser adotada
- III - Organizações e associações representativas (direitos e interesses coletivos)
- IV - Pessoas ou associações legalmente constituídas quanto a direitos ou interesses difusos

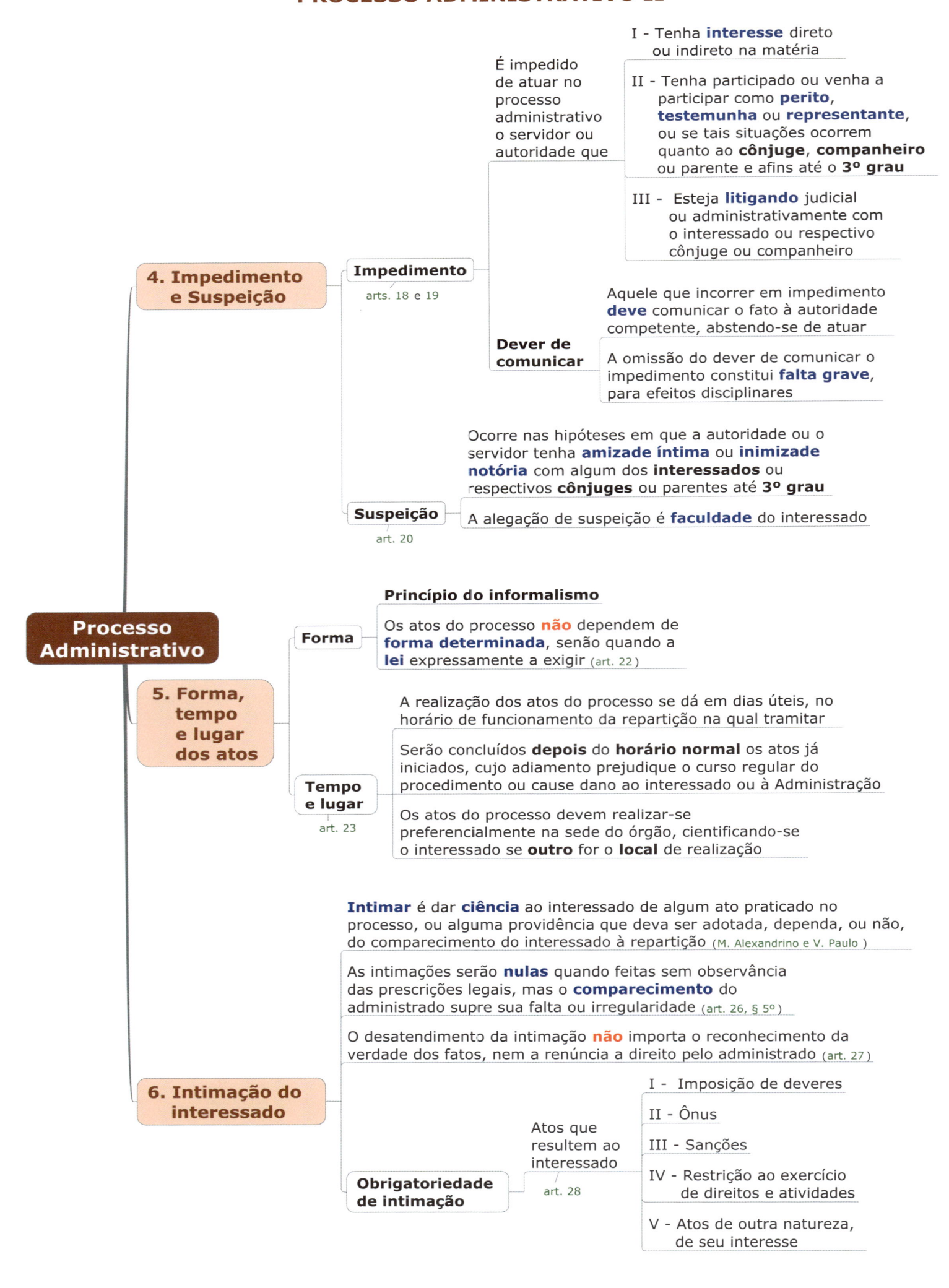

PROCESSO ADMINISTRATIVO II

Processo Administrativo

4. Impedimento e Suspeição

Impedimento (arts. 18 e 19)

É impedido de atuar no processo administrativo o servidor ou autoridade que:

- I - Tenha **interesse** direto ou indireto na matéria
- II - Tenha participado ou venha a participar como **perito**, **testemunha** ou **representante**, ou se tais situações ocorrem quanto ao **cônjuge**, **companheiro** ou parente e afins até o **3º grau**
- III - Esteja **litigando** judicial ou administrativamente com o interessado ou respectivo cônjuge ou companheiro

Dever de comunicar

- Aquele que incorrer em impedimento **deve** comunicar o fato à autoridade competente, abstendo-se de atuar
- A omissão do dever de comunicar o impedimento constitui **falta grave**, para efeitos disciplinares

Suspeição (art. 20)

- Ocorre nas hipóteses em que a autoridade ou o servidor tenha **amizade íntima** ou **inimizade notória** com algum dos **interessados** ou respectivos **cônjuges** ou parentes até **3º grau**
- A alegação de suspeição é **faculdade** do interessado

5. Forma, tempo e lugar dos atos

Forma

Princípio do informalismo
Os atos do processo **não** dependem de **forma determinada**, senão quando a **lei** expressamente a exigir (art. 22)

Tempo e lugar (art. 23)

- A realização dos atos do processo se dá em dias úteis, no horário de funcionamento da repartição na qual tramitar
- Serão concluídos **depois** do **horário normal** os atos já iniciados, cujo adiamento prejudique o curso regular do procedimento ou cause dano ao interessado ou à Administração
- Os atos do processo devem realizar-se preferencialmente na sede do órgão, cientificando-se o interessado se **outro** for o **local** de realização

6. Intimação do interessado

- **Intimar** é dar **ciência** ao interessado de algum ato praticado no processo, ou alguma providência que deva ser adotada, dependa, ou não, do comparecimento do interessado à repartição (M. Alexandrino e V. Paulo)
- As intimações serão **nulas** quando feitas sem observância das prescrições legais, mas o **comparecimento** do administrado supre sua falta ou irregularidade (art. 26, § 5º)
- O desatendimento da intimação **não** importa o reconhecimento da verdade dos fatos, nem a renúncia a direito pelo administrado (art. 27)

Obrigatoriedade de intimação

Atos que resultem ao interessado (art. 28):
- I - Imposição de deveres
- II - Ônus
- III - Sanções
- IV - Restrição ao exercício de direitos e atividades
- V - Atos de outra natureza, de seu interesse

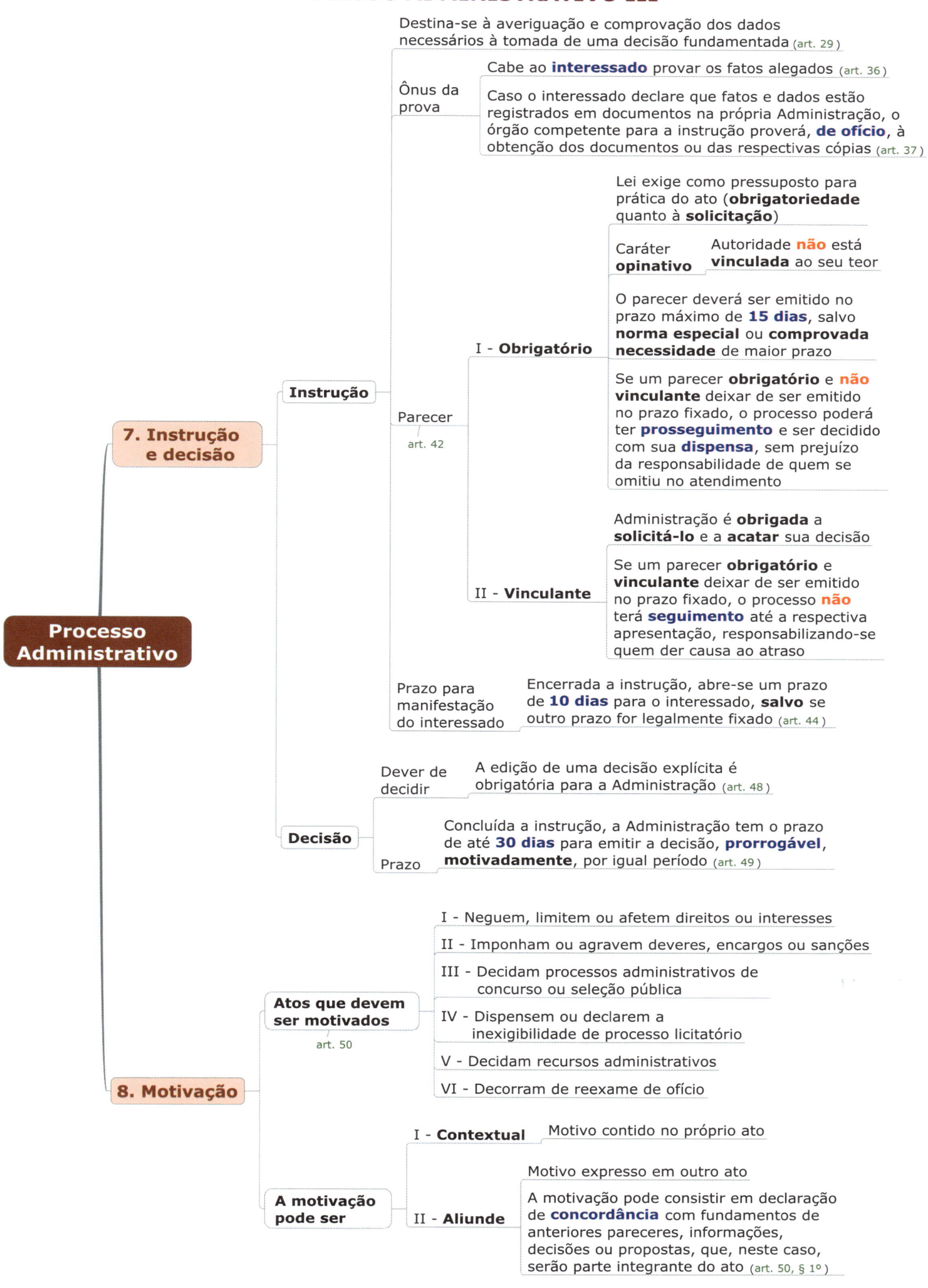

PROCESSO ADMINISTRATIVO III

Processo Administrativo

7. Instrução e decisão

Instrução

Destina-se à averiguação e comprovação dos dados necessários à tomada de uma decisão fundamentada (art. 29)

Ônus da prova
- Cabe ao **interessado** provar os fatos alegados (art. 36)
- Caso o interessado declare que fatos e dados estão registrados em documentos na própria Administração, o órgão competente para a instrução proverá, **de ofício**, à obtenção dos documentos ou das respectivas cópias (art. 37)

Parecer (art. 42)

I - Obrigatório
- Lei exige como pressuposto para prática do ato (**obrigatoriedade** quanto à **solicitação**)
- **Caráter opinativo**: Autoridade **não** está **vinculada** ao seu teor
- O parecer deverá ser emitido no prazo máximo de **15 dias**, salvo **norma especial** ou **comprovada necessidade** de maior prazo
- Se um parecer **obrigatório** e **não vinculante** deixar de ser emitido no prazo fixado, o processo poderá ter **prosseguimento** e ser decidido com sua **dispensa**, sem prejuízo da responsabilidade de quem se omitiu no atendimento

II - Vinculante
- Administração é **obrigada** a **solicitá-lo** e a **acatar** sua decisão
- Se um parecer **obrigatório** e **vinculante** deixar de ser emitido no prazo fixado, o processo **não** terá **seguimento** até a respectiva apresentação, responsabilizando-se quem der causa ao atraso

Prazo para manifestação do interessado
- Encerrada a instrução, abre-se um prazo de **10 dias** para o interessado, **salvo** se outro prazo for legalmente fixado (art. 44)

Decisão

Dever de decidir: A edição de uma decisão explícita é obrigatória para a Administração (art. 48)

Prazo: Concluída a instrução, a Administração tem o prazo de até **30 dias** para emitir a decisão, **prorrogável**, **motivadamente**, por igual período (art. 49)

8. Motivação

Atos que devem ser motivados (art. 50)
- I - Neguem, limitem ou afetem direitos ou interesses
- II - Imponham ou agravem deveres, encargos ou sanções
- III - Decidam processos administrativos de concurso ou seleção pública
- IV - Dispensem ou declarem a inexigibilidade de processo licitatório
- V - Decidam recursos administrativos
- VI - Decorram de reexame de ofício

A motivação pode ser

I - Contextual: Motivo contido no próprio ato

II - Aliunde:
- Motivo expresso em outro ato
- A motivação pode consistir em declaração de **concordância** com fundamentos de anteriores pareceres, informações, decisões ou propostas, que, neste caso, serão parte integrante do ato (art. 50, § 1º)

PROCESSO ADMINISTRATIVO IV

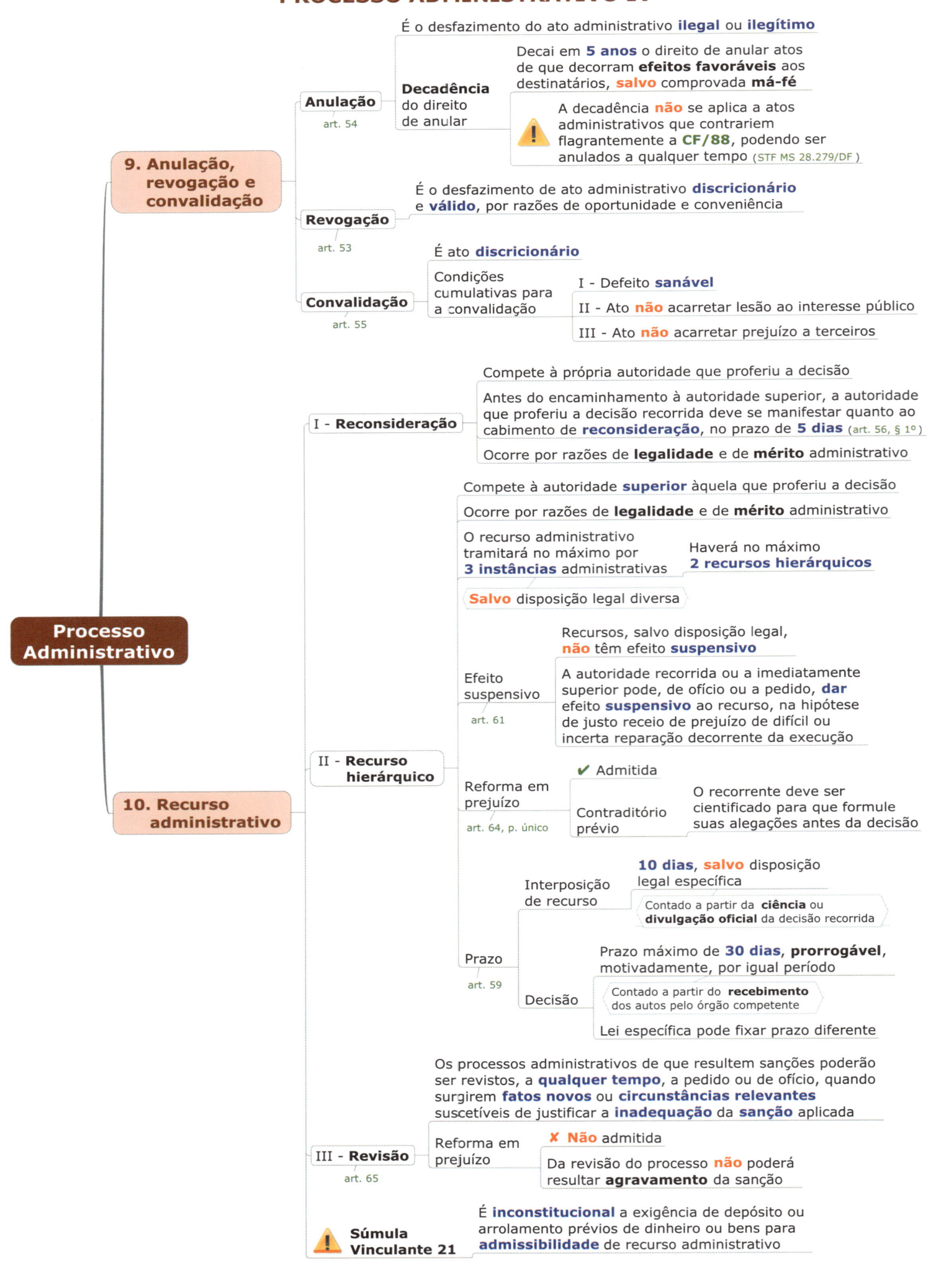

Processo Administrativo

9. Anulação, revogação e convalidação

Anulação (art. 54)
- É o desfazimento do ato administrativo **ilegal** ou **ilegítimo**
- **Decadência do direito de anular**
  - Decai em **5 anos** o direito de anular atos de que decorram **efeitos favoráveis** aos destinatários, **salvo** comprovada **má-fé**
  - ⚠ A decadência **não** se aplica a atos administrativos que contrariem flagrantemente a **CF/88**, podendo ser anulados a qualquer tempo (STF MS 28.279/DF)

Revogação (art. 53)
- É o desfazimento de ato administrativo **discricionário** e **válido**, por razões de oportunidade e conveniência

Convalidação (art. 55)
- É ato **discricionário**
- Condições cumulativas para a convalidação:
  - I - Defeito **sanável**
  - II - Ato **não** acarretar lesão ao interesse público
  - III - Ato **não** acarretar prejuízo a terceiros

10. Recurso administrativo

I - Reconsideração
- Compete à própria autoridade que proferiu a decisão
- Antes do encaminhamento à autoridade superior, a autoridade que proferiu a decisão recorrida deve se manifestar quanto ao cabimento de **reconsideração**, no prazo de **5 dias** (art. 56, § 1º)
- Ocorre por razões de **legalidade** e de **mérito** administrativo

II - Recurso hierárquico
- Compete à autoridade **superior** àquela que proferiu a decisão
- Ocorre por razões de **legalidade** e de **mérito** administrativo
- O recurso administrativo tramitará no máximo por **3 instâncias** administrativas
  - Haverá no máximo **2 recursos hierárquicos**
  - ⟨Salvo disposição legal diversa⟩
- **Efeito suspensivo** (art. 61)
  - Recursos, salvo disposição legal, **não** têm efeito **suspensivo**
  - A autoridade recorrida ou a imediatamente superior pode, de ofício ou a pedido, **dar** efeito **suspensivo** ao recurso, na hipótese de justo receio de prejuízo de difícil ou incerta reparação decorrente da execução
- **Reforma em prejuízo** (art. 64, p. único)
  - ✔ Admitida
  - Contraditório prévio: O recorrente deve ser cientificado para que formule suas alegações antes da decisão
- **Prazo** (art. 59)
  - Interposição de recurso: **10 dias**, **salvo** disposição legal específica
    - Contado a partir da **ciência** ou **divulgação oficial** da decisão recorrida
  - Decisão: Prazo máximo de **30 dias**, **prorrogável**, motivadamente, por igual período
    - Contado a partir do **recebimento** dos autos pelo órgão competente
  - Lei específica pode fixar prazo diferente

III - Revisão (art. 65)
- Os processos administrativos de que resultem sanções poderão ser revistos, a **qualquer tempo**, a pedido ou de ofício, quando surgirem **fatos novos** ou **circunstâncias relevantes** suscetíveis de justificar a **inadequação** da **sanção** aplicada
- Reforma em prejuízo
  - ✘ **Não** admitida
  - Da revisão do processo **não** poderá resultar **agravamento** da sanção

⚠ **Súmula Vinculante 21**
- É **inconstitucional** a exigência de depósito ou arrolamento prévios de dinheiro ou bens para **admissibilidade** de recurso administrativo

Capítulo 17

Bens Públicos

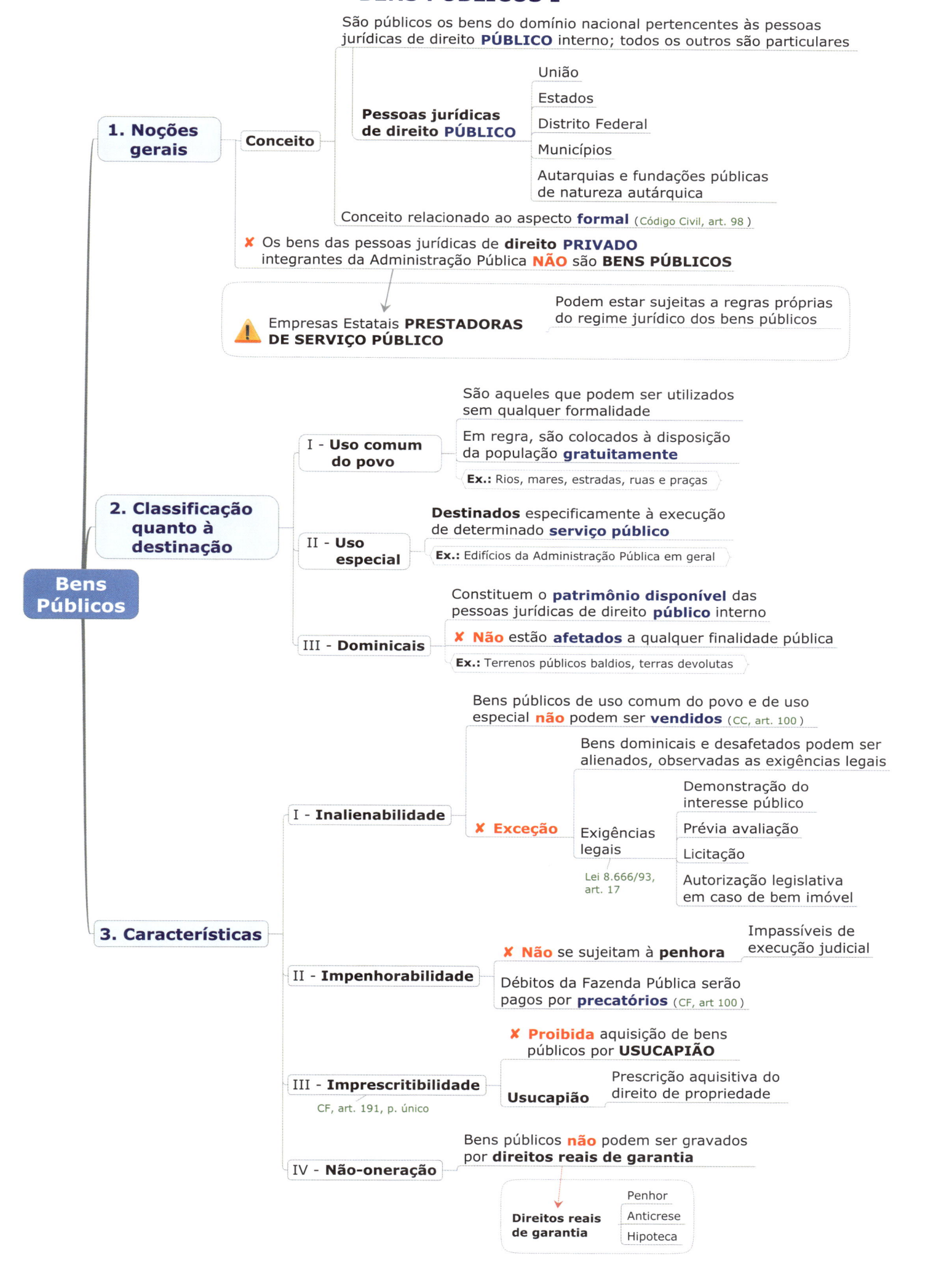

BENS PÚBLICOS I

Bens Públicos

1. Noções gerais

Conceito: São públicos os bens do domínio nacional pertencentes às pessoas jurídicas de direito **PÚBLICO** interno; todos os outros são particulares

- **Pessoas jurídicas de direito PÚBLICO**
  - União
  - Estados
  - Distrito Federal
  - Municípios
  - Autarquias e fundações públicas de natureza autárquica

- Conceito relacionado ao aspecto **formal** (Código Civil, art. 98)

✗ Os bens das pessoas jurídicas de **direito PRIVADO** integrantes da Administração Pública **NÃO** são **BENS PÚBLICOS**

⚠ Empresas Estatais **PRESTADORAS DE SERVIÇO PÚBLICO** — Podem estar sujeitas a regras próprias do regime jurídico dos bens públicos

2. Classificação quanto à destinação

I - Uso comum do povo
- São aqueles que podem ser utilizados sem qualquer formalidade
- Em regra, são colocados à disposição da população **gratuitamente**
- **Ex.:** Rios, mares, estradas, ruas e praças

II - Uso especial
- **Destinados** especificamente à execução de determinado **serviço público**
- **Ex.:** Edifícios da Administração Pública em geral

III - Dominicais
- Constituem o **patrimônio disponível** das pessoas jurídicas de direito **público** interno
- ✗ **Não** estão **afetados** a qualquer finalidade pública
- **Ex.:** Terrenos públicos baldios, terras devolutas

3. Características

I - Inalienabilidade
- Bens públicos de uso comum do povo e de uso especial **não** podem ser **vendidos** (CC, art. 100)
- Bens dominicais e desafetados podem ser alienados, observadas as exigências legais
- ✗ **Exceção** — Exigências legais (Lei 8.666/93, art. 17):
  - Demonstração do interesse público
  - Prévia avaliação
  - Licitação
  - Autorização legislativa em caso de bem imóvel

II - Impenhorabilidade
- ✗ **Não** se sujeitam à **penhora** — Impassíveis de execução judicial
- Débitos da Fazenda Pública serão pagos por **precatórios** (CF, art 100)

III - Imprescritibilidade (CF, art. 191, p. único)
- ✗ **Proibida** aquisição de bens públicos por **USUCAPIÃO**
- **Usucapião:** Prescrição aquisitiva do direito de propriedade

IV - Não-oneração
- Bens públicos não podem ser gravados por **direitos reais de garantia**
- **Direitos reais de garantia:**
  - Penhor
  - Anticrese
  - Hipoteca

169

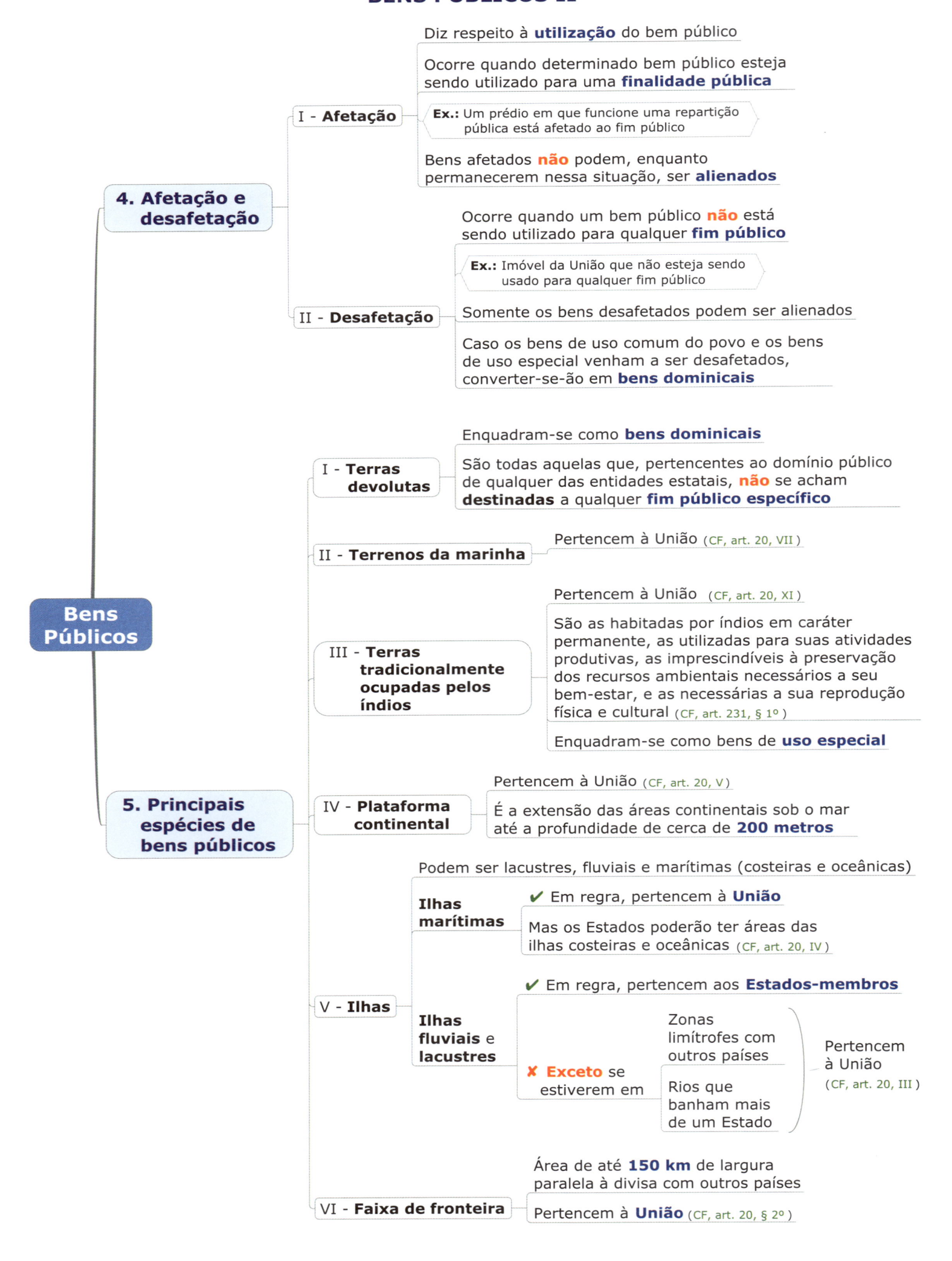

BENS PÚBLICOS II

Bens Públicos

4. Afetação e desafetação

I - Afetação
- Diz respeito à **utilização** do bem público
- Ocorre quando determinado bem público esteja sendo utilizado para uma **finalidade pública**
  - **Ex.:** Um prédio em que funcione uma repartição pública está afetado ao fim público
- Bens afetados **não** podem, enquanto permanecerem nessa situação, ser **alienados**

II - Desafetação
- Ocorre quando um bem público **não** está sendo utilizado para qualquer **fim público**
  - **Ex.:** Imóvel da União que não esteja sendo usado para qualquer fim público
- Somente os bens desafetados podem ser alienados
- Caso os bens de uso comum do povo e os bens de uso especial venham a ser desafetados, converter-se-ão em **bens dominicais**

5. Principais espécies de bens públicos

I - Terras devolutas
- Enquadram-se como **bens dominicais**
- São todas aquelas que, pertencentes ao domínio público de qualquer das entidades estatais, **não** se acham **destinadas** a qualquer **fim público específico**

II - Terrenos da marinha
- Pertencem à União (CF, art. 20, VII)

III - Terras tradicionalmente ocupadas pelos índios
- Pertencem à União (CF, art. 20, XI)
- São as habitadas por índios em caráter permanente, as utilizadas para suas atividades produtivas, as imprescindíveis à preservação dos recursos ambientais necessários a seu bem-estar, e as necessárias a sua reprodução física e cultural (CF, art. 231, § 1º)
- Enquadram-se como bens de **uso especial**

IV - Plataforma continental
- Pertencem à União (CF, art. 20, V)
- É a extensão das áreas continentais sob o mar até a profundidade de cerca de **200 metros**

V - Ilhas
- Podem ser lacustres, fluviais e marítimas (costeiras e oceânicas)
- **Ilhas marítimas**
  - ✔ Em regra, pertencem à **União**
  - Mas os Estados poderão ter áreas das ilhas costeiras e oceânicas (CF, art. 20, IV)
- **Ilhas fluviais e lacustres**
  - ✔ Em regra, pertencem aos **Estados-membros**
  - ✘ **Exceto** se estiverem em:
    - Zonas limítrofes com outros países
    - Rios que banham mais de um Estado
  - Pertencem à União (CF, art. 20, III)

VI - Faixa de fronteira
- Área de até **150 km** de largura paralela à divisa com outros países
- Pertencem à **União** (CF, art. 20, § 2º)

BENS PÚBLICOS III

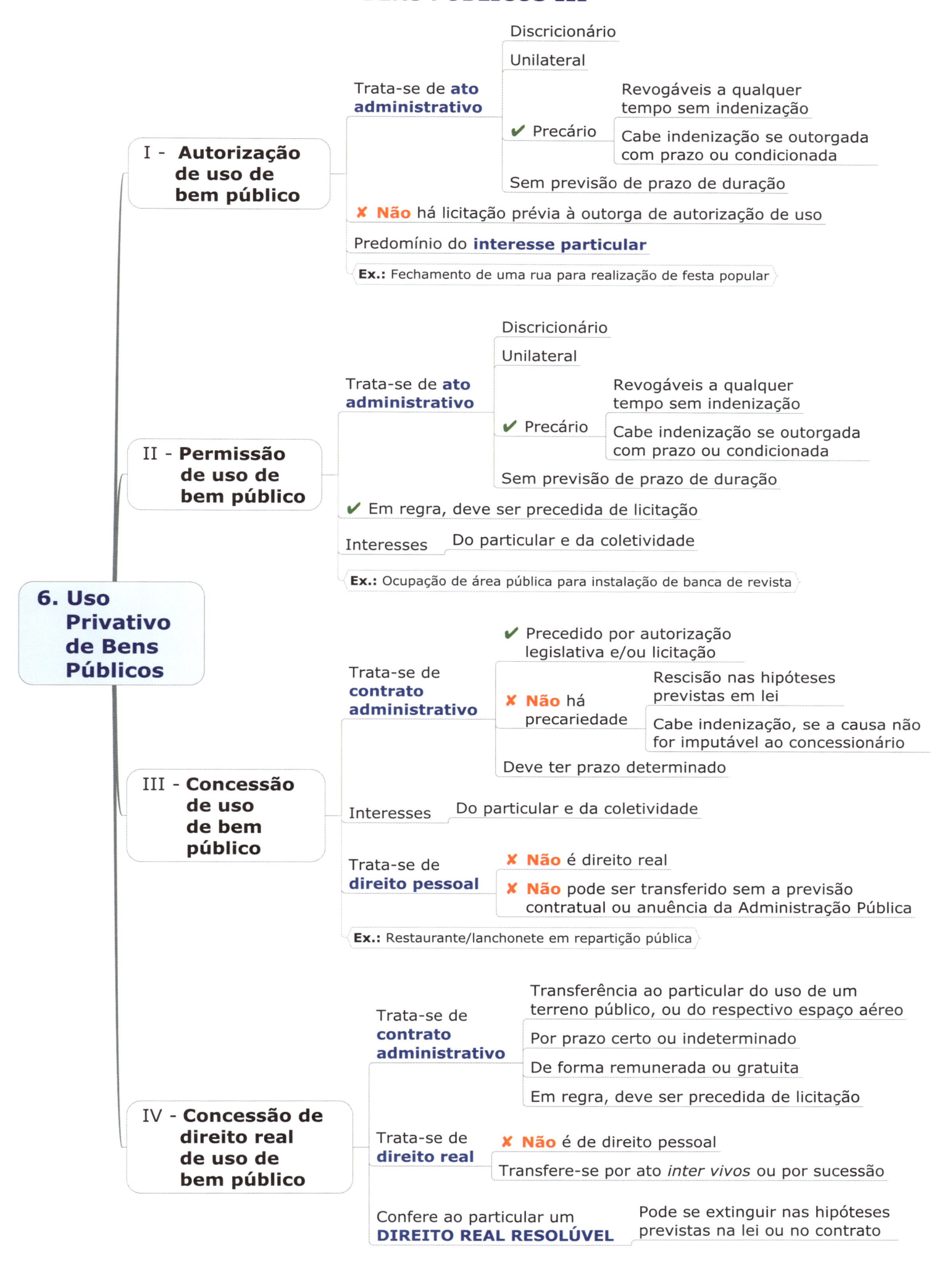

6. Uso Privativo de Bens Públicos

I - Autorização de uso de bem público

- Trata-se de **ato administrativo**
  - Discricionário
  - Unilateral
  - ✔ Precário
    - Revogáveis a qualquer tempo sem indenização
    - Cabe indenização se outorgada com prazo ou condicionada
  - Sem previsão de prazo de duração
- ✘ **Não** há licitação prévia à outorga de autorização de uso
- Predomínio do **interesse particular**
- **Ex.:** Fechamento de uma rua para realização de festa popular

II - Permissão de uso de bem público

- Trata-se de **ato administrativo**
  - Discricionário
  - Unilateral
  - ✔ Precário
    - Revogáveis a qualquer tempo sem indenização
    - Cabe indenização se outorgada com prazo ou condicionada
  - Sem previsão de prazo de duração
- ✔ Em regra, deve ser precedida de licitação
- Interesses — Do particular e da coletividade
- **Ex.:** Ocupação de área pública para instalação de banca de revista

III - Concessão de uso de bem público

- Trata-se de **contrato administrativo**
  - ✔ Precedido por autorização legislativa e/ou licitação
  - ✘ **Não** há precariedade
    - Rescisão nas hipóteses previstas em lei
    - Cabe indenização, se a causa não for imputável ao concessionário
  - Deve ter prazo determinado
- Interesses — Do particular e da coletividade
- Trata-se de **direito pessoal**
  - ✘ **Não** é direito real
  - ✘ **Não** pode ser transferido sem a previsão contratual ou anuência da Administração Pública
- **Ex.:** Restaurante/lanchonete em repartição pública

IV - Concessão de direito real de uso de bem público

- Trata-se de **contrato administrativo**
  - Transferência ao particular do uso de um terreno público, ou do respectivo espaço aéreo
  - Por prazo certo ou indeterminado
  - De forma remunerada ou gratuita
  - Em regra, deve ser precedida de licitação
- Trata-se de **direito real**
  - ✘ **Não** é de direito pessoal
  - Transfere-se por ato *inter vivos* ou por sucessão
- Confere ao particular um **DIREITO REAL RESOLÚVEL**
  - Pode se extinguir nas hipóteses previstas na lei ou no contrato

Capítulo 18

Lei de Acesso à Informação

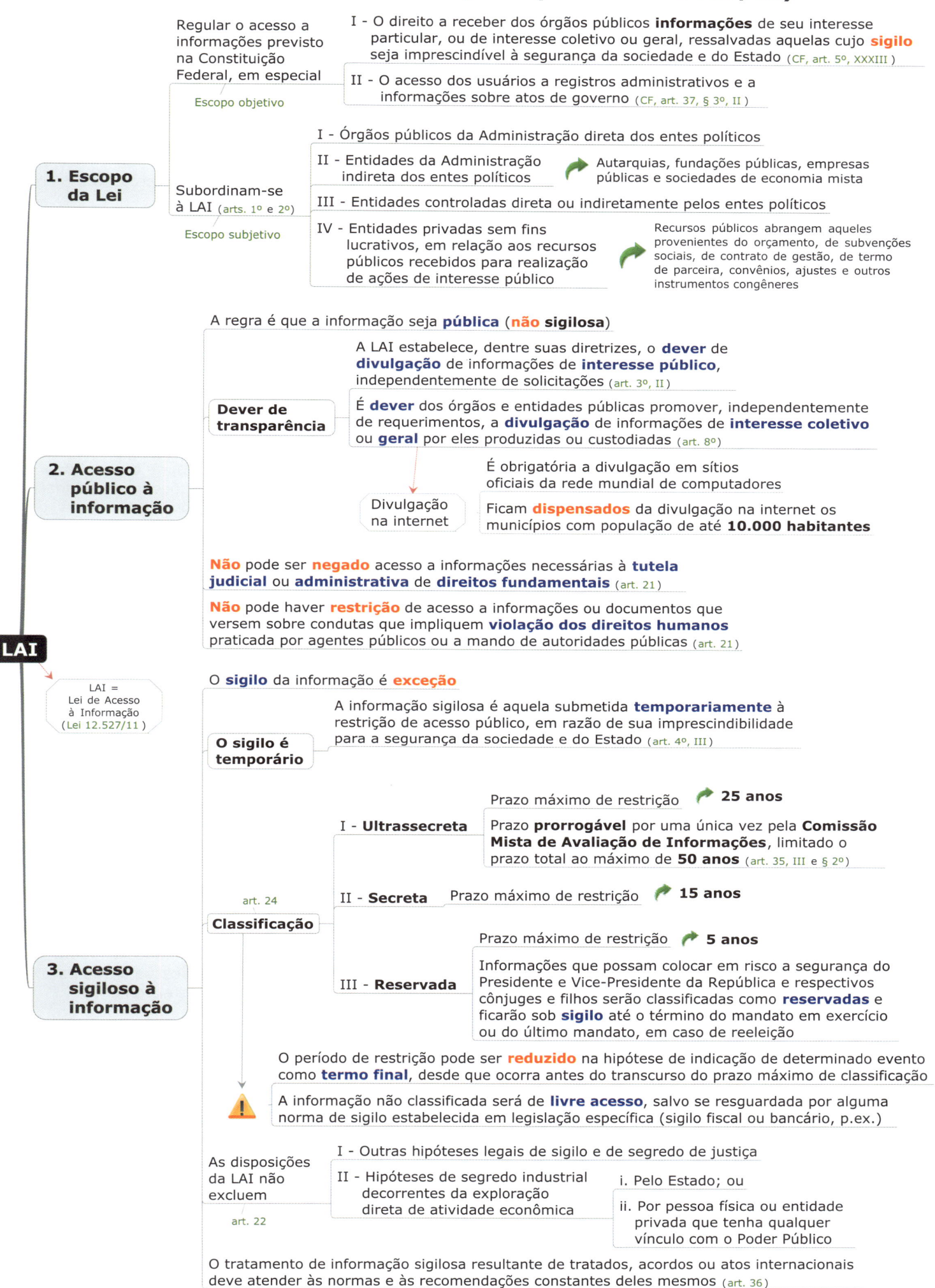

LEI DE ACESSO À INFORMAÇÃO I (LAI - LEI 12.527/11)

LAI = Lei de Acesso à Informação (Lei 12.527/11)

1. Escopo da Lei

Regular o acesso a informações previsto na Constituição Federal, em especial *(Escopo objetivo)*
- I - O direito a receber dos órgãos públicos **informações** de seu interesse particular, ou de interesse coletivo ou geral, ressalvadas aquelas cujo **sigilo** seja imprescindível à segurança da sociedade e do Estado (CF, art. 5º, XXXIII)
- II - O acesso dos usuários a registros administrativos e a informações sobre atos de governo (CF, art. 37, § 3º, II)

Subordinam-se à LAI (arts. 1º e 2º) *(Escopo subjetivo)*
- I - Órgãos públicos da Administração direta dos entes políticos
- II - Entidades da Administração indireta dos entes políticos → Autarquias, fundações públicas, empresas públicas e sociedades de economia mista
- III - Entidades controladas direta ou indiretamente pelos entes políticos
- IV - Entidades privadas sem fins lucrativos, em relação aos recursos públicos recebidos para realização de ações de interesse público → Recursos públicos abrangem aqueles provenientes do orçamento, de subvenções sociais, de contrato de gestão, de termo de parceria, convênios, ajustes e outros instrumentos congêneres

2. Acesso público à informação

A regra é que a informação seja **pública** (**não** sigilosa)

Dever de transparência
- A LAI estabelece, dentre suas diretrizes, o **dever** de **divulgação** de informações de **interesse público**, independentemente de solicitações (art. 3º, II)
- É **dever** dos órgãos e entidades públicas promover, independentemente de requerimentos, a **divulgação** de informações de **interesse coletivo** ou **geral** por eles produzidas ou custodiadas (art. 8º)

Divulgação na internet
- É obrigatória a divulgação em sítios oficiais da rede mundial de computadores
- Ficam **dispensados** da divulgação na internet os municípios com população de até **10.000 habitantes**

Não pode ser **negado** acesso a informações necessárias à **tutela judicial** ou **administrativa** de **direitos fundamentais** (art. 21)

Não pode haver **restrição** de acesso a informações ou documentos que versem sobre condutas que impliquem **violação dos direitos humanos** praticada por agentes públicos ou a mando de autoridades públicas (art. 21)

3. Acesso sigiloso à informação

O **sigilo** da informação é **exceção**

O sigilo é temporário
A informação sigilosa é aquela submetida **temporariamente** à restrição de acesso público, em razão de sua imprescindibilidade para a segurança da sociedade e do Estado (art. 4º, III)

Classificação (art. 24)

- **I - Ultrassecreta**
  - Prazo máximo de restrição → **25 anos**
  - Prazo **prorrogável** por uma única vez pela **Comissão Mista de Avaliação de Informações**, limitado o prazo total ao máximo de **50 anos** (art. 35, III e § 2º)

- **II - Secreta**
  - Prazo máximo de restrição → **15 anos**

- **III - Reservada**
  - Prazo máximo de restrição → **5 anos**
  - Informações que possam colocar em risco a segurança do Presidente e Vice-Presidente da República e respectivos cônjuges e filhos serão classificadas como **reservadas** e ficarão sob **sigilo** até o término do mandato em exercício ou do último mandato, em caso de reeleição

O período de restrição pode ser **reduzido** na hipótese de indicação de determinado evento como **termo final**, desde que ocorra antes do transcurso do prazo máximo de classificação

⚠ A informação não classificada será de **livre acesso**, salvo se resguardada por alguma norma de sigilo estabelecida em legislação específica (sigilo fiscal ou bancário, p.ex.)

As disposições da LAI não excluem (art. 22)
- I - Outras hipóteses legais de sigilo e de segredo de justiça
- II - Hipóteses de segredo industrial decorrentes da exploração direta de atividade econômica
  - i. Pelo Estado; ou
  - ii. Por pessoa física ou entidade privada que tenha qualquer vínculo com o Poder Público

O tratamento de informação sigilosa resultante de tratados, acordos ou atos internacionais deve atender às normas e às recomendações constantes deles mesmos (art. 36)

LEI DE ACESSO À INFORMAÇÃO II (LAI - LEI 12.527/11)

LAI

4. Comissão Mista de Reavaliação de Informações
art. 35

Possui atribuição **decisória**, no âmbito da Administração Pública Federal, sobre o **tratamento** e a **classificação** de informações sigilosas

É competência da Comissão:

- **I** - Requisitar da autoridade que classificar informação como ultrassecreta e secreta esclarecimento ou conteúdo, parcial ou integral, da informação

- **II** - **Rever** a **classificação** de informações ultrassecretas ou secretas, de ofício ou mediante provocação de pessoa interessada
  - **Revisão de ofício**:
    - Deverá ocorrer, no máximo, a cada **4 anos**, quando se tratar de documentos **ultrassecretos** ou **secretos**
    - A não deliberação sobre a revisão pela Comissão nos prazos previstos implicará a **desclassificação automática** das informações (passarão a ser de acesso público)

- **III** - **Prorrogar** o **prazo de sigilo** de informação classificada como **ultrassecreta**, sempre por prazo determinado, enquanto o seu acesso ou divulgação puder ocasionar ameaça externa à soberania nacional ou à integridade do território nacional ou grave risco às relações internacionais do País, observado o prazo máximo previsto
  - Esse prazo é limitado a uma **única renovação**

5. Informações pessoais
art. 31

- As informações pessoais são aquelas relativas à intimidade, à vida privada, à honra e à imagem

- Essas informações terão seu acesso **restrito**, independentemente de classificação de sigilo, a agentes públicos legalmente autorizados e à pessoa a que elas se referirem
  → A restrição pode durar pelo prazo máximo de **100 anos**, a contar da sua data de produção

- Poderão ter autorizada sua **divulgação** ou **acesso** por **terceiros** diante de:
  - **I** - Consentimento expresso da pessoa a que elas se referirem
  - **Não** será **exigido** quando as informações forem necessárias:
    - i. À prevenção e diagnóstico médico, quando a pessoa estiver física ou legalmente incapaz, e para utilização única e exclusivamente para o tratamento médico
    - ii. À realização de estatísticas e pesquisas científicas de evidente interesse público ou geral, previstos em lei, sendo vedada a identificação da pessoa a que as informações se referirem
    - iii. Ao cumprimento de ordem judicial
    - iv. À defesa de direitos humanos
    - v. À proteção do interesse público e geral preponderante
  - **II** - Previsão legal

- A **restrição** de acesso à informação relativa à vida privada, honra e imagem de pessoa **não** poderá ser invocada:
  - **I** - Com o intuito de prejudicar processo de apuração de irregularidades em que o titular das informações estiver envolvido
  - **II** - Em ações voltadas para a recuperação de fatos históricos de maior relevância

LEI DE ACESSO À INFORMAÇÃO III (LAI - LEI 12.527/11)

LAI - Responsabilidade

A LAI estabelece **infrações** e **sanções** de **natureza administrativa**, de acordo com o agente que as pratica

1. Condutas ilícitas (art. 32)

- I - Recusar-se a fornecer informação requerida nos termos da LAI, retardar deliberadamente o seu fornecimento ou fornecê-la intencionalmente de forma incorreta, incompleta ou imprecisa
- II - Utilizar indevidamente, bem como subtrair, destruir, inutilizar, desfigurar, alterar ou ocultar, total ou parcialmente, informação que se encontre sob sua guarda ou a que tenha acesso ou conhecimento em razão do exercício das atribuições de cargo, emprego ou função pública
- III - Agir com dolo ou má-fé na análise das solicitações de acesso à informação
- IV - Divulgar ou permitir a divulgação ou acessar ou permitir acesso indevido à informação sigilosa ou informação pessoal
- V - Impor sigilo à informação para obter proveito pessoal ou de terceiro, ou para fins de ocultação de ato ilegal cometido por si ou por outrem
- VI - Ocultar da revisão de autoridade superior competente informação sigilosa para beneficiar a si ou a outrem, ou em prejuízo de terceiros
- VII - Destruir ou subtrair, por qualquer meio, documentos concernentes a possíveis violações de direitos humanos por parte de agentes do Estado

2. Sanções

- **I - Servidores públicos regidos pela Lei 8.112/90**: Estão sujeitos à, no mínimo, **suspensão**, segundo os critérios estabelecidos na lei estatutária (art. 32, § 1º, II)
- **II - Militar**: As condutas ilícitas praticadas por militares serão consideradas **transgressões militares médias** ou **graves**, segundo os critérios estabelecidos nos regulamentos disciplinares das Forças Armadas, desde que não tipificadas em lei como crime ou contravenção penal (art. 32, § 1º, I)
- **III - Militar ou agente público**: Podem responder por **improbidade administrativa**, nos termos das Leis 1.079/50 e 8.429/92 (art. 32, § 2º)
- **IV - Pessoas físicas ou entidades privadas que detiverem informações em virtude de vínculo de qualquer natureza com o Poder Público** (art. 33)

Estão sujeitas à:
- I - Advertência
- II - Multa
- III - Rescisão do vínculo com o Poder Público
- IV - Suspensão temporária de participar em licitação e impedimento de contratar com a Administração Pública por prazo não superior a **2 anos**
- V - Declaração de inidoneidade para licitar ou contratar com a Administração Pública, até que seja promovida a reabilitação perante a própria autoridade que aplicou a penalidade

A reabilitação ocorre após o interessado:
- **Ressarcir** o órgão ou a entidade dos prejuízos resultantes; e
- Após o decurso do prazo de **2 anos**

Tem competência exclusiva para declarar a inidoneidade a **autoridade máxima** do órgão ou da entidade pública

Bibliografia

ALEXANDRINO, Marcelo & PAULO, Vicente. *Direito administrativo descomplicado*. 26ª ed. São Paulo: Editora Método, 2018.

CARVALHO FILHO, José dos Santos. *Manual de direito administrativo*. 26ª ed. Rio de Janeiro: Editora Lumen Juris, 2013.

DI PIETRO, Maria Sylvia Zanella. *Direito administrativo*. 26ª ed. São Paulo: Editora Atlas, 2013.

FAGUNDES, M. Seabra. *O controle dos atos administrativos pelo poder judiciário*. 7ª ed. Rio de Janeiro: Editora Forense, 2005.

GASPARINI, Diogenes. *Direito administrativo*. 12ª ed. São Paulo: Editora Saraiva, 2007.

JUSTEN FILHO, Marçal. Comentários à lei de licitações e contratos administrativos. 16ª ed. São Paulo: Editora Revista dos Tribunais, 2014.

JUSTEN FILHO, Marçal. Comentários à legislação do pregão comum e eletrônico. 6ª ed. São Paulo: Dialética, 2013.

MEIRELLES, Hely Lopes. *Direito administrativo brasileiro*. 33ª ed. São Paulo: Editora Malheiros, 2006.

MELLO, Celso Antônio Bandeira de. *Curso de direito administrativo*. 26ª ed. São Paulo: Editora Malheiros, 2009.

PAULO, Vicente & ALEXANDRINO, Marcelo. *Direito constitucional descomplicado*. 12ª ed. São Paulo: Editora Método, 2014.

Editora Impetus

Rua Alexandre Moura, 51
24210-200 – Gragoatá – Niterói – RJ
Telefax: (21) 2621-7007

www.impetus.com.br

Esta obra foi impressa em papel offset 90 grs./m²